取之于民　用之于民

纳诚税信

税 法
（第 2 版）

主 审　陈 慧
主 编　赵一蔚　张 燕　周 丽
副主编　孔 涵　宋 娇　胡一璠　隋树杰

北京理工大学出版社
BEIJING INSTITUTE OF TECHNOLOGY PRESS

图书在版编目（CIP）数据

税法 / 赵一蔚, 张燕, 周丽主编. — 2 版.

北京：北京理工大学出版社，2024.7.

ISBN 978 – 7 – 5763 – 4374 – 8

Ⅰ. D922.22

中国国家版本馆CIP数据核字第20246TS150号

责任编辑：徐艳君　　**文案编辑：**徐艳君
责任校对：周瑞红　　**责任印制：**施胜娟

出版发行 / 北京理工大学出版社有限责任公司

社　　址 / 北京市丰台区四合庄路 6 号

邮　　编 / 100070

电　　话 / （010）68914026（教材售后服务热线）

　　　　　　（010）68944437（课件资源服务热线）

网　　址 / http://www.bitpress.com.cn

版 印 次 / 2024 年 7 月第 2 版第 1 次印刷

印　　刷 / 河北盛世彩捷印刷有限公司

开　　本 / 889mm×1194mm　1/16

印　　张 / 19.75

字　　数 / 616 千字

定　　价 / 98.00 元

前　言

本教材是山东省"十四五"职业教育省级规划教材。

本教材以"习近平新时代中国特色社会主义思想"为指导，全面贯彻党的二十大精神，根据高等职业教育会计、金融类专业的人才培养方案，立足出纳、会计核算、财务管理、内部审计等岗位工作实际需要，并结合全国会计专业技术初级资格考试要求，以中华人民共和国税收法律法规为基础编写而成。

本教材紧紧围绕"人民税收价值理念的出发点、法治线、职业面"三位一体的思政主线，贯穿"税收文化、税收历史、税收热点和税收法条"四个方面的思政教育资源，有机融入"理想信念、职业道德、人文素养"三方面的思政元素，通过案例、育人园地等教学素材的设计运用，润物细无声地将正确的价值追求有效传递给读者。教师和学生共同参与课程思政教学过程，在课堂教学中教师可结合下表中的内容导引，针对相关的知识点或案例，引导学生进行思考或展开讨论。

页码	内容导引	思考问题	思政元素
3	税收和税法	1.税收产生的原因是什么？ 2.我国税收历史上比较著名的税收制度政策有哪些？ 3.古代税收与现代税收的区别是什么？	人民至上 制度自信 税收为民 新发展理念
8	税法的构成要素	1.从国家、企业、个人层面分析税收发挥了哪些作用？ 2.如何从发展角度看待税收的"民本思想"？	人民至上 制度自信 税收为民 依法纳税
20	增值税的概念、计税方法和特征	1.为什么要征收增值税？ 2.我国增值税制度改革的原因是什么？	守正创新 科学质疑 税收法定 制度自信
24	增值税的征税范围	1.增值税的征税范围仅限于销售货物吗？ 2.税收在铁路运输等基础设施建设中的作用是什么？	税收公平 效率原则 税收为民
32	增值税纳税人	推行纳税信用管理主要以褒奖诚信企业还是惩戒失信企业为主？	税收公平 诚信纳税
34	增值税的税率和征收率	1.增值税税率下调对企业有哪些影响？ 2.增值税税率下调对居民消费需求有哪些影响？	税收为民 效率原则 家国情怀
37	增值税应纳税额的计算	1.一般纳税人采用抵扣方法计算应纳税额的原因是什么？ 2.增值税链条式征纳税方式的优势是什么？	探究精神 精确计税 严谨细致
46	增值税税收优惠	1.国家为什么制定税收优惠政策？ 2.增值税各项税收优惠政策的意义是什么？	税收为民 勇于探索 爱岗敬业
49	增值税的纳税时间和纳税地点	依法诚信纳税主要是靠道德约束还是法律制约？	勇于探索 税收公平 诚信纳税

页码	内容导引	思考问题	思政元素
56	消费税的概念、特征、纳税人、征税范围、税目及税率	1.为什么要征收消费税？ 2.我国消费税制度改革的原因是什么？	人民至上 健康生活 绿色发展 开拓创新
62	消费税应纳税额的计算	思考消费税在推动共同富裕中发挥的作用。	精确计税 严谨细致 社会责任 共同富裕
69	消费税征收管理	1.我国消费税征税环节有哪些，为什么这样设置？ 2.未来消费税可能会有哪些发展和变化？	依法纳税 诚信纳税 守正创新
78	企业所得税的概念、纳税人、征税对象和税率	1.总结我国企业所得税发展历程。 2.简述不同时期企业所得税发展的背景和意义。	税收为民 自立自信 创造强国 守正创新
81	企业所得税应纳税所得额	1.公益性捐赠税前扣除政策的意义是什么？ 2.理解企业所得税不征税收入、免税收入及各项扣除政策的意义。	精确计税 严谨细致 新发展理念
91	企业所得税应纳税额	1.全球企业所得税税率的新特征及原因是什么？ 2.探讨税收在推进中国式现代化中的作用。	精确计税 严谨细致 中国式现代化
95	企业所得税税收优惠	1.支持制造业技术创新，税收优惠能否发挥重要作用？ 2.分析研发费用加计扣除政策的意义。	科教兴国 创新创业 新发展理念
100	企业所得税税收管理	1.减轻企业负担是清理费用还是减轻税负更有效？ 2.如何更高质量地为企业进行纳税申报？	敬畏法律 依法纳税 职业责任
108	个人所得税的概念、特征、征税对象和减免税项目	1.总结我国个人所得税发展历程。 2.思考个人所得税政策改革的意义。	税收为民 家国情怀 问题导向 探索精神
115	个人所得税的纳税人、扣缴义务人和纳税期限	1.个人所得税改革是扩大了还是缩小了征收面？ 2.优化个人所得税预扣预缴方法的意义是什么？	税收公平 依法纳税 系统观念
118	各项所得应纳税额的计算	1.如何理解个人所得税改革中的"以人民为中心"原则？请举例说明。 2."一老一小"个人所得税专项附加扣除标准提高的意义有哪些？	税收为民 精确计税 制度自信
131	个人所得税的申报管理	1.如何高质量完成个人所得税的纳税申报？ 2.税收对缩小贫富差距能否发挥重要作用？	依法纳税 诚信纳税 共同富裕
135	房产税法律制度	1.为什么要征收房产税？ 2.不同用途下，房产税的税率为什么不同？	税收为民 依法纳税 制度自信 精确计税

页码	内容导引	思考问题	思政元素
139	契税法律制度	1.结合契税历史和典型案例，思考为什么要征收契税。 2.契税的税率为什么是一个范围？契税税率不断下调背后的原因是什么？	税收为民 依法纳税 制度自信 精确计税
143	土地增值税法律制度	1.为什么征收土地增值税？ 2.土地增值税有关税收优惠政策的意义是什么？	税收为民 公平效率 精确计税
150	城镇土地使用税法律制度	1.为什么要征收城镇土地使用税？ 2.有关税收优惠政策的意义是什么？	效率公平 精确计税 底线思维
154	车船税法律制度	1.为什么征收车船税？ 2.车船税优惠政策设置的背景和意义是什么？	税收为民 绿色发展 依法纳税
158	印花税法律制度	1.印花税立法的意义是什么？ 2.基于印花税历史，思考印花税的作用。	税收法定 道路自信 诚信纳税
164	资源税法律制度	1.为什么征收资源税？ 2.资源税是如何约束企业行为，节约资源，助力绿色发展的？	税收为民 绿色发展 保护环境 依法纳税
170	城市维护建设税法律制度	1.为什么征收城市维护建设税？ 2.城市维护建设税税收优惠政策的意义是什么？	税收为民 社会责任
170	教育费附加法律制度	为什么征收教育费附加？	税收为民 社会责任 科教兴国
174	关税法律制度	1.为什么征收关税？ 2.思考中外关税政策不同背后的意义。	系统观念 制度自信 和平发展
185	环境保护税法律制度	1.为什么征收环境保护税？ 2.环境保护税减征税额优惠政策设置的背景和意义是什么？ 3.征收环境保护税能不能有效改善环境污染？	绿色发展 为民造福 中国式现代化
192	车辆购置税法律制度	1.为什么征收车辆购置税？ 2.车辆购置税优惠政策对经济的促进作用是什么？	税收为民 依法纳税 精确计税 科学发展
197	耕地占用税法律制度	1.为什么征收耕地占用税？ 2.耕地占用税优惠政策设置的背景和意义是什么？	绿色发展 中国式现代化
202	烟叶税法律制度	1.为什么征收烟叶税？ 2.烟叶税立法的意义是什么？	健康生活 依法纳税
204	船舶吨税法律制度	1.为什么征收船舶吨税？ 2.船舶吨税税收优惠政策的意义是什么？	税收为民 依法纳税

　　本教材注重培养学生的职业技能和职业素养。在设计理念上，以作为学生自主学习使用的"学材"为目标进行设计，突出学生在教学过程中的主体地位，体现了高等职业教育教学的理念。在内容的选取上，侧重

学生职业技能的培养，知识以"够用"为原则，符合高等职业教育教学的规律。在内容的组织编排上，采用工单式教材模式，同时将税法的理论知识、操作实务和实习实训集于一体，打造高等职业教育"教学做一体化教材"，体现了高等职业教育教学的特色。

本教材由山东水利职业学院、国家税务总局莒县税务局、中创物流股份有限公司的一线教师和行业专家共同编写，编写人员及编写分工为：胡一璠（山东水利职业学院）编写项目一；赵一蔚编写项目二，并负责整本教材的架构、体例设计和审定；张燕编写项目三并负责全书的通稿、修改和补充；周丽（山东水利职业学院）编写项目四；孔涵（山东水利职业学院）编写项目五；宋娇（山东水利职业学院）编写项目六任务一到任务七；隋树杰（中创物流股份有限公司）编写项目六任务八到任务十四。国家税务总局莒县税务局孔祥民局长对教材的内容体系、结构设计和最终定稿进行了指导。陈慧对教材进行了审核。

本教材在编写和出版过程中，参考了部分国内外同行的著作和文献，教材中未能一一列明，在此一并表示感谢！

由于编写时间仓促又加编者水平有限，教材中难免存在纰漏之处，对教材中存在的问题请与编者联系，编者电子信箱：781958379@qq.com。

编　者

目　　录

项目一

税法基础

项目情境

曾经有一个西方人说，人的一生有两件事不可避免：死亡与纳税。

税与每个人的生活密切相关。我们为什么要交税？我们交过税吗？我们都交过哪些税？

本项目学习税收的概念及特征、税法的概念及种类，以及税法的构成要素，从而为后面深入掌握各种税收实体法律制度打下坚实的理论基础。

说文解"税"

项目目标

一、知识目标

1.了解税收的概念、特征和分类；
2.掌握税法的概念和种类；
3.掌握税法的构成要素。

二、技能目标

1.能够正确识别税法的类型；
2.能够分析税法的构成要素。

三、育人目标

1.比较我国历史税收制度与现代税收制度，树立制度自信；
2.从发展角度看待税收的"民本思想"，确立税收为民的思想和人民至上的新发展理念。

项目概述

税收和税法是两个不同的概念。税收是国家强制、无偿、固定地取得财政收入的一种手段。税法是调整税收机关和纳税主体双方之间税收关系的法律规范的总称。

根据不同的标准，可以对税收做不同的分类。以征税对象为标准，税收分为商品（货物）和劳务税、所得税、资源税、财产税和特定行为目的税；以税收与计税价格的关系为标准，税收分为价内税和价外税；以税收的管理和支配权限的归属为标准，税收分为中央税、地方税和中央地方共享税。

根据制定机关的不同，可以将税法划分为法律、行政法规、地方性法规、国务院部门规章、地方政府规章、税务规范性文件等不同类型。这些不同类型的税法在效力上从高到低依次降低。

当前我国有个人所得税法、企业所得税法、车船税法、环境保护税法、烟叶税法、船舶吨税法、车辆购置税法、耕地占用税法、资源税法、城市维护建设税法、契税法、印花税法等十二部税收实体法，这些税收实体税法通常由征税主体、纳税主体、征税对象、税率、纳税环节、纳税期限、纳税地点、税收优惠等税法要素构成。不同税种的构成要素不尽相同，但一般包括征税主体、纳税主体、征税对象、税率、纳税环节、纳税期限、纳税地点、税收优惠等。这些税法的构成要素说明了该种税由谁征税、对谁征税、对什么征税、征多少税、在什么环节征税、在什么时间征税、在什么地点征税等系列问题，在税法的学习中，对每个具体税法的学习也是围绕着其税法要素展开的。

项目知识树

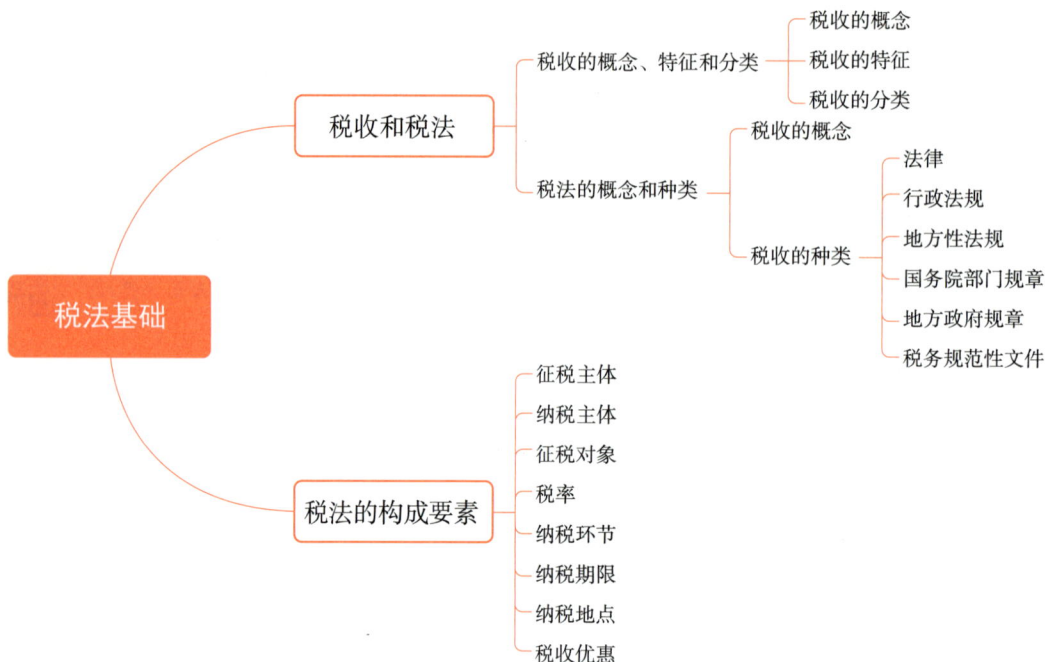

任务一 税收和税法

任务情境

什么是税收？国家为什么要征税？国家税收有什么特征？

大家都听说过税法，都或多或少地了解税法。什么是税法？你都听说过哪些税法？

我国的税法有哪些？

任务概述

税收是国家财政收入的主要来源。税收具有强制性、无偿性和固定性的特征。

税法是调整税收机关和纳税主体双方之间税收关系的法律规范的总称。根据制定机关的不同，税法可以分为法律、行政法规、地方性法规、国务院部门规章、地方政府规章、税务规范性文件等不同类型。

税收法律由全国人民代表大会和全国人民代表大会常务委员会制定；国务院制定的为行政法规；地方人民代表大会及其常务委员会制定的为地方性法规；国务院部门制定的为部门规章；地方政府制定的为地方政府规章；县级以上税务机关制定的为税务规范性文件。

在法律效力上，法律的效力高于行政法规、地方性法规、规章。行政法规的效力高于地方性法规、规章。地方性法规的效力高于本级和下级地方政府规章。

任务相关知识

一、税收的概念、特征和分类

（一）税收的概念

税收是国家为了满足社会公共需要，凭借政治权力，按照法律规定的标准和程序参与社会分配，强制、无偿、固定地取得财政收入的一种手段。

税收随着国家的产生而产生，是国家财政收入的主要来源。在我国，税收收入占全国财政收入的90%左右。

我国的税收取之于民、用之于民、造福于民。国家通过税收筹集财政收入，并通过预算安排将之用于财政支出，进行交通、水利等基础设施和城市公共建设，支持农村和地区协调发展，用于环境保护和生态建设，促进教育、科学、文化、卫生等社会事业发展，用于社会保障和社会福利，用于政府行政管理，进行国防建设，维护社会治安，保障国家安全，促进经济社会发展，满足人民群众日益增长的物质文化等方面的需要。

（二）税收的特征

税收具有强制性、无偿性和固定性的特征。

1.强制性

税收的强制性是指税收是国家以社会管理者的身份，依据政治权力，凭借政权力量，通过颁布法律或政令来进行强制征收。纳税人必须依法纳税，否则国家可以依法进行处罚。

2.无偿性

税收的无偿性是指国家在征税时无须向纳税人直接支付任何报酬。税收的无偿性反映了一种社会产品所有权、支配权的单方面转移关系，而不是等价交换关系。

3.固定性

税收的固定性是指国家征税之前预先规定了统一的征税标准，包括纳税主体、征税对象、税率、纳税期限、纳税地点等。这些标准一经确定，在一定时间内相对稳定。

（三）税收的分类

根据不同的标准，可以对税收做不同的分类。

（1）以征税对象为标准，分为商品（货物）和劳务税、所得税、资源税、财产税和特定行为目的税。

商品（货物）和劳务税，又称流转税，是以流转的商品或提供的劳务为征税对象的税收。如增值税、消费税和关税。"流转"指的是商品和劳务从生产到消费的流转过程。在这个过程中，商品和劳务经过一系列的交易和转移，最终到达消费者手中。增值税针对流转的商品及劳务等征收，消费税针对流转的特定商品征收，关税针对进出境的货物和物品征收。

所得税，是指以所得为征税对象的税收，如企业所得税和个人所得税。

资源税，是以各种应税自然资源为征税对象的税收，如资源税和城镇土地使用税。

财产税，指以纳税人所拥有或支配的财产为征税对象的税收，如房产税和车船税。

特定行为目的税，是为了某些特定目的，以某些特定行为为征税对象的税收，如环境保护税和车辆购置税。《中华人民共和国环境保护税法》（以下简称《环境保护税法》）规定，为了保护和改善环境，减少污染物排放，推进生态文明建设，制定本法。在中华人民共和国领域和中华人民共和国管辖的其他海域，直接向环境排放应税污染物的企业事业单位和其他生产经营者为环境保护税的纳税人，应当依法缴纳环境保护税。《中华人民共和国车辆购置税法》（以下简称《车辆购置税法》）规定，在中华人民共和国境内购置汽车、有轨电车、汽车挂车、排气量超过一百五十毫升的摩托车（统称应税车辆）的单位和个人，为车辆购置税的纳税人，应当依法缴纳车辆购置税。

（2）以税收与计税价格的关系为标准，分为价内税和价外税。

在计税时，征税对象的计税价格中包含税款的税为价内税，也就是说，价内税的税款包含在应税商品的计税价格内，税款是价格的组成部分。如某种应税消费品的售价为1 000元，该款应税消费品适用的消费税税率为10%，销售该款应税消费品应当缴纳的消费税款为：1 000元×10%=100元。也就是说，在计算销售该款商品应当缴纳的消费税时，计税依据销售价格1 000元中包含有100元消费税款。

在计税时，征税对象的计税价格不包含税款的税为价外税，也就是说，价外税的税款独立于计税商品价格之外，不作为商品计税价格的组成部分。如某款商品的售价为113元，在计算增值税时，应当在售价中扣除其中含有的增值税款（该商品实际含有增值税款13元），计算计税价格为100元（113–13）。假设销售该商品适用的增值税税率为13%，销售该款商品的增值税销项税额为：100元×13%=13元。可见，计算该款商品增值税的计税依据100元中不包含增值税款13元，因此，增值税是价外税。

知识拓展

【价内税与价外税①】

价外税

顾名思义，价外税就是在商品价格之外征收的税。就是说，商品先定价，定完价后准备卖的时候，再让你缴税。1979年我国开始试行征收增值税，当时市场经济刚刚兴起，增值税的诞生也是顺应了商品经济的发展。

举个例子：老王自己酿了一坛酒，取名"桂花酿"。九月初九这一天，老王就想把这坛酒拿到集上去卖，于是开始琢磨卖个什么价比较好。想了一下，买桂花用了60元，自己酿酒的工钱就算30元好了，成本就是

---

① 来自2020年3月28日知乎网站，https://www.zhihu.com/question/38019176。

90元（60+30）啦，干脆凑个整数卖100元，自己赚10元的利润。（这个100元就是商品的定价，成本+利润）。

来到集上，老王摆好摊，把一块写有"100元"的牌子立在旁边，正准备吆喝呢，突然来了一个人。

来者非是旁人，正是税务局的小李。小李说："王叔叔，您是在卖酒啊。"老王疑惑不解，"对啊。"小李说："您打算卖多少钱？"老王说："这不写着了吗，100元。"小李说："行啊，不过您要缴个税、增值税。"老王说："交多少？"小李说："交13块钱吧，不过这13块钱您可以让买酒的人付，您不是卖100元吗，现在别100元了，您改成113元不就行了吗？"老王一琢磨，113元，交税13元，还是剩下100元，跟原来一样，还行。于是非常痛快地答应了，将牌子上的100元改成113元。

不一会儿，老王就把酒卖出去了，卖了113元，13元是增值税，自己还是有100元的收入。

这个故事就是价外税的解释，就是说商品的价格都定好了，然后针对定好的价格额外征的税，一般我们看到的商品价格，除非特别说明不含税，都是含税价格。

价内税

书接上文。老王卖了113元，很开心，收拾收拾东西，刚准备离开呢，只听背后有人说话了："等一下老爷子，事情还没完呢。"老王吓一跳，回过头来一瞧，原来是税务局的小赵。

"老爷子，您还得交消费税呐。"

"刚才不是交了增值税吗？"

"这个消费税，是您生产加工这坛酒的时候要交的税，不是您卖酒的时候交。这跟增值税是两种税，是针对不同的环节征的。"

"要交多少消费税啊？"

"当初您定价是100元对吧，就交100×5%=5元钱。就是说，您定价的时候，只考虑成本和利润是不对的，这个消费税在您酿酒的时候就已经产生了，您定价的时候还要加上消费税5块钱，这样您这100元里面，包括成本60元，加工费30元，还有消费税5元，最后利润只有5元，所以它叫作价内税，因为100元里面包含5元的消费税啊。"

这个故事解释了"价内税"。因为是在生产加工环节产生的，就是在最终定价之前产生的，定价的时候要把它算到里面去，所以叫"价内税"。

（3）以税收的管理和支配权限的归属为标准，分为中央税、地方税和中央地方共享税。

中央税是指由中央政府征收和管理使用或由地方政府征收后全部划归中央政府所有并支配使用的税收，如消费税、车辆购置税、关税。中央税通常为税源集中、涉及面广，并且为全国统一立法和管理的税种。

地方税是指由地方政府征收和管理使用的税收，如房产税、土地增值税、城镇土地使用税、耕地占用税。地方税通常为税源比较分散，并且与地方经济利益关系密切的税种。

中央与地方共享税是指税收的管理权和使用权属中央政府和地方政府共同拥有的税收，如增值税、企业所得税、个人所得税。

二、税法的概念和种类

（一）税法的概念

谁纳税？纳什么税？纳多少税？如何纳税？税收机关如何征税？回答这些问题的答案就是税法。

法，有方法、办法、法律的意思。税法就是税收机关征税的办法、纳税主体纳税的方法，是规范税收机关征税行为和纳税主体纳税行为的法律。从这个意义上说，税法就是调整税收机关和纳税主体双方之间税收关系的法律规范的总称。

广义上的税法是各种税收法律法规的总称，包括税收相关的法律、行政法规、地方性法规、国务院部门规章、地方政府规章、税务规范性文件。狭义上的税法仅指全国人民代表大会及其常务委员会制定的税收法律。

（二）税法的种类

根据《中华人民共和国立法法》（以下简称《立法法》）的规定，在我国，有权制定法律的立法机关包括全国人民代表大会和全国人民代表大会常务委员会，国务院，国务院各部、委员会、中国人民银行、审计署和具有行政管理职能的直属机构，省、自治区、直辖市、设区的市、自治州的人民代表大会及其常务委员会，省、自治区、直辖市和设区的市、自治州的人民政府。另外，根据国家税务总局制定的《税务规范性文件制定管理办法》，县以上税务机关有权依法制定税务规范性文件。

1.税收法律

全国人民代表大会和全国人民代表大会常务委员会行使国家立法权。全国人民代表大会制定和修改刑事、民事、国家机构的和其他基本法律。全国人民代表大会常务委员会制定和修改除应当由全国人民代表大会制定的法律以外的其他法律；在全国人民代表大会闭会期间，对全国人民代表大会制定的法律进行部分补充和修改。

我国目前已经制定的税收法律有《中华人民共和国税收征收管理法》（以下简称《税收征收管理法》）、《中华人民共和国个人所得税法》（以下简称《个人所得税法》）、《中华人民共和国企业所得税法》（以下简称《企业所得税法》）、《中华人民共和国车船税法》（以下简称《车船税法》）、《中华人民共和国环境保护税法》（以下简称《环境保护税法》）、《中华人民共和国烟叶税法》（以下简称《烟叶税法》）、《中华人民共和国船舶吨税法》（以下简称《船舶吨税法》）、《车辆购置税法》、《中华人民共和国耕地占用税法》（以下简称《耕地占用税法》）、《中华人民共和国资源税法》（以下简称《资源税法》）、《中华人民共和国城市维护建设税法》（以下简称《城市维护建设税法》）、《中华人民共和国契税法》（以下简称《契税法》）、《中华人民共和国印花税法》（以下简称《印花税法》）等十三部税法。《税收征收管理法》为税收程序法。税收程序法是指规定国家征税权行使程序和纳税人纳税义务履行程序的法律，其内容主要包括税收确定程序、税收征收程序、税收检查程序和税务争议解决程序对等。《个人所得税法》《企业所得税法》《车船税法》《环境保护税法》《烟叶税法》《船舶吨税法》《车辆购置税法》《耕地占用税法》《资源税法》《城市维护建设税法》《契税法》《印花税法》等十二部法律被称为税收实体法。税收实体法是规定税收主体的权利和义务的法律，其主要内容包括征纳税主体、征税对象、税率等。

2.行政法规

国务院根据宪法和法律，为执行法律的规定需要及宪法规定的国务院行政管理职权的事项制定行政法规。

如，国务院根据全国人民代表大会常务委员会授权制定的《中华人民共和国增值税暂行条例》（以下简称《增值税暂行条例》），根据《个人所得税法》规定制定的《中华人民共和国个人所得税法实施条例》，根据《企业所得税法》规定制定的《中华人民共和国企业所得税法实施条例》（以下简称《企业所得税法实施条例》），等等。

《立法法》规定，只能制定法律的事项尚未制定法律的，全国人民代表大会及其常务委员会有权授权国务院先制定行政法规。

根据授权，国务院制定了关于增值税、消费税、营业税、土地增值税、资源税和企业所得税的六个暂行条例，目前仍然生效的暂行条例包括《增值税暂行条例》和《中华人民共和国消费税暂行条例》（以下简称《消费税暂行条例》）。关于营业税、土地增值税、资源税和企业所得税的暂行条例目前已经被生效实施的税法废止。

3.地方性法规

省、自治区、直辖市的人民代表大会及其常务委员会可以根据本行政区域的具体情况和实际需要，就为执行法律、行政法规的规定，需要根据本行政区域的实际情况作具体规定的事项，以及属于地方性事务需要制定地方性法规的事项，在不同宪法、法律、行政法规相抵触的前提下，制定地方性法规。

如，根据《资源税法》，山东省人民代表大会常务委员会针对资源税具体适用税率、计征方式和免征或者减征办法通过了《山东省人民代表大会常务委员会关于山东省资源税具体适用税率、计征方式和免征或者减征办法的决定》。

4.国务院部门规章

国务院各部、委员会、中国人民银行、审计署和具有行政管理职能的直属机构，可以根据法律和国务院的行政法规、决定、命令，在本部门的权限范围内，制定规章。部门规章规定的事项应当属于执行法律或者国务院的行政法规、决定、命令的事项。

如，国家税务总局根据《增值税暂行条例》及其实施细则的有关规定制定了《增值税一般纳税人登记管理办法》。

5.地方政府规章

省、自治区、直辖市和设区的市、自治州的人民政府，可以根据法律、行政法规和本省、自治区、直辖市的地方性法规，为执行法律、行政法规、地方性法规的规定需要以及属于本行政区域的具体行政管理事项，制定地方政府规章。

如，根据《税收征收管理法》等有关法律、法规，浙江省人民政府制定了《浙江省税费服务和征管保障办法》。

6.税务规范性文件

县级以上税务机关在税务执法过程中可以根据法律的规定，在职权范围内制定在本辖区内具有约束力的税务规范性文件。

税务规范性文件，是指县以上税务机关依照法定职权和规定程序制定并发布的，影响纳税人、缴费人、扣缴义务人等税务行政相对人权利、义务，在本辖区内具有普遍约束力并在一定期限内反复适用的文件。

如，国家税务总局上海市税务局就上海市的印花税纳税期限发布了《关于印花税纳税期限的公告》，该公告仅在上海市范围内有效。

法律的效力高于行政法规、地方性法规、规章。行政法规的效力高于地方性法规、规章。地方性法规的效力高于本级和下级地方政府规章。

育人园地

诗话税收——《诗经》里　　　税史知多少　　　　税收的历史　　　新中国的钱袋子
的"税收故事"

思考

1.税收产生的原因是什么？

2.我国税收历史上比较著名的税收制度政策有哪些？

3.古代税收与现代税收的区别是什么？

■ 任务二　税法的构成要素

任务情境

我国当前已经制定了《企业所得税法》等十几部实体税法，这些实体税法在内容结构上有没有共同的规律？这些税法是由哪些"部件"构成的？

构成税法的基本构成单位被称为税法的构成要素。每部税法的具体构成要素是不一样的，但一般包括征税主体、纳税主体、征税对象、税率、纳税环节、纳税期限、纳税地点、税收优惠等。

分析《烟叶税法》的构成要素。

中华人民共和国烟叶税法

（2017年12月27日第十二届全国人民代表大会常务委员会第三十一次会议通过）

第一条　在中华人民共和国境内，依照《中华人民共和国烟草专卖法》的规定收购烟叶的单位为烟叶税的纳税人。纳税人应当依照本法规定缴纳烟叶税。

第二条　本法所称烟叶，是指烤烟叶、晾晒烟叶。

第三条　烟叶税的计税依据为纳税人收购烟叶实际支付的价款总额。

第四条　烟叶税的税率为百分之二十。

第五条　烟叶税的应纳税额按照纳税人收购烟叶实际支付的价款总额乘以税率计算。

第六条　烟叶税由税务机关依照本法和《中华人民共和国税收征收管理法》的有关规定征收管理。

第七条　纳税人应当向烟叶收购地的主管税务机关申报缴纳烟叶税。

第八条　烟叶税的纳税义务发生时间为纳税人收购烟叶的当日。

第九条　烟叶税按月计征，纳税人应当于纳税义务发生月终了之日起十五日内申报并缴纳税款。

第十条　本法自2018年7月1日起施行。2006年4月28日国务院公布的《中华人民共和国烟叶税暂行条例》同时废止。

任务概述

构成税法的基本单位被称为税法的构成要素。不同税法的构成要素不尽相同，一般包括征税主体、纳税主体、征税对象、税率、纳税环节、纳税期限、纳税地点、税收优惠等。这些税法的构成要素回答了该种税谁征税，对谁征税，对什么征税，征多少税，在什么环节、什么时间、什么地点征税等系列问题。

任务相关知识

构成税法的基本单位被称为税法的构成要素，简称"税法要素"。每一种实体税法都由不同的税法要素组成。

税法要素一般包括征税主体、纳税主体、征税对象、税率、纳税环节、纳税期限、纳税地点、税收优惠等。

一、征税主体

征税主体是指代表国家进行征税的行政机关。

税收的主体是国家，国家通常授权政府职能部门进行征税。在我国，代表国家征税的征税主体包括税务机关和海关。

我国的税务机构共设国家级税务机构、省级税务机构、市级税务机构和县级税务机构等四个等级，即最高级的国家税务总局，省、自治区、直辖市税务局，地区、省辖市、自治州（盟）税务局和县（市）、自治县（旗）税务局。基层税务分局和税务所按经济区划设置，作为市、县税务局的派出机构。各级机构都规定了具体职责。

中国海关，是我国的进出关境监督管理机关。中国海关在组织机构上分为三个层次：第一层次是海关总署。海关总署是中国海关的最高领导机关，是国务院下属的直属机构，统一管理全国海关；第二层次是广东分署，天津、上海2个特派员办事处，42个直属海关和2所海关学校（上海海关学院和中国海关管理干部学院）；第三层次是各直属海关下辖的562个隶属海关机构。

我国的关税和船舶吨税由海关征收，除此之外，海关还在进出口环节代征增值税和消费税。

二、纳税主体

纳税主体，又称纳税人或纳税义务人，是指直接负有纳税义务的单位和个人。如《车辆购置税法》规定，在中华人民共和国境内购置汽车、有轨电车、汽车挂车、排气量超过一百五十毫升的摩托车的单位和个人，为车辆购置税的纳税人。

纳税人不同于负税人，负税人是指最终负担税款的单位或个人。在通常情况下，纳税人纳税后税款由自己负担，在这种情况下纳税人同时也是负税人，如企业所得税。但有些税种的纳税人与负税人并不一致，如增值税的纳税人在向征税机关缴纳税款之后，将该税款在商品销售时连同商品价款一同向消费者收取，从而将税收负担转嫁给了消费者，商品销售者作为增值税的纳税人缴纳了增值税款但并不负担该增值税，消费者没有向税务机关缴纳增值税却负担了增值税，从而成为增值税的负税人。

纳税人也不同于代扣代缴义务人、代收代缴义务人和代征代缴义务人等代缴义务人。代缴义务人是法律规定的负有代扣代缴、代收代缴、代征代缴税款义务的单位或个人。如《个人所得税法》规定，个人所得税以所得人为纳税人，以支付所得的单位或者个人为代扣代缴义务人。另外，《消费税暂行条例》等相关法律规定，委托加工的应税消费品，除受托方为个人外，由受托方在向委托方交货时代收代缴税款，进口货物的消费税由海关代征代缴。因此，委托加工应税消费品的纳税人为委托人，受托方为代收代缴义务人；进口货物的单位和个人为进口货物消费税的纳税人，海关为代征代缴义务人。

三、征税对象

（一）征税对象、征税范围、税目

征税对象，又称征税客体，是指税法规定对什么征税。如个人所得税的征税对象为个人所得，消费税的征税对象是应税消费品（如烟、酒等），房产税的征税对象为房产。

征税对象是税法的最基本要素，是区分不同税种的主要标志。

有的税法规定了征税对象的具体范围，即征税范围，如《个人所得税法》第二条规定，下列各项个人所得，应当缴纳个人所得税：

（1）工资、薪金所得；

（2）劳务报酬所得；

（3）稿酬所得；

（4）特许权使用费所得；

（5）经营所得；

（6）利息、股息、红利所得；

（7）财产租赁所得；

（8）财产转让所得；

（9）偶然所得。

有的税法规定了征税对象的具体项目，即税目。例如，我国消费税的征税对象是应税消费品，相关法律具体规定了烟，酒，鞭炮、焰火，高档化妆品，成品油，贵重首饰及珠宝玉石，高尔夫球及球具，高档手表，游艇，木制一次性筷子，实木地板，摩托车，小汽车，电池，涂料等十五大类应税消费品。

（二）计税依据

计税依据又称税基，是税法规定的据以计算应征税款的依据或标准，是征税对象的量化表现。例如，我国的耕地占用税根据纳税人实际占用的耕地面积（平方米）计算，应纳税额为纳税人实际占用的耕地面积（平方米）乘以适用税额，即：耕地占用税应纳税额=纳税人实际占用的耕地面积（平方米）×适用税额。纳税人实际占用的耕地面积（平方米）即为耕地占用税的计税依据。

我国税法通常规定根据征税对象的价值量或数量计算税款，即从价计征和从量计征。

根据征税对象的价值量从价计算税额的，如我国的房产税。《中华人民共和国房产税暂行条例》（以下简称《房产税暂行条例》）规定，房产税依照房产原值一次减除10%至30%后的余值计算缴纳[①]。房产出租的，以房产租金收入为房产税的计税依据。

根据征税对象的数量从量计算税额的，如前述我国的耕地占用税。

比较特殊的是，我国的消费税相关法律规定，对卷烟和白酒两类应税消费品既根据其价值量又根据其数量复合计税，即从价从量复合计税，如表1-1所示。

表1-1　消费税税目税率表（略）

税　目	税　率
一、烟	
1.卷烟	
（1）甲类卷烟	45%加0.003元/支
（2）乙类卷烟	30%加0.003元/支
二、酒	
1.白酒	20%加0.5元/500克（或者500毫升）

四、税率

税率是应纳税额与计税依据之间的比例或额度，是计算税额的尺度。税率的高低直接决定了税额的多少。税率主要有比例税率、定额税率和累进税率三种基本形式。

（一）比例税率

对征税对象从价计税的，实行比例税率。比例税率，是指对课税对象按照一定的比例征税，有单一比例税率、差别比例税率、幅度比例税率等多种形式。

单一比例税率，是指对同一征税对象的所有纳税人都适用同一个比例税率，如我国车辆购置税的税率为10%。某消费者以100万元的价格（不含增值税）购买应税小汽车一辆，则该消费者应当缴纳的车辆购置税为10万元（100×10%=10）。

差别比例税率是指对一种税设两个或两个以上的税率，分不同情况按不同税率计算应纳税额的税率。例如，我国的城市维护建设税税率分为三档：①纳税人所在地在市区的，税率为7%；②纳税人所在地在县城、镇的，税率为5%；③纳税人所在地不在市区、县城或者镇的，税率为1%。

幅度比例税率，是指设定一个包括最高税率和最低税率的税收幅度，在这一税收幅度内，由地方政府确定本地区适用的具体税率。例如，《契税法》规定，契税税率为3%至5%[②]。

---

① 具体减除幅度，由省、自治区、直辖市人民政府规定。没有房产原值作为依据的，由房产所在地税务机关参考同类房产核定。

② 契税的具体适用税率，由省、自治区、直辖市人民政府在前款规定的税率幅度内提出，报同级人民代表大会常务委员会决定，并报全国人民代表大会常务委员会和国务院备案。

（二）定额税率

对征税对象从量计税的，实行定额税率。定额税率，又称固定税率，是指按征税对象的计量单位直接规定应纳税额的税率形式。征税对象的计量单位有吨、升、平方米、千立方米、辆等多种形式。例如，当前我国汽油的消费税税率为1.52元/升。

（三）累进税率

累进税率，是指同一征税对象，随着数量的增大或增长率的升高，征收比例随之提高的一种税率。在我国现行税法体制中，累进税率有超额累进税率和超率累进税率两种。

1.超额累进税率

超额累进税率是把征税对象的数额划分为若干等级，对每个等级的数额分别规定相应的税率，每个等级的数额分别计算税额，各级税额之和为应纳税额。

我国个人所得税对居民个人综合所得和经营所得实行超额累进税率，如表1-2所示。

表1-2　个人所得税税率表（一）（综合所得适用）

级数	全年应纳税所得额	税率（%）	速算扣除数
1	不超过36 000元的	3	0
2	超过36 000元至144 000元的部分	10	2 520
3	超过144 000元至300 000元的部分	20	16 920
4	超过300 000元至420 000元的部分	25	31 920
5	超过420 000元至660 000元的部分	30	52 920
6	超过660 000元至960 000元的部分	35	85 920
7	超过960 000元的部分	45	181 920

如我国某居民个人甲的全年综合所得应纳税所得额为10万元，如表1-2所示，甲36 000元部分所得适用的税率为3%，应纳税额为1 080元（36 000×3%=1 080）；36 000元到100 000元的部分，共计64 000元（100 000−36 000=64 000）所得，适用的税率为10%，该部分应纳税额为6 400元（64 000×10%=6 400）；甲需要纳税的个人所得税为7 480元（1 080+6 400=7 480）。

以上数额还可以通过100 000×10%−2 520=7 480（元）快速计算得出，其中2 520为速算扣除数。

小知识

速算扣除数是为了解决超额累进税率分级计算税额的复杂技术问题而预先计算出的一个数据，主要用于简化个人所得税的计算过程。在超额累进税率制度下，随着应纳税所得额的增加，适用的税率也会相应提高。速算扣除数的存在，使得纳税人能够按照全额累进税率先计算出税额，然后再减去这个预先算出的速算扣除数，从而得到实际应缴纳的税额。

2.超率累进税率

我国对土地增值税实行超率累进税率，土地增值税税率表如表1-3所示。

表1-3　土地增值税税率表

档次	增值额与扣除项目金额的比率	税率（%）	速算扣除系数	税额计算公式
1	未超过50%的部分	30	0	增值额30%
2	超过50%，未超过100%的部分	40	5%	增值额×40%−扣除项目金额×5%
3	超过100%，未超过200%的部分	50	15%	增值额×50%−扣除项目金额×15%
4	超过200%的部分	60	35%	增值额×60%−扣除项目金额×35%

超率累进税率与超额累进税率的原理相同，不同的是，超额累进税率以征税对象的数额为累进依据，而超率累进税率以征税对象的增长率为累进依据。在土地增值税中，以增值额与扣除项目金额的比率为累进依据。例如，某企业转让房地产一处，取得不含税收入1 400万元，可扣除项目金额总计为800万元，该房产的增值额为600万元（1 400−800=600），增值额与扣除项目金额的比率为75%（600÷800×100%=75%）。根据土地增值税税率表，增值额与扣除项目金额的比率未超过50%的部分，适用的税率为30%，超过50%且未超过100%的部分适用的税率为40%。增值额与扣除项目金额的比率未超过50%的部分为400万元（800×50%=400），适用的税率为30%，税额为120万元（400×30%=120）；增值额与扣除项目金额的比率超过50%且未超过100%部分为200万元（600−400=200），适用的税率为40%，税额为80万元（200×40%=80）。因此该企业需要缴纳的土地增值税税额为200万元（120+80=200）。

用速算扣除系数计算税额：增值额×40%−扣除项目金额×5%=600×40%−800×5%=200（万元）。

五、纳税环节

纳税环节是税法规定的征税对象从生产到消费的流转过程中应当缴纳税款的环节。如《中华人民共和国消费税法》（以下简称《消费税法》）规定，纳税人生产的应税消费品，于纳税人销售时纳税；委托加工的应税消费品，除受托方为个人外，由受托方在向委托方交货时代收代缴税款；进口的应税消费品，于报关进口时纳税。

按照征税环节的多少，可以将税种划分为一次课税制和多次课税制。一次课税制是指从商品的生产到商业零售环节，只征收一次税。如《消费税法》规定，对金银首饰于零售时纳税。多次课税制，是指同一税种在商品流转过程中选择两个及以上环节征税。如《消费税法》规定，对卷烟在生产和批发环节两次征税。

六、纳税期限

纳税期限，即纳税期，指纳税人缴纳税款的周期。

与纳税期限相关的概念还有纳税义务发生时间和纳税申报期限。

纳税义务发生时间，是指纳税人纳税义务产生的时间，纳税义务发生时间是一个"时间点"，从这个"时间点"开始，纳税人就产生了纳税义务。

从纳税义务发生时间开始，纳税人就产生了纳税义务，但纳税人通常并不需要即刻向征税机关缴纳税款，纳税人应当具体何时向税务机关缴纳税款由纳税期限和纳税申报期限确定。

纳税期限又称计税期间，是纳税人缴纳税款的周期，通常为一个时间段。例如，某增值税纳税人的纳税期限为一个月，那么该纳税人以一个月为周期计算应当缴纳的增值税款，也就是该纳税人按月缴纳增值税。《增值税暂行条例》规定，增值税的纳税期限分别为1日、3日、5日、10日、15日、1个月或者1个季度。纳税人的具体纳税期限，由主管税务机关根据纳税人应纳税额的大小分别核定。

纳税申报期限，是指纳税人在纳税期满之后向税务机关进行申报并缴纳税款的时间段。例如，《增值税暂行条例》规定，纳税人以1个月或者1个季度为1个纳税期的，自期满之日起15日内申报纳税。此"15日"即为该类纳税人的纳税申报期限。

如某增值税纳税人于2024年1月10日、20日、30日以直接收款的方式分别销售了一批货物，该增值税纳税人由税务机关核定的纳税期限为一个月，则该纳税人应当合并计算1月份三笔业务的增值税应纳税额，并在该月期满之日起15日内，也就是2月1日至2月15日期间，向税务机关申报缴纳。该纳税人实际于2月14日向税务机关申报缴纳了1月份的增值税应纳税款。则2024年1月10日、20日、30日分别为纳税义务发生时间，纳税期限为一个月，纳税申报期限为2月1日至2月15日，具体的纳税申报时间为2月14日。

七、纳税地点

纳税地点是指缴纳税款的场所。

纳税地点通常包括纳税人的住所地、营业地、财产所在地、特定行为发生地等。如《企业所得税法》规定，除另有规定外，居民企业以企业登记注册地为纳税地点；《房产税暂行条例》规定，房产税由房产所在地的税务机关征收；《增值税暂行条例》规定，进口货物应当向报关地海关申报纳税。

八、税收优惠

税收优惠是指税法对某些特定的纳税人和征税对象给予减轻或免除税收负担的一种措施，包括减税、免税、税收抵免、起征点、免征额等多种优惠形式。

减税是指对应纳税额减征一部分税款。

免税是指对应纳税额全部免征。

税收抵免是指准许纳税人将合乎规定的特殊支出，按比例或全部从应纳税额中扣除。例如，《企业所得税法》规定，企业购置并实际使用符合规定的环境保护、节能节水、安全生产等专用设备的，该专用设备的投资额的10%可以从企业当年的应纳税额中抵免。假设某企业某年度投资100万元购置并实际使用符合规定的环境保护设备，则该企业可以从当年的企业所得税应纳税额中抵免10万元（100×10%=10）。

税收起征点，是指对征税对象征税的起点数额，征税对象未达到起征点的，不征税；达到或超过起征点的，按照全部数额征税。例如，某地规定，自然人纳税人增值税按次缴纳的，起征点为每次应税交易额达到500元（含本数）。自然人甲销售一批货物，假设甲的交易额为499元，则甲销售该批货物无须缴纳增值税；假设甲的交易额为500元，则甲需要按照500元的交易额计算缴纳增值税。

税收免征额，是指对征税对象免于征税的数额，是按照一定标准从征税对象总额中预先减除的数额，免征额部分不征税，超过免征额的部分征税。例如：《个人所得税法》规定，我国居民个人工资薪金所得的免征额为每月5 000元，假设居民个人甲某月的工资收入为6 000元，则甲该月按照1 000元（6 000-5 000=1 000）的数额计算缴纳个人所得税。

育人园地

税款的旅行　　税收托起中国梦

思考

1.从国家、企业、个人层面分析税收发挥了哪些作用。

2.如何从发展角度看待税收的"民本思想"？

项目二

增值税法律制度

项目情境

当前，世界上有一百多个国家在征收增值税。增值税为什么能有如此广泛的影响？

增值税是我国当前最主要的税种，增值税收入占据了我国税收收入的半壁江山。为什么增值税在我国的税收规模如此巨大？

在中国，绝大多数人都没有向税务机关缴纳过增值税，但几乎每个人都是增值税负税人，几乎每天都在或多或少地负担（间接缴纳）着增值税。真的是这样吗？

本项目的学习能够帮助你找到以上问题的答案。

项目目标

一、知识目标

1.熟悉增值税的概念，掌握增值税的特征；

2.掌握增值税构成要素的基本内容；

3.掌握增值税的计税方法；

4.掌握增值税的税收优惠知识；

5.理解增值税纳税义务发生时间、纳税期限、申报期限三个概念的含义，掌握增值税纳税义务发生时间的规定。

二、技能目标

1.掌握增值税的征税范围，能够准确判断增值税的征税范围；

2.要求掌握增值税纳税人的分类标准，能够区分一般纳税人和小规模纳税人；

3.掌握各种税率和征收率的适用范围，能够正确判断适用的税率和征收率；

4.掌握增值税应纳税额的三种计算方法，能够正确计算增值税应纳税额；

5.掌握增值税的税收优惠措施，能够准确合理适用增值税税收优惠政策；

6.掌握增值税的征收管理，能够选择正确缴纳增值税。

三、育人目标

1.增强学生坚守税法底线、敬畏法律的意识；

2.培养学生依法纳税的法治意识；

3.培养学生精确计税、严谨细致的职业素养;

4.培养学生吃苦耐劳、团结协作、守正创新、勇于探索的精神;

5.培养学生自主分析问题能力,并能运用所学知识解决实际问题;

6.引导学生理解国家税收政策的背景意义,增强税法关乎国计,关乎民生的家国情怀;

7.增强学生"税收服务中国式现代化"理念,强化制度自信。

项目概述

增值税法律制度包括增值税的征税对象、计税方法、征税范围、纳税人、税率、税收优惠和税收管理等税法要素。

增值税就是以经营性交易中的增值额为征税对象所征收的一种税。假设某经营者花费20元购入原料,经加工后以50元的价格进行销售,显而易见,此50元销售价格中包含了20元的购入成本。如果对该经营者以50元的销售额征税,将会对该50元中的20元再次征税,因为税务机关对该20元已经在经营者购入原料时对该原料的销售者征过税。对50元再次征税显然会造成重复征税。为了避免重复征税,只需要对30元增值额征税。以增值额为征税对象的税收即为增值税。

在计税方法上,用对50元销售额所征收的税,减去对20元购入原料价款所征收的税,就是30元增值额所对应的增值税应纳税额。对50元销售额所征收的税称为销项税额,对20元购入原料已经征收的税称为进项税额,对30元增值额应征收的税为增值税应纳税额,用公式表示为:应纳税额=销项税额−进项税额。

在上述公式中,销项税额为销售额与税率的乘积,用公式表示为:销项税额=销售额×税率。进项税额在实践中并不需要重新计算,因为该税额在经营者购入原料时取得的发票上有记载。以上计算方法就是增值税应纳税额计算的一般计税方法,也就是用销项税额抵扣进项税额计算应纳税额的方法,又称为购进扣税法;因为使用发票抵扣进项税额,因此又称为发票扣税法。

使用一般计税方法计算增值税款,需要纳税人会计核算健全,能够向税务机关提供准确的税务资料。如果企业规模较小,会计核算不健全,不能提供准确税务资料,则无法使用购进扣税法。对这些企业,税务机关采用直接用销售额乘以征收率的简易方法计算税款,用公式表示为:应纳税额=销售额×征收率。这就是增值税应税交易计算税款的另外一种方法——简易计税方法。

企业规模较小,会计核算不健全的纳税人被称为增值税小规模纳税人。年应税销售额超过500元的企业应当到税务机关登记,成为增值税一般纳税人。小规模纳税人采用简易计税方法计算税款,一般纳税人通常使用一般计税方法计算税款,但一般纳税人如果因无法取得发票等不能采用一般计税方法的,也采用简易计税方法。

增值税对经营性交易征税,其范围包括销售货物、销售劳务、销售服务、销售无形资产、销售不动产和进口货物。

增值税的税率有13%、9%、6%和0%四档,征收率为3%。

增值税的税收优惠包括增值税起征点、增值税减免、小规模纳税人免税和增值税即征即退等多种方式。

📋 项目知识树

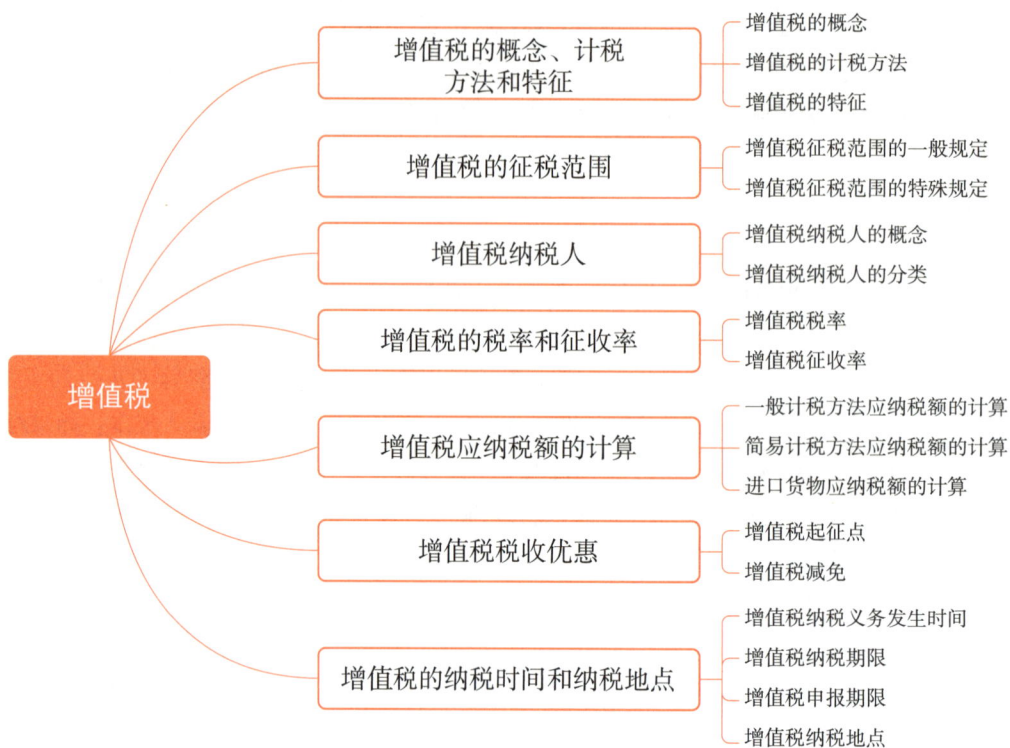

📑 项目法规

中华人民共和国增值税暂行条例

（1993年12月13日中华人民共和国国务院令第134号公布 2008年11月5日国务院第34次常务会议修订通过 根据2016年2月6日《国务院关于修改部分行政法规的决定》第一次修订 根据2017年11月19日《国务院关于废止〈中华人民共和国营业税暂行条例〉和修改〈中华人民共和国增值税暂行条例〉的决定》第二次修订）

第一条 在中华人民共和国境内销售货物或者加工、修理修配劳务（以下简称劳务），销售服务、无形资产、不动产以及进口货物的单位和个人，为增值税的纳税人，应当依照本条例缴纳增值税。

第二条 增值税税率：

（一）纳税人销售货物、劳务、有形动产租赁服务或者进口货物，除本条第二项、第四项、第五项另有规定外，税率为17%。

（二）纳税人销售交通运输、邮政、基础电信、建筑、不动产租赁服务，销售不动产，转让土地使用权，销售或者进口下列货物，税率为11%：

1.粮食等农产品、食用植物油、食用盐；

2.自来水、暖气、冷气、热水、煤气、石油液化气、天然气、二甲醚、沼气、居民用煤炭制品；

3.图书、报纸、杂志、音像制品、电子出版物；

4.饲料、化肥、农药、农机、农膜；

5.国务院规定的其他货物。

（三）纳税人销售服务、无形资产，除本条第一项、第二项、第五项另有规定外，税率为6%。

（四）纳税人出口货物，税率为零；但是，国务院另有规定的除外。

（五）境内单位和个人跨境销售国务院规定范围内的服务、无形资产，税率为零。

税率的调整，由国务院决定。

第三条 纳税人兼营不同税率的项目，应当分别核算不同税率项目的销售额；未分别核算销售额的，从高适用税率。

第四条 除本条例第十一条规定外，纳税人销售货物、劳务、服务、无形资产、不动产（以下统称应税销售行为），应纳税额为当期销项税额抵扣当期进项税额后的余额。应纳税额计算公式：

$$应纳税额＝当期销项税额－当期进项税额$$

当期销项税额小于当期进项税额不足抵扣时，其不足部分可以结转下期继续抵扣。

第五条 纳税人发生应税销售行为，按照销售额和本条例第二条规定的税率计算收取的增值税额，为销项税额。销项税额计算公式：

$$销项税额＝销售额×税率$$

第六条 销售额为纳税人发生应税销售行为收取的全部价款和价外费用，但是不包括收取的销项税额。销售额以人民币计算。纳税人以人民币以外的货币结算销售额的，应当折合成人民币计算。

第七条 纳税人发生应税销售行为的价格明显偏低并无正当理由的，由主管税务机关核定其销售额。

第八条 纳税人购进货物、劳务、服务、无形资产、不动产支付或者负担的增值税额，为进项税额。

下列进项税额准予从销项税额中抵扣：

（一）从销售方取得的增值税专用发票上注明的增值税额。

（二）从海关取得的海关进口增值税专用缴款书上注明的增值税额。

（三）购进农产品，除取得增值税专用发票或者海关进口增值税专用缴款书外，按照农产品收购发票或者销售发票上注明的农产品买价和11%的扣除率计算的进项税额，国务院另有规定的除外。进项税额计算公式：

$$进项税额＝买价×扣除率$$

（四）自境外单位或者个人购进劳务、服务、无形资产或者境内的不动产，从税务机关或者扣缴义务人取得的代扣代缴税款的完税凭证上注明的增值税额。

准予抵扣的项目和扣除率的调整，由国务院决定。

第九条 纳税人购进货物、劳务、服务、无形资产、不动产，取得的增值税扣税凭证不符合法律、行政法规或者国务院税务主管部门有关规定的，其进项税额不得从销项税额中抵扣。

第十条 下列项目的进项税额不得从销项税额中抵扣：

（一）用于简易计税方法计税项目、免征增值税项目、集体福利或者个人消费的购进货物、劳务、服务、无形资产和不动产；

（二）非正常损失的购进货物，以及相关的劳务和交通运输服务；

（三）非正常损失的在产品、产成品所耗用的购进货物（不包括固定资产）、劳务和交通运输服务；

（四）国务院规定的其他项目。

第十一条 小规模纳税人发生应税销售行为，实行按照销售额和征收率计算应纳税额的简易办法，并不得抵扣进项税额。应纳税额计算公式：

$$应纳税额＝销售额×征收率$$

小规模纳税人的标准由国务院财政、税务主管部门规定。

第十二条 小规模纳税人增值税征收率为3%，国务院另有规定的除外。

第十三条 小规模纳税人以外的纳税人应当向主管税务机关办理登记。具体登记办法由国务院税务主管部门制定。

小规模纳税人会计核算健全，能够提供准确税务资料的，可以向主管税务机关办理登记，不作为小规模纳税人，依照本条例有关规定计算应纳税额。

第十四条 纳税人进口货物，按照组成计税价格和本条例第二条规定的税率计算应纳税额。组成计税价格和应纳税额计算公式：

$$组成计税价格＝关税完税价格＋关税＋消费税$$

$$应纳税额＝组成计税价格×税率$$

第十五条 下列项目免征增值税：

（一）农业生产者销售的自产农产品；

（二）避孕药品和用具；

（三）古旧图书；

（四）直接用于科学研究、科学试验和教学的进口仪器、设备；

（五）外国政府、国际组织无偿援助的进口物资和设备；

（六）由残疾人的组织直接进口供残疾人专用的物品；

（七）销售的自己使用过的物品。

除前款规定外，增值税的免税、减税项目由国务院规定。任何地区、部门均不得规定免税、减税项目。

第十六条 纳税人兼营免税、减税项目的，应当分别核算免税、减税项目的销售额；未分别核算销售额的，不得免税、减税。

第十七条 纳税人销售额未达到国务院财政、税务主管部门规定的增值税起征点的，免征增值税；达到起征点的，依照本条例规定全额计算缴纳增值税。

第十八条 中华人民共和国境外的单位或者个人在境内销售劳务，在境内未设有经营机构的，以其境内代理人为扣缴义务人；在境内没有代理人的，以购买方为扣缴义务人。

第十九条 增值税纳税义务发生时间：

（一）发生应税销售行为，为收讫销售款项或者取得索取销售款项凭据的当天；先开具发票的，为开具发票的当天。

（二）进口货物，为报关进口的当天。

增值税扣缴义务发生时间为纳税人增值税纳税义务发生的当天。

第二十条 增值税由税务机关征收，进口货物的增值税由海关代征。

个人携带或者邮寄进境自用物品的增值税，连同关税一并计征。具体办法由国务院关税税则委员会会同有关部门制定。

第二十一条 纳税人发生应税销售行为，应当向索取增值税专用发票的购买方开具增值税专用发票，并在增值税专用发票上分别注明销售额和销项税额。

属于下列情形之一的，不得开具增值税专用发票：

（一）应税销售行为的购买方为消费者个人的；

（二）发生应税销售行为适用免税规定的。

第二十二条 增值税纳税地点：

（一）固定业户应当向其机构所在地的主管税务机关申报纳税。总机构和分支机构不在同一县（市）的，应当分别向各自所在地的主管税务机关申报纳税；经国务院财政、税务主管部门或者其授权的财政、税务机关批准，可以由总机构汇总向总机构所在地的主管税务机关申报纳税。

（二）固定业户到外县（市）销售货物或者劳务，应当向其机构所在地的主管税务机关报告外出经营事项，并向其机构所在地的主管税务机关申报纳税；未报告的，应当向销售地或者劳务发生地的主管税务机关申报纳税；未向销售地或者劳务发生地的主管税务机关申报纳税的，由其机构所在地的主管税务机关补征税款。

（三）非固定业户销售货物或者劳务，应当向销售地或者劳务发生地的主管税务机关申报纳税；未向销售地或者劳务发生地的主管税务机关申报纳税的，由其机构所在地或者居住地的主管税务机关补征税款。

（四）进口货物，应当向报关地海关申报纳税。

扣缴义务人应当向其机构所在地或者居住地的主管税务机关申报缴纳其扣缴的税款。

第二十三条 增值税的纳税期限分别为1日、3日、5日、10日、15日、1个月或者1个季度。纳税人的具体纳税期限，由主管税务机关根据纳税人应纳税额的大小分别核定；不能按照固定期限纳税的，可以按次纳税。

纳税人以1个月或者1个季度为1个纳税期的，自期满之日起15日内申报纳税；以1日、3日、5日、10日或者15日为1个纳税期的，自期满之日起5日内预缴税款，于次月1日起15日内申报纳税并结清上月应纳税款。

扣缴义务人解缴税款的期限，依照前两款规定执行。

第二十四条　纳税人进口货物，应当自海关填发海关进口增值税专用缴款书之日起15日内缴纳税款。

第二十五条　纳税人出口货物适用退（免）税规定的，应当向海关办理出口手续，凭出口报关单等有关凭证，在规定的出口退（免）税申报期内按月向主管税务机关申报办理该项出口货物的退（免）税；境内单位和个人跨境销售服务和无形资产适用退（免）税规定的，应当按期向主管税务机关申报办理退（免）税。具体办法由国务院财政、税务主管部门制定。

出口货物办理退税后发生退货或者退关的，纳税人应当依法补缴已退的税款。

第二十六条　增值税的征收管理，依照《中华人民共和国税收征收管理法》及本条例有关规定执行。

第二十七条　纳税人缴纳增值税的有关事项，国务院或者国务院财政、税务主管部门经国务院同意另有规定的，依照其规定。

第二十八条　本条例自2009年1月1日起施行。

■ 任务一　增值税的概念、计税方法和特征

任务情境

增值税的起源[1]

增值税（VAT，value added tax）的概念最早由美国耶鲁大学教授亚当斯（Thomas S. Adams）提出。1917 年，亚当斯发表《商业税》一文，他在该文中指出：对营业毛利课税比对利润课税好得多。亚当斯的这种营业毛利税成为现代增值税的雏形。

虽然增值税的经济学理论最早起源于美国，但是，最早实施增值税制度的却是法国。1954 年，法国成为全世界第一个开征增值税的国家。法国国税总局局长助理莫里斯·洛雷推动了增值税的制定与实施，也因此荣获了"增值税之父"的头衔。之后，增值税逐步得到国际社会的认可，被很多国家采用。据统计，截至 2016 年，世界上已经有 160 多个国家或地区开征了增值税。

增值税在中国[2]

增值税最早进入中国是在 1979 年，当时增值税只在机器机械和农业机具两个行业范围内试点。1994 年，《中华人民共和国增值税暂行条例》开始实施，条例规定对所有货物和加工修理修配劳务统一征收增值税，对其他劳务、不动产和无形资产征收营业税，这就形成了增值税、营业税二元并存的局面。2012 年，中国启动营业税改征增值税试点，增值税的征收范围不断扩大，从 2016 年 5 月 1 日起，中国全面实施增值税。

增值税已经成为中国当前最大的税种。增值税由税务机关负责征收，税收收入中 50% 为中央财政收入，50% 为地方收入。进口环节的增值税由海关负责征收，全部为中央财政收入。

一图了解增值税的前世今生　　2 分钟动画读懂营改增　　国家税务总局：我国已经基本建立现代增值税制度

增值税法

1993 年 12 月 13 日，国务院发布了《中华人民共和国增值税暂行条例》。

1993 年 12 月 25 日，财政部印发了《中华人民共和国增值税暂行条例实施细则》。

2016 年 3 月 23 日，经国务院批准，财政部、国家税务总局联合印发了《关于全面推开营业税改征增值税试点的通知》（财税〔2016〕36 号），自 2016 年 5 月 1 日起，全面推开营业税改征增值税试点，原营业税纳税人改为缴纳增值税。

2019 年 11 月 27 日，财政部、国家税务总局就《中华人民共和国增值税法（征求意见稿）》向社会公开征求意见。2020 年 5 月，财政部、国家税务总局向国务院报送了增值税法草案送审稿。2022 年 12 月 27 日，增值税法草案提请全国人大常委会会议首次审议；2023 年 8 月 28 日，增值税法草案提请全国人大常委会会

---

[1]　参考文献：郑家驹. 增值税理论之产生、发展及争议［J］. 福建税务，1994（5）：54-56.

[2]　参考文献：《人民日报海外版》（2016 年 4 月 12 日）的报道.

议二次审议，增值税立法再进一程。

中华人民共和国
增值税暂行条例

增值税暂行条
例实施细则

《中华人民共和国增值税
法》(草案二次审议稿)

任务概述

增值税就是对在中华人民共和国境内销售货物、劳务、服务、无形资产、不动产，以及进口货物的单位和个人，就其销售货物、劳务、服务、无形资产、不动产的增值额和进口货物的价值额征收的一种税。

对于增值税应税交易，应当按照一般计税方法计算缴纳增值税，国务院规定适用简易计税方法的除外。

一般计税方法，又称为购进扣税法，或税款抵扣制，是指用销项税额减除进项税额来计算应纳税额的方法，用公式表示为：应纳税额＝销项税额－进项税额。一般计税方法要求纳税人能够按照国家统一的会计制度规定设置账簿，能够凭合法、有效的凭证核算出进项税额和销项税额。对于财务核算不健全，不能准确核算进项税额和销项税额的单位，以及个体户和自然人，采用用应税交易销售额乘以征收率计算税额的简易计税方法，用公式表示为：应纳税额＝销售额×征收率。

对进口货物，按照组成计税价格乘以适用税率计算缴纳增值税，用公式表示为：应纳税额＝组成计税价格×税率。组成计税价格，为关税计税价格加上关税和消费税，用公式表示为：组成计税价格＝关税计税价格＋关税＋消费税。

任务相关知识

一、增值税的概念

从2016年5月1日起，我国全面实施增值税改营业税（简称营改增）。我国为什么要营改增？

营业税是对纳税人就其所取得的营业额征收的一种税。例如，某纺纱厂以20元的价格购入棉花，加工成纱线后以50元的价格销售给织布厂，织布厂将纱线加工成布匹以后以80元的价格销售给制衣厂，制衣厂将布匹加工成服装以后以100元的价格销售给消费者。如果按照营业税征收的话，纺纱厂、织布厂、制衣厂分别都要按照各自50元、80元、100元的营业额缴纳营业税。征收营业税存在一个问题，那就是这件衣服中的棉花部分被重复征税了3次、纱线部分被重复征税了2次、布匹部分被重复征税了1次。每一次重复征税都将造成产品的成本上升，不利于产品的销售。可见，营业税存在重复征税的缺陷，这种缺陷容易促使企业采用"大而全""小而全"的经营模式，不利于社会分工，降低了社会生产效率。

增值税能克服营业税重复征税的弊端。简单地说，增值税是以单位和个人生产经营过程中取得的增值额为征税对象征收的一种税。增值即为增加的价值，增值额就是增加的价值数额。在生产经营中，增值额表现为商品提升的价格。继续上面的例子，纺纱厂以20元的价格购入棉花，加工成纱线后以50元的价格销售给织布厂，增值30元，如果改征增值税，纺纱厂只需要按照30元的增值额缴纳增值税。同样的道理，织布厂只需要按照30元的增值额缴纳增值税；制衣厂只需要按照20元的增值额缴纳增值税。这样，这件衣服分别被按照30元、30元、20元的增值额而不是按照50元、80元、100元的销售额征税，避免了重复征税。

根据《增值税法》相关规定，在中华人民共和国境内销售货物、劳务、服务、无形资产、不动产，以及进口货物的单位和个人，为增值税的纳税人，应当依法缴纳增值税。

对于在中华人民共和国境内销售货物、劳务、服务、无形资产、不动产的单位和个人，按照其销售货物、劳务、服务、无形资产、不动产的增值额征收增值税。

对进口货物，并不是按照进口货物的增值额，而是按照进口货物的价值额（由进口货物完税价格、进口货物关税和进口货物消费税组成的"组成计税价格"）计征增值税。

因此，增值税就是对在中华人民共和国境内销售货物、劳务、服务、无形资产、不动产，以及进口货物的单位和个人，就其销售货物、劳务、服务、无形资产、不动产的增值额和进口货物的价值额征收的一种税。

二、增值税的计税方法

对于增值税应税交易，应当按照一般计税方法计算缴纳增值税，国务院规定适用简易计税方法的除外。对进口货物，按照组成计税价格乘以适用税率计算缴纳增值税。

（一）一般计税方法

对于增值税应税交易，增值税是以单位和个人生产经营过程中取得的增值额为征税对象征收的一种税。例如，一件产品被以 100 元的价格购入，该产品被加工增值后以 120 的价格对外销售，假设不考虑其他因素，该商品在此环节增值 20 元（120-100=20）。假设对该增值适用的税率为 13%，则该 20 元增值应当缴纳的税款为 2.6 元（20×13%=2.6）。

对于增值税的计算，还可以采用这种方法：用对 120 元价值应当征收的增值税额 15.6 元（120×13%=15.6）减去 100 价值应当征收的税额 13 元（100×13%=13），即为对 20 增值额应当征收的税额 2.6 元（15.6-13=2.6）。

商品销售时按照销售额乘以适用的税率计算的税额，称为销项税额。商品被购入时经营者支付或者负担的增值税税额，称为进项税额。销项税额扣除进项税额即为本次商品增值部分对应的增值税应纳税额。这种用销项税额扣除进项税额来计算增值税应纳税额的方法即为增值税应纳税额计算的一般计税方法，又称为购进扣税法，用公式表示为：应纳税额=销项税额-进项税额。

（二）简易计税方法

一般计税方法就是用销项税额抵扣进项税额的方法来计算增值税，一般计税方法要求纳税人能够按照国家统一的会计制度规定设置账簿，能够凭合法、有效的凭证核算出进项税额和销项税额。对于财务核算不健全，不能准确核算进项税额和销项税额的单位，以及个体户和自然人，用销售额乘以征收率的简易方法计算税款，用公式表示为：

$$应纳税额=销售额×征收率$$

增值税征收率是采用简易计税方法计算税款时应纳税额与销售额的比率。采用征收率计税的，不得抵扣进项税额。

（三）进口货物增值税计税方法

进口货物，按照组成计税价格乘以适用税率计算缴纳增值税。组成计税价格，为关税计税价格加上关税和消费税。具体见任务五增值税应纳税额的计算。

三、增值税的特征

增值税具有以下特征：

（一）税基广泛，征收具有普遍性和连续性

增值税具有广泛的税基。从生产经营的横向关系看，无论是工业、商业或者劳务服务活动，只要是经营性增值就要缴纳增值税；从生产经营的纵向关系看，每一件货物无论经历多少经营环节，每个环节都要缴纳增值税。

（二）对增值额进行征税，避免了重复征税

增值税只对销售额中没有征过税的那部分增值额征税，避免了重复征收。

（三）实行税款抵扣制度

增值税采用从销售总额的应纳税款中扣除外购项目已纳税款的税款抵扣法，也就是用销项税额减除进项税额的方法来计算税款。

（四）在税收征管上可以相互制约，交叉审计

在增值税税款抵扣制度中，增值税专用发票发挥着非常重要的作用。销售方销售时开具的增值税专用发票，既是销售方计算销项税额的依据，又是购买方计算进项税额的依据。这样发票把买卖双方连为一体，并形成一个有机的扣税链条，如果哪一个环节少交了税，必然导致下一个环节多交税，这样在增值税的税收征管上可以相互制约，交叉审计。

（五）是价外税

在我国当前十八个税种中，只有增值税属于价外税。在增值税税款的计算中，增值税税款不包括在计税价格中。销售总价中，不属于增值税的部分形成销售方的收入，增值税税款部分则随着商品的流转，转嫁给了购买方，由购买方承担。向购买方收取的价款总额中包含的税额，账务上不计入收入，不影响企业的损益。增值税是典型的价外税。

（六）税负具有转嫁性

增值税逐环节征税，逐环节扣税，税款随着货物的销售逐环节转移，最终由消费者承担，消费者成了全部税款的负担者，增值税具有转嫁性。

育人园地

增值税成长史

思考

1.为什么要征收增值税？
2.我国增值税制度改革的原因是什么？

■ 任务二　增值税的征税范围

任务情境

甲企业为一生产企业，以生产销售土特产品为主。某年春节前夕，甲企业将自产的市场销售价格为 11.3 万元的土特产品赠送给客户，用以维护关系。甲企业将自产的商品赠送给客户需要缴纳增值税吗？

任务概述

增值税的征税范围包括销售货物、销售劳务、销售服务、销售无形资产、销售不动产和进口货物。

销售，是指有偿转让货物的所有权、有偿提供服务、有偿转让无形资产或者不动产。

在性质上，这里的销售是以营利为目的的经营性销售，无偿的公益事业项目、被保险人获得的保险赔付、代收的住宅专项维修资金等不以营利为目的的项目不属于增值税的征税范围。

在形式上，这里的销售包括销售、代销、货物在同一纳税人不同机构间移送、将货物用于非增值税应税项目、集体福利、个人消费、投资、赠送、分配等多种形式。

在空间范围上，这里的销售指的是境内销售。我国只对发生在中国境内的应税交易征收增值税，确定一项经济行为是否需要缴纳增值税，首先需要判断该行为是否属于境内应税行为。

任务相关知识

增值税相关文件对增值税的征税范围做了规定。

一、增值税征税范围的一般规定

增值税的征税范围包括销售货物、销售劳务、销售服务、销售无形资产、销售不动产和进口货物。

（一）销售货物

销售货物，是指有偿转让货物的所有权。货物，是指有形动产，包括电力、热力、气体在内。有偿，是指从购买方取得货币、货物或者其他经济利益。

（二）销售劳务

这里的劳务是指加工、修理、修配劳务。单位或者个体工商户聘用的员工为本单位或者雇主提供加工、修理修配劳务，不包括在内。

加工，是指受托加工货物，即委托方提供原料及主要材料，受托方按照委托方的要求，制造货物并收取加工费的业务。修理，是指受托对损伤和丧失功能的货物进行修复，使其恢复原状和功能的业务。修配，是指对原状、功能的增加或提升。

（三）销售服务

增值税应税交易服务包括交通运输服务、邮政服务、电信服务、建筑服务、金融服务、现代服务和生活服务七大类。

1.交通运输服务

交通运输服务，是指利用运输工具将货物或者旅客送达目的地，使其空间位置得到转移的业务活动。

交通运输服务包括陆路运输服务、水路运输服务、航空运输服务和管道运输服务。

（1）陆路运输服务。

陆路运输服务，是指通过陆路（地上或者地下）运送货物或者旅客的运输业务活动，包括铁路运输服务、公路运输、缆车运输、索道运输、地铁运输、城市轻轨运输等。

出租车公司向使用本公司自有出租车的出租车司机收取的管理费用，按照陆路运输服务缴纳增值税。

（2）水路运输服务。

水路运输服务，是指通过江、河、湖、川等天然、人工水道或者海洋航道运送货物或者旅客的运输业务活动。

水路运输的程租、期租业务，属于水路运输服务。

程租业务，是指运输企业为租船人完成某一特定航次的运输任务并收取租赁费的业务。

期租业务，是指运输企业将配备有操作人员的船舶承租给他人使用一定期限，承租期内听候承租方调遣，不论是否经营，均按天向承租方收取租赁费，发生的固定费用均由船东负担的业务。

（3）航空运输服务。

航空运输服务，是指通过空中航线运送货物或者旅客的运输业务活动。

航空运输的湿租业务，属于航空运输服务。湿租业务，是指航空运输企业将配备有机组人员的飞机承租给他人使用一定期限，承租期内听候承租方调遣，不论是否经营，均按一定标准向承租方收取租赁费，发生的固定费用均由承租方承担的业务。

航天运输服务，按照航空运输服务缴纳增值税。航天运输服务，是指利用火箭等载体将卫星、空间探测器等空间飞行器发射到空间轨道的业务活动。

（4）管道运输服务。

管道运输服务，是指通过管道设施输送气体、液体、固体物质的运输业务活动。

无运输工具承运业务，按照交通运输服务缴纳增值税。无运输工具承运业务，是指经营者以承运人身份与托运人签订运输服务合同，收取运费并承担承运人责任，然后委托实际承运人完成运输服务的经营活动。

2.邮政服务

邮政服务，是指由中国邮政集团公司及其所属的邮政速递物流公司、邮政储蓄银行等邮政企业提供的邮件寄递、邮政汇兑和机要通信等服务，如邮寄信函、邮寄包裹、报刊发行、邮品销售、邮政汇兑、邮政代理等。

邮政服务限定于中国邮政集团公司及其所属企业提供。

3.电信服务

电信，即电子通信，即利用电子技术进行信息传递。电信服务，是指利用有线固定网、无线移动网等网络元素提供的语音、图像、短信等电子信息的传送、发射、接收等服务。

电信服务包括基础电信服务和增值电信服务。

（1）基础电信服务。

基础电信服务，是指语音通话服务，以及出租或者出售带宽、波长等网络元素的业务活动。

（2）增值电信服务。

增值电信服务，是指短信和彩信服务、电子数据和信息的传输及应用服务、互联网接入等服务。

卫星电视信号落地转接服务，按照增值电信服务缴纳增值税。

4.建筑服务

建筑服务，是指各类建筑物、构筑物及其附属设施的建造、修缮、装饰，线路、管道、设备、设施等的安装以及其他工程作业的业务活动。

建筑服务包括工程服务、安装服务、修缮服务、装饰服务和其他建筑服务。

建筑物，包括住宅、商业营业用房、办公楼等可供居住、工作或者进行其他活动的建造物。构筑物，包括道路、桥梁、隧道、水坝等建造物。

（1）工程服务。

工程服务，是指新建、改建各种建筑物、构筑物的工程作业，包括与建筑物相连的各种设备或者支柱、操作平台的安装或者装设工程作业，以及各种窑炉和金属结构工程作业。

（2）安装服务。

安装服务，是指生产设备、动力设备、起重设备、运输设备、传动设备、医疗实验设备以及其他各种设备、设施的装配、安置工程作业，包括与被安装设备相连的工作台、梯子、栏杆的装设工程作业，以及被安装设备的绝缘、防腐、保温、油漆等工程作业。

固定电话、有线电视、宽带、水、电、燃气、暖气等经营者向用户收取的安装费、初装费、开户费、扩容费以及类似收费，按照安装服务缴纳增值税。

（3）修缮服务。

修缮服务，是指对建筑物、构筑物进行修补、加固、养护、改善，使之恢复原来的使用价值或者延长其使用期限的工程作业。

（4）装饰服务。

装饰服务，是指对建筑物、构筑物进行修饰装修，使之美观或者具有特定用途的工程作业。

（5）其他建筑服务。

其他建筑服务，是指上列工程作业之外的各种工程作业服务，如钻井（打井）、拆除建筑物或者构筑物、平整土地、园林绿化、疏浚（不包括航道疏浚）、建筑物平移、搭脚手架、爆破、矿山穿孔、表面附着物（包括岩层、土层、沙层等）剥离和清理等工程作业。

5.金融服务

金融服务，是指经营金融保险的业务活动。

金融服务包括贷款服务、直接收费金融服务、保险服务和金融商品转让。

（1）贷款服务。

贷款，是指将资金贷与他人使用而取得利息收入的业务活动。各种占用、拆借资金取得的收入，包括金融商品持有期间（含到期）利息（保本收益、报酬、资金占用费、补偿金等）收入、信用卡透支利息收入、买入返售金融商品利息收入、融资融券收取的利息收入，以及融资性售后回租、押汇、罚息、票据贴现、转贷等业务取得的利息及利息性质的收入，按照贷款服务缴纳增值税。

融资性售后回租，是指承租方以融资为目的，将资产出售给从事融资性售后回租业务的企业后，从事融资性售后回租业务的企业将该资产出租给承租方的业务活动。

以货币资金投资收取的固定利润或者保底利润，按照贷款服务缴纳增值税。

（2）直接收费金融服务。

直接收费金融服务，是指为货币资金融通及其他金融业务提供相关服务并且收取费用的业务活动，包括提供货币兑换、账户管理、电子银行、信用卡、信用证、财务担保、资产管理、信托管理、基金管理、金融交易场所（平台）管理、资金结算、资金清算、金融支付等服务。

（3）保险服务。

保险服务包括人身保险服务和财产保险服务。

人身保险服务，是指以人的寿命和身体为保险标的的保险业务活动。

财产保险服务，是指以财产及其有关利益为保险标的的保险业务活动。

（4）金融商品转让。

金融商品转让，是指转让外汇、有价证券、非货物期货和其他金融商品所有权的业务活动。

6.现代服务

现代服务，是指围绕制造业、文化产业、现代物流产业等提供技术性、知识性服务的业务活动。

现代服务包括研发和技术服务、信息技术服务、文化创意服务、物流辅助服务、租赁服务、鉴证咨询服务、广播影视服务、商务辅助服务和其他现代服务。

（1）研发和技术服务。

研发和技术服务，包括研发服务、合同能源管理服务、工程勘察勘探服务、专业技术服务。

研发服务，也称技术开发服务，是指就新技术、新产品、新工艺或者新材料及其系统进行研究与试验开发的业务活动。

合同能源管理服务，是指节能服务公司与用能单位以契约形式约定节能目标，节能服务公司提供必要的服务，用能单位以节能效果支付节能服务公司投入及其合理报酬的业务活动。

工程勘察勘探服务，是指在采矿、工程施工前后，对地形、地质构造、地下资源蕴藏情况进行实地调查的业务活动。

专业技术服务，是指气象服务、地震服务、海洋服务、测绘服务、城市规划、环境与生态监测服务等专项技术服务。

（2）信息技术服务。

信息技术服务，是指利用计算机、通信网络等技术对信息进行生产、收集、处理、加工、存储、运输、检索和利用，并提供信息服务的业务活动。

信息技术服务包括软件服务、电路设计及测试服务、信息系统服务、业务流程管理服务和信息系统增值服务。

软件服务，是指提供软件开发服务、软件维护服务、软件测试服务的业务活动。

电路设计及测试服务，是指提供集成电路和电子电路产品设计、测试及相关技术支持服务的业务活动。

信息系统服务，是指提供信息系统集成、网络管理、网站内容维护、桌面管理与维护、信息系统应用、基础信息技术管理平台整合、信息技术基础设施管理、数据中心、托管中心、信息安全服务、在线杀毒、虚拟主机等业务活动，包括网站对非自有的网络游戏提供的网络运营服务。

业务流程管理服务，是指依托信息技术提供的人力资源管理、财务经济管理、审计管理、税务管理、物流信息管理、经营信息管理和呼叫中心等服务的活动。

信息系统增值服务，是指利用信息系统资源为用户附加提供的信息技术服务。包括数据处理、分析和整合、数据库管理、数据备份、数据存储、容灾服务、电子商务平台等。

（3）文化创意服务。

文化创意服务，包括设计服务、知识产权服务、广告服务和会议展览服务。

设计服务，是指把计划、规划、设想通过文字、语言、图画、声音、视觉等形式传递出来的业务活动，包括工业设计、内部管理设计、业务运作设计、供应链设计、造型设计、服装设计、环境设计、平面设计、包装设计、动漫设计、网游设计、展示设计、网站设计、机械设计、工程设计、广告设计、创意策划、文印晒图等。

知识产权服务，是指处理知识产权事务的业务活动，包括对专利、商标、著作权、软件、集成电路布图设计的登记、鉴定、评估、认证、检索服务。

广告服务，是指利用图书、报纸、杂志、广播、电视、电影、幻灯、路牌、招贴、橱窗、霓虹灯、灯箱、互联网等各种形式为客户的商品、经营服务项目、文体节目或者通告、声明等委托事项进行宣传和提供相关服务的业务活动，包括广告代理和广告的发布、播映、宣传、展示等。

会议展览服务，是指为商品流通、促销、展示、经贸洽谈、民间交流、企业沟通、国际往来等举办或者组织安排的各类展览和会议的业务活动。

（4）物流辅助服务。

物流辅助服务，包括航空服务、港口码头服务、货运客运场站服务、打捞救助服务、装卸搬运服务、仓储服务和收派服务。

航空服务，包括航空地面服务和通用航空服务。航空地面服务，是指航空公司、飞机场等向飞机或者其他飞行器提供的劳务性地面服务的业务活动，如旅客安全检查服务等。通用航空服务，是指为专业工作提供飞行服务的业务活动，如航空摄影、航空培训、航空勘探等。

港口码头服务，是指灯塔管理服务、航标管理服务等为船只提供服务的业务活动。港口设施经营人收取的港口设施保安费按照港口码头服务缴纳增值税。

货运客运场站服务，是指货运客运场站提供的货物配载服务、票务服务等业务活动。

打捞救助服务，是指提供船舶人员救助、船舶财产救助、水上救助和沉船沉物打捞服务的业务活动。

装卸搬运服务，是指在运输工具之间、装卸现场之间或者运输工具与装卸现场之间进行装卸和搬运的业务活动。

仓储服务，是指利用仓库、货场或者其他场所代客贮放、保管货物的业务活动。

收派服务，是指接受寄件人委托，在承诺的时限内完成函件和包裹的收件、分拣、派送服务的业务活动。收件服务，是指从寄件人收取函件和包裹，并运送到服务提供方同城的集散中心的业务活动。分拣服务，是指服务提供方在其集散中心对函件和包裹进行归类、分发的业务活动。派送服务，是指服务提供方从其集散中心将函件和包裹送达同城的收件人的业务活动。

（5）租赁服务。

租赁服务，包括融资租赁服务和经营租赁服务。

融资租赁服务，是指具有融资性质和所有权转移特点的租赁活动。即出租人根据承租人所要求的规格、型号、性能等条件购入有形动产或者不动产租赁给承租人，合同期内租赁物所有权属于出租人，承租人只拥有使用权，合同期满付清租金后，承租人有权按照残值购入租赁物，以拥有其所有权。不论出租人是否将租赁物销售给承租人，均属于融资租赁。按照标的物的不同，融资租赁服务可分为有形动产融资租赁服务和不动产融资租赁服务。融资性售后回租不按照本税目缴纳增值税。

经营租赁服务，是指在约定时间内将有形动产或者不动产转让他人使用且租赁物所有权不变更的业务活动。

将建筑物、飞机、车辆等财产的广告位出租给其他单位或者个人用于发布广告，按照经营租赁服务缴纳增值税。

车辆停放服务、道路通行服务（包括过路费、过桥费、过闸费等）等按照不动产经营租赁服务缴纳增值税。

水路运输的光租业务、航空运输的干租业务，属于经营租赁。

光租业务，是指运输企业将船舶在约定的时间内出租给他人使用，不配备操作人员，不承担运输过程中发生的各项费用，只收取固定租赁费的业务活动。

干租业务，是指航空运输企业将飞机在约定的时间内出租给他人使用，不配备机组人员，不承担运输过程中发生的各项费用，只收取固定租赁费的业务活动。

（6）鉴证咨询服务。

鉴证咨询服务，包括认证服务、鉴证服务和咨询服务。

认证服务，是指具有专业资质的单位利用检测、检验、计量等技术，证明产品、服务、管理体系符合相关技术规范、相关技术规范的强制性要求或者标准的业务活动。

鉴证服务，是指具有专业资质的单位受托对相关事项进行鉴证，发表具有证明力的意见的业务活动。包括会计鉴证、税务鉴证、法律鉴证、职业技能鉴定、工程造价鉴证、工程监理、资产评估、环境评估、房地产土地评估、建筑图纸审核、医疗事故鉴定等。

咨询服务，是指提供信息、建议、策划、顾问等服务的活动，包括金融、软件、技术、财务、税收、法律、内部管理、业务运作、流程管理、健康等方面的咨询。

翻译服务和市场调查服务按照咨询服务缴纳增值税。

（7）广播影视服务。

广播影视服务，包括广播影视节目（作品）的制作服务、发行服务和播映（含放映，下同）服务。

广播影视节目（作品）制作服务，是指进行专题（特别节目）、专栏、综艺、体育、动画片、广播剧、电视剧、电影等广播影视节目和作品制作的服务。

广播影视节目（作品）发行服务，是指向影院、电台、电视台、网站等单位和个人发行广播影视节目（作品）以及转让体育赛事等活动的报道及播映权的业务活动。

广播影视节目（作品）播映服务，是指在影院、剧院、录像厅及其他场所播映广播影视节目（作品），以及通过电台、电视台、卫星通信、互联网、有线电视等无线或者有线装置播映广播影视节目（作品）的业务活动。

（8）商务辅助服务。

商务辅助服务，包括企业管理服务、经纪代理服务、人力资源服务、安全保护服务。

企业管理服务，是指提供总部管理、投资与资产管理、市场管理、物业管理、日常综合管理等服务的业务活动。

经纪代理服务，是指各类经纪、中介、代理服务，包括金融代理、知识产权代理、货物运输代理、代理报关、法律代理、房地产中介、职业中介、婚姻中介、代理记账、拍卖等。

货物运输代理服务，是指接受货物收货人、发货人、船舶所有人、船舶承租人或者船舶经营人的委托，以委托人的名义，为委托人办理货物运输、装卸、仓储和船舶进出港口、引航、靠泊等相关手续的业务活动。

代理报关服务，是指接受进出口货物的收、发货人委托，代为办理报关手续的业务活动。

人力资源服务，是指提供公共就业、劳务派遣、人才委托招聘、劳动力外包等服务的业务活动。

安全保护服务，是指提供保护人身安全和财产安全，维护社会治安等的业务活动，包括场所住宅保安、特种保安、安全系统监控以及其他安保服务。

（9）其他现代服务。

其他现代服务，是指除研发和技术服务、信息技术服务、文化创意服务、物流辅助服务、租赁服务、鉴证咨询服务、广播影视服务和商务辅助服务以外的现代服务。

7.生活服务

生活服务，是指为满足城乡居民日常生活需求提供的各类服务活动。

生活服务包括文化体育服务、教育医疗服务、旅游娱乐服务、餐饮住宿服务、居民日常服务和其他生活服务。

（1）文化体育服务。

文化体育服务，包括文化服务和体育服务。

文化服务，是指为满足社会公众文化生活需求提供的各种服务，如文艺创作、文艺表演、文化比赛、图书馆的图书和资料借阅、档案馆的档案管理、文物及非物质遗产保护、组织举办宗教活动、科技活动、文化活动，提供游览场所等。

体育服务，是指组织举办体育比赛、体育表演、体育活动，以及提供体育训练、体育指导、体育管理的业务活动。

（2）教育医疗服务。

教育医疗服务，包括教育服务和医疗服务。

教育服务，是指提供学历教育服务、非学历教育服务、教育辅助服务的业务活动。学历教育服务，是指根据教育行政管理部门确定或者认可的招生和教学计划组织教学，并颁发相应学历证书的业务活动。包括初等教育、初级中等教育、高级中等教育、高等教育等。非学历教育服务，包括学前教育、各类培训、演讲、讲座、报告会等。教育辅助服务，包括教育测评、考试、招生等服务。

医疗服务，是指提供医学检查、诊断、治疗、康复、预防、保健、接生、计划生育、防疫服务等方面的服务，以及与这些服务有关的提供药品、医用材料器具、救护车、病房住宿和伙食的业务。

（3）旅游娱乐服务。

旅游娱乐服务，包括旅游服务和娱乐服务。

旅游服务，是指根据旅游者的要求，组织安排交通、游览、住宿、餐饮、购物、文娱、商务等服务的业务活动。

娱乐服务，是指为娱乐活动同时提供场所和服务的业务，具体包括歌厅、舞厅、夜总会、酒吧、台球、高尔夫球、保龄球、游艺（包括射击、狩猎、跑马、游戏机、蹦极、卡丁车、热气球、动力伞、射箭、飞镖）。

（4）餐饮住宿服务。

餐饮住宿服务，包括餐饮服务和住宿服务。

餐饮服务，是指通过同时提供饮食和饮食场所的方式为消费者提供饮食消费服务的业务活动。

住宿服务，是指提供住宿场所及配套服务等的活动，包括宾馆、旅馆、旅社、度假村和其他经营性住宿场所提供的住宿服务。

（5）居民日常服务。

居民日常服务，是指主要为满足居民个人及其家庭日常生活需求提供的服务，包括市容市政管理、家政、婚庆、养老、殡葬、照料和护理、救助救济、美容美发、按摩、桑拿、氧吧、足疗、沐浴、洗染、摄影扩印等服务。

（6）其他生活服务。

其他生活服务，是指除文化体育服务、教育医疗服务、旅游娱乐服务、餐饮住宿服务和居民日常服务之外的生活服务。

2 分钟动画读懂营改增——生活服务篇

（四）销售无形资产

无形资产，是指不具实物形态，但能带来经济利益的资产，包括技术、商标、著作权、商誉、自然资源使用权和其他权益性无形资产。

自然资源使用权，包括土地使用权、海域使用权、探矿权、采矿权、取水权和其他自然资源使用权。

其他权益性无形资产，包括基础设施资产经营权、公共事业特许权、配额、经营权（包括特许经营权、连锁经营权、其他经营权）、经销权、分销权、代理权、会员权、席位权、网络游戏虚拟道具、域名、名称权、肖像权、冠名权、转会费等。

（五）销售不动产

不动产，是指不能移动或者移动后会引起性质、形状改变的财产，包括建筑物、构筑物等。

建筑物是指供人们在其内生产、生活和其他活动的房屋或者场所，构筑物，是指人们不在其内生产、生活的人工建造物。

转让建筑物有限产权或者永久使用权的，转让在建的建筑物或者构筑物所有权的，以及在转让建筑物或者构筑物时一并转让其所占土地的使用权的，按照销售不动产缴纳增值税。

（六）进口货物

进口货物，是指起运地在境外，目的地在境内的贸易货物。根据《增值税法》规定，除部分进口免税货物外，我国对进口货物征收增值税。

二、增值税征税范围的特殊规定

（一）增值税"销售"的性质

根据规定，销售货物、服务、无形资产或者不动产，是指有偿转让货物的所有权、有偿提供服务、有偿转让无形资产或者不动产。有偿，是指从购买方取得货币、货物或者其他经济利益。可见，销售的性质为以营利为目的的经营性活动，无偿的公益事业项目、被保险人获得的保险赔付、代收的住宅专项维修资金等不以营利为目的的非经营性活动不属于增值税的征税范围。

根据法律规定，以下交易不属于增值税应税交易的范围，不征收增值税：

（1）根据国家指令无偿提供的铁路运输服务、航空运输服务，属于用于公益事业的服务。

（2）被保险人获得的保险赔付。

（3）房地产主管部门或者其他指定机构、公积金管理中心、开发企业以及物业管理单位代收的住宅专项维修资金。

（4）存款利息。

（5）行政单位收取的同时满足以下条件的政府性基金或者行政事业性收费：

①由国务院或者财政部批准设立的政府性基金，由国务院或者省级人民政府及其财政、价格主管部门批准设立的行政事业性收费；

②收取时开具省级以上（含省级）财政部门监（印）制的财政票据；

③所收款项全额上缴财政。

（6）单位或者个体工商户聘用的员工为本单位或者雇主提供取得工资的服务，单位或者个体工商户为聘用的员工提供服务。

（7）在资产重组过程中，通过合并、分立、出售、置换等方式，将全部或部分实物资产以及与其相关的债权、债务和劳动力一并转让给其他单位和个人，对其中涉及的货物、无形资产、不动产转让。

（二）增值税"销售"的形式

增值税"销售"的形式包括销售、代销、货物在同一纳税人不同机构间移送、将货物用于非增值税应税项目、集体福利、个人消费、投资、赠送、分配等多种形式。

根据《中华人民共和国增值税暂行条例实施细则》，单位或者个体工商户的下列行为，视同销售货物：

（1）将货物交付其他单位或者个人代销；

（2）销售代销货物；

（3）设有两个以上机构并实行统一核算的纳税人，将货物从一个机构移送其他机构用于销售，但相关机构设在同一县（市）的除外；

（4）将自产或者委托加工的货物用于非增值税应税项目；

（5）将自产、委托加工的货物用于集体福利或者个人消费；

（6）将自产、委托加工或者购进的货物作为投资，提供给其他单位或者个体工商户；

（7）将自产、委托加工或者购进的货物分配给股东或者投资者；

（8）将自产、委托加工或者购进的货物无偿赠送其他单位或者个人。

（三）增值税"销售"的空间范围

我国只对发生在中国境内的应税交易征收增值税，确定一项经济行为是否需要缴纳增值税，首先需要判断该行为是否属于境内应税行为。

根据规定，境内应税交易是指：

（1）在境内销售货物，是指货物的起运地或者所在地在境内。

（2）在境内提供加工、修理修配劳务，是指提供的应税劳务发生在境内。

（3）在境内销售服务、无形资产或者不动产，是指：

①服务（租赁不动产除外）或者无形资产（自然资源使用权除外）的销售方或者购买方在境内；

②所销售或者租赁的不动产在境内；

③所销售自然资源使用权的自然资源在境内。

（4）下列情形不属于在境内销售服务或者无形资产：

①境外单位或者个人向境内单位或者个人销售完全在境外发生的服务；

②境外单位或者个人向境内单位或者个人销售完全在境外使用的无形资产；

③境外单位或者个人向境内单位或者个人出租完全在境外使用的有形动产；

④财政部和国家税务总局规定的其他情形。

育人园地

巨力营改增　　铁路精神——挑战极限筑天路　勇创一流树丰碑

思考

1.增值税的征税范围仅限于销售货物吗？

2.税收在铁路运输等基础设施建设中的作用是什么？

■ 任务三　增值税纳税人

任务情境

大学生小张将自己发明的一项污水处理技术以2万元的价格转让给一家企业。问：大学生小张是增值税纳税人吗？为什么？

个体户小王在小区门面房开了一个理发店。问：个体户小王是增值税纳税人吗？为什么？

任务概述

增值税的纳税人为在中华人民共和国境内销售货物、劳务、服务、无形资产、不动产，以及进口货物的单位和个人。

根据纳税人应征增值税销售额规模大小以及会计核算健全程度的不同，增值税纳税人分为一般纳税人和小规模纳税人。应税行为的年应征增值税销售额超过500万元（不包括本数）的纳税人为一般纳税人。另外，年应税销售额500万元及以下的纳税人，会计核算健全，能够提供准确税务资料的，可以向主管税务机关办理一般纳税人登记，成为一般纳税人。年应税销售额500万元及以下的纳税人，以及其他个人纳税人，为增值税小规模纳税人。

任务相关知识

一、增值税纳税人的概念

增值税的纳税人为在中华人民共和国境内销售货物、劳务、服务、无形资产、不动产，以及进口货物的单位和个人。

单位，是指企业、行政单位、事业单位、军事单位、社会团体及其他单位。

个人，是指个体工商户和其他个人。

单位以承包、承租、挂靠方式经营的，承包人、承租人、挂靠人以发包人、出租人、被挂靠人名义对外经营并由发包人承担相关法律责任的，以该发包人为纳税人。否则，以承包人为纳税人。

除财政部和国家税务总局另有规定外，中华人民共和国境外单位或者个人在境内发生应税行为，在境内未设有经营机构的，以购买方为增值税扣缴义务人。

二、增值税纳税人的分类

根据纳税人应征增值税销售额规模大小以及会计核算健全程度的不同，增值税纳税人分为一般纳税人和小规模纳税人。

会计核算健全，是指能够按照国家统一的会计制度规定设置账簿，根据合法、有效凭证核算。

（一）一般纳税人

1.一般纳税人的概念和确定

应税行为的年应征增值税销售额超过500万元（不包括本数）的纳税人为一般纳税人。

另外，年应税销售额500万元及以下的纳税人，会计核算健全，能够提供准确税务资料的，可以向主管税务机关办理一般纳税人登记，成为一般纳税人。

按照政策规定，年应税销售额超过规定标准的其他个人不属于一般纳税人。

年应税销售额，是指纳税人在连续不超过12个月或四个季度的经营期内累计应征增值税销售额，包括纳税申报销售额、稽查查补销售额、纳税评估调整销售额。

一般纳税人实行登记制度，一般纳税人应当向主管税务机关办理一般纳税人资格登记。除另有规定外，一经登记为一般纳税人后，不得转为小规模纳税人。

（二）小规模纳税人

年应税销售额500万元及以下的纳税人，以及其他个人纳税人，为增值税小规模纳税人。

年应税销售额超过规定标准但不经常发生应税行为的单位和个体工商户可选择按照小规模纳税人纳税。

增值税小规模纳税人无须办理纳税人登记。

小规模纳税人按照增值税简易计税方法计算应纳税额。

育人园地

税收，时刻在你身边　　诚信纳税是我们的责任和义务

思考

推行纳税信用管理主要以褒奖诚信企业还是惩戒失信企业为主？

■ 任务四　增值税的税率和征收率

任务情境

　　大学生小张将自己发明的一项污水处理技术以2万元的价格转让给一家企业。问：在不考虑税收优惠的情况下，此次销售适用的税率或征收率是多少？

　　个体户小王在小区门头房开了一个理发店。问：在不考虑税收优惠的情况下，个体户小王缴纳增值税适用的税率或征收率是多少？

　　免税和零税率是一回事吗？不征税、免税、零税率三者有什么区别？

任务概述

　　增值税的税率分为13%、9%、6%和0%四种。

　　纳税人销售货物、加工修理修配服务、有形动产租赁服务，进口货物，税率为13%，另有规定的除外。纳税人销售交通运输、邮政、基础电信、建筑、不动产租赁服务，销售不动产，转让土地使用权等，税率为9%，另有规定的除外。6%的税率适用于纳税人销售服务、无形资产、金融商品，另有规定的除外。0%税率主要适用于出口税率。

　　兼营和混合销售时产生多种税率的选择适用问题。纳税人在经营中，既包括销售货物和加工修理修配劳务，又包括销售服务、无形资产和不动产的行为，适用不同税率或征收率，属于兼营行为。纳税人兼营销售货物、劳务、服务、无形资产或者不动产，适用不同税率或者征收率的，应当分别核算适用不同税率或者征收率的销售额；未分别核算的，从高适用税率。

　　一项销售行为如果既涉及服务又涉及货物，为混合销售。混合销售仅限于货物与服务组合，其他组合方式，如销售货物与销售不动产不属于混合销售。从事货物的生产、批发或者零售的单位和个体工商户的混合销售行为，按照销售货物缴纳增值税；其他单位和个体工商户的混合销售行为，按照销售服务缴纳增值税。

　　增值税征收率适用于简易计税方法。简易计税方法主要适用于小规模纳税人，对有些应税交易，一般纳税人也采用简易计税方法。增值税征收率为3%。另外财政部和国家税务总局还规定了5%、3%征收率减按2%，5%征收率减按1.5%、1%等其他征收率。

任务相关知识

一、增值税税率

（一）增值税税率的种类

1.13%税率

　　纳税人销售货物、加工修理修配服务、有形动产租赁服务，进口货物，税率为13%，另有规定的除外。

　　有形动产租赁本质上是指出租方购买动产后分次出售动产的使用权，本质上仍然是货物销售，所以有形动产租赁等同销售货物，适用13%的税率。如果对有形动产租赁按照6%的税率征收增值税，将诱导消费者改购买动产为长期租赁动产，以规避差额增值税。

2.9%税率

　　纳税人销售交通运输、邮政、基础电信、建筑、不动产租赁服务，销售不动产，转让土地使用权，销售或者进口下列货物，税率为9%，另有规定的除外：

（1）农产品、食用植物油、食用盐；

（2）自来水、暖气、冷气、热水、煤气、石油液化气、天然气、二甲醚、沼气、居民用煤炭制品；

（3）图书、报纸、杂志、音像制品、电子出版物；

（4）饲料、化肥、农药、农机、农膜。

3. 6%税率

6%的税率适用于纳税人销售服务、无形资产、金融商品，另有规定的除外。

4. 0%税率

0%税率主要适用于出口税率，包括出口货物、出口服务和出口无形资产。

服务主要是国际运输服务、航天服务和部分向境外单位提供的完全在境外消费的服务，具体如下：

（1）纳税人出口货物；

（2）在境内载运旅客或者货物出境的国际运输服务；

（3）在境外载运旅客或者货物入境的国际运输服务；

（4）在境外载运旅客或者货物的国际运输服务；

（5）航天运输服务；

（6）向境外单位提供的完全在境外消费的研发服务；

（7）向境外单位提供的完全在境外消费的合同能源管理服务；

（8）向境外单位提供的完全在境外消费的设计服务；

（9）向境外单位提供的完全在境外消费的广播影视节目（作品）的制作和发行服务；

（10）向境外单位提供的完全在境外消费的软件服务；

（11）向境外单位提供的完全在境外消费的电路设计及测试服务；

（12）向境外单位提供的完全在境外消费的信息系统服务；

（13）向境外单位提供的完全在境外消费的业务流程管理服务；

（14）向境外单位提供的完全在境外消费的离岸服务外包业务；

（15）向境外单位提供的完全在境外消费的转让技术。

0%税率和免税是不一样的。对于销售者来说，在计算增值税应纳税额时采用销项税额减除进项税额的一般计税方法。如果税率为零的话，销项税额为零，进项税额仍然可以抵扣，零减除进项税额，得到的应纳增值税税额为负数，这意味着销售者不但不用向税务机关交税，税务机关还要向销售者"交税"，本质上是税务机关向销售者退还购入商品时支付的进项税额。税务机关向销售者退还进项税额即为"退税"，出口退税即为出口货物、服务、无形资产等项目适用0%税率，退还进项税额。

如果是免税的话，销售者不交税，既然不交税，就不存在用销项税额抵扣进项税额的问题，所以销售者购入原料时承担的进项税额税务机关是不退的，只能自己承担。销售者在销售时将进项税额向购买者收取，购买者实际承担了进项税。但购买者只是承担了进项税，也就是以前环节价值的增值税，而没有承担免税环节的增值税，这减轻了购买者的负担。

（二）兼营和混合销售时税率的选择适用

兼营和混合销售时产生多种税率的选择适用问题。

1. 兼营和混合销售的概念

纳税人在经营中，既包括销售货物和加工修理修配劳务，又包括销售服务、无形资产和不动产的行为，适用不同税率或征收率，属于兼营行为。

一项销售行为如果既涉及服务又涉及货物，为混合销售。混合销售仅限于货物与服务组合，其他组合方式，如销售货物与销售不动产不属于混合销售。

2. 兼营和混合销售的区分

混合销售是一项销售行为，并且货物和服务之间有直接关联或互为从属关系。如商场销售空调并提供安装服务。

纳税人销售货物、加工修理修配劳务、服务、无形资产、不动产和进口货物，如果不是发生在同一项销售行为中的，属于兼营行为，即纳税人经营的业务中，有两项或多项销售行为，但是这两项或多项销售行为没有直接的关联和从属关系，业务的发生互相独立。如商场既销售商品，又提供餐饮服务。

3.兼营的税率适用问题

纳税人兼营销售货物、劳务、服务、无形资产或者不动产，适用不同税率或者征收率的，应当分别核算适用不同税率或者征收率的销售额；未分别核算的，从高适用税率。

4.混合销售的税率适用问题

从事货物的生产、批发或者零售的单位和个体工商户的混合销售行为，按照销售货物缴纳增值税；其他单位和个体工商户的混合销售行为，按照销售服务缴纳增值税。

二、增值税征收率

增值税征收率适用于简易计税方法。简易计税方法主要适用于小规模纳税人，对有些应税交易，一般纳税人也采用简易计税方法。

增值税征收率为3%。另外财政部和国家税务总局还规定了5%、3%征收率减按2%，5%征收率减按1.5%、1%等其他征收率。

育人园地

法——幸福的守护　　增值税税率历次调整情况

思考

1.增值税税率下调对企业有哪些影响？

2.增值税税率下调对居民消费需求有哪些影响？

任务五　增值税应纳税额的计算

任务情境

某纺纱厂为增值税一般纳税人，202×年1月，该厂取得含税销售收入1 130万元，各项支出取得的增值税专用发票注明的税额合计为100万元，已知增值税税率为13%，该纺纱厂当月应当缴纳多少增值税？

某餐馆为小规模纳税人，202×年1月，该餐馆提供餐饮服务取得含税销售收入61.8万元，各项支出取得的增值税专用发票注明的税额合计为0.8万元，该小吃店当月应当缴纳多少增值税？

任务概述

增值税应纳税额的计算包括一般计税方法应纳税额的计算、简易计税方法应纳税额的计算和进口货物应纳税额的计算。一般计税方法应纳税额的计算是学习的重点。

一般计税方法的应纳税额是指当期销项税额抵扣当期进项税额后的余额。

销项税额，是指纳税人发生应税交易，按照销售额乘以税率计算的增值税额。销售额的确定是学习的重点，包括兼营销售额的确定、折扣销售销售额的确定、现金折扣销售销售额的确定、以旧换新方式销售额的确定、还本销售方式销售额的确定、以物易物方式销售额的确定、直销方式销售额的确定、包装物押金是否作为销售额的确定、贷款服务销售额的确定、直接收费金融服务销售额的确定、金融商品转让销售额的确定、经纪代理服务销售额的确定、航空运输企业销售额的确定、客运场站服务销售额的确定、旅游服务销售额的确定等。

进项税额，是指纳税人购进的与应税交易相关的货物、服务、无形资产、不动产和金融商品支付或者负担的增值税额。进项税额的确定是学习的重点，包括购进农产品进项税额的确定、购进国内旅客运输服务进项税额的确定和不得扣除的进项税额的确定等。

任务相关知识

一、一般计税方法应纳税额的计算

（一）一般计税方法应纳税额的计算公式

一般计税方法的应纳税额是指当期销项税额抵扣当期进项税额后的余额。应纳税额计算公式为：

$$应纳税额 = 当期销项税额 - 当期进项税额$$

当期进项税额大于当期销项税额的，差额部分可以结转下期继续抵扣，或者予以退还，具体办法由国务院财政、税务主管部门制定。

（二）销项税额

1.销项税额的概念和计算公式

销项税额，是指纳税人发生应税交易，按照销售额乘以税率计算的增值税额。

销项税额用公式表示为：

$$销项税额 = 销售额 \times 税率$$

2.销售额的确定

销售额是指纳税人发生应税交易向对方收取的全部价款和价外费用。

价外费用是指价外收取的各种性质的收费，包括价外向购买方收取的手续费、补贴、基金、集资费、返还利润、奖励费、违约金、滞纳金、延期付款利息、赔偿金、代收款项、代垫款项、包装费、包装物租金、储备费、优质费、运输装卸费以及其他各种性质的价外收费。上述价外费用无论其会计制度如何核算，均应并入销售额计算销项税额。

代为收取或代为支付的代收代付费用不属于价外费用，如收取的增值税，代收代缴的消费税，代为收取并符合规定的政府性基金或者行政事业性收费，以委托方名义开具发票代委托方收取的车辆购置税、车辆牌照费等。

对于销售额的确定，相关法律做了如下规定：

（1）销售额不包括按照一般计税方法计算的销项税额和按照简易计税方法计算的应纳税额。纳税人采用销售额和销项税额合并定价方法的，按照下列公式计算销售额：

$$销售额 = 含税销售额 \div （1 + 税率）$$

（2）纳税人销售额明显偏低或者偏高且不具有合理商业目的的，或者视同销售而无销售额的，税务机关有权按照下列先后顺序确定销售额：

第一，按照纳税人最近时期销售同类货物、服务、无形资产或者不动产的平均价格确定。

第二，按照其他纳税人最近时期销售同类货物、服务、无形资产或者不动产的平均价格确定。

第三，按照组成计税价格确定。组成计税价格的公式为：组成计税价格 = 成本 × （1 + 成本利润率）

（3）销售额以人民币计算。

纳税人以人民币以外的货币结算销售额的，应当折合成人民币计算。折合率可以选择销售额发生的当天或者当月1日的人民币汇率中间价。纳税人应当在事先确定采用何种折合率，确定后规定时期内不得变更。

（4）兼营销售额的确定。

纳税人兼营的，应当分别核算适用不同税率或者征收率的销售额，未分别核算销售额的，从高适用税率。

（5）折扣销售销售额的确定。

折扣销售，即商业折扣，是指企业为促进商品销售而在商品标价上给予的价格扣除。因折扣是在实现销售时同时发生的，如果销售额和折扣额在同一张发票上分别注明，可按扣除折扣后的金额作为销售额计算销项税额；如果折扣额另开发票，不论会计上如何处理，都不得从销售额中扣除折扣额。

（6）现金折扣销售销售额的确定。

销售折扣，也就是通常所说的"现金折扣"，销售折扣是先销售后折扣，是指债权人为鼓励债务人在规定的期限内付款而向债务人提供的债务扣除。

销售商品涉及现金折扣的，应当按照扣除现金折扣前的金额确定销售商品收入金额（即按全额计算销项税额）。

（7）以旧换新方式销售额的确定。

采取以旧换新方式销售货物，按照新货物同期销售价格确定销售额，不得扣减旧货物的收购价格。

但对于金银首饰以旧换新的，可以按销售方实际收取的不含税价款计算增值税。

（8）还本销售方式销售额的确定。

还本销售是企业销售货物后，在一定期限内将全部或部分销货款一次或分次无条件退还给购货方的一种销售方式。

还本销售方式销售，以原价作销售额，不得扣除还本支出。

（9）以物易物方式销售额的确定。

以物易物方式销售，以物易物双方都应作购销处理，以各自发出的货物核算销售额并计算销项税额，以各自收到的货物按规定核算购货额并计算进项税额。

（10）直销方式销售额的确定。

直销方式销售，直销企业先将货物销售给直销员，直销员再将货物销售给消费者的，直销企业的销售额为其向直销员收取的全部价款和价外费用。直销员将货物销售给消费者时，应按照现行规定缴纳增值税。

直销企业通过直销员向消费者销售货物，直接向消费者收取货款，直销企业的销售额为其向消费者收取的全部价款和价外费用。

（11）包装物押金是否作为销售额的确定。

包装物押金，如单独记账核算，时间在1年以内，又未逾期的，不并入销售额征税；因逾期未收回包装物不再退还的押金，应并入销售额征税。

对酒类产品包装物押金：销售除啤酒、黄酒外的其他酒类产品，无论是否返还以及会计上如何核算，均应并入当期销售额征税。啤酒、黄酒押金按是否逾期处理。

（12）贷款服务销售额的确定。

贷款服务，以提供贷款服务取得的全部利息及利息性质的收入为销售额。

（13）直接收费金融服务销售额的确定。

直接收费金融服务，以提供直接收费金融服务收取的手续费、佣金、酬金、管理费、服务费、经手费、开户费、过户费、结算费、转托管费等各类费用为销售额。

（14）金融商品转让销售额的确定。

金融商品转让，按照卖出价扣除买入价后的余额为销售额。

（15）经纪代理服务销售额的确定。

经纪代理服务，以取得的全部价款和价外费用，扣除向委托方收取并代为支付的政府性基金或者行政事业性收费后的余额为销售额。

（16）航空运输企业销售额的确定。

航空运输企业的销售额，不包括代收的机场建设费和代售其他航空运输企业客票而代收转付的价款。

（17）客运场站服务销售额的确定。

客运场站服务，以其取得的全部价款和价外费用，扣除支付给承运方运费后的余额为销售额。

（18）旅游服务销售额的确定。

旅游服务，可以选择以取得的全部价款和价外费用，扣除向旅游服务购买方收取并支付给其他单位或者个人的住宿费、餐饮费、交通费、签证费、门票费和支付给其他接团旅游企业的旅游费用后的余额为销售额。

（三）进项税额

1.进项税额的概念

进项税额，是指纳税人购进与应税交易相关的货物、服务、无形资产、不动产和金融商品而支付或者负担的增值税额。

2.可以扣除进项税额的凭证

进项税额应当凭合法有效凭证抵扣。可以扣除进项税额的扣税凭证有：增值税专用发票，税控机动车销售统一发票，海关进口增值税专用缴款书，农产品收购发票或者农产品销售发票，旅客运输凭证，道路、桥、闸通行费（电子普通发票）。

3.购进农产品进项税额的确定

农产品是指规定范围内的初级农业产品。企业购进农产品，属于以下几种情况进项税额可抵扣：

（1）取得一般纳税人开具的增值税发票或海关进口增值税专用缴款书的，以票面增值税额为进项税额。

（2）取得小规模纳税人开具的增值税专用发票的，以增值税专用发票上注明的不含税金额乘以9%为进项税额；如果购进的农产品用于生产13%税率的货物，以取得发票上注明的金额乘以10%为进项税额。

（3）取得自产农产品销售发票或收购发票的，以农产品销售发票或收购发票上注明的金额乘以9%为进项税额；如果购进的农产品用于生产13%税率的货物，以取得发票上注明的金额乘以10%为进项税额。

知识拓展

农产品，到底该怎么抵扣进项税？[①]

朋友一进门就唉声叹气："这个农产品怎么这么麻烦啊，进项税抵扣问题我本来以为已经搞明白了，结

---

① 来源：《晶晶亮的税月》，作者梁晶晶，http://www.shui5.cn/article/be/126568.html。

果公司从超市买了些水果、蔬菜，开的有专票和普票，我查了半天，搞不清楚应不应该抵扣进项税。你说，农产品到底该怎么抵扣进项税？"

我说："农产品的进项税抵扣确实比较特殊，需要专门聊一聊。"

朋友说："我就不明白了，为啥农产品要搞特殊化？"

我说："你想啊，农民伯伯辛辛苦苦地种出粮食啊、水果啊，饲养的牲口卖出去，又挣不了多少钱，你忍心让他们缴税？"

朋友说："我是不忍心让他们缴税，可我听你叫农民伯伯我更不忍心，小孩这么叫还可以，你这把年纪还这样称呼，我有点起鸡皮疙瘩。"

我说："我这不是从小学开始这么称呼习惯了吗。说正经的，农业生产者销售自产的农产品是免增值税的。支持三农，这个没话说。但你知道增值税是环环抵扣政策，具有传导机制，国家对最上游的初级农产品免税，如果不进行政策上的特殊规定，最直接的结果会导致下游企业没办法抵扣进项税，多缴增值税，整体看就成了转移税负，而不是扶持农业了。所以政策上既要免除农业生产者的增值税，又要想办法让下游企业充分抵扣进项税，所以，购进农产品抵扣进项税政策就格外烦琐。"

朋友说："哦，这样啊，那政策上做了些什么特殊规定呢？"

我说："对于企业购进农产品抵扣进项税，一共有两种抵扣方式，第一种方是式凭票抵扣，第二种方式是核定扣除。各有各的特殊规定。"

朋友说："那你先说说第一种凭票抵扣有什么具体规定吧。"

我说："农产品凭票扣税，你只需要记住：有四种凭证，四种抵扣方法。

"这四种可以扣税的凭证有增值税专用发票、海关专用缴款书、农产品销售发票、农产品收购发票，后面这两种属于普通发票。"

朋友忍不住嘀咕："为啥又是销售发票，又是收购发票，这农产品发票到底应该是谁开？"

我说："这是农产品的一个特殊点，其他货物当然都是销售方开发票，但农产品呢？既可以农业生产者开具销售发票，又因为农产品收购企业会面对许多农户，很多农户是不具备开发票的条件和能力的，所以允许反向开具发票，由收购企业向农户开具农产品收购发票。"

朋友说："哦，四种凭证我了解了，那四种抵扣方法是什么？"

我说："农产品的四种进项税抵扣方法。

"第一种：收到一般纳税人开具的增值税专用发票或海关专用缴款书，就是按发票上的税额抵扣，这个很常规化。

"第二种：从小规模纳税人购进农产品，取得3%征收率的增值税专用发票，发票上的标明的税额虽然是3%，从2019年4月1日，按票面金额和9%的扣除率计算抵扣进项税。取得的是3%的专票却可以按9%计算抵扣，这种抵扣方式可是独一份啊！

"第三种：从农业生产者手中购进农产品，按收购发票和销售发票注明的买价和9%扣除率计算进项税。

"第四种：如果购进的农产品用于生产13%税率的货物，在领用当期加计扣除1%的进项税，也就等于实际扣除率是10%。这是营改增后简并税率的时候出现的规定，主要是为了维持原先的扣税力度而专门制定的。"

朋友说："哦，是这样啊，让我琢磨一下啊。普通发票，除了农产品收购发票和销售发票，其他的都不能抵扣吗？"

我说："是的，采取凭票扣税的方式，农产品能抵扣的只有上面这四种凭证和四种扣税方式，其他的都不能。比如你们公司从小超市购进蔬菜取得的免税的普通发票，或者买了点水果，取得了3%征收率的普通发票，这些都是不能抵扣进项税的。"

朋友说："我觉得这个农产品收购发票听起来还挺方便的，上次我们公司从养殖场买一些鸡鸭肉，作为员工福利发放，可养殖场没有给我们公司开票，我们公司能不能自己开一张农产品收购发票来计算抵扣进项税吗？"

我哑然失笑："当然不可以，首先，这个收购发票必须是对农业生产者个人开具，肯定不能给养殖场开收购发票。另外农产品收购发票不是你想领就能领的，首先你们公司确实有收购农产品的业务，另外还需要具备其他的一些条件，经过申请审批后才能领购。像你们公司偶尔买点农产品这样的业务，肯定是不能领购农产品收购发票的。"

朋友说："哦，好吧。那你再说的第二种方式，农产品核定扣除进项税，有什么具体规定呢？"

我说："那个说来话又长了，天色已晚，你搞明白这个，核定扣税咱们下次再聊。"

4.购进国内旅客运输服务，进项税额的确定

纳税人购进国内旅客运输服务，其进项税额允许从销项税额中抵扣。纳税人未取得增值税专用发票的，暂按照以下规定确定进项税额：

（1）取得增值税电子普通发票的，为发票上注明的税额；

（2）取得注明旅客身份信息的航空运输电子客票行程单的（如图2-1所示），按照下列公式计算进项税额：

$$航空旅客运输进项税额＝（票价＋燃油附加费）÷（1+9\%）×9\%$$

图2-1 航空运输电子客票行程单

（3）取得注明旅客身份信息的铁路车票的，按照下列公式计算进项税额：

$$铁路旅客运输进项税额＝票面金额÷（1+9\%）×9\%$$

（4）取得注明旅客身份信息的公路、水路等其他客票的，按照下列公式计算进项税额：

$$公路、水路等其他旅客运输进项税额＝票面金额÷（1+3\%）×3\%$$

取得机票、火车票
和汽车票咋抵扣？

国家税务总局辽宁省税务局
教学点播：客票抵扣进项税

增大侠又来了！这回他要送你
"最强国内交通客票抵扣攻略"

知识拓展

【发票抵扣增值税两大误区[①]】

误区1：增值税专用发票只要认证后就可以抵扣

取得专用发票能否抵扣增值税要看用途。

《营业税改征增值税试点实施办法》第二十七条规定：

下列项目的进项税额不得从销项税额中抵扣：

（1）用于简易计税方法计税项目、免征增值税项目、集体福利或者个人消费的购进货物、加工修理修配

---

① 来源于中国税务网，https://baijiahao.baidu.com/s?id=1633027297291191584&wfr=spider&for=pc。

劳务、服务、无形资产和不动产。其中涉及的固定资产、无形资产、不动产，仅指专用于上述项目的固定资产、无形资产（不包括其他权益性无形资产）、不动产。纳税人的交际应酬消费属于个人消费。

（2）非正常损失的购进货物，以及相关的加工修理修配劳务和交通运输服务。

（3）非正常损失的在产品、产成品所耗用的购进货物（不包括固定资产）、加工修理修配劳务和交通运输服务。

（4）非正常损失的不动产，以及该不动产所耗用的购进货物、设计服务和建筑服务。

（5）非正常损失的不动产在建工程所耗用的购进货物、设计服务和建筑服务。纳税人新建、改建、扩建、修缮、装饰不动产，均属于不动产在建工程。

（6）购进贷款服务、餐饮服务、居民日常服务和娱乐服务。

（7）财政部和国家税务总局规定的其他情形。

误区2：只有增值税专用发票才可抵扣增值税

除了增值税专用发票，还有以下六大发票种类也能抵扣增值税：

1. 机动车销售统一发票

从销售方取得的税控机动车销售统一发票（如图2-2所示）上注明的增值税额，准予从销项税额中抵扣。

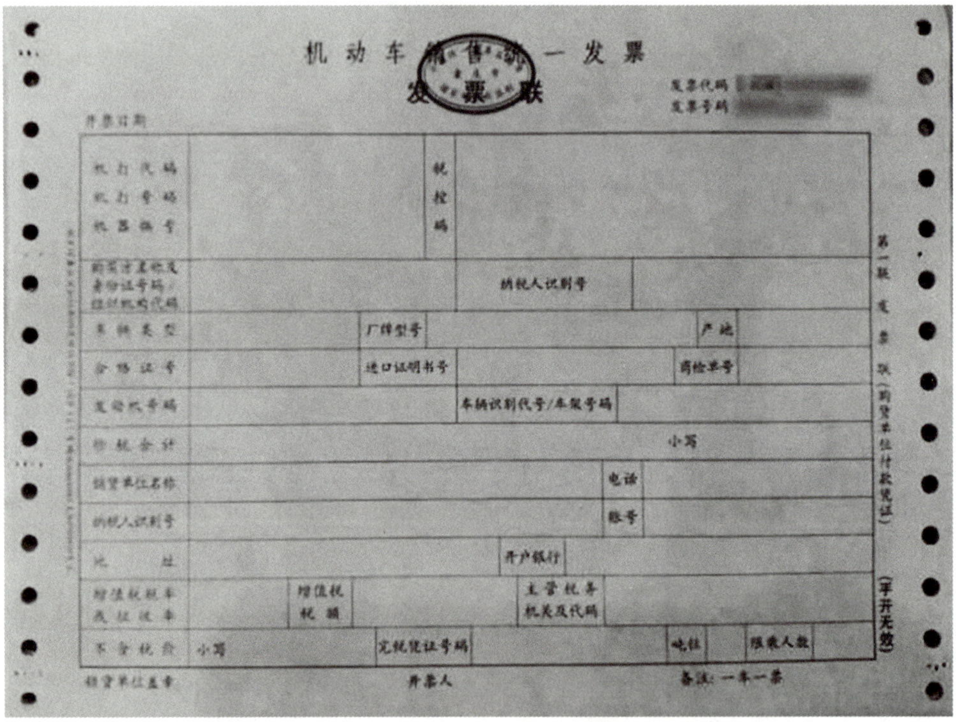

机动车销售统一发票
发票联
发票代码
发票号码
开票日期

机打代码 机打号码 机器编号		税控码			
购买方名称及身份证号码/组织机构代码			纳税人识别号		
车辆类型		厂牌型号		产地	
合格证号		进口证明书号		商检单号	
发动机号码			车辆识别代号/车架号码		
价税合计				小写	
销货单位名称				电话	
纳税人识别号				账号	
地址			开户银行		
增值税税率或征收率		增值税税额		主管税务机关及代码	
不含税价	小写	完税凭证号码		吨位	限乘人数

销货单位盖章　　开票人　　备注：一车一票

第一联　发票联（购货单位付款凭证）（手开无效）

图2-2　机动车销售统一发票

2. 海关进口增值税专用缴款书

从海关取得的海关进口增值税专用缴款书上（如图2-3所示）注明的增值税额，准予从销项税额中抵扣。

3. 农产品收购发票或销售发票

购进农产品，除取得增值税专用发票或者海关进口增值税专用缴款书外，按照农产品收购发票或者销售发票上注明的农产品买价和扣除率计算的进项税额。计算公式为：进项税额＝买价×扣除率。

买价，是指纳税人购进农产品在农产品收购发票或者销售发票上注明的价款和按照规定缴纳的烟叶税。

购进农产品，按照《农产品增值税进项税额核定扣除试点实施办法》抵扣进项税额的除外。

4. 解缴税款完税凭证

《财政部国家税务总局关于全面推开营业税改征增值税试点的通知》（财税〔2016〕36号）附件1《营业税改征增值税试点实施办法》第二十五条规定：

从境外单位或者个人购进服务、无形资产或者不动产，自税务机关或者扣缴义务人取得的解缴税款的完税凭证上注明的增值税额，准予从销项税额中抵扣。

海关　　　　　　专用缴款书（格式）

收入系统：		填发日期：		年　月　日			号码No：		

收款单位	收入机关				缴款单位（人）	名　　称			
	科　　目		预算级次			账　　号			
	收款国库					用户银行			

税号	货物名称	数量	单位	完税价格（¥）	税率（%）	税款金额（¥）

金额人民币（大写）			合计（¥）	

申请单位编号		报关单编号		填制单位	收款国库（银行）
合同（批文号）		运输工具（号）			
缴款期限		提/装货单号			
备注				制单人 复核人	

自填发缴款书之日起15日内缴纳税款（期末遇星期六、星期日或法定节假日顺延），逾期按日加收税款总额万分之五的滞纳金。

图2-3　海关专用缴款书（格式）

5.道路、桥、闸通行费（电子普通发票）

《财政部税务总局关于租入固定资产进项税额抵扣等增值税政策的通知》（财税〔2017〕90号）第七条规定：

通行费，是指有关单位依法或者依规设立并收取的过路、过桥和过闸费用。

自2018年1月1日起，纳税人支付的道路、桥、闸通行费，按照以下规定抵扣进项税额：

（1）纳税人支付的道路通行费，按照收费公路通行费增值税电子普通发票上注明的增值税额抵扣进项税额。

（2）纳税人支付的桥、闸通行费，暂凭取得的通行费发票上注明的收费金额按照下列公式计算可抵扣的进项税额：

$$桥、闸通行费可抵扣进项税额=桥、闸通行费发票上注明的金额÷（1+5\%）×5\%$$

6.旅客运输凭证

《关于深化增值税改革有关政策的公告》（财政部税务总局海关总署公告2019年第39号）第六条规定：纳税人购进国内旅客运输服务，其进项税额允许从销项税额中抵扣。纳税人未取得增值税专用发票的，暂按照以下规定确定进项税额：

（1）取得增值税电子普通发票的，为发票上注明的税额；

（2）取得注明旅客身份信息的航空运输电子客票行程单的，按照下列公式计算进项税额：

$$航空旅客运输进项税额=（票价+燃油附加费）÷（1+9\%）×9\%$$

（3）取得注明旅客身份信息的铁路车票的，按照下列公式计算进项税额：

$$铁路旅客运输进项税额=票面金额÷（1+9\%）×9\%$$

（4）取得注明旅客身份信息的公路、水路等其他客票的，按照下列公式计算进项税额：

$$公路、水路等其他旅客运输进项税额=票面金额÷（1+3\%）×3\%$$

【注意事项】

（1）可以抵扣进项税额的旅客运输服务是国内旅客运输，不包括国际旅客运输；

（2）纳税人应根据凭证类型，按照对应的公式计算抵扣进项税额；

（3）航空运输抵扣仅包括票价和燃油附加费，不包括民航发展基金；

（4）除增值税专用发票或增值税电子普通发票外，其他凭证均需注明旅客身份信息，手写无效。

5.不得扣除的进项税额

下列项目的进项税额不得从销项税额中抵扣：

（1）用于简易计税方法计税的购进项目。

进项税额适用于一般计税方法，简易计税方法不存在抵扣进项税额的问题。

（2）用于免征增值税的购进项目。

免税商品免于征收增值税，自然不涉及抵扣进项税额的问题。

（3）用于集体福利或者个人消费的购进项目。

购入用于集体福利或者个人消费属于消费行为，而不是经营行为，不属于增值税的征税范围，从而不涉及进项税额的抵扣问题。

（4）非正常损失的购进货物，以及相关的加工修理修配劳务和交通运输服务。

非正常损失，是指因管理不善造成货物被盗、丢失、霉烂变质，以及因违反法律法规造成货物或者不动产被依法没收、销毁、拆除的情形。

正常损失是生产增值过程中必不可少的一个环节，损失转化到新产品中，进项税额可以抵扣。非正常损失，是由于纳税人造成的，而不是生产过程中所必需的，这部分损耗没有转化到新产品当中，没有产生增值，不应当缴纳增值税，没有销项，所以也不能抵扣进项。

（5）非正常损失的在产品、产成品所耗用的购进货物（不包括固定资产）、加工修理修配劳务和交通运输服务。

（6）非正常损失的不动产，以及该不动产所耗用的购进货物、设计服务和建筑服务。

（7）非正常损失的不动产在建工程所耗用的购进货物、设计服务和建筑服务。纳税人新建、改建、扩建、修缮、装饰不动产，均属于不动产在建工程。

（8）购进的贷款服务及相关投融资顾问费、手续费、咨询费等相关费用。

由于我国当前对存款利息不征收增值税，对购入的贷款服务及相关费用不得抵扣进项税额。

（9）购进的餐饮服务、居民日常服务和娱乐服务[①]。

一般情况下，旅客运输服务、餐饮服务、居民日常服务、娱乐服务主要接受对象是个人，属于最终消费。对于一般纳税人购买的上述四项服务难以准确界定接受劳务的对象是企业还是个人，因此，一般纳税人购入上述服务的进项税额不得从销项税额中抵扣。

（10）财政部和国家税务总局规定的其他情形。

二、简易计税方法应纳税额的计算

（一）简易计税方法的概念和公式

简易计税方法的应纳税额，是指按照销售额和增值税征收率计算的增值税额，不得抵扣进项税额。应纳税额计算公式为：

$$应纳税额 = 销售额 \times 征收率$$

一般计税方法的销售额不包括销项税额，纳税人采用销售额和销项税额合并定价方法的，按照下列公式计算销售额：

$$销售额 = 含税销售额 \div （1 + 税率）$$

（二）简易计税方法的销售额

1.销售额的组成

简易计税方法的销售额不包括其应纳税额，纳税人采用销售额和应纳税额合并定价方法的，按照下列公式计算销售额：

---

① 娱乐服务，是指为娱乐活动同时提供场所和服务的业务。具体包括歌厅、舞厅、夜总会、酒吧、台球、高尔夫球、保龄球、游艺（包括射击、狩猎、跑马、游戏机、蹦极、卡丁车、热气球、动力伞、射箭、飞镖）。

$$销售额＝含税销售额÷（1＋征收率）$$

2.销售额的调整

因销售折让、中止或者退回而退还给购买方的销售额，应当从当期销售额中扣减。扣减当期销售额后仍有余额造成多缴的税款，可以从以后的应纳税额中扣减。

三、进口货物应纳税额的计算

进口货物，按照组成计税价格乘以适用税率计算缴纳增值税。应纳税额计算公式：

$$应纳税额＝组成计税价格×税率$$

组成计税价格，为关税计税价格加上关税和消费税。

组成计税价格计算公式：

$$组成计税价格（不含消费税）＝关税完税价格＋关税$$
$$＝关税完税价格×（1＋关税税率）$$
$$组成计税价格（含消费税）＝关税完税价格＋关税＋消费税$$
$$＝关税完税价格×（1＋关税税率）÷（1－消费税税率）$$

育人园地

税费知识思维导图——带你认识增值税

思考

1.一般纳税人采用抵扣方法计算应纳税额的原因是什么？

2.增值税链条式征纳税方式的优势是什么？

■ 任务六　增值税税收优惠

任务情境

202×年，农民梁满仓完成以下销售货物，问：哪些销售需要缴纳增值税？

1月，在本村收购小麦销售给县面粉厂，取得销售款项10万元。

2月，在本村收购玉米销售给县饲料厂，取得销售款项11万元。

3月，将自己种植的高粱销售给县酿酒厂，取得销售款项12万元。

4月，购买新拖拉机，将旧拖拉机对外出售，取得销售款项13万元。

5月，购买本村的一台旧拖拉机对外出售，取得销售款项14万元。

6月，将自己演唱录制的一首歌曲的国内发行权出售给某国内唱片公司，取得销售款项15万元。

任务概述

增值税税收优惠包括增值税起征点、增值税减免、小规模纳税人免税等几个方面。

关于增值税起征点，增值税只对自然人纳税人的应税交易规定了起征点。自然人纳税人发生应税交易未达到起征点的，免征增值税；达到起征点的，全额计算缴纳增值税。

相关法律和营改增规定了部分货物免征增值税。

自2023年1月1日至2027年12月31日，对月销售额10万元以下（含本数）的增值税小规模纳税人，免征增值税。自2023年1月1日至2027年12月31日，增值税小规模纳税人适用3%征收率的应税销售收入，减按1%征收率征收增值税。

任务相关知识

一、增值税起征点

增值税只对自然人纳税人的应税交易规定了起征点。自然人纳税人发生应税交易未达到起征点的，免征增值税；达到起征点的，全额计算缴纳增值税。

增值税应税交易的起征点由各省、自治区、直辖市税务局在规定的幅度内，根据本地区的实际情况确定，并报财政部和国家税务总局备案。

应税增值税应税交易起征点的幅度为：

（1）按期缴纳的，为月应税交易额5 000~20 000元。

（2）按次缴纳的，为每次（日）应税交易额300~500元。

二、增值税减免

（一）增值税法定减免税项目

根据法律规定，下列货物免征增值税：

（1）农业生产者销售的自产农产品。

农业，是指种植业、养殖业、林业、牧业、水产业；农业生产者，包括从事农业生产的单位和个人；农产品，是指初级农产品，具体范围由财政部、国家税务总局确定。

（2）避孕药品和用具。

（3）古旧图书。

古旧图书，是指向社会收购的古书和旧书。

（4）直接用于科学研究、科学试验和教学的进口仪器、设备。

（5）外国政府、国际组织无偿援助的进口物资和设备。

（6）由残疾人的组织直接进口供残疾人专用的物品。

（7）销售的自己使用过的物品。

自己使用过的物品，是指其他个人自己使用过的物品。

（8）批发、零售的蔬菜和部分鲜活肉蛋。

（9）除豆粕以外的其他粕类饲料产品。

（10）有机肥产品。

（二）营改增免税项目

（1）托儿所、幼儿园提供的保育和教育服务。

托儿所、幼儿园，包括公办和民办的托儿所、幼儿园、学前班、幼儿班、保育院、幼儿院。超过规定收费标准的收费，以开办实验班、特色班和兴趣班等为由另外收取的费用以及与幼儿入园挂钩的赞助费、支教费等超过规定范围的收入，不属于免征增值税的收入。

（2）养老机构提供的养老服务。

养老机构，是指依法设立并依法办理登记的为老年人提供集中居住和照料服务的各类养老机构。养老服务，是指按照规定为收住的老年人提供的生活照料、康复护理、精神慰藉、文化娱乐等服务。

（3）残疾人福利机构提供的育养服务。

（4）婚姻介绍服务。

（5）殡葬服务。

（6）残疾人员本人为社会提供的服务。

（7）医疗机构提供的医疗服务。

（8）从事学历教育的学校提供的教育服务。

（9）学生勤工俭学提供的服务。

（10）农业机耕、排灌、病虫害防治、植物保护、农牧保险以及相关技术培训业务，家禽、牲畜、水生动物的配种和疾病防治。

（11）纪念馆、博物馆、文化馆、文物保护单位管理机构、美术馆、展览馆、书画院、图书馆在自己的场所提供文化体育服务取得的第一道门票收入。

（12）寺院、宫观、清真寺和教堂举办文化、宗教活动的门票收入。

（13）行政单位之外的其他单位收取的符合《试点实施办法》第十条规定条件的政府性基金和行政事业性收费。

（14）个人转让著作权。

（15）个人销售自建自用住房。

（16）纳税人提供技术转让、技术开发和与之相关的技术咨询、技术服务。

（17）政府举办的从事学历教育的高等、中等和初等学校（不含下属单位），举办进修班、培训班取得的全部归该学校所有的收入。

（18）家政服务企业由员工制家政服务员提供家政服务取得的收入。

（19）福利彩票、体育彩票的发行收入。

（20）涉及家庭财产分割的个人无偿转让不动产、土地使用权。

（21）提供社区养老、抚育、家政服务取得的收入。

另外，根据法律规定，在北京市、上海市、广州市和深圳市之外的地区，个人将购买不足2年的住房对外销售的，按照5%的征收率全额缴纳增值税；个人将购买2年以上（含2年）的住房对外销售的，免征增值税。

在北京市、上海市、广州市和深圳市，个人将购买不足2年的住房对外销售的，按照5%的征收率全额缴纳增值税；个人将购买2年以上（含2年）的非普通住房对外销售的，以销售收入减去购买住房价款后的差额按照5%的征收率缴纳增值税；个人将购买2年以上（含2年）的普通住房对外销售的，免征增值税。

（三）小规模纳税人免税

自2023年1月1日至2027年12月31日，对月销售额10万元以下（含本数）的增值税小规模纳税人，免征增值税。

自2023年1月1日至2027年12月31日，增值税小规模纳税人适用3%征收率的应税销售收入，减按1%征收率征收增值税。

育人园地

税收的样子　　林则徐减税赈灾为民请命

思考

1. 国家为什么制定税收优惠政策？
2. 增值税各项税收优惠政策的意义是什么？

■ 任务七　增值税的纳税时间和纳税地点

任务情境

202×年1月1日，日照的王小宝将在青岛购置的一套底商以100万元的价格售出，问：王小宝应当何时申报缴纳增值税？王小宝应当向哪个地方的税务机关申报纳税？

任务概述

对于增值税纳税义务发生时间，增值税相关法律规定，销售货物或者应税劳务的，纳税义务发生时间为收讫销售款项或者取得索取销售款项凭据的当天；先开具发票的，为开具发票的当天。进口货物，为报关进口的当天。

另外，相关法律还规定了视同销售货物、采取托收承付和委托银行收款方式销售货物、采取赊销和分期收款方式销售货物、委托其他纳税人代销货物、采取预收货款方式销售货物、提供租赁服务采取预收款方式、从事金融商品转让等不同销售方式下纳税义务的发生时间。

任务相关知识

一、增值税纳税义务发生时间

（一）增值税纳税义务发生时间的一般规定

对于增值税纳税义务发生时间，《增值税暂行条例》规定如下：

（1）纳税人发生销售行为，为收讫销售款项或者取得索取销售款项凭据的当天；先开具发票的，为开具发票的当天。

（2）进口货物，为报关进口的当天。

（3）增值税扣缴义务发生时间为纳税人增值税纳税义务发生的当天。

收讫销售款项，是指纳税人收到款项。索取销售款项凭据，指的是销售方完成销售义务的凭据，如对方的入库验收单、货款结算单等。销售方取得索取销售款项凭据，即可凭之按照合同的约定向购买方索取销售款项，购买方应当按照合同约定的日期付款。因此，取得索取销售款项凭据的当天就是指书面合同确定的付款日期，未签订书面合同或者书面合同未确定付款日期的，为转让完成或者权属变更的当天。

（二）增值税纳税义务发生时间的具体规定

（1）采取直接收款方式销售货物，不论货物是否发出，增值税纳税义务发生时间均为收到销售款或者取得索取销售款凭据的当天。

（2）销售应税劳务，增值税纳税义务发生时间为提供劳务同时收讫销售款或者取得索取销售款的凭据的当天。

（3）纳税人视同销售货物的，增值税纳税义务发生时间为货物移送的当天。

（4）采取托收承付和委托银行收款方式销售货物，以发出货物并办妥托收手续的当天为增值税纳税义务发生时间。

托收承付是指根据购销合同由收款人发货后委托银行向异地购货单位收取货款，购货单位根据合同对单或对证验货后，向银行承认付款的一种结算方式。

（5）采取赊销和分期收款方式销售货物，增值税纳税义务发生时间为书面合同约定的收款日期的当天，无书面合同的或者书面合同没有约定收款日期的，增值税纳税义务发生时间为货物发出的当天。

赊销是卖方先交付货物而延期收款的销售方式。赊销方式下卖方发出商品后所有权发生转移。

（6）委托其他纳税人代销货物，以收到代销单位的代销清单或者收到全部或者部分货款的当天为销售完成的时间，纳税义务产生。未收到代销清单及货款的，增值税纳税义务发生时间为发出代销货物满180天的当天。

代销，是指一方为另一方代理销售商品的一种交易方式，代销商品发出后所有权不发生转移。由于代销商品发出后所有权不发生转移，仍属委托方，销售没有完成。

（7）采取预收货款方式销售货物，以交货时间作为销售完成时间，增值税纳税义务发生时间为货物发出的当天。但生产销售生产工期超过12个月的大型机械设备、船舶、飞机等货物，增值税纳税义务发生时间为收到预收款或者书面合同约定的收款日期的当天。

（8）提供租赁服务采取预收款方式的，为收到预收款的当天。

（9）从事金融商品转让的，为金融商品所有权转移的当天。

二、增值税纳税期限

增值税的纳税期限分别为1日、3日、5日、10日、15日、1个月或者1个季度。

纳税人的具体纳税期限，由主管税务机关根据纳税人应纳税额的大小分别核定；不能按照固定期限纳税的，可以按次纳税。

三、增值税申报期限

纳税人以1个月或者1个季度为1个纳税期的，自期满之日起15日内申报纳税。

以1日、3日、5日、10日或者15日为1个纳税期的，自期满之日起5日内预缴税款，于次月1日起15日内申报纳税并结清上月应纳税款。

纳税人进口货物，应当自海关填发海关进口增值税专用缴款书之日起15日内缴纳税款。

以上期限适用于扣缴义务人解缴税款的期限。

四、增值税纳税地点

增值税纳税地点，按下列规定确定：

（一）固定业户

固定业户应当向其机构所在地或者居住地主管税务机关申报纳税。

总机构和分支机构不在同一县（市）的，应当分别向各自所在地的主管税务机关申报纳税；经财政部和国家税务总局或者其授权的财政和税务机关批准，可以由总机构汇总向总机构所在地的主管税务机关申报纳税。

固定业户到外县（市）销售货物或者应税劳务，应当向其机构所在地的主管税务机关申请开具外出经营活动税收管理证明，并向其机构所在地的主管税务机关申报纳税；未开具证明的，应当向销售地或者劳务发生地的主管税务机关申报纳税；未向销售地或者劳务发生地的主管税务机关申报纳税的，由其机构所在地的主管税务机关补征税款。

（二）非固定业户

非固定业户应当向应税行为发生地主管税务机关申报纳税；未申报纳税的，由其机构所在地或者居住地主管税务机关补征税款。

（三）其他个人

其他个人提供建筑服务，销售或者租赁不动产，转让自然资源使用权，应向建筑服务发生地、不动产所在地、自然资源所在地主管税务机关申报纳税。

（四）进口货物

进口货物，由进口人或其代理人向报关地海关申报纳税。

（五）扣缴义务人

扣缴义务人向其机构所在地或者居住地主管税务机关申报缴纳扣缴的税款。

育人园地

赵奢：严惩抗税者　　最美纳税人

思考

依法诚信纳税主要是靠道德约束还是法律制约？

项目三

消费税法律制度

项目情境

消费税在我国是继增值税、企业所得税之后的第三大税种。

什么是消费税？我们几乎每天都在消费，但我们似乎都没有缴纳过消费税，我们承担消费税吗？

在我们日常生活中，哪些消费品含有消费税？消费税如何征收？对谁征收？何时征收？征收多少？

通过本项目的学习，大家能够找到以上问题的答案。

项目目标

一、知识目标

1.理解消费税的概念和特征；

2.熟悉消费税的各项构成要素；

3.掌握消费税的计税方法。

二、技能目标

1.能够正确判断消费税的税目；

2.能够正确计算消费税税额；

3.能够准确及时缴纳消费税。

三、育人目标

1.增强学生坚守税法底线、敬畏法律的意识；

2.培养学生依法纳税的法治意识；

3.培养学生精确计税、严谨细致的职业素养；

4.引导学生形成消费者税负意识，树立正确消费观；

5.引导学生关注财税政策更新，提升财税政策敏感度，深刻理解国家税收政策的意义；

6.培养学生厚植"绿色可持续发展"理念，践行绿色低碳健康生活。

项目概述

消费税是对在中华人民共和国境内生产、委托加工和进口规定的消费品的单位和个人征收的一种税。在中国境内生产、委托加工和进口规定的应税消费品的单位和个人为消费税的纳税人。

《消费税暂行条例》规定的应税消费品共有15个税目，具体包括：烟，酒，高档化妆品，贵重首饰及珠宝玉石，鞭炮、焰火，成品油，摩托车，小汽车，高尔夫球及球具，高档手表，游艇，木制一次性筷子，实木地板、电池和涂料。

消费税实行从价定率、从量定额，或者从价定率和从量定额复合计税的办法计算应纳税额。

实行从价定率办法计算的应纳税额＝销售额×比例税率

实行从量定额办法计算的应纳税额＝销售数量×定额税率

实行复合计税办法计算的应纳税额＝销售额×比例税率+销售数量×定额税率

消费税由税务机关征收，进口的应税消费品的消费税由海关代征。

消费税的纳税期限分别为1日、3日、5日、10日、15日、1个月或者1个季度。纳税人的具体纳税期限，由主管税务机关根据纳税人应纳税额的大小分别核定；不能按照固定期限纳税的，可以按次纳税。纳税人以1个月或者1个季度为1个纳税期的，自期满之日起15日内申报纳税；以1日、3日、5日、10日或者15日为1个纳税期的，自期满之日起5日内预缴税款，于次月1日起15日内申报纳税并结清上月应纳税款。纳税人进口应税消费品，应当自海关填发海关进口消费税专用缴款书之日起15日内缴纳税款。

项目知识树

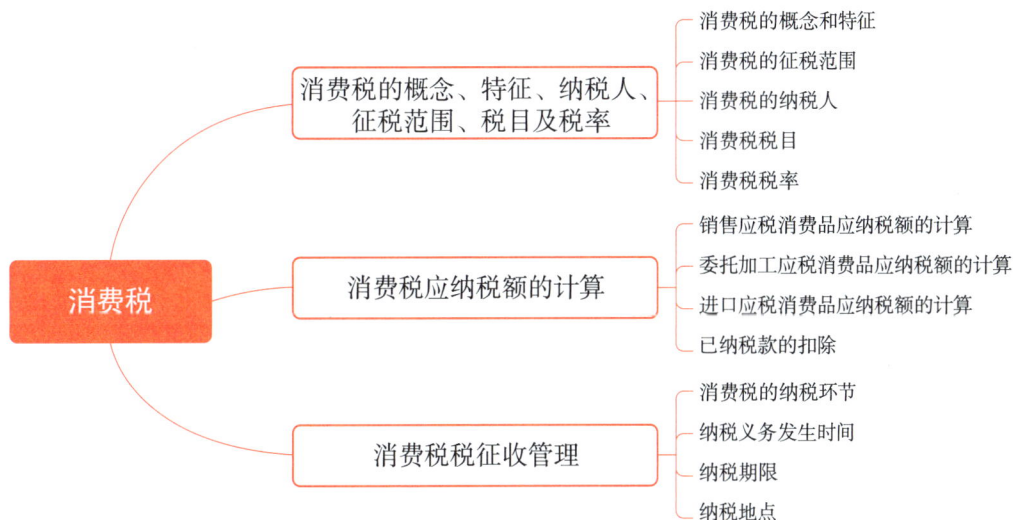

项目法规

2008年11月5日，国务院第34次常务会议修订通过了《消费税暂行条例》，条例自2009年1月1日起施行。同年12月15日，财政部、国家税务总局令第51号公布了《中华人民共和国消费税暂行条例实施细则》，细则自2009年1月1日起施行。

2019年12月3日，财政部和国家税务总局公布了《中华人民共和国消费税法（征求意见稿）》，向社会公开征求意见，消费税立法向前迈进了一步。

中华人民共和国消费税暂行条例

（1993年12月13日中华人民共和国国务院令第135号发布　2008年11月5日国务院第34次常务会议修订通过）

第一条　在中华人民共和国境内生产、委托加工和进口本条例规定的消费品的单位和个人，以及国务院确定的销售本条例规定的消费品的其他单位和个人，为消费税的纳税人，应当依照本条例缴纳消费税。

第二条　消费税的税目、税率，依照本条例所附的《消费税税目税率表》执行。

消费税税目、税率的调整，由国务院决定。

第三条 纳税人兼营不同税率的应当缴纳消费税的消费品（以下简称应税消费品），应当分别核算不同税率应税消费品的销售额、销售数量；未分别核算销售额、销售数量，或者将不同税率的应税消费品组成成套消费品销售的，从高适用税率。

第四条 纳税人生产的应税消费品，于纳税人销售时纳税。纳税人自产自用的应税消费品，用于连续生产应税消费品的，不纳税；用于其他方面的，于移送使用时纳税。

委托加工的应税消费品，除受托方为个人外，由受托方在向委托方交货时代收代缴税款。委托加工的应税消费品，委托方用于连续生产应税消费品的，所纳税款准予按规定抵扣。

进口的应税消费品，于报关进口时纳税。

第五条 消费税实行从价定率、从量定额，或者从价定率和从量定额复合计税（以下简称复合计税）的办法计算应纳税额。应纳税额计算公式：

$$实行从价定率办法计算的应纳税额 = 销售额 × 比例税率$$

$$实行从量定额办法计算的应纳税额 = 销售数量 × 定额税率$$

$$实行复合计税办法计算的应纳税额 = 销售额 × 比例税率 + 销售数量 × 定额税率$$

纳税人销售的应税消费品，以人民币计算销售额。纳税人以人民币以外的货币结算销售额的，应当折合成人民币计算。

第六条 销售额为纳税人销售应税消费品向购买方收取的全部价款和价外费用。

第七条 纳税人自产自用的应税消费品，按照纳税人生产的同类消费品的销售价格计算纳税；没有同类消费品销售价格的，按照组成计税价格计算纳税。

实行从价定率办法计算纳税的组成计税价格计算公式：

$$组成计税价格 = （成本 + 利润） ÷ （1 - 比例税率）$$

实行复合计税办法计算纳税的组成计税价格计算公式：

$$组成计税价格 = （成本 + 利润 + 自产自用数量 × 定额税率） ÷ （1 - 比例税率）$$

第八条 委托加工的应税消费品，按照受托方的同类消费品的销售价格计算纳税；没有同类消费品销售价格的，按照组成计税价格计算纳税。

实行从价定率办法计算纳税的组成计税价格计算公式：

$$组成计税价格 = （材料成本 + 加工费） ÷ （1 - 比例税率）$$

实行复合计税办法计算纳税的组成计税价格计算公式：

$$组成计税价格 = （材料成本 + 加工费 + 委托加工数量 × 定额税率） ÷ （1 - 比例税率）$$

第九条 进口的应税消费品，按照组成计税价格计算纳税。

实行从价定率办法计算纳税的组成计税价格计算公式：

$$组成计税价格 = （关税完税价格 + 关税） ÷ （1 - 消费税比例税率）$$

实行复合计税办法计算纳税的组成计税价格计算公式：

$$组成计税价格 = （关税完税价格 + 关税 + 进口数量 × 消费税定额税率） ÷ （1 - 消费税比例税率）$$

第十条 纳税人应税消费品的计税价格明显偏低并无正当理由的，由主管税务机关核定其计税价格。

第十一条 对纳税人出口应税消费品，免征消费税；国务院另有规定的除外。出口应税消费品的免税办法，由国务院财政、税务主管部门规定。

第十二条 消费税由税务机关征收，进口的应税消费品的消费税由海关代征。

个人携带或者邮寄进境的应税消费品的消费税，连同关税一并计征。具体办法由国务院关税税则委员会会同有关部门制定。

第十三条 纳税人销售的应税消费品，以及自产自用的应税消费品，除国务院财政、税务主管部门另有规定外，应当向纳税人机构所在地或者居住地的主管税务机关申报纳税。

委托加工的应税消费品，除受托方为个人外，由受托方向机构所在地或者居住地的主管税务机关解缴消费税税款。

进口的应税消费品，应当向报关地海关申报纳税。

第十四条 消费税的纳税期限分别为 1 日、3 日、5 日、10 日、15 日、1 个月或者 1 个季度。纳税人的具体纳税期限，由主管税务机关根据纳税人应纳税额的大小分别核定；不能按照固定期限纳税的，可以按次纳税。

纳税人以1个月或者1个季度为1个纳税期的，自期满之日起15日内申报纳税；以1日、3日、5日、10日或者15日为1个纳税期的，自期满之日起5日内预缴税款，于次月1日起15日内申报纳税并结清上月应纳税款。

第十五条 纳税人进口应税消费品，应当自海关填发海关进口消费税专用缴款书之日起15日内缴纳税款。

第十六条 消费税的征收管理，依照《中华人民共和国税收征收管理法》及本条例有关规定执行。

第十七条 本条例自2009年1月1日起施行。

中华人民共和国
消费税暂行条例

中华人民共和国消费
税暂行条例实施细则

中华人民共和国消费
税法（征求意见稿）

任务一 消费税的概念、特征、纳税人、征税范围、税目及税率

任务情境

我国对哪些商品征收消费税？生活中哪些商品含有消费税？你负担过消费税吗？

某男生花6元在超市购买了一瓶啤酒，问：该瓶啤酒含有消费税吗？

某女生花100元在超市购买了一瓶15毫升的防晒霜，问：该瓶防晒霜含有消费税吗？

任务概述

消费税是对在中华人民共和国境内销售、委托加工和进口特定消费品的单位和个人，就其销售额或销售数量，在特定环节所征收的一种间接税。消费税选择少数消费品征收，主要在生产环节或进口环节一次性征收，金银首饰、铂金首饰、钻石和钻石饰品在零售环节征收，卷烟和电子烟在批发环节加征一次，超豪华小汽车在零售环节加征一次。

消费税的征税范围包括生产销售应税消费品，批发销售卷烟和电子烟，零售金银首饰、铂金首饰、钻石和钻石饰品、超豪华小汽车，委托加工应税消费品和进口应税消费品。

消费税的纳税人分五类，即境内生产销售应税消费品（金银首饰、铂金首饰、钻石和钻石饰品除外）的单位和个人，境内批发卷烟、电子烟的单位和个人，境内零售金银首饰、铂金首饰、钻石和钻石饰品、超豪华小汽车的单位和个人，境内委托加工应税消费品（金银首饰、铂金首饰、钻石和钻石饰品除外）的单位和个人，以及境内进口应税消费品（金银首饰、铂金首饰、钻石和钻石饰品除外）的单位和个人。

消费税税目共有十五个，这十五个税目有三种计税方式，卷烟和白酒两种应税消费品适用复合计税方式，黄酒、啤酒和成品油三种应税消费品适用从量计税方式，其他应税消费品适用从价计税方式。

任务相关知识

一、消费税的概念和特征

（一）消费税的概念

消费税是对在中华人民共和国境内销售、委托加工和进口特定消费品的单位和个人，就其销售额或销售数量，在特定环节所征收的一种间接税。

从以上概念可以看出：

（1）消费税以境内销售、委托加工和进口的特定消费品为征税对象；

（2）消费税以消费品的销售额或销售数量为征税依据；

（3）消费税以境内销售、委托加工和进口特定消费品的单位和个人为纳税人。

（二）消费税的特征

1.征税范围具有选择性

我国的消费税是选择少数消费品征收的一种税，主要包括烟、酒等特殊消费品，金银首饰等奢侈品，小汽车等高能耗消费品，成品油等不可再生资源消费品，税目一共有十五个。

2.主要在生产环节或进口环节一次性征收

我国的消费税主要在生产、委托加工或进口环节一次性征收，例外是金银首饰、铂金首饰、钻石和钻石饰品在零售环节征收，卷烟和电子烟在批发环节加征一次，超豪华小汽车在零售环节加征一次，如表3-1所示。

表3-1 消费税的征税范围

项目		生产、委托加工和进口环节	批发环节	零售环节
一般情况		一次性征收	×	×
特殊情况	金银首饰	×	×	一次性征收
	卷烟、电子烟	征收一次	加征一次	×
	超豪华小汽车	征收一次	×	加征一次

3.税收负担具有转嫁性

消费税的纳税人在缴纳税款后将税负转嫁给消费者，最终由消费者承担，税负具有转嫁性。

二、消费税的征税范围

消费税的征税范围包括以下几项：

（一）生产销售应税消费品

纳税人实际生产并销售应税消费品的，在销售环节征收消费税。

纳税人将生产的应税消费品用于生产非应税消费品、职工福利、奖励等其他方面的，视同销售，在移送使用时征收消费税。

（二）批发销售卷烟、电子烟

卷烟和电子烟在生产环节和批发环节两次征收消费税。

批发卷烟是指烟草批发企业将卷烟批发给零售企业，将卷烟批发给其他批发企业的，不缴纳消费税。

纳税人兼营卷烟批发和零售业务的，应当分别核算销售额、销售数量，未分别核算的，按照全部销售额和销售数量计征批发环节消费税。

（三）零售金银首饰、铂金首饰、钻石和钻石饰品、超豪华小汽车

1.金银首饰、铂金首饰、钻石和钻石饰品

对金银首饰、铂金首饰、钻石和钻石饰品，消费税由在生产（进口）环节征收改为在零售环节征收。

金银首饰是指金首饰、银首饰、金基合金首饰、银基合金首饰四类，以及它们的镶嵌首饰。

2.超豪华小汽车

对超豪华小汽车，在生产（进口）环节征收消费税基础上，在零售环节加征消费税。

（四）委托加工应税消费品

委托加工应税消费品，是指由委托方提供原料和主要材料，受托方只收取加工费和代垫部分辅助材料的加工。对于由受托方提供原材料生产的应税消费品，或者受托方先将原材料卖给委托方，然后再接受加工的应税消费品，以及由受托方以委托方名义购进原材料生产的应税消费品，不论在财务上是否作销售处理，都不得作为委托加工应税消费品，而应当按照销售自制应税消费品缴纳消费税。

委托加工的应税消费品，由受托方在向委托方交货时代收代缴税款，但受托方为个人的，由委托方收回后缴纳消费税。

委托方收回委托加工的应税产品以后将委托加工的应税消费品用于连续生产应税消费品的，已纳税款准予按规定抵扣。

（五）进口应税消费品

对进口应税消费品，在报关进口时征收消费税。

三、消费税的纳税人

在中华人民共和国境内生产、委托加工和进口规定的消费品的单位和个人，以及国务院确定的销售规定的消费品的其他单位和个人，为消费税的纳税人。

在中华人民共和国境内，是指生产、委托加工和进口属于应当缴纳消费税的消费品的起运地或者所在地在境内。

单位，是指企业、行政单位、事业单位、军事单位、社会团体及其他单位。

个人，是指个体工商户及其他个人。

具体而言，根据消费税的征税范围，消费税的纳税人包括以下五类：

（1）境内生产销售应税消费品（金银首饰、铂金首饰、钻石和钻石饰品除外）的单位和个人；

（2）境内批发卷烟、电子烟的单位和个人；

（3）境内零售金银首饰、铂金首饰、钻石和钻石饰品、超豪华小汽车的单位和个人；

（4）境内委托加工应税消费品（金银首饰、铂金首饰、钻石和钻石饰品除外）的单位和个人；

（5）境内进口应税消费品（金银首饰、铂金首饰、钻石和钻石饰品除外）的单位和个人。

四、消费税税目

消费税税目共有十五个，具体内容如下：

（一）烟

凡是以烟叶为原料加工生产的产品，不论使用何种辅料，均属于本税目的征收范围。本税目下设卷烟、雪茄烟、烟丝、电子烟四个子目。

（1）卷烟包括甲类卷烟和乙类卷烟。甲类卷烟是指每标准条（200支）调拨价格在70元（不含增值税）以上（含70元）的卷烟。乙类卷烟是指每标准条（200支）调拨价格在70元（不含增值税）以下的卷烟。

（2）雪茄烟。

（3）烟丝，包括不经卷制的散装烟。

（4）电子烟。

（二）酒

本税目下设白酒、黄酒、啤酒、其他酒四个子目。不包括料酒。

1. 白酒

白酒包括粮食白酒和薯类白酒。

2. 黄酒

黄酒包括各种原料酿制的黄酒和酒度超过12度（含12度）的土甜酒。

土甜酒是指用糯米、大米、黄米等为原料，经加温、糖化、发酵（通过酒曲发酵），采用压榨酿制的酒度不超过12度的酒。

3. 啤酒

啤酒包括对啤酒屋利用啤酒生产设备生产的啤酒。

4. 其他酒

其他酒是指除以上粮食白酒、薯类白酒、黄酒、啤酒以外的各种酒，包括葡萄酒、糠麸白酒、其他原料白酒、土甜酒、复制酒、果木酒、汽酒、药酒等。

（三）高档化妆品

高档化妆品包括高档美容、修饰类化妆品，高档护肤类化妆品和成套化妆品。

高档美容、修饰类化妆品和高档护肤类化妆品是指生产（进口）环节销售（完税）价格（不含增值税）在10元/毫升（克）或15元/片（张）及以上的美容、修饰类化妆品和护肤类化妆品。

成套化妆品是指由各种用途的化妆品配套盒装而成的系列产品。

本税目不包括舞台、戏剧、影视演员化妆用的上妆油、卸妆油、油彩、发胶和头发漂白剂等。

（四）贵重首饰及珠宝玉石。

本税目包括宝石坯。

（五）鞭炮、焰火

本税目包括各种鞭炮、焰火。体育上用的发令纸，鞭炮药引线，不按本税目征收。

（六）成品油

本税目包括汽油、柴油、石脑油、溶剂油、航空煤油、润滑油、燃料油等七个子目。

甲醇汽油、乙醇汽油、生物柴油也属于本税目征收范围。

（七）摩托车

本税目包括两种，一是气缸容量250毫升的摩托车，二是250毫升（不含）以上的摩托车。

（八）小汽车

本税目包括乘用车、中轻型商用客车和超豪华小汽车三个子目。

乘用车是指含驾驶员座位在内最多不超过9个座位（含）的乘用车。

中轻型商用客车是指含驾驶员座位在内的座位数在10至23座（含23座）的各类中轻型商用客车。

超豪华小汽车是指每辆零售价格130万元及以上的乘用车和中轻型商用客车。

本税目不包括电动汽车、沙滩车、雪地车、卡丁车、高尔夫车、货车或厢式货车改装生产的商务车、卫星通信车等专用汽车。

（九）高尔夫球及球具

本税目包括高尔夫球、球杆、球包（袋）、球杆的杆头、杆身和握把。

（十）高档手表

高档手表是指销售价格（不含消费税）每只在10 000元（含）以上的各类手表。

（十一）游艇

游艇是指船身长度大于8米小于90米的游艇。

（十二）木制一次性筷子

原料为木材且一次性使用的筷子。

（十三）实木地板

包括各种规格的实木地板、素板、实木指接地板、实木复合地板及实木装饰板。

（十四）电池

包括原电池、蓄电池、燃料电池、太阳能电池和其他电池。

对无汞原电池、氢镍蓄电池、锂原电池、锂离子蓄电池、太阳能电池、燃料电池和全钒液流电池免征消费税。

（十五）涂料

对施工状态下挥发性有机物（VOC）含量低于420克/升（含）的涂料免征消费税。

五、消费税税率

依据《消费税税目及税率表》，十五个税目中，有三种计税方式。第一，卷烟和白酒适用复合计税方式；第二，黄酒、啤酒和成品油适用从量计税方式。第三，其他应税消费品适用从价计税方式。

适用从量计税方式的，在计税税额时，当需要进行税额单位换算时，按照以下换算标准进行换算：

（1）黄酒1吨=962升；

（2）啤酒1吨=988升；

（3）汽油1吨=1 388升；

（4）柴油1吨=1 176升；

（5）航空煤油1吨=1 246升；

（6）石脑油1吨=1 385升；

（7）溶剂油1吨=1 282升；

（8）润滑油1吨=1 126升；

（9）燃料油1吨=1 015升。

（四）消费税的税目及适用税率

消费税税目、税率（额）表如表3-2所示。

表3-2　消费税税目、税率（额）表

税目	税率（额）
烟 1.卷烟 （1）甲类卷烟	56%加0.003元/支
（2）乙类卷烟	36%加0.003元/支
（3）批发卷烟	11%加0.005元/支
2.雪茄烟	36%
3.烟丝	30%
4.电子烟	36%
生产（进口）环节	36%
批发环节	11%
二、酒 1.白酒	20%加0.5元/500克（或者500毫升）
2.黄酒	240元/吨
3.啤酒	
（1）甲类啤酒	250元/吨
（2）乙类啤酒	220元/吨
4.其他酒	10%
三、高档化妆品	15%
四、贵重首饰及珠宝玉石 1.金银首饰、铂金首饰和钻石及钻石饰品（零售环节）	5%
2.其他贵重首饰和珠宝玉石	10%

税目	税率（额）
五、鞭炮、焰火	15%
六、成品油	
1.汽油	1.52元/升
2.柴油	1.20元/升
3.航空煤油	1.20元/升
4.石脑油	1.52元/升
5.溶剂油	1.52元/升
6.润滑油	1.52元/升
7.燃料油	1.20元/升
七、摩托车	
1.气缸容量（排气量，下同）在250毫升（含250毫升）以下的	3%
2.气缸容量在250毫升以上的	10%
八、小汽车	
1.乘用车	
（1）气缸容量（排气量，下同）在1.0升（含1.0升）以下的	1%
（2）气缸容量在1.0升以上至1.5升（含1.5升）的	3%
（3）气缸容量在1.5升以上至2.0升（含2.0升）的	5%
（4）气缸容量在2.0升以上至2.5升（含2.5升）的	9%
（5）气缸容量在2.5升以上至3.0升（含3.0升）的	12%
（6）气缸容量在3.0升以上至4.0升（含4.0升）的	25%
（7）气缸容量在4.0升以上的	40%
2.中轻型商用客车	5%
3.超豪华小汽车（零售环节）	10%
九、高尔夫球及球具	10%
十、高档手表	20%
十一、游艇	10%
十二、木制一次性筷子	5%
十三、实木地板	5%
十四、电池	4%
十五、涂料	4%

育人园地

2023年全国"宪法宣传周" ｜ 税费知识思维导图——带你认识消费税　　税月留声机：消费税的前世今生

思考

1.为什么要征收消费税？

2.我国消费税制度改革的原因是什么？

■ 任务二　消费税应纳税额的计算

任务情境

某男生花113元（含增值税13元）在超市购买了一瓶500毫升52度白酒。问：该瓶白酒含有多少消费税？

某女生花2 260元（含增值税260元）在商店购买了一瓶75毫升的高档护肤化妆品，问：该瓶化妆品含有多少消费税？

任务概述

消费税的征税范围可以归结为销售应税消费品（包括生产销售应税消费品、批发销售卷烟和零售应税消费品）、委托加工应税消费品和进口应税消费品三大类，相应地，消费税应纳税额的计算包括销售应税消费品应纳税额的计算、委托加工应税消费品应纳税额的计算和进口应税消费品应纳税额的计算。由于每种计算都包含从价计税、从量计税和复合计税三种计税方式，因此，消费税应纳税额的计算至少包括九种应纳税额的计算，再加上从价计税和复合计税方式下委托加工受托方没有同类消费品销售价格的应纳税额的计算，以及视同销售等特殊情况，该部分的计算有十几种之多，具体可以参考【任务工单】3-2-1的表格。

对以上十几种应税消费品消费税额的计算，在计税原理上，从价计税的，仍然以销售额或组成计税价格乘以适用的比例税率来计算应纳税额；从量计税的，仍然以销售数量、加工回收的数量或进口的税率乘以适用的定额税率来计算应纳税额；复合计税的，仍然是从价计税加上从量计税，需要注意的是，在从价计税的部分往往要加入从量部分的税额。

任务相关知识

一、销售应税消费品应纳税额的计算

（一）从价计税方式下销售应税消费品应纳税额的计算

1.税额计算公式

消费税实行价内税，从价定率征收的，以含消费税而不含增值税的销售额为计税依据。

销售应税消费品从价计税，以产品的销售额乘以适用的比例税率来计算消费税应纳税额，计算公式为：

$$应纳税额 = 销售额 \times 比例税率$$

【例题】202×年1月，大美化妆品厂销售高档应税化妆品一批，取得不含增值税销售收入2万元，已知高档化妆品适用的消费税税率是15%。求大美化妆品厂销售该批高档应税化妆品应当缴纳多少消费税？

【解析】应纳税额=20 000×15%=3 000（元）。

2.销售额的确定

（1）销售额的含义。

销售额为纳税人销售应税消费品向购买方收取的全部价款和价外费用。

价外费用，是指价外向购买方收取的手续费、补贴、基金、集资费、返还利润、奖励费、违约金、滞纳金、延期付款利息、赔偿金、代收款项、代垫款项、包装费、包装物租金、储备费、优质费、运输装卸费以及其他各种性质的价外收费。

（2）包装物及包装物押金销售额的确定。

应税消费品连同包装物销售的，无论包装物是否单独计价以及在会计上如何核算，均应并入应税消费品

的销售额中缴纳消费税。

包装物押金不计入销售额，但下列三种押金计入销售额：

①因逾期未收回的包装物不再退还的押金；

②已收取的时间超过12个月的押金；

③除黄酒、啤酒以外的酒类包装物押金。

（3）含增值税税款时销售额的确定。

销售额不包括应向购货方收取的增值税税款，如果销售额中含有增值税税款的，在计算消费税时，应当换算为不含增值税税款的销售额，换算公式为：

销售额=含增值税的销售额÷（1+增值税税率或者征收率）

【例题】202×年1月，大美化妆品厂销售一批高档应税化妆品，取得含增值税销售收入3.39万元，已知高档化妆品适用的消费税税率是15%。求大美化妆品厂销售该批高档应税化妆品应当缴纳多少消费税。

【解析】应纳税额=33 900÷（1+13%）×15%=4 500（元）。

（4）视同销售销售额的确定。

将生产的应税消费品用于生产非应税消费品、在建工程、管理部门、非生产机构、提供劳务、馈赠、赞助、集资、广告、样品、职工福利、奖励等其他方面的，视同销售。视同销售在移送使用时征收消费税。

纳税人生产应税消费品视同销售的，按照纳税人生产的同类消费品的销售价格计算纳税。没有同类消费品销售价格的，按照组成计税价格计算纳税。由于消费税是价内税，也就是计税价格包括税款本身。因此，纳税人生产应税消费品视同销售的组成计税价格计算公式为：

生产应税消费品视同销售组成计税价格=（成本+利润）÷（1−比例税率）

因此，纳税人生产应税消费品视同销售应纳税额计算公式为：

生产应税消费品视同销售应纳税额=（成本+利润）÷（1−比例税率）×比例税率

成本，是指应税消费品的产品生产成本。利润，是指根据应税消费品的全国平均成本利润率计算的利润。应税消费品全国平均成本利润率由国家税务总局确定。

【例题】大美化妆品厂为增值税一般纳税人，202×年2月，该化妆品厂发生如下业务：

1.生产A款高档香水1万瓶，销售8 000瓶，取得不含税销售收入80万元，剩余2 000瓶赠送给客户；

2.将新研发成功尚未对外销售的一批B款高档化妆品用于集体福利，该批化妆品的生产成本为2万元。

已知高档化妆品的成本利润率为5%，消费税税率是15%。问：202×年2月该化妆品厂应纳消费税是多少？

【解析】

1.A款高档香水应纳税额：（8 000+2 000）×100×15%=150 000（元）。

2.用于集体福利的B款高档化妆品应纳税额：20 000×（1+5%）÷（1−15%）×15%=3 705.88（元）。

（5）换取生产资料和消费资料、投资入股和抵偿债务等方面的应税消费品的销售额的确定。

纳税人用于换取生产资料和消费资料、投资入股和抵偿债务等方面的应税消费品，应当以纳税人同类应税消费品的最高销售价格作为计税依据计算消费税。

【例题】大美化妆品厂为增值税一般纳税人，202×年3月，该化妆品厂将1万瓶高档香水作价80万对外抵偿债务，该种香水本月最低售价为每瓶60元，最高售价为每瓶120元，平均售价为每瓶100元。已知高档化妆品的消费税税率是15%。问：大美化妆品厂对此1万瓶高档香水应当缴纳多少消费税？

【解析】应纳税额：10 000×120×15%=180 000（元）。

（6）非独立核算门市部销售自产应税消费品的销售额的确定。

纳税人通过自设非独立核算门市部销售的自产应税消费品，应当按照门市部对外销售额或者销售数量征收消费税。

（7）以旧换新（含翻新改制）方式销售的金银首饰的销售额的确定。

纳税人采用以旧换新（含翻新改制）方式销售的金银首饰，按实际收取的不含增值税的全部价款确定计税依据征收消费税。

（8）外币销售额的换算。

纳税人销售的应税消费品，以人民币计算销售额。以人民币以外的货币结算销售额的，其销售额的人民币折合率可以选择销售额发生的当天或者当月1日的人民币汇率中间价。

纳税人应在事先确定采用何种折合率，确定后1年内不得变更。

（二）从量计税方式下销售应税消费品应纳税额的计算

消费税实行从量定额办法计算应纳税额的，以应税消费品的销售数量乘以适用的定额税率计算应纳税额，计算公式为：

$$应纳税额=销售数量×定额税率$$

自产自用应税消费品视同销售的，以移送使用的数量为销售数量，计算公式为：

$$应纳税额=自产自用数量×定额税率$$

【例题】金星化工厂为增值税一般纳税人，主要从事成品油业务，202×年4月，金星化工厂销售自产柴油20 000吨，已知柴油1吨=1 176升，消费税税率为1.2元/升，计算金星化工厂当月应当缴纳的消费税税额。

【解析】从量计征应纳税额=20 000×1 176×1.2=28 224 000（元）。

（三）复合计税方式下销售应税消费品应纳税额的计算

1.销售应税消费品复合计税的

消费税复合计税是指从价定率和从量定额复合计税，计算公式为：

$$应纳税额=销售额×比例税率+销售数量×定额税率$$

【例题】醉翁美酒厂为增值税一般纳税人，202×年4月，该厂自制粮食白酒4吨对外销售，取得不含税销售收入10万元，另收取包装物押金（单独核算）1.13万元。计算醉翁美酒厂应当缴纳的消费税税额。

【解析】从量计征应纳税额=4×2 000×0.5=4 000（元）；

从价计征应纳税额=［100 000+11 300÷（1+13%）］×20%=22 000（元）；

合计应纳税额=4 000+22 000=26 000（元）。

2.自产自用应税消费品视同销售复合计税的

自产自用应税消费品视同销售复合计税的，从价计税部分适用组成计税价格计算应纳税额。值得注意的是，在从价计税时，从量计税部分的消费税也都要计入计税价格，从量计税部分的消费税为自产自用数量乘以定额税率，因此，自产自用应税消费品视同销售复合计税的，其从价部分的组成计税价格计算公式为：

$$从价部分的组成计税价格=（成本+利润+自产自用数量×定额税率）÷（1-比例税率）$$

从价部分的应纳税额计算公式为：

$$应纳税额=（成本+利润+自产自用数量×定额税率）÷（1-比例税率）×比例税率$$

自产自用应税消费品视同销售复合计税应纳税额计算公式为：

$$应纳税额=（成本+利润+自产自用数量×定额税率）÷（1-比例税率）×比例税率+自产自用数量×定额税率$$

【例题】醉翁美酒厂为增值税一般纳税人，202×年5月，该酒厂将100斤（1斤=500克）自产65度原浆白酒加工成医用酒精对外销售，65度原浆白酒无同类白酒的销售价格，生产成本为20元/斤。已知白酒的成本利润率为10%，适用的税率为20%加0.5元/500克（或者500毫升），计算该笔业务的应当缴纳的消费税税额。

【解析】销售自产应税消费品，无同类白酒的销售价格的，按照组成计税价格计税。

应纳税额=（成本+利润+自产自用数量×定额税率）÷（1-比例税率）×比例税率+自产自用数量×定额税率=［20×（1+10%）×100+0.5×100］÷（1-20%）×20%+100×0.5=612.50（元）。

二、委托加工应税消费品应纳税额的计算

（一）从价计税方式下委托加工应税消费品应纳税额的计算

1.受托方有同类消费品销售价格的

委托加工应税消费品，按照受托方的同类消费品的销售价格计算销售额乘以适用的比例税率来计算消费税税额，计算公式为：

应纳税额＝按照受托方的同类消费品的销售价格计算的销售额×比例税率

2.受托方没有同类消费品销售价格的

受托方没有同类消费品销售价格的，按照组成计税价格计算纳税。组成计税价格计算公式为：

组成计税价格＝（材料成本＋加工费）÷（1－比例税率）

委托加工从价计税组成计税应纳税额计算公式为：

应纳税额＝（材料成本＋加工费）÷（1－比例税率）×比例税率

上述公式中，材料成本是指委托方所提供加工材料的实际成本。

【例题】202×年6月，甲实木地板厂（增值税一般纳税人）购买一批原木，增值税专用发票注明的金额为10万元，甲实木地板厂将该批材料委托乙实木地板厂加工成素板（实木地板的一种），乙厂收取加工费和辅料费不含增值税价款4.25万元，实木地板适用的消费税税率为5%，乙厂没有同类产品销售。计算乙实木地板厂代收代缴的消费税税额。

【解析】材料成本：100 000元；

加工费：42 500元；

组成计税价格：（100 000+42 500）÷（1－5%）=150 000（元）。

代收代缴的消费税税额=150 000×5%=7 500（元）。

（二）从量计税方式下委托加工应税消费品应纳税额的计算

委托加工从量计税，以纳税人收回的应税消费品数量为计税依据，适用相应的定额税率计算应纳税额，计算公式为：

应纳税额＝纳税人收回的应税消费品数量×定额税率

【例题】醉江南酿酒厂受托加工20吨黄酒，实际交付21吨，已知黄酒的消费税税率为240元/吨，计算醉江南酿酒厂应代收代缴的消费税税额。

【解析】代收代缴的消费税税额=21×240=5 040（元）。

（三）复合计税方式下委托加工应税消费品应纳税额的计算

1.受托方有同类消费品的

委托加工复合计税，从价部分的销售额按照受托方的同类消费品的销售价格计算；从量部分，以纳税人收回的应税消费品数量为计税依据，计算公式为：

应纳税额＝按照受托方的同类消费品的销售价格计算的销售额×比例税率+委托加工数量×定额税率

2.受托方没有同类消费品销售价格的

受托方没有同类消费品销售价格的，按照组成计税价格计算纳税。组成计税价格包含从量计税部分的消费税额，从量计税部分的消费税额为委托加工的数量乘以定额税率，因此，委托应税消费品视同销售复合计税的，其从价部分的组成计税价格计算公式为：

组成计税价格＝（材料成本＋加工费）÷（1－比例税率）+（委托加工数量×定额税率）÷（1－比例税率）

＝（材料成本＋加工费＋委托加工数量×定额税率）÷（1－比例税率）

委托加工复合计税从价计税部分应纳税额计算公式为：

应纳税额＝（材料成本＋加工费＋委托加工数量×定额税率）÷（1－比例税率）×比例税率

委托加工复合计税从量计税部分应纳税额计算公式为：

应纳税额＝委托加工数量×定额税率

委托加工复合计税应纳税额计算公式：

委托加工复合计税应纳税额＝（材料成本＋加工费＋委托加工数量×定额税率）÷

（1－比例税率）×比例税率+委托加工数量×定额税率

【例题】202×年7月，甲酿酒厂（增值税一般纳税人）购买一批高粱，增值税专用发票注明的金额为42万元，甲酿酒厂将该批材料委托乙酿酒厂加工成500毫升瓶装高度白酒7万瓶，乙酿酒厂收取加工费和辅料费不含增值税价款5万元，该批白酒适用的消费税税率为20%，乙酿酒厂没有同类产品销售。计算乙酿酒厂代收代缴的消费税税额。

【解析】材料成本：42万元；

加工费：5万元；

应纳税额=（材料成本+加工费+委托加工数量×定额税率）÷（1–比例税率）×比例税率+委托加工数量×定额税率=（420 000+50 000+70 000×0.5）÷（1–20%）×20%+70 000×0.5=161 250（元）。

三、进口应税消费品应纳税额的计算

（一）从价计税方式下进口应税消费品应纳税额的计算

进口的应税消费品，按照组成计税价格计算纳税。进口应税消费品组成计税价格包括关税，因此进口应税消费品从价计税组成计税价格公式为：

组成计税价格=（关税完税价格+关税）÷（1–比例税率）

进口应税消费品从价计税应纳税额计算公式为：

应纳税额=（关税完税价格+关税）÷（1–比例税率）×比例税率

【例题】202×年8月，黄金卷烟厂进口一批烟丝，海关审定完税价格为10万元，黄金卷烟厂为此缴纳关税4万元，已知该批烟丝适用的消费税比例税率为30%，计算黄金卷烟厂进口该批卷烟丝应当缴纳的消费税税额。

【解析】应纳税额=（关税完税价格+关税）÷（1–比例税率）×比例税率=（100 000+40 000）÷（1–30%）×30%=60 000（元）。

（二）从量计税方式下进口应税消费品应纳税额的计算

进口应税消费品从量计税的，应纳税额计算公式为：

应纳税额=进口数量×定额税率

【例题】金星化工厂为增值税一般纳税人，主要从事成品油业务。202×年5月，金星化工厂进口汽油500吨，已知汽油1吨=1 388升，消费税税率为1.52元/升，计算金星化工厂进口该批汽油应当缴纳的消费税税额。

【解析】应纳税额=500×1 388×1.52=1 054 880（元）。

（三）复合计税方式下进口应税消费品应纳税额的计算

进口应税消费品复合计税的，从价部分包含从量部分的消费税。进口应税消费品复合计税应纳税额计算公式为：

应纳税额=（关税完税价格+关税+进口数量×定额税率）÷（1–比例税率）×比例税率+进口商品数量×定额税率

【例题】202×年9月，黄金卷烟厂进口卷烟100标准条（每标准条200支），海关审定完税价格为30 000元，黄金卷烟厂为此缴纳关税12 000元。已知该批卷烟适用的消费税比例税率为36%，定额税率为0.003元/支，计算黄金卷烟厂进口该批卷烟应当缴纳的消费税税额。

【解析】应纳税额=（关税完税价格+关税+进口数量×定额税率）÷（1–比例税率）×比例税率+进口品数量×定额税率=（30 000+12 000+100×200×0.003）÷（1–36%）×36%+100×200×0.003=23 718.75（元）。

四、已纳税款的扣除

为了避免出现重复征税，根据规定，将外购及委托加工的应税消费品用于连续生产应税消费品进行销售的，已纳消费税税款准予按规定抵扣。

（一）准予扣除的项目

需要注意的是，并非所有外购和委托加工的消费品用于连续生产都可以扣除已纳的消费税税款，准予扣除的只限于《消费税法》列举的税目。

《消费税法》规定，外购和委托加工的消费品用于连续生产可以扣除已纳消费税税款的税目不包括酒、小汽车、高档手表、游艇、电池、涂料等六个税目，外购和委托加工的消费品用于连续生产可以扣除已纳消费税税款的税目包括：

（1）已税烟丝生产的香烟；

（2）已税高档化妆品生产的高档化妆品；

（3）已税珠宝玉石生产的贵重首饰、珠宝玉石；

（4）已税鞭炮和焰火生产的鞭炮和焰火；

（5）已税高尔夫部件生产的高尔夫球杆；

（6）已税木制一次性筷子生产的木制一次性筷子；

（7）已税实木地板生产的实木地板；

（8）已税汽油、柴油、石脑油、润滑油、燃料油为原料生产的成品油。

（二）外购应税消费品已纳税额的扣除

外购消费品已纳消费税税款的扣除，采用的是实耗扣税法而不是购进扣税法，即只有在当期被生产领用的已税消费品才可以扣除其已纳消费税税款。

当期准予扣除的外购应税消费品的已纳消费税税款，按当期生产领用数量计算。由于原材料的采购和使用是连续的，所以在计算生产领用量时，应根据期初库存数量加当期外购数量减期末库存数量来进行推算。

准予扣除的税款计算公式为：

（1）从价计税的：

准予扣除的税款＝当期准予扣除的外购应税消费品买价×外购应税消费品适用税率

当期准予扣除的外购应税消费品买价＝期初库存的外购应税消费品的买价＋当期购进的应税消费品的买价－期末库存的外购应税消费品的买价

上述公式中"外购应税消费品买价"是指购货发票上注明的销售额（不包括增值税税款）。

【例题】某卷烟厂外购烟丝加工成乙类卷烟销售，某月生产销售情形如下：

1日，库存外购烟丝，查其进价成本为48.6万元；

8日，购入一批烟丝，增值税专用发票注明的价款为20万元；

31日，库存外购烟丝，查其进价成本为49.2万元；

本月销售乙类卷烟1万条，取得不含税销售收入56万元。

计算该企业当期实际应当缴纳的消费税税额。（乙类卷烟消费税比例税率为36%，定额税率为0.003元/支）

【解析】

1. 期初库存的外购应税消费品的买价：486 000元；

2. 当期购进的应税消费品的买价：200 000元；

3. 期末库存的外购应税消费品的买价：492 000元；

4. 当期准予扣除的外购应税消费品买价＝期初库存的外购应税消费品的买价＋当期购进的应税消费品的买价－期末库存的外购应税消费品的买价＝486 000+200 000–492 000＝194 000（元）；

5. 准予扣除的税款＝当期准予扣除的外购应税消费品买价×外购应税消费品适用税率＝194 000×10%＝19 400（元）；

6. 当期销售卷烟应纳税额＝560 000×36%+10 000×200×0.003＝201 660（元）；

7. 当期实际应纳税额＝当期应纳税额－当期准予扣除已纳税款＝201 660–19 400＝188 260（元）。

（2）从量计税的：

准予扣除的税款＝当期准予扣除的外购应税消费品数量×外购应税消费品适用税率

当期准予扣除的外购应税消费品数量＝期初库存的外购应税消费品的数量＋当期购进的应税消费品的数量－期末库存的外购应税消费品的数量

（三）委托加工收回的应税消费品已纳税额的扣除

委托加工的应税消费品，委托方收回委托加工的应税产品以后将委托加工的应税消费品用于连续生产应税消费品的，已纳税款准予按规定抵扣。

纳税人用委托加工的已税珠宝、玉石生产的改在零售环节征收消费税的金银首饰（镶嵌首饰），在计税时一律不得扣除委托加工珠宝玉石的已纳税款。

当期准予扣除的委托加工收回的应税消费品的已纳消费税税款，按照当期生产领用的数量计算。计算公式如下：

当期准予扣除的委托加工应税消费品已纳税款=期初库存的委托加工应税消费品已纳税款+当期收回的委托加工应税消费品已纳税款−期末库存的委托加工应税消费品已纳税款

【例题】甲卷烟厂某月委托加工卷烟销售情形如下：

月初，查库存委托加工烟丝已纳消费税税款50万元；

本月回收委托加工烟丝已纳消费税税款20万元；

月末，查库存委托加工烟丝已纳消费税税款15万元。

计算该卷烟厂当期可以抵扣的消费税税款。

【解析】

1.期初库存的委托加工应税消费品已纳税款：50万元；

2.当期收回的委托加工应税消费品已纳税款：20万元；

3.期末库存的委托加工应税消费品已纳税款：15万元；

4.当期准予扣除的委托加工应税消费品已纳税款=期初库存的委托加工应税消费品已纳税款+当期收回的委托加工应税消费品已纳税款−期末库存的委托加工应税消费品已纳税款=50+20−15=55（万元）。

育人园地

扎实推动共同富裕（中国三农报道）

思考

消费税在推动共同富裕中发挥的作用是什么？

■ 任务三　消费税税收管理

任务情境

202×年6月，甲市圣井白酒厂与乙市古源酒厂签订了一份受托加工粮食白酒的合同，古源酒厂向圣井白酒厂提供高粱，委托圣井白酒厂加工生产高度粮食白酒，古源酒厂支付圣井白酒厂加工费。202×年9月，圣井白酒厂按时将加工好的粮食白酒交给了古源酒厂，古源酒厂向圣井白酒厂支付了加工费。问：古源酒厂委托圣井白酒厂加工生产粮食白酒，消费税纳税义务应当如何履行？

任务概述

我国的消费税主要在生产或进口环节一次性征收，但也有例外，本任务具体列举了六种情况。

消费税和增值税两者的纳税期限是一致的，两者的纳税义务发生时间和纳税地点也基本一致。

任务相关知识

一、消费税的纳税环节

我国消费税的纳税环节分以下六种情况：

1.进口环节纳税

进口的应税消费品，由报关者在报关进口时纳税。

2.生产环节纳税

生产应税消费品，由生产者在销售时纳税。

3.批发销售环节纳税

对卷烟和电子烟，在批发环节加征消费税。

4.零售环节纳税

金银首饰、铂金首饰、钻石和钻石饰品在零售环节征税。

对超豪华小汽车，在零售环节加征消费税。

5.委托加工交货环节纳税

委托加工应税消费品，由受托方在向委托方交货时代收代缴消费税。

6.移送使用环节纳税

纳税人将生产的应税消费品用于职工福利等方面视同销售的，在移送使用时征收消费税。

二、纳税义务发生时间

消费税纳税义务发生时间以货款结算方式或行为发生时间分别确定。

（1）纳税人销售应税消费品的，根据不同的销售方式，纳税义务发生时间为：

①采取赊销和分期收款结算方式的，为书面合同约定的收款日期的当天；书面合同没有约定收款日期或者无书面合同的，为发出应税消费品的当天。

②采取预收货款结算方式的，为发出应税消费品的当天。

③采取托收承付和委托银行收款方式的，为发出应税消费品并办妥托收手续的当天。

④采取其他结算方式的，为收讫销售款或者取得索取销售款凭据的当天。

（2）纳税人自产自用应税消费品的，为移送使用的当天。

（3）纳税人委托加工应税消费品的，为纳税人提货的当天。

（4）纳税人进口应税消费品的，为报关进口的当天。

三、纳税期限

消费税的纳税期限和增值税是一致的。

消费税的纳税期限分别为1日、3日、5日、10日、15日、1个月或者1个季度。纳税人的具体纳税期限，由主管税务机关根据纳税人应纳税额的大小分别核定；不能按照固定期限纳税的，可以按次纳税。

纳税人以1个月或者1个季度为1个纳税期的，自期满之日起15日内申报纳税；以1日、3日、5日、10日或者15日为1个纳税期的，自期满之日起5日内预缴税款，于次月1日起15日内申报纳税并结清上月应纳税款。

纳税人进口应税消费品，应当自海关填发海关进口消费税专用缴款书之日起15日内缴纳税款。

四、纳税地点

纳税人销售的应税消费品，以及自产自用的应税消费品，除国务院财政、税务主管部门另有规定外，应当向纳税人机构所在地或者居住地的主管税务机关申报纳税。

委托加工的应税消费品，除受托方为个人外，由受托方向机构所在地或者居住地的主管税务机关解缴消费税税款。

委托个人加工的应税消费品，由委托方向其机构所在地或者居住地主管税务机关申报纳税。

进口的应税消费品，应当向报关地海关申报纳税。

纳税人到外县（市）销售或者委托外县（市）代销自产应税消费品的，于应税消费品销售后，向机构所在地或者居住地主管税务机关申报纳税。

纳税人的总机构与分支机构不在同一县（市）的，应当分别向各自机构所在地的主管税务机关申报纳税；经财政部、国家税务总局或者其授权的财政、税务机关批准，可以由总机构汇总向总机构所在地的主管税务机关申报纳税。

育人园地

海瑞"收礼"　我国消费税制度优化探析

思考

1.我国消费税征税环节有哪些，为什么这样设置？

2.未来消费税可能会有哪些发展和变化？

项目四

企业所得税法律制度

项目情境

企业所得税是我国第二大税种。2022年，全国企业所得税税收收入为4.37万亿元，占全国组织税收总收入的26%以上。

中国所得税制度的创建始于20世纪初。清末宣统年间，清政府曾经起草过《所得税章程》，但是未能公布实施。1943年，国民政府公布《所得税法》，但是由于当时政治腐败，经济落后，该法未能很好地实施。

中华人民共和国成立后，在改革开放初期，为了吸引国外投资，我国针对内资企业和外资企业分别适用不同的所得税制度，其中，外资企业的税负相对较轻，这对当时吸引外资、促进经济快速发展发挥了重要作用。

随着我国税制改革的不断发展，我国开始制定新的企业所得税法。2008年1月1日，《企业所得税法》和《企业所得税法实施条例》开始实施，新税法统一了内外资企业间的税负，体现了税收公平原则。新税法的实施对我国扩大国家财政收入，促进国民经济和社会发展发挥了重要作用。

项目目标

一、知识目标

1.理解企业所得税的概念与特征；

2.掌握企业所得税的构成要素；

3.掌握企业所得税应纳税所得额的计算方法；

4.掌握企业所得税应纳税额的计算方法；

5.掌握企业所得税的申报管理制度。

二、技能目标

1.能够准确判定企业所得税的纳税人类别；

2.能够正确判定企业所得税不同类别纳税人的征税对象及分别适用的税率；

3.能够准确运用直接计算方法和间接计算方法计算企业所得税应纳税所得额；

4.能够准确计算企业所得税应纳税额；

5.能够正确申报企业所得税。

三、育人目标

1.树立"人民税收"价值理念，理解国家税收政策的合法性、合理性和公平性；

2.培养"依法纳税、诚信纳税"的法治意识；

3.培养精准计税、严谨细致的职业素养；

4.理解国家税收政策助力产业升级、推动科技进步、促进共同富裕，增强制度自信；

5.培养"坚持创新"的拓荒牛精神，激发创业创新热情；

6.树立"创新、协调、绿色、开放、共享"的新发展理念；

7.培养沟通能力，增强团队协作能力。

项目概述

企业所得税是对我国境内的企业就其所得所征收的一种税。企业所得税以所得为征税对象，这些所得包括企业取得的生产经营所得和其他所得，具体涵盖销售货物所得、提供劳务所得、转让财产所得、股息红利所得、利息所得、租金所得、特许权使用费所得、接受捐赠所得等。企业所得税以应纳税所得额为计税依据。企业所得税应纳税所得额为企业每一纳税年度的收入总额，减除不征税收入、免税收入、各项扣除以及允许弥补的以前年度亏损后的余额。

企业所得税以在中华人民共和国境内取得收入的企业和其他组织为纳税人，分为居民企业和非居民企业。这里的企业指的是法人企业，不包括个人独资企业和合伙企业等非法人组织。

居民企业承担无限纳税义务，居民企业应当就其来源于中国境内、境外的所得缴纳企业所得税，适用税率为25%。非居民企业承担的纳税义务有多种情况，具体参考相关任务。

企业每一纳税年度的收入总额，减除不征税收入、免税收入、各项扣除以及允许弥补的以前年度亏损后的余额，为应纳税所得额。企业的应纳税所得额乘以适用税率，减除税收优惠的规定减免和抵免的税额后的余额，为应纳税额。

国家对重点扶持和鼓励发展的产业和项目，给予企业所得税优惠。企业所得税的税收优惠措施很多，涵盖免税收入、所得减免、低税率、减征或者免征、计算应纳税所得额时加计扣除、应纳税所得额抵扣、加速折旧、减计收入、税额抵免等。

企业所得税分月或者分季预缴，按纳税年度计算。企业应当自月份或者季度终了之日起15日内，向税务机关报送预缴企业所得税纳税申报表，预缴税款。企业应当自年度终了之日起5个月内，向税务机关报送年度企业所得税纳税申报表，并汇算清缴，结清应缴应退税款。

本项目主要内容见下表。

项目知识树

项目内容提要

				所得（征税对象及适用的税率）	
				（一）境内所得	（二）境外所得
企业（纳税人）是指法人企业和其他取得收入的组织，并不包括个体工商户、个人独资企业和合伙企业。	对我国境内的企业和其他取得收入的组织	（一）居民企业	在中国境内设立的企业 / 依据外国法律设立，但实际管理机构在中国的企业	征收（25%）	征收（25%）
		（二）非居民企业	依据外国法律设立，但在中国境内设立机构、场所的企业	与机构、场所有联系的境内所得征收（25%）	与机构、场所有联系的境外所得征收（25%）
			依据外国法律设立，在中国境内未设立机构、场所，但有来源于中国境内所得的企业	征收（20%减按10%）	与机构、场所没有联系的境外所得（不征收）
				与机构、场所没有联系的境内所得征收（20%减按10%）	不征收

所得（应纳税所得额）

二、收入总额：1.销售货物收入；2.提供劳务收入；3.转让财产收入；4.股息、红利等权益性投资收益；5.利息收入；6.租金收入；7.特许权使用费收入；8.接受捐赠收入；9.其他收入（如企业资产溢余收入、逾期未退包装物押金收入等）。

不征税收入：1.财政拨款；2.依法收取并纳入财政管理的行政事业性收费、政府性基金；3.国务院规定的其他不征税收入。

免税收入（税收优惠措施）：1.国债利息收入；2.符合条件的居民企业之间的股息、红利等权益性投资收益；3.在中国境内设立机构、场所的非居民企业从居民企业取得与该机构、场所有实际联系的股息、红利等权益性投资收益；4.符合条件的非营利组织的收入。

各项扣除：1.成本（研发费用加计扣除）；2.费用及其扣除标准：(1)工资、薪金支出；(2)职工福利费（14%）；(3)工会经费（2%）；(4)党组织工作经费（1%）；(5)职工教育经费（8%）；(6)社会保险费和住房公积金；(7)补充养老保险费、补充医疗保险费（5%）；(8)商业保险（财产保险、特殊工种职工人身安全保险费）；(9)利息费用；(10)借款费用；(11)汇兑损失；(12)业务招待费（60%/5%）；(13)广告费和业务宣传费（15%/30%）；(14)环境保护专项资金；(15)租赁费；(16)劳动保护费；(17)公益性捐赠支出（12%）；(18)总机构分摊的费用；(19)手续费及佣金支出（合同金额的5%/财保企业15%/人保企业10%）；3.税金；4.损失；5.其他支出。

以前年度亏损：1.最长不超过5年；2.高新技术、科技型中小企业：2018年1月1日起亏损可以向后结转，但最长不超过10年。

税（应纳税所得额） 征收的一种税。

应纳税额所得额＝收入总额－不征税收入－免税收入－各项扣除－减去允许弥补的以前年度亏损－抵扣的所得所得额

×适用税率：居民企业基本税率25%。

减免税额：免征：1.企业从事农、林、牧、渔业项目投资经营的所得免征税；2.企业从事国家重点扶持的公共基础设施项目投资经营的所得减免征税；3.企业从事符合条件的环境保护、节能节水项目的所得减免征税；4.企业符合条件的技术转让所得减免征税；5.创业投资企业减免；6.小型微利企业减税；7.国家需要重点扶持的高新技术企业减税；8.民族自治地方的企业减免税。经认定的技术先进型服务企业减税。

抵免税额：1.已在境外缴纳的企业所得税；2.安全生产、环保、节能节水设备按投资额（10%）。

◈ 项目法规

中华人民共和国企业所得税法

（2007年3月16日第十届全国人民代表大会第五次会议通过　根据2017年2月24日第十二届全国人民代表大会常务委员会第二十六次会议《关于修改〈中华人民共和国企业所得税法〉的决定》第一次修正　根据2018年12月29日第十三届全国人民代表大会常务委员会第七次会议《关于修改〈中华人民共和国电力法〉等四部法律的决定》第二次修正）

第一章　总则

第一条　在中华人民共和国境内，企业和其他取得收入的组织（以下统称企业）为企业所得税的纳税人，依照本法的规定缴纳企业所得税。

个人独资企业、合伙企业不适用本法。

第二条　企业分为居民企业和非居民企业。

本法所称居民企业，是指依法在中国境内成立，或者依照外国（地区）法律成立但实际管理机构在中国境内的企业。

本法所称非居民企业，是指依照外国（地区）法律成立且实际管理机构不在中国境内，但在中国境内设立机构、场所的，或者在中国境内未设立机构、场所，但有来源于中国境内所得的企业。

第三条　居民企业应当就其来源于中国境内、境外的所得缴纳企业所得税。

非居民企业在中国境内设立机构、场所的，应当就其所设机构、场所取得的来源于中国境内的所得，以及发生在中国境外但与其所设机构、场所有实际联系的所得，缴纳企业所得税。

非居民企业在中国境内未设立机构、场所的，或者虽设立机构、场所但取得的所得与其所设机构、场所没有实际联系的，应当就其来源于中国境内的所得缴纳企业所得税。

第四条　企业所得税的税率为25%。

非居民企业取得本法第三条第三款规定的所得，适用税率为20%。

第二章　应纳税所得额

第五条　企业每一纳税年度的收入总额，减除不征税收入、免税收入、各项扣除以及允许弥补的以前年度亏损后的余额，为应纳税所得额。

第六条　企业以货币形式和非货币形式从各种来源取得的收入，为收入总额。包括：

（一）销售货物收入；

（二）提供劳务收入；

（三）转让财产收入；

（四）股息、红利等权益性投资收益；

（五）利息收入；

（六）租金收入；

（七）特许权使用费收入；

（八）接受捐赠收入；

（九）其他收入。

第七条　收入总额中的下列收入为不征税收入：

（一）财政拨款；

（二）依法收取并纳入财政管理的行政事业性收费、政府性基金；

（三）国务院规定的其他不征税收入。

第八条　企业实际发生的与取得收入有关的、合理的支出，包括成本、费用、税金、损失和其他支出，准予在计算应纳税所得额时扣除。

第九条　企业发生的公益性捐赠支出，在年度利润总额12%以内的部分，准予在计算应纳税所得额时扣除；超过年度利润总额12%的部分，准予结转以后三年内在计算应纳税所得额时扣除。

第十条　在计算应纳税所得额时，下列支出不得扣除：

（一）向投资者支付的股息、红利等权益性投资收益款项；

（二）企业所得税税款；

（三）税收滞纳金；

（四）罚金、罚款和被没收财物的损失；

（五）本法第九条规定以外的捐赠支出；

（六）赞助支出；

（七）未经核定的准备金支出；

（八）与取得收入无关的其他支出。

第十一条　在计算应纳税所得额时，企业按照规定计算的固定资产折旧，准予扣除。

下列固定资产不得计算折旧扣除：

（一）房屋、建筑物以外未投入使用的固定资产；

（二）以经营租赁方式租入的固定资产；

（三）以融资租赁方式租出的固定资产；

（四）已足额提取折旧仍继续使用的固定资产；

（五）与经营活动无关的固定资产；

（六）单独估价作为固定资产入账的土地；

（七）其他不得计算折旧扣除的固定资产。

第十二条　在计算应纳税所得额时，企业按照规定计算的无形资产摊销费用，准予扣除。

下列无形资产不得计算摊销费用扣除：

（一）自行开发的支出已在计算应纳税所得额时扣除的无形资产；

（二）自创商誉；

（三）与经营活动无关的无形资产；

（四）其他不得计算摊销费用扣除的无形资产。

第十三条　在计算应纳税所得额时，企业发生的下列支出作为长期待摊费用，按照规定摊销的，准予扣除：

（一）已足额提取折旧的固定资产的改建支出；

（二）租入固定资产的改建支出；

（三）固定资产的大修理支出；

（四）其他应当作为长期待摊费用的支出。

第十四条　企业对外投资期间，投资资产的成本在计算应纳税所得额时不得扣除。

第十五条　企业使用或者销售存货，按照规定计算的存货成本，准予在计算应纳税所得额时扣除。

第十六条　企业转让资产，该项资产的净值，准予在计算应纳税所得额时扣除。

第十七条　企业在汇总计算缴纳企业所得税时，其境外营业机构的亏损不得抵减境内营业机构的盈利。

第十八条　企业纳税年度发生的亏损，准予向以后年度结转，用以后年度的所得弥补，但结转年限最长不得超过五年。

第十九条　非居民企业取得本法第三条第三款规定的所得，按照下列方法计算其应纳税所得额：

（一）股息、红利等权益性投资收益和利息、租金、特许权使用费所得，以收入全额为应纳税所得额；

（二）转让财产所得，以收入全额减除财产净值后的余额为应纳税所得额；

（三）其他所得，参照前两项规定的方法计算应纳税所得额。

第二十条　本章规定的收入、扣除的具体范围、标准和资产的税务处理的具体办法，由国务院财政、税务主管部门规定。

第二十一条　在计算应纳税所得额时，企业财务、会计处理办法与税收法律、行政法规的规定不一致的，应当依照税收法律、行政法规的规定计算。

第三章 应纳税额

第二十二条 企业的应纳税所得额乘以适用税率，减除依照本法关于税收优惠的规定减免和抵免的税额后的余额，为应纳税额。

第二十三条 企业取得的下列所得已在境外缴纳的所得税税额，可以从其当期应纳税额中抵免，抵免限额为该项所得依照本法规定计算的应纳税额；超过抵免限额的部分，可以在以后五个年度内，用每年度抵免限额抵免当年应抵税额后的余额进行抵补：

（一）居民企业来源于中国境外的应税所得；

（二）非居民企业在中国境内设立机构、场所，取得发生在中国境外但与该机构、场所有实际联系的应税所得。

第二十四条 居民企业从其直接或者间接控制的外国企业分得的来源于中国境外的股息、红利等权益性投资收益，外国企业在境外实际缴纳的所得税税额中属于该项所得负担的部分，可以作为该居民企业的可抵免境外所得税税额，在本法第二十三条规定的抵免限额内抵免。

第四章 税收优惠

第二十五条 国家对重点扶持和鼓励发展的产业和项目，给予企业所得税优惠。

第二十六条 企业的下列收入为免税收入：

（一）国债利息收入；

（二）符合条件的居民企业之间的股息、红利等权益性投资收益；

（三）在中国境内设立机构、场所的非居民企业从居民企业取得与该机构、场所有实际联系的股息、红利等权益性投资收益；

（四）符合条件的非营利组织的收入。

第二十七条 企业的下列所得，可以免征、减征企业所得税：

（一）从事农、林、牧、渔业项目的所得；

（二）从事国家重点扶持的公共基础设施项目投资经营的所得；

（三）从事符合条件的环境保护、节能节水项目的所得；

（四）符合条件的技术转让所得；

（五）本法第三条第三款规定的所得。

第二十八条 符合条件的小型微利企业，减按20%的税率征收企业所得税。

国家需要重点扶持的高新技术企业，减按15%的税率征收企业所得税。

第二十九条 民族自治地方的自治机关对本民族自治地方的企业应缴纳的企业所得税中属于地方分享的部分，可以决定减征或者免征。自治州、自治县决定减征或者免征的，须报省、自治区、直辖市人民政府批准。

第三十条 企业的下列支出，可以在计算应纳税所得额时加计扣除：

（一）开发新技术、新产品、新工艺发生的研究开发费用；

（二）安置残疾人员及国家鼓励安置的其他就业人员所支付的工资。

第三十一条 创业投资企业从事国家需要重点扶持和鼓励的创业投资，可以按投资额的一定比例抵扣应纳税所得额。

第三十二条 企业的固定资产由于技术进步等原因，确需加速折旧的，可以缩短折旧年限或者采取加速折旧的方法。

第三十三条 企业综合利用资源，生产符合国家产业政策规定的产品所取得的收入，可以在计算应纳税所得额时减计收入。

第三十四条 企业购置用于环境保护、节能节水、安全生产等专用设备的投资额，可以按一定比例实行税额抵免。

第三十五条 本法规定的税收优惠的具体办法，由国务院规定。

第三十六条 根据国民经济和社会发展的需要，或者由于突发事件等原因对企业经营活动产生重大影响的，国务院可以制定企业所得税专项优惠政策，报全国人民代表大会常务委员会备案。

第五章 源泉扣缴

第三十七条 对非居民企业取得本法第三条第三款规定的所得应缴纳的所得税,实行源泉扣缴,以支付人为扣缴义务人。税款由扣缴义务人在每次支付或者到期应支付时,从支付或者到期应支付的款项中扣缴。

第三十八条 对非居民企业在中国境内取得工程作业和劳务所得应缴纳的所得税,税务机关可以指定工程价款或者劳务费的支付人为扣缴义务人。

第三十九条 依照本法第三十七条、第三十八条规定应当扣缴的所得税,扣缴义务人未依法扣缴或者无法履行扣缴义务的,由纳税人在所得发生地缴纳。纳税人未依法缴纳的,税务机关可以从该纳税人在中国境内其他收入项目的支付人应付的款项中,追缴该纳税人的应纳税款。

第四十条 扣缴义务人每次代扣的税款,应当自代扣之日起七日内缴入国库,并向所在地的税务机关报送扣缴企业所得税报告表。

第六章 特别纳税调整(略)
第七章 税收管理

第四十九条 企业所得税的税收管理除本法规定外,依照《中华人民共和国税收征收管理法》的规定执行。

第五十条 除税收法律、行政法规另有规定外,居民企业以企业登记注册地为纳税地点;但登记注册地在境外的,以实际管理机构所在地为纳税地点。

居民企业在中国境内设立不具有法人资格的营业机构的,应当汇总计算并缴纳企业所得税。

第五十一条 非居民企业取得本法第三条第二款规定的所得,以机构、场所所在地为纳税地点。非居民企业在中国境内设立两个或者两个以上机构、场所,符合国务院税务主管部门规定条件的,可以选择由其主要机构、场所汇总缴纳企业所得税。

非居民企业取得本法第三条第三款规定的所得,以扣缴义务人所在地为纳税地点。

第五十二条 除国务院另有规定外,企业之间不得合并缴纳企业所得税。

第五十三条 企业所得税按纳税年度计算。纳税年度自公历1月1日起至12月31日止。

企业在一个纳税年度中间开业,或者终止经营活动,使该纳税年度的实际经营期不足十二个月的,应当以其实际经营期为一个纳税年度。

企业依法清算时,应当以清算期间作为一个纳税年度。

第五十四条 企业所得税分月或者分季预缴。

企业应当自月份或者季度终了之日起十五日内,向税务机关报送预缴企业所得税纳税申报表,预缴税款。

企业应当自年度终了之日起五个月内,向税务机关报送年度企业所得税纳税申报表,并汇算清缴,结清应缴应退税款。

企业在报送企业所得税纳税申报表时,应当按照规定附送财务会计报告和其他有关资料。

第五十五条 企业在年度中间终止经营活动的,应当自实际经营终止之日起六十日内,向税务机关办理当期企业所得税汇算清缴。

企业应当在办理注销登记前,就其清算所得向税务机关申报并依法缴纳企业所得税。

第五十六条 依照本法缴纳的企业所得税,以人民币计算。所得以人民币以外的货币计算的,应当折合成人民币计算并缴纳税款。

第八章 附则(略)

中华人民共和国
企业所得税法

中华人民共和国企业
所得税法实施条例

■ 任务一　企业所得税的概念、纳税人、征税对象和税率

任务情境

王小宝到市场监督管理部门注册成立了一家个人独资企业，在校园出售饮料、方便面等食品。王小宝的个人独资企业需要缴纳企业所得税吗？为什么？

德国境内A公司投资中国境内B公司，并获得投资收益10万元。德国A公司是否需要就该投资收益向中国政府缴纳企业所得税？

任务概述

企业所得税是对我国境内的企业就其所得征收的一种税。企业所得税以所得为征税对象。

我国的企业所得税实际上是法人所得税。不具有法人资格的个体工商户、个人独资企业和合伙企业不属于我国企业所得税的纳税人。

我国企业所得税法将纳税人分为居民企业和非居民企业。居民企业应当就其来源于中国境内、境外的所得缴纳企业所得税，适用税率为25%。非居民企业承担的纳税义务有多种情况。非居民企业在中国境内设立机构、场所的，应当就其所设机构、场所取得的来源于中国境内的所得，以及发生在中国境外但与其所设机构、场所有实际联系的所得缴纳企业所得税，适用税率为25%。非居民企业在中国境内未设立机构、场所的，或者虽设立机构、场所但取得的所得与其所设机构、场所没有实际联系的，应当就其来源于中国境内的所得缴纳企业所得税，适用税率为20%，减按10%征收。

任务相关知识

一、企业所得税的概念

所得税，是指以所得为征税对象的一种税。

企业所得税，简单地说，就是对我国境内的企业就其经营所得和其他所得征收的一种税。企业所得税有以下特征：

（一）以所得为征税对象，以应纳税所得额为计税依据

企业所得税以所得为征税对象。这些所得包括企业取得的生产经营所得和其他所得，具体涵盖销售货物所得、提供劳务所得、转让财产所得、股息红利所得、利息所得、租金所得、特许权使用费所得、接受捐赠所得等。企业所得税以应纳税所得额为计税依据。企业所得税应纳税所得额为企业每一纳税年度的收入总额，减除不征税收入、免税收入、各项扣除以及允许弥补的以前年度亏损后的余额。

（二）实行按年征收，分期预交，年终汇算清缴的办法

企业所得税通常实行按年计算、分月或分季预交、年终汇算清缴的征收办法。

（三）计算相对比较复杂

企业所得税的计税依据及税额的计算涉及成本、费用、税金、损失、亏损等诸多要素，还涉及从收入、

扣除、所得、应纳税所得额、税率、应纳税额等多方面制定的税收优惠措施，这使得企业所得税涉及的计算相对比较复杂。

二、企业所得税的纳税人

在中华人民共和国境内，企业和其他取得收入的组织为企业所得税的纳税人。

从纳税人的性质上来看，企业所得税实际上是法人所得税。根据我国的法律，个体工商户、个人独资企业和合伙企业不具有法人资格，不是法人企业，因此，个体工商户、个人独资企业和合伙企业不属于我国企业所得税的纳税人。

兼顾"登记注册地标准"和"实际管理机构地标准"，我国企业所得税法将纳税人分为居民企业和非居民企业。

（一）居民企业

居民企业，是指依法在中国境内成立，或者依照外国（地区）法律成立但实际管理机构在中国境内的企业。

实际管理机构，是指对企业的生产经营、人员、账务、财产等实施实质性全面管理和控制的机构。凡企业的实际管理机构设在本国的，即视为本国居民企业。实际管理机构所在地的认定，一般通过股东大会的场所、董事会的场所以及行使指挥监督权的场所等因素进行综合判断。

（二）非居民企业

非居民企业，是指依照外国（地区）法律成立且实际管理机构不在中国境内，但在中国境内设立机构、场所的，或者在中国境内未设立机构、场所，但有来源于中国境内所得的企业。

机构、场所，是指在中国境内从事生产经营活动的机构、场所，包括：

（1）管理机构、营业机构、办事机构；

（2）工厂、农场、开采自然资源的场所；

（3）提供劳务的场所；

（4）从事建筑、安装、装配、修理、勘探等工程作业的场所；

（5）其他从事生产经营活动的机构、场所。

非居民企业委托营业代理人在中国境内从事生产经营活动的，包括委托单位或者个人经常代其签订合同，或者储存、交付货物等，该营业代理人视为非居民企业在中国境内设立的机构、场所。

【例题】（单选题）根据我国企业所得税法规定，下列企业中属于非居民企业的是（   ）。

A.依法在外国成立但实际管理机构在中国境内的企业

B.在中国境内成立的外商独资企业

C.在中国境内未设立机构、场所，但有来源于中国境内所得的企业

D.依法在中国境外成立，在中国境内未设立机构、场所，没有来源于中国境内所得的企业

【解析】正确答案为C。非居民企业，是指依照外国（地区）法律成立且实际管理机构不在中国境内，但在中国境内设立机构、场所，或者在中国境内未设立机构、场所，但有来源于中国境内所得的企业。

三、企业所得税的征税对象及税率

按照国家主权原则，一个国家的税收管辖权，可以按照属地、属人两种不同的原则确立。

属地原则确立的税收管辖权称作地域管辖权，也叫收入来源地管辖权，是指一个国家有权对在本国发生的收入实行征税。

属人原则确立的税收管辖权称作居民管辖权，是指一个国家对本国的居民或公民在世界各地取得的收入实行征税。

我国同时按照属地原则和属人原则行使税收管辖权。居民企业承担全面纳税义务，就其境内外全部收入纳税；非居民企业承担有限纳税义务，一般仅就其来源于中国境内的所得纳税。

（一）居民企业的征税对象及适用的税率

居民企业应当就其来源于中国境内、境外的所得缴纳企业所得税，适用税率为25%。

（二）非居民企业的征税对象及适用的税率

非居民企业在中国境内设立机构、场所的，应当就其所设机构、场所取得的来源于中国境内的所得，以及发生在中国境外但与其所设机构、场所有实际联系的所得缴纳企业所得税，适用税率为25%。

非居民企业在中国境内未设立机构、场所的，或者虽设立机构、场所但取得的所得与其所设机构、场所没有实际联系的，应当就其来源于中国境内的所得缴纳企业所得税，适用税率为20%，减按10%征收（如表4-1所示）。

表4-1　非居民企业的征税对象及适用的税率

纳税人		征税对象及适用的税率	
		（一）境内所得	（二）境外所得
（一）居民企业	在中国境内设立的企业	征收（25%）	征收（25%）
	依据外国法律设立，但实际管理机构在中国的企业	征收（25%）	征收（25%）
（二）非居民企业	依据外国法律设立，但在中国境内设立机构、场所的企业	与机构、场所有联系的境内所得征收（25%）	与机构、场所有联系的境外所得征收（25%）
		与机构、场所没有联系的境内所得征收（20%减按10%）	与机构、场所没有联系的境外所得征收（不征收）
	依据外国法律设立，在中国境内未设立机构、场所，但有来源于中国境内所得的企业	征收（20%减按10%）	不征收

【例题】（单选题）下列所得，实际适用10%的企业所得税税率的是（　　）。

A.居民企业来自境外的所得

B.小型微利企业来自境内的所得

C.高新技术企业来自境内的所得

D.在中国境内未设立经营机构的非居民企业来自境内的股息所得

【解析】正确答案为D。对在中国境内未设立机构、场所，或者虽设立机构、场所但取得的所得与其所设机构、场所没有实际联系的非居民企业，实际适用10%的税率。

育人园地

企业所得税的发展与创新　关于税收的古诗词

思考

1.总结我国企业所得税的发展历程。

2.简述不同时期企业所得税发展的背景和意义。

■ 任务二　企业所得税应纳税所得额

任务情境

某居民企业202×年发生下列业务：

（1）销售产品取得销售收入2 000万元；

（2）接受一批捐赠材料，取得赠出方开具的增值税发票，注明价款10万元，增值税1.3万元；

（3）转让一项商标所有权，取得营业外收入60万元；

（4）收取当年让渡资产使用权的专利实施许可费，取得其他业务收入10万元；

（5）取得国债利息2万元；

（6）全年销售成本1 000万元；销售税金及附加100万元；

（7）全年销售费用500万元，含广告费400万元；全年管理费用200万元，含招待费80万元；全年财务费用50万元；

（8）全年营业外支出40万元，含通过政府部门对灾区捐款20万元；直接对私立小学捐款10万元；违反政府规定被市场监督管理部门罚款2万元。

如何确定该企业该年度企业所得税的计税依据？

任务概述

企业的应纳税所得额是企业所得税的计税依据。企业所得税应纳税所得额为企业每一纳税年度的收入总额，减除不征税收入、免税收入、各项扣除以及允许弥补的以前年度亏损后的余额。

收入总额为企业取得的各项收入，无论是货币形式还是非货币形式，除另有规定外，企业必须遵循权责发生制原则和实质重于形式的原则确认收入。

不征税收入是指从性质上和根源上不属于企业营利性活动带来的经济收益。不征税收入不负有纳税义务，因此应当和免税收入一样在计算应纳税所得额时予以扣除。

计算应纳税所得额时，企业实际发生的与取得收入有关的、合理的支出，准予扣除。支出，是指与取得收入直接相关的支出，支出应当区分收益性支出和资本性支出，收益性支出在发生当期直接扣除，资本性支出采取分次计提折旧或分次摊销的方式予以扣除。

企业纳税年度发生的亏损，准予向以后年度结转，用以后年度的所得弥补，但结转年限最长不得超过5年。

任务相关知识

企业所得税的计税依据是企业的应纳税所得额。

企业所得税应纳税所得额为企业每一纳税年度的收入总额，减除不征税收入、免税收入、各项扣除以及允许弥补的以前年度亏损后的余额，用公式表示为：

应纳税所得额＝收入总额－不征税收入－免税收入－各项扣除－允许弥补的以前年度亏损

一、收入总额

【提示：应纳税所得额＝**收入总额**－不征税收入－免税收入－各项扣除－允许弥补的以前年度亏损】

收入总额为企业从各种来源取得的收入，包括销售货物收入、提供劳务收入、转让财产收入、股息和红利等权益性投资收益、利息收入、租金收入、特许权使用费收入、接受捐赠收入和其他收入。

（一）收入的形式

根据金额是否确定，收入总额分为货币形式和非货币形式。

以货币形式取得的收入，是指企业取得的现金以及将以固定或可确定金额的货币收取的收入，包括现金、存款、应收账款、应收票据、准备持有至到期的债券投资及债务的豁免等。

非货币形式的收入，是指企业取得的货币形式以外的收入，包括固定资产、生物资产、无形资产、股权投资、存货、不准备持有至到期的债券投资、劳务及有关权益等。企业以非货币形式取得的收入，有别于货币收入的固定性和确定性，应当按照公允价值确定收入额。公允价值，是指按照市场价格确定的价值。

（二）收入的确认

除企业所得税法及其实施条例另有规定外，企业必须遵循权责发生制原则和实质重于形式的原则确认销售收入。

1.销售货物收入

销售货物收入，是指企业销售商品、产品、原材料、包装物、低值易耗品以及其他存货取得的收入。

企业销售商品同时满足下列条件的，应确认收入的实现：

（1）商品销售合同已经签订，企业已将商品所有权相关的主要风险和报酬转移给购货方；

（2）企业对已售出的商品既没有保留通常与所有权相联系的继续管理权，也没有实施有效控制；

（3）收入的金额能够可靠地计量；

（4）已发生或将发生的销售方的成本能够可靠地核算。

以分期收款方式销售货物的，按照合同约定的收款日期确认收入的实现。

采取产品分成方式取得收入的，按照企业分得产品的日期确认收入的实现，其收入额按照产品的公允价值确定。

销售商品采用托收承付方式的，在办妥托收手续时确认收入。

销售商品采取预收款方式的，在发出商品时确认收入。

销售商品需要安装和检验的，在购买方接受商品以及安装和检验完毕时确认收入。如果安装程序比较简单，可在发出商品时确认收入。

销售商品采用支付手续费方式委托代销的，在收到代销清单时确认收入。

采用售后回购方式销售商品的，销售的商品按售价确认收入，回购的商品作为购进商品处理。

销售商品以旧换新的，销售商品应当按照销售商品收入确认条件确认收入，回收的商品作为购进商品处理。

企业为促进商品销售而在商品价格上给予的价格扣除属于商业折扣，商品销售涉及商业折扣的，应当按照扣除商业折扣后的金额确定销售商品收入金额。

债权人为鼓励债务人在规定的期限内付款而向债务人提供的债务扣除属于现金折扣，销售商品涉及现金折扣的，应当按扣除现金折扣前的金额确定销售商品收入金额，现金折扣在实际发生时作为财务费用扣除。

企业因售出商品的质量不合格等而在售价上给的减让属于销售折让；企业因售出商品质量、品种不符合要求等而发生的退货属于销售退回。企业已经确认销售收入的售出商品发生销售折让和销售退回，应当在发生当期冲减当期销售商品收入。

企业以买一赠一等方式组合销售本企业商品的，不属于捐赠，应将总的销售金额按各项商品的公允价值的比例来分摊确认各项的销售收入。

2.提供劳务收入

提供劳务收入，是指企业从事建筑安装、修理修配、交通运输、仓储租赁、金融保险、邮电通信、咨询经纪、文化体育、科学研究、技术服务、教育培训、餐饮住宿、中介代理、卫生保健、社区服务、旅游、娱乐、加工以及其他劳务服务活动取得的收入。

企业在各个纳税期末，提供劳务交易的结果能够可靠估计的，应采用完工进度（完工百分比）法确认提供劳务收入。

3.转让财产收入

转让财产收入，是指企业转让固定资产、生物资产、无形资产、股权、债权等财产取得的收入。

4.股息、红利等权益性投资收益

股息、红利等权益性投资收益，是指企业因权益性投资从被投资方取得的收入。

股息、红利等权益性投资收益，除国务院财政、税务主管部门另有规定外，按照被投资方作出利润分配决定的日期确认收入的实现。

5.利息收入

利息收入，是指企业将资金提供他人使用但不构成权益性投资，或者因他人占用本企业资金取得的收入，包括存款利息、贷款利息、债券利息、欠款利息等收入。

利息收入，按照合同约定的债务人应付利息的日期确认收入的实现。

6.租金收入

租金收入，是指企业提供固定资产、包装物或者其他有形资产的使用权取得的收入。

租金收入，按照合同约定的承租人应付租金的日期确认收入的实现。

7.特许权使用费收入

特许权使用费收入，是指企业提供专利权、非专利技术、商标权、著作权以及其他特许权的使用权取得的收入。

特许权使用费收入，按照合同约定的特许权使用人应付特许权使用费的日期确认收入的实现。

8.接受捐赠收入

接受捐赠收入，是指企业接受的来自其他企业、组织或者个人无偿给予的货币性资产、非货币性资产。

接受捐赠收入，按照实际收到捐赠资产的日期确认收入的实现。

9.其他收入

其他收入，是指企业取得的除上述收入外的其他收入，包括企业资产溢余收入、逾期未退包装物押金收入、确实无法偿付的应付款项、已作坏账损失处理后又收回的应收款项、债务重组收入、补贴收入、违约金收入、汇兑收益等。

二、不征税收入

【提示：应纳税所得额＝收入总额－**不征税收入**－免税收入－各项扣除－允许弥补的以前年度亏损】

不征税收入是指从性质上和根源上不属于企业营利性活动带来的经济收益。不征税收入不负有纳税义务，并不作为应纳税所得额组成部分的收入。

收入总额中的下列收入为不征税收入：

（一）财政拨款

财政拨款，是指各级人民政府对纳入预算管理的事业单位、社会团体等组织拨付的财政资金，但国务院和国务院财政、税务主管部门另有规定的除外。

（二）依法收取并纳入财政管理的行政事业性收费、政府性基金

行政事业性收费，是指依照法律法规等有关规定，按照国务院规定程序批准，在实施社会公共管理，以及在向公民、法人或者其他组织提供特定公共服务过程中，向特定对象收取并纳入财政管理的费用。

政府性基金，是指企业依照法律、行政法规等有关规定，代政府收取的具有专项用途的财政资金。

收取行政事业性收费和政府性基金的组织或机构一般是承担政府性职能或从事公共事务的，不以营利为目的，一般不作为应税收入的主体。另外，行政事业性收费和政府性基金一般通过财政的收支两条线管理，

封闭运行，对其征税没有意义。

（三）国务院规定的其他不征税收入

国务院规定的其他不征税收入，是指企业取得的，由国务院财政、税务主管部门规定专项用途并经国务院批准的财政性资金。

三、免税收入

【提示：应纳税所得额=收入总额-不征税收入-**免税收入**-各项扣除-允许弥补的以前年度亏损】

企业的下列收入为免税收入：

（一）国债利息收入

国债利息收入，是指企业持有国务院财政部门发行的国债取得的利息收入。

（二）符合条件的居民企业之间的股息、红利等权益性投资收益

居民企业之间的股息、红利等权益性投资收益，是指居民企业直接投资于其他居民企业取得的投资收益。

居民企业在缴纳企业所得税之后才能发放股息、红利等权益性投资收益，因此，股息、红利等权益性投资收益已经缴纳了企业所得税，为了避免重复征税，居民企业之间的股息、红利等权益性投资收益是免税收入。

股息、红利等权益性投资收益，不包括连续持有居民企业公开发行并上市流通的股票不足12个月取得的投资收益。

（三）在中国境内设立机构、场所的非居民企业从居民企业取得与该机构、场所有实际联系的股息、红利等权益性投资收益

股息、红利等权益性投资收益，不包括连续持有居民企业公开发行并上市流通的股票不足12个月取得的投资收益。

（四）符合条件的非营利组织的收入

非营利组织的免税收入包括非营利组织接受的捐赠收入、财政贴息、税收返还、无偿划拨非货币性资金、按省级以上民政财政部门规定收取的会费、不征税收入和免税收入滋生的利息收入、其他收入。

符合条件的非营利组织的收入，不包括非营利组织从事营利性活动取得的收入，如医院通常登记为非营利组织，但其医疗收入、药品收入、住院收入等，就属于医院从事营利性活动取得的收入，不属于免税收入。

企业所得税年度纳税申报表填报表单-A107010免税、减计收入及加计扣除优惠明细表

扩展阅读

企业所得税的不征税收入与免税收入

虽然企业取得不征税收入和免税收入都不用缴税，但两者存在以下差异：

首先，两者的类别不一样。

不征税收入包括三类：财政拨款；依法收取并纳入财政管理的行政事业性收费、政府性基金；国务院规定的其他不征税收入。

免税收入包括四类：国债利息收入；符合条件的居民企业之间的股息、红利等权益性投资收益；在中国境内设立机构、场所的非居民企业从居民企业取得与该机构、场所有实际联系的股息、红利等权益性投资收

益；符合条件的非营利组织的收入。

其次，两者最大的区别就是将这部分收入用于支出所形成的费用或者财产进行折旧和摊销的处理。不征税收入用于支出所形成的费用或者财产，不得税前扣除或者计算对应的折旧、摊销进行税前扣除，但是免税收入可以。举例说明如下：

某企业某年取得财政拨款1 000万元，用于购买指定的固定资产，假定该项拨款符合不征税收入范围，但是该企业没有计入不征税收入，而是计入了免税收入，请问这样对税收有何影响？

错误的处理方式：企业计入了免税收入，假定这价值1 000万元的固定资产，折旧期限为10年，那么该企业对这项固定资产每年提取折旧100万元，这100万元在税前扣除，每年影响企业所得税$100 \times 25\% = 25$（万元），10年就是$25 \times 10 = 250$（万元）。

正确的处理方式：计入不征税收入，折旧不允许税前扣除。

四、各项扣除

【提示：应纳税所得额＝收入总额－不征税收入－免税收入－**各项扣除**－允许弥补的以前年度亏损】

计算应纳税所得额时，企业实际发生的与取得收入有关的、合理的支出，准予扣除。

支出，是指与取得收入直接相关的支出。

合理的支出，是指符合生产经营活动常规，应当计入当期损益或者有关资产成本的必要和正常的支出。

企业发生的支出应当区分收益性支出和资本性支出。

资本性支出，是指纳税人购置、建造固定资产，以及对外投资的支出。

企业发生的收益性支出在发生当期直接扣除，资本性支出应当分期扣除或者计入有关资产成本，不得在发生当期直接扣除。

（一）扣除的范围

1.准予扣除的支出

准予扣除的支出包括成本、费用、税金、损失和其他支出五个项目。

（1）成本，是指企业在生产经营活动中发生的销售商品，提供劳务，转让、处置固定资产和无形资产的成本。

（2）费用，是指企业在生产经营活动中发生的销售费用、管理费用和财务费用，已经计入成本的有关费用除外。

（3）税金，是指企业发生的除企业所得税和允许抵扣的增值税以外的各项税金及其附加。

（4）损失，是指企业在生产经营活动中发生的固定资产和存货的盘亏、毁损、报废损失，转让财产损失，呆账损失，坏账损失，自然灾害等不可抗力因素造成的损失以及其他损失。

（5）其他支出，是指除成本、费用、税金、损失外，企业在生产经营活动中发生的与生产经营活动有关的、合理的支出。

2.不准扣除的支出

在计算应纳税所得额时，下列支出不得扣除：

（1）向投资者支付的股息、红利等权益性投资收益款项。

由于股息、红利是对投资者税后利润的分配，本质上不是企业取得经营收入的正常费用支出，因此不允许在税前扣除。

（2）企业所得税税款。

企业所得税税款根据应税收入减去扣除项目的余额计算得出，本质上是企业利润的分配，并不是企业为取得经营收入而发生的支出，因此企业所得税税款不能作为企业的成本、费用在税前扣除。

（3）税收滞纳金。

征收税收滞纳金的主要目的是督促纳税人及时缴纳税款，所以，不允许税收滞纳金在税前扣除。

（4）罚金、罚款和被没收财物的损失。

罚金、罚款和被没收财物的损失，本质上是因为违法违规造成的损失，不属于正常的经营性支出。如果允许其作为费用和损失在税前扣除，等于用国家应收的税款弥补其违法损失。因此，罚金、罚款和被没收财物的损失不允许在税前扣除。

（5）《企业所得税法》第九条规定以外的捐赠支出。

《企业所得税法》第九条规定，企业发生的公益性捐赠支出，在年度利润总额12%以内的部分，准予在计算应纳税所得额时扣除；超过年度利润总额12%的部分，准予结转以后3年内在计算应纳税所得额时扣除。

因为捐赠不是与经营收入有关的正常的必要支出，所以公益性捐赠以外的捐赠支出不能扣除。

（6）赞助支出。

赞助支出，是指企业发生的与生产经营活动无关的各种非广告性支出。具有广告性质的赞助支出需要在税前扣除。

（7）未经核定的准备金支出。

企业所得税税前允许扣除的项目，原则上必须遵循据实扣除原则，只有企业实际发生的损失，才允许在税前扣除。

不允许准备金税前扣除是各国所得税法的一般做法。但由于人寿保险、财产保险、风险投资和其他具有特殊风险的金融工具风险大，各国所得税法允许从上述金融活动的企业提取一定比例准备金在税前扣除。因此，税法规定，未经核定的准备金不得在税前扣除。

（8）与取得收入无关的其他支出。

从总体上看，企业发生的与取得收入无关的其他支出，不允许在税前扣除。如企业的不征税收入用于支出所形成的费用或者财产，不得扣除或者计算对应的折旧、摊销扣除。

（二）收益性支出的扣除

在计算应纳税所得额时，下列项目可按实际发生额或规定的标准扣除：

1.工资、薪金支出

企业发生的合理的工资、薪金支出准予据实扣除。

工资、薪金支出是企业每一纳税年度支付给本企业任职或与其有雇佣关系的员工的所有现金或非现金形式的劳动报酬，包括基本工资、奖金、津贴、补贴、年终加薪、加班工资，以及与任职或者是受雇有关的其他支出。

2.职工福利费

企业发生的职工福利费支出，不超过工资薪金总额14%的部分准予扣除。

企业职工福利费，包括以下内容：

（1）尚未实行分离办社会职能的企业，其内设福利部门所发生的设备、设施和人员费用，包括职工食堂、职工浴室、理发室、医务所、托儿所、疗养院等集体福利部门的设备、设施及维修保养费用和福利部门工作人员的工资薪金、社会保险费、住房公积金、劳务费等。

（2）为职工卫生保健、生活、住房、交通等所发放的各项补贴和非货币性福利，包括企业向职工发放的因公外地就医费用、未实行医疗统筹企业职工医疗费用、职工供养直系亲属医疗补贴、供暖费补贴、职工防暑降温费、职工困难补贴、救济费、职工食堂经费补贴、职工交通补贴等。

（3）按照其他规定发生的其他职工福利费，包括丧葬补助费、抚恤费、安家费、探亲假路费等。

企业发生的职工福利费，应该单独设置账册，进行准确核算。没有单独设置账册准确核算的，税务机关应责令企业在规定的期限内进行改正。逾期仍未改正的，税务机关可对企业发生的职工福利费进行合理的核定。

3.工会经费

企业拨缴的工会经费，不超过工资薪金总额2%的部分准予扣除。

4.党组织工作经费

国有企业（包括国有独资、全资和国有资本绝对控股、相对控股企业）、集体所有制企业和非公有制企业的党组织工作经费，实际支出不超过职工年度工作薪金总额1%的部分，可以据实在企业所得税前扣除。

5.职工教育经费

除国务院财政、税务主管部门另有规定外，企业发生的职工教育经费支出，不超过工资薪金总额8%的部分准予扣除，超过部分准予结转以后纳税年度扣除。

6.社会保险费

企业依照国务院有关主管部门或者省级人民政府规定的范围和标准为职工缴纳的基本养老保险费、基本医疗保险费、失业保险费、工伤保险费等基本社会保险费和住房公积金准予扣除。

7.补充养老保险费、补充医疗保险费

自2008年1月1日起，企业根据国家有关政策规定，为在本企业任职或者受雇的全体员工支付的补充养老保险费、补充医疗保险费，分别在不超过职工工资总额5%标准内的部分，在计算应纳税所得额时准予扣除；超过的部分，不予扣除。

8.商业保险

企业参加财产保险，按照规定缴纳的保险费，准予扣除。

企业依照国家有关规定为特殊工种职工支付的人身安全保险费和符合国务院财政、税务主管部门规定可以扣除的商业保险费准予扣除。

企业为投资者或者职工支付的商业保险费，不得扣除。

9.利息费用

企业在生产、经营活动中发生的利息费用，按下列规定扣除：

（1）非金融企业向金融企业借款的利息支出、金融企业的各项存款利息支出和同业拆借利息支出、企业经批准发行债券的利息支出可据实扣除。

所谓金融企业，是指各类银行、保险公司及经中国人民银行批准从事金融业务的非银行金融机构，包括国家专业银行、区域性银行、股份制银行、外资银行、中外合资银行以及其他综合性银行，还包括全国性保险企业、区域性保险企业、股份制保险企业、中外合资保险企业以及其他专业性保险企业，城市、农村信用社，各类财务公司以及其他从事信托投资、租赁等业务的专业和综合性非银行金融机构。非金融企业，是指除上述金融企业以外的所有企业、事业单位以及社会团体等企业或组织。

（2）非金融企业向非金融企业借款的利息支出，不超过按照金融企业同期同类贷款利率计算的数额的部分可据实扣除，超过部分不许扣除。

（3）企业由于投资者投资未到位而发生的利息，应由企业投资者负担，不得在计算企业应纳税所得额时扣除。

10.借款费用

企业在生产经营活动中发生的合理的不需要资本化的借款费用，准予扣除。

企业为购置、建造固定资产、无形资产和经过12个月以上的建造才能达到预定可销售状态的存货发生借款的，在有关资产购置、建造期间发生的合理的借款费用，应作为资本性支出计入有关资产的成本；有关资产交付使用后发生的借款利息，可在发生当期扣除。

11.汇兑损失

企业在货币交易中，以及纳税年度终了时将人民币以外的货币性资产、负债按照期末即期人民币汇率中间价折算为人民币时产生的汇兑损失，除已经计入有关资产成本以及与向所有者进行利润分配相关的部分外，准予扣除。

12.业务招待费

企业发生的与生产经营活动有关的业务招待费支出，按照发生额的60%扣除，但最高不得超过当年销售（营业）收入的5‰。

企业在筹建期间，发生的与筹办活动有关的业务招待费支出，可按实际发生额的60%计入企业筹办费，并按有关规定在税前扣除。

13.广告费和业务宣传费

企业发生的符合条件的广告费和业务宣传费支出，除国务院财政、税务主管部门另有规定外，不超过当年销售（营业）收入15%的部分，准予扣除；超过部分，准予结转以后纳税年度扣除。

自2021年1月1日起至2025年12月31日止，对化妆品制造或销售、医药制造和饮料制造（不含酒类制造）企业发生的广告费和业务宣传费支出，不超过当年销售（营业）收入30%的部分，准予扣除；超过部分，准予在以后纳税年度结转扣除。

烟草企业的烟草广告费和业务宣传费支出，一律不得在计算应纳税所得额时扣除。

14.环境保护专项资金

企业依照法律、行政法规有关规定提取的用于环境保护、生态恢复等方面的专项资金，准予扣除。

15. 劳动保护费

企业发生的合理的劳动保护支出，准予扣除。

16. 公益性捐赠支出

公益性捐赠，是指企业通过公益性社会团体或者县级（含县级）以上人民政府及其部门，用于《中华人民共和国公益事业捐赠法》规定的公益事业的捐赠。

企业发生的公益性捐赠支出，不超过年度利润总额12%的部分，准予扣除。超过年度利润总额12%的部分，准予以后3年内在计算应纳税所得额时结转扣除。

17. 总机构分摊的费用

非居民企业在中国境内设立的机构、场所，就其中国境外总机构发生的与该机构、场所生产经营有关的费用，能够提供总机构出具的费用汇集范围、定额、分配依据和方法等证明文件，并合理分摊的，准予扣除。

18. 手续费及佣金支出

企业应与具有合法经营资格的中介服务企业或个人签订代办协议或合同，并按国家有关规定支付手续费及佣金。企业发生的与生产经营有关的手续费及佣金支出，不超过以下规定计算限额以内的部分，准予扣除；超过部分，不得扣除。

（1）金融企业。

自2019年1月1日起，保险企业发生与其经营活动有关的手续费及佣金支出，不超过当年全部保费收入扣除退保金等后余额的18%（含本数）的部分，在计算应纳税所得额时准予扣除；超过部分允许结转以后年度扣除。

（2）电信企业。

电信企业在发展客户、拓展业务等过程中，需向经纪人、代办商支付手续费及佣金的，其实际发生的相关手续费及佣金支出，不超过企业当年收入总额5%的部分，准予在企业所得税前据实扣除。

电信企业手续费及佣金支出，仅限于电信企业在发展客户、拓展业务等过程中因委托销售电话入网卡、电话充值卡等所发生的手续费及佣金支出。

（3）从事代理服务企业。

从事代理服务、主营业务收入为手续费、佣金的企业（如证券、期货、保险代理等企业），其为取得该类收入而实际发生的手续费及佣金支出，准予在企业所得税前据实扣除。

（4）其他企业。

按与具有合法经营资格的中介服务机构或个人（不含交易双方及其雇员、代理人和代表人等）所签订服务协议或合同确认的收入金额的5%计算限额。

（三）资本性支出的扣除

对于资本性支出，不允许作为成本、费用作一次性扣除，只能采取分次计提折旧或分次摊销的方式予以扣除。

1. 固定资产的折旧扣除

固定资产，是指企业为生产产品、提供劳务、出租或者经营管理而持有的、使用时间超过12个月的非货币性资产，包括房屋、建筑物、机器、机械、运输工具以及其他与生产经营活动有关的设备、器具、工具等。

（1）固定资产计算折旧的计税基础。

①外购的固定资产，以购买价款和支付的相关税费以及直接归属于使该资产达到预定用途发生的其他支出为计税基础。

②自行建造的固定资产，以竣工结算前发生的支出为计税基础。

③融资租入的固定资产，以租赁合同约定的付款总额和承租人在签订租赁合同过程中发生的相关费用为计税基础，租赁合同未约定付款总额的，以该资产的公允价值和承租人在签订租赁合同过程中发生的相关费用为计税基础。

④盘盈的固定资产，以同类固定资产的重置完全价值为计税基础。

⑤通过捐赠、投资、非货币性资产交换、债务重组等方式取得的固定资产，以该资产的公允价值和支付

的相关税费为计税基础。

⑥改建的固定资产，除规定的支出外，以改建过程中发生的改建支出增加计税基础。

（2）固定资产的折旧范围。

按照规定，不得计算折旧扣除的固定资产包括：

①房屋、建筑物以外未投入使用的固定资产。

依据企业所得税税前扣除的相关性原则，税前扣除费用必须从性质上与纳税人取得的应税收入直接相关，房屋、建筑物以外未投入使用的固定资产所发生的折旧费与纳税人取得的经营收入无关。

②以经营租赁方式租入的固定资产。

该种资产的所有权不属于企业所有，因此不能计提折旧。

③以融资租赁方式租出的固定资产。

对融资租赁来说，出租方实际上已将该项资产所有权有关的全部风险和报酬转移给承租方，只保留了一种为控制承租人偿还租金风险的形式所有权，因而以融资租赁方式租出的固定资产折旧应由承租方提取。

④已足额提取折旧仍继续使用的固定资产。

对已足额提取折旧仍继续使用的固定资产，由于其价值已经得到补偿，因此不得重复补偿价值，不能再提取折旧。

⑤与经营活动无关的固定资产。

凡与经营活动无关的成本、费用不等扣除，因此，与经营活动无关的固定资产不得提取折旧。

⑥其他不得计算折旧扣除的固定资产。

（3）固定资产计算折旧的方法。

固定资产按照直线法计算折旧。直线法又称为平均年限法，是指将固定资产按预计使用年限平均计算折旧均衡地分摊到各期的一种方法。

企业应当自固定资产投入使用月份的次月起计算折旧；停止使用的固定资产，应当自停止使用月份的次月起停止计算折旧。

（4）固定资产的折旧年限。

除国务院财政、税务主管部门另有规定外，固定资产折旧的最低年限如下：

①房屋、建筑物计算折旧的最低年限为20年；

②飞机、火车、轮船、机器、机械和其他生产设备计算折旧的最低年限为10年；

③与生产经营活动有关的器具、工具、家具等计算折旧的最低年限为5年；

④飞机、火车、轮船以外的运输工具计算折旧的最低年限为4年；

⑤电子设备计算折旧的最低年限为3年。

2.无形资产的摊销扣除

无形资产，是指没有实物形态的非货币性长期资产，包括专利权、商标权、著作权、土地使用权、非专利技术、商誉等。

（1）无形资产的摊销范围。

企业按照规定计算的无形资产摊销费用，准予扣除。

下列无形资产不能计算摊销费用扣除：

①自行开发的支出已在计算应纳税所得额时扣除的无形资产。

企业的研发费用可以实行加计扣除，即按照研发支出的实际发生额，加成一定比例，作为计算应纳税所得额时的扣除项目，所以，企业自行研发形成的无形资产所提取的摊销额，不允许在税前扣除，需要在企业计算缴税时作纳税调增处理，否则容易造成双重扣除。

②自创商誉。

自创商誉不得计算摊销费用扣除，主要是因为商誉在资产评估时不能准确确定并分摊到可识别资产上，将其作为资产摊销不尽合理。而且，商誉的价值并没有损耗，即使确定为无形资产也不应该摊销。

③与经营活动无关的无形资产。

企业税前扣除的成本费用等项目必须从性质上与取得的应税收入直接相关。

④其他不得计算摊销费用扣除的无形资产。

（2）无形资产的计税基础。

外购的无形资产，以购买价款和支付的相关税费以及直接归属于使该资产达到预定用途发生的其他支出为计税基础。自行开发的无形资产，以开发过程中该资产符合资本化条件后至达到预定用途前发生的支出为计税基础。通过捐赠、投资、非货币性资产交换、债务重组等方式取得的无形资产，以该资产的公允价值和支付的相关税费为计税基础。

（3）无形资产的摊销方法及摊销年限。

无形资产按照直线法计算摊销费用。无形资产的摊销年限不得低于 10 年。

3.长期待摊费用的摊销扣除

长期待摊费用是指企业已经支出，但摊销期限在 1 年以上（不含 1 年）的各项费用。

企业已足额提取折旧的固定资产的改建支出、租入固定资产的改建支出、固定资产的大修理支出以及其他应当作为长期待摊费用的支出，作为长期待摊费用，按照规定摊销的，准予扣除。

4.存货的成本扣除

存货，是指企业持有以备出售的产品或者商品、处在生产过程中的在产品、在生产或者提供劳务过程中耗用的材料和物料等。企业使用或者销售存货，按照规定计算的存货成本，准予在计算应纳税所得额时扣除。

企业通过支付现金方式取得的存货，以购买价款和支付的相关税费为成本，通过其他方式取得的存货，以该存货的公允价值和支付的相关税费为成本。

5.投资资产的成本扣除

投资资产是指企业对外进行权益性投资和债权性投资而形成的资产。

企业的对外投资，特别是长期投资，其收益体现于几个会计年度（或经营周期），按照企业所得税应纳税所得额计算的收入支出配比原则，在企业对外投资期间，企业的对外投资成本不得作为当期费用一次性扣除。企业在转让或者处置投资资产时，投资资产的成本准予扣除。

通过支付现金方式取得的投资资产，以购买价款为成本；通过支付现金以外的方式取得的投资资产，以该资产的公允价值和支付的相关税费为成本。

五、允许弥补的以前年度亏损

【提示：应纳税所得额＝收入总额－不征税收入－免税收入－各项扣除－**允许弥补的以前年度亏损**】

亏损，是指企业依照规定将每一纳税年度的收入总额减除不征税收入、免税收入和各项扣除后小于零的数额。

企业纳税年度发生的亏损，准予向以后年度结转，用以后年度的所得弥补，但结转年限最长不得超过 5 年。

自 2018 年 1 月 1 日起，对当年具备高新技术企业或科技型中小企业资格的企业，其具备资格年度之前 5 个年度发生的尚未弥补完的亏损，准予结转以后年度弥补，最长结转年限由 5 年延长至 10 年。

育人园地

企业所得税，新增一项税前扣除！

思考

1.公益性捐赠税前扣除政策的意义是什么？

2.理解企业所得税不征税收入、免税收入及各项扣除政策的意义。

■ 任务三　企业所得税应纳税额

任务情境

某制造业企业为居民企业，202×年产品销售收入4 000万元，其他业务收入1 000万元，接受固定资产捐赠收入300万元，产品销售成本2 000万元，其他业务成本500万元，缴纳税金及附加300万元。当年发生的业务如下：

（1）取得投资收益300万元，其中包含国债利息100万元。

（2）发生管理费用400万元，其中包含未形成无形资产的新技术研究开发费用100万元，业务招待费150万元。

（3）发生销售费用800万元，其中包含广告费和业务宣传费600万元。

（4）发生财务费用100万元，其中包含支付给银行的逾期罚息10万元。

（5）全年计入成本、费用的实发工资总额为200万元（在合理的范围内），实际支付职工福利费30万元，实际支付工会经费5万元，实际支付职工教育经费5万元。

（6）营业外支出200万元，其中包含税收滞纳金20万元，通过公益性社会组织向某大学捐款100万元。

该居民企业该年度应当缴纳多少企业所得税？

任务概述

企业所得税应纳税额的计算包括居民企业应纳税额的计算和非居民企业应纳税额的计算两部分。

对居民企业应纳税额的计算，应纳税额为企业的应纳税所得额乘以适用税率，减除依法规定的减免税额和抵免税额后的余额，计算公式为：应纳税额＝应纳税所得额×适用税率−减免税额−抵免税额。

对应纳税所得额的计算，一般有直接计算法和间接计算法两种方法。直接计算法就是用企业每一年度的收入总额减除不征税收入、免税收入、各项扣除以及允许弥补的以前年度亏损，其余额即为应纳税所得额。

在实际工作中，通常采用在企业会计利润总额的基础上，加减按照税法规定调整的项目金额计算应纳税所得额，计算公式为：应纳税所得额＝会计利润总额 ± 纳税调整项目金额。

纳税调整项目金额包括两个方面：一是企业财务会计制度规定的项目范围与税收法规规定的项目范围不一致应予以调整的金额，二是企业财务会计制度规定的扣除标准与税收法规规定的扣除标准不一致应予以调整的金额。

任务相关知识

企业所得税应纳税额的计算包括居民企业应纳税额的计算和非居民企业应纳税额的计算两部分。

一、居民企业应纳税额的计算

居民企业应纳税额为企业的应纳税所得额乘以适用税率，减除依法规定的减免税额和抵免税额后的余额，计算公式为：

应纳税额＝应纳税所得额×适用税率−减免税额−抵免税额

这里的减免税额，是指企业根据企业所得税法税收优惠规定享受的直接减免的税额。

这里的抵免税额，是指企业所得税法规定的投资抵免优惠，即企业购置用于环境保护、节能、节水、安全生产等专用设备的投资额，可以按一定比例实行税额抵免。不包括已在境外缴纳的税额抵免。

其中，应纳税所得额的计算一般有直接计算法和间接计算法两种方法。

（一）直接计算法

在直接计算法下，企业每一年度的收入总额减除不征税收入、免税收入、各项扣除以及允许弥补的以前年度亏损后的余额为应纳税所得额，计算公式为：

应纳税所得额＝收入总额－不征税收入－免税收入－各项扣除－允许弥补的以前年度亏损

（二）间接计算法

在实际工作中，通常采用在企业会计利润总额的基础上，加减按照税法规定调整的项目金额计算应纳税所得额，计算公式为：

应纳税所得额＝会计利润总额 ± 纳税调整项目金额

纳税调整项目金额包括两个方面：一是企业财务会计制度规定的项目范围与税收法规规定的项目范围不一致应予以调整的金额，二是企业财务会计制度规定的扣除标准与税收法规规定的扣除标准不一致应予以调整的金额。

【例题】某制造业企业为居民企业，202×年产品销售收入4 000万元，其他业务收入1 000万元，接受固定资产捐赠收入300万元，产品销售成本2 000万元，其他业务成本500万元，缴纳税金及附加300万元。当年发生的业务如下：

（1）取得投资收益300万元，其中包含国债利息100万元。

（2）发生管理费用400万元，其中包含未形成无形资产的新技术研究开发费用100万元，业务招待费150万元。

（3）发生销售费用800万元，其中包含广告费和业务宣传费600万元。

（4）发生财务费用100万元，其中包含支付给银行的逾期罚息10万元。

（5）全年计入成本、费用的实发工资总额为200万元（在合理的范围内），实际支付职工福利费30万元，实际支付工会经费5万元，实际支付职工教育经费5万元。

（6）营业外支出200万元，其中包含税收滞纳金20万元，通过公益性社会组织向某大学捐款100万元。

计算该居民企业该年度应纳企业所得税税额。

【解析】

第一步：计算会计利润。

会计利润＝收入＋投资收益－成本－费用－支出－税费－损失

（1）收入及收益＝4 000+1 000+300+300。

（2）成本＝2 000+500。

（3）费用＝400+800+100。

（4）支出＝200。

（5）税费＝300。

（6）损失＝0。

会计利润＝4 000+1 000+300+300-2 000-500-400-800-100-200-300=1 300（万元）。

第二步：计算调整项目。

（1）投资收益。

投资收益属于企业所得税收入总额，但是国债利息收入属于免税收入，因此纳税调减100万元。

（2）新技术研究开发费用。

制造业企业未形成无形资产计入当期损益的，在按照规定据实扣除的基础上，按照研究开发费用的100%加计扣除。

因此纳税调减100万元。

（3）业务招待费。

业务招待费扣除限额1=5 000×5‰=75（万元）。

业务招待费扣除限额2=150×60%=90（万元）。

最终确定标准=75（万元）。

应调增所得额=150-75=75（万元）。

（4）广告费和业务宣传费。

广告费和业务宣传费扣除标准=5 000×15%=750（万元）。

广告费和业务宣传费600万元小于扣除限额750万元，可全额扣除，不用纳税调整。

（5）职工福利费。

职工福利费扣除标准=200×14%=28（万元）。

应调增所得额=30-28=2（万元）。

（6）工会经费。

工会经费扣除标准=200×2%=4（万元）。

应调增所得额=5-4=1（万元）。

（7）职工教育经费。

职工教育经费扣除标准=200×8%=16（万元）。

职工教育经费5万元小于扣除限额16万元，可全额扣除，不用纳税调整。

（8）税收滞纳金。

应调增所得额=20（万元）。

（9）捐赠支出。

捐赠性质：公益性捐赠。

会计利润=1 300万元。

公益性捐赠扣除标准=1 300×12%=156（万元）。

公益性捐赠100万元小于扣除限额156万元，可全额扣除，不用纳税调整。

第三步：计算应纳税所得额。

应纳税所得额=1 300（会计利润）-100（免税收入）-100（加计扣除）+75（招待费）+2（职工福利费）+1（工费经费）+20（税收滞纳金）=1 198（万元）。

第四步：计算税额。

该年度应缴企业所得税=1 198×25%=299.5（万元）。

二、非居民企业应纳税额的计算

（一）非居民企业的应纳税所得额

1.应纳税所得额的计算

在中国境内未设立机构、场所的，或者虽设立机构、场所但取得的所得与其所设机构、场所没有实际联系的非居民企业，其取得的来源于中国境内的所得，按照下列方法计算其应纳税所得额：

（1）股息、红利等权益性投资收益和利息、租金、特许权使用费所得，以收入全额为应纳税所得额。

（2）转让财产所得，以收入全额减除财产净值后的余额为应纳税所得额。

财产净值，是指有关资产、财产的计税基础减除已经按照规定扣除的折旧、折耗、摊销、准备金等后的余额。

（3）其他所得，参照前两款规定的方法计算应纳税所得额。

2.企业所得税的免征

根据《企业所得税法实施条例》的规定，非居民企业下列所得可以免征企业所得税：

（1）外国政府向中国政府提供贷款取得的利息所得；

（2）国际金融组织向中国政府和居民企业提供优惠贷款取得的利息所得；

（3）经国务院批准的其他所得。

（二）非居民企业企业所得税税率

非居民企业在我国境内设立机构、场所的，取得所得与设立机构、场所与实际联系的，就其来源于中国境内的所得，以及发生在中国境外但与其所设机构、场所有实际联系的所得，按25%的税率征税。

非居民企业在我国境内设立机构、场所的，取得所得与设立机构、场所没有实际联系的，或者未在我国设立机构、场所，却有来源于我国的所得的，就来源于中国境内的所得，按低税率20%（实际减按10%）的税率征收。

三、境外所得抵免税额的计算

企业取得的下列已在境外缴纳的所得税税额，可以从其当期应纳税额中抵免，抵免限额为该项所得依照《企业所得税法》规定计算的应纳税额；超过抵免限额的部分，可以在以后5个年度内，用每年度抵免限额抵免当年应抵税额后的余额进行抵补：

（1）居民企业来源于中国境外的应税所得；

（2）非居民企业在中国境内设立机构、场所，取得发生在中国境外但与该机构、场所有实际联系的应税所得。

已在境外缴纳的所得税税额，是指企业来源于中国境外的所得，依照中国境外税收法律以及相关规定应当缴纳并已经实际缴纳的企业所得税性质的税款。

这里的抵免限额，是指企业来源于中国境外的所得，依照企业所得税法的规定计算的应纳税额。

除国务院财政、税务主管部门另有规定外，该抵免限额应当分国（地区）不分项计算，计算公式如下：

抵免限额＝中国境内、境外所得依法计算的应纳税总额×来源于某国（地区）的应纳税所得额 ÷

中国境内、境外应纳税所得总额

育人园地

最低企业税计划　　服务中国式现代化的
税收制度优化

思考

1.全球企业所得税税率的新特征及产生原因是什么？
2.探讨税收在推进中国式现代化中的作用。

■ 任务四　企业所得税税收优惠

任务情境

小型微利企业是指从事国家非限制和禁止行业，且同时符合年度应纳税所得额不超过300万元、从业人数不超过300人、资产总额不超过5 000万元三个条件的企业。小微企业提供了大量的就业机会，减少了社会的就业压力，稳定了社会的就业局面。我国当前对小型微利企业所得税有哪些优惠政策？

任务概述

企业所得税法从收入、扣除、所得、应纳税所得额、税率、应纳税额等多方面实施税收优惠。

收入优惠包括免税收入，企业综合利用资源减计收入，为社区提供养老、托育、家政等服务的机构减计收入等。

扣除优惠包括研发费用加计扣除优惠、企业安置残疾人员所支付的工资加计扣除优惠和固定资产加速折旧优惠。

所得优惠包括企业从事农、林、牧、渔业项目的所得优惠，企业从事国家重点扶持的公共基础设施项目投资经营的所得优惠，企业从事符合条件的环境保护、节能节水项目的所得优惠，企业符合条件的技术转让所得优惠，在中国境内未设立机构、场所的非居民企业，或者虽设立机构、场所但取得的所得与其所设机构、场所没有实际联系的非居民企业来源于中国境内的所得优惠。

应纳税所得额优惠包括创业投资企业抵扣应纳税所得额优惠和小型微利企业应纳税所得额优惠。

税率优惠包括国家需要重点扶持的高新技术企业、经认定的技术先进型服务企业税率优惠和小型微利企业税率优惠。

应纳税额优惠包括环保设备抵免应纳税额优惠和民族自治地方的减免税优惠。

任务相关知识

企业所得税的优惠措施相对较多，包括收入优惠、扣除优惠、所得优惠、应纳税所得额优惠、税率优惠、应纳税额优惠等。

一、收入优惠

（一）免税收入

免税收入，是指属于企业的应税收入但按照税法规定免于征收企业所得税的收入。

企业的下列收入为免税收入：

1.国债利息收入

国债利息完全由国家财政资金支付，对其征税没有意义。另外，对国债利息征税，将减少国债购买者最终得到的利息收入，不利于鼓励企业购买国债。

2.符合条件的居民企业之间的股息、红利等权益性投资收益

股息、红利是从被投资企业税后利润中分配，如果将股息、红利并入投资企业的应税收入中征收企业所得税，会导致对同一经济来源所得的重复征税。

3.在中国境内设立机构、场所的非居民企业从居民企业取得与该机构、场所有实际联系的股息、红利等权益性投资收益

和发生在居民企业直接的情况相类似，股息、红利是从被投资企业税后利润中分配，如果将股息、红利并入投资企业的应税收入中征收企业所得税，会导致对同一经济来源所得的重复征税。

4.符合条件的非营利组织的收入

非营利组织不以营利为目的，其所得基本上用于公益目的，所以各国税法通常对非营利组织的全部或部分收入免收所得税。由于我国现行法律对非营利组织的范围没有作出明确界定，为了避免税收征管中的漏洞，我国税法规定符合条件的非营利组织的收入为免税收入。

（二）企业综合利用资源减计收入

企业综合利用资源，生产符合国家产业政策规定的产品所取得的收入，可以在计算应纳税所得额时减计收入。

减计收入，是指企业以《资源综合利用企业所得税优惠目录》规定的资源作为主要原材料，生产国家非限制和禁止并符合国家和行业相关标准的产品取得的收入，减按90%计入收入总额。

（三）为社区提供养老、托育、家政等服务的机构减计收入

为社区提供养老、托育、家政等服务的机构，提供社区养老、托育、家政服务取得的收入，在计算应纳税所得额时，减按90%计入收入总额。

社区，包括城市社区和农村社区。

社区养老服务是指为老年人提供的生活照料、康复护理、助餐助行、紧急救援、精神慰藉等服务。

社区托育服务是指为3周岁（含）以下婴幼儿提供的照料、看护、膳食、保育等服务。

社区家政服务是指进入家庭成员住所或医疗机构为孕产妇、婴幼儿、老人、病人、残疾人提供的照护服务，以及进入家庭成员住所提供的保洁、烹饪等服务。

二、扣除优惠

（一）研发费用加计扣除

企业开展研发活动中实际发生的研发费用，未形成无形资产计入当期损益的，在按规定据实扣除的基础上，自2023年1月1日起，再按照实际发生额的100%在税前加计扣除；形成无形资产的，自2023年1月1日起，按照无形资产成本的200%在税前摊销。

本项优惠适用于除烟草制造业、住宿和餐饮业、批发和零售业、房地产业、租赁和商务服务业、娱乐业等以外，会计核算健全、实行查账征收并能够准确归集研发费用的居民企业。

（二）企业安置残疾人员所支付的工资加计扣除

企业安置残疾人员的，在按照支付给残疾职工工资据实扣除的基础上，按照支付给残疾职工工资的100%加计扣除。

（三）固定资产加速折旧优惠

加速折旧，是指按照税法规定，允许纳税人在固定资产使用年限的初期提列较多的折旧，以后年度相应减少折旧额，从而使纳税人的所得税负得以递延的一种优惠方式。

虽然从整个固定资产使用期间来看，企业的总税负没有变化，但加速折旧可以减轻纳税人在最初几年的税收负担，税负前轻后重，对企业来说相当于政府提供了一笔无息贷款，有利于减轻企业的资金压力。

企业的固定资产由于技术进步等确需加速折旧的，可以采取缩短折旧年限或者加速折旧的方法。

可以采取缩短折旧年限或者加速折旧的方法的固定资产，包括：

（1）由于技术进步，产品更新换代较快的固定资产；

（2）常年处于强震动、高腐蚀状态的固定资产。

采取缩短折旧年限方法的，最低折旧年限不得低于规定折旧年限的60%；采取加速折旧方法的，可以采取双倍余额递减法或者年数总和法。

三、所得优惠

（一）企业从事农、林、牧、渔业项目的所得

1.企业从事下列项目的所得，免征企业所得税

（1）蔬菜、谷物、薯类、油料、豆类、棉花、麻类、糖料、水果、坚果的种植；

（2）农作物新品种的选育；

（3）中药材的种植；

（4）林木的培育和种植；

（5）牲畜、家禽的饲养；

（6）林产品的采集；

（7）灌溉、农产品初加工、兽医、农技推广、农机作业和维修等农、林、牧、渔服务业项目；

（8）远洋捕捞。

2.企业从事下列项目的所得，减半征收企业所得税

（1）花卉、茶以及其他饮料作物和香料作物的种植；

（2）海水养殖、内陆养殖。

（二）企业从事国家重点扶持的公共基础设施项目投资经营的所得

国家重点扶持的公共基础设施项目，是指《公共基础设施项目企业所得税优惠目录》规定的港口码头、机场、铁路、公路、城市公共交通、电力、水利等项目。

企业从事国家重点扶持的公共基础设施项目的投资经营的所得，自项目取得第一笔生产经营收入所属纳税年度起，第一年至第三年免征企业所得税，第四年至第六年减半征收企业所得税。

企业承包经营、承包建设和内部自建自用本条规定的项目，不得享受本条规定的企业所得税优惠。

（三）企业从事符合条件的环境保护、节能节水项目的所得

符合条件的环境保护、节能节水项目，包括公共污水处理、公共垃圾处理、沼气综合开发利用、节能减排技术改造、海水淡化等。

企业从事符合条件的环境保护、节能节水项目的所得，自项目取得第一笔生产经营收入所属纳税年度起，第一年至第三年免征企业所得税，第四年至第六年减半征收企业所得税。

（四）企业符合条件的技术转让所得

符合条件的技术转让所得免征、减征企业所得税，是指一个纳税年度内，居民企业技术转让所得不超过500万元的部分，免征企业所得税；超过500万元的部分，减半征收企业所得税。

【例题】202×年甲公司取得符合条件的技术转让所得400万元，乙公司取得符合条件的技术转让所得600万元。请计算上述企业技术转让所得应纳税所得额。

【解析】甲公司：400万元＜500万元，应纳税所得额为0。

乙公司：600万元＞500万元，应纳税所得额=0+（600-500）×50%=50（万元）。

（五）在中国境内未设立机构、场所的非居民企业，或者虽设立机构、场所但取得的所得与其所设机构、场所没有实际联系的非居民企业，来源于中国境内的所得

在中国境内未设立机构、场所的非居民企业，或者虽设立机构、场所但取得的所得与其所设机构、场所

没有实际联系的非居民企业，来源于中国境内的所得，减按10%的税率征收企业所得税。

四、应纳税所得额优惠

（一）创业投资企业抵扣应纳税所得额

创业投资，是指向创业企业进行股权投资，以期所投资的创业发展成熟或相对成熟后再通过股权转让等方式获得资本增值收益的一种投资方式。

创业投资企业，是指在中国境内注册成立的主要从事创业投资的企业组织。

创业投资企业采取股权投资方式投资于未上市的中小高新技术企业2年以上的，可以按照其投资额的70%在股权持有满2年的当年抵扣该创业投资企业的应纳税所得额；当年不足抵扣的，可以在以后纳税年度结转抵扣。

有限合伙制创业投资企业采取股权投资方式投资于未上市的中小高新技术企业满2年（24个月）的，该有限合伙制创业投资企业的法人合伙人可按照其对未上市中小高新技术企业投资额的70%抵扣该法人合伙人从该有限合伙制创业投资企业分得的应纳税所得额，当年不足抵扣的，可以在以后纳税年度结转抵扣。

【例题】A创业投资企业2021年2月1日向未上市的中小高新技术企业B企业投资1 000万元，股权持有到2023年3月31日。A企业2023年度可抵扣的应纳税所得额为多少？

【解析】1 000×70%=700（万元）。

（二）小型微利企业减按25%计入应纳税所得额

自2023年1月1日至2027年12月31日，对小型微利企业年应纳税所得额超过100万元但不超过300万元的部分，减按25%计入应纳税所得额，按20%的税率缴纳企业所得税。

小型微利企业，是指从事国家非限制和禁止行业，且同时符合年度应纳税所得额不超过300万元、从业人数不超过300人、资产总额不超过5 000万元等三个条件的企业。

从业人数，包括与企业建立劳动关系的职工人数和企业接受的劳务派遣用工人数。从业人数和资产总额指标，应按企业全年的季度平均值确定。

五、税率优惠

（一）国家需要重点扶持的高新技术企业、经认定的技术先进型服务企业，减按15%的税率

国家需要重点扶持的高新技术企业，减按15%的税率征收企业所得税。经认定的技术先进型服务企业，减按15%的税率征收企业所得税。

高新技术企业是指在《国家重点支持的高新技术领域》内，持续进行研究开发与技术成果转化，形成企业核心自主知识产权，并以此为基础开展经营活动，在中国境内（不包括港、澳、台地区）注册的居民企业。

高新技术企业要经过各省（自治区、直辖市、计划单列市）科技行政管理部门同本级财政、税务部门组成的高新技术企业认定管理机构的认定。

（二）小型微利企业优惠

符合条件的小型微利企业，减按20%的税率征收企业所得税。

【例题】某符合条件的小型微利企业2023年度的应纳税所得额为260万元，请计算在享受小型微利企业所得税优惠政策后，该企业当年需缴纳的企业所得税。

【解析】小型微利企业税收优惠包括税率优惠及应纳税所得额优惠两部分内容。应纳税额=260×25%×20%=13（万元）。

六、应纳税额优惠

（一）环保设备抵免应纳税额

企业购置并实际使用《环境保护专用设备企业所得税优惠目录》《节能节水专用设备企业所得税优惠目

录》和《安全生产专用设备企业所得税优惠目录》规定的环境保护、节能节水、安全生产等专用设备的，该专用设备的投资额的10%可以从企业当年的应纳税额中抵免；当年不足抵免的，可以在以后5个纳税年度结转抵免。

享受前款规定的企业所得税优惠的企业，应当实际购置并自身实际投入使用前款规定的专用设备；企业购置上述专用设备在5年内转让、出租的，应当停止享受企业所得税优惠，并补缴已经抵免的企业所得税税款。

（二）民族自治地方的减免税

民族自治地方的自治机关对本民族自治地方的企业应缴纳的企业所得税中属于地方分享的部分，可以决定减征或者免征。自治州、自治县决定减征或者免征的，须报省、自治区、直辖市人民政府批准。

民族自治地方，是指依照《中华人民共和国民族区域自治法》的规定，实行民族区域自治的自治区、自治州、自治县。

对民族自治地方内从事国家限制和禁止行业的企业，不得减征或者免征企业所得税。

育人园地

结构性减税精准支持创新　　促创新 研发费用加计扣除
　　　　　　　　　　　　　　政策效应渐显

思考

1.支持制造业技术创新，税收优惠能否发挥重要作用？
2.分析研发费用加计扣除政策的意义。

■ 任务五 企业所得税税收管理

任务情境

某公司自202×年5月份开始停止经营，该公司停止经营是否需要办理企业所得税的纳税申报？如果需要的话，该公司应当于何时进行纳税申报？

任务概述

企业所得税分月或者分季预缴，企业应当自月份或者季度终了之日起15日内，向税务机关报送预缴税款。

企业所得税按纳税年度计算。企业应当自年度终了之日起5个月内，向税务机关报送年度企业所得税纳税申报表，并汇算清缴，结清应缴应退税款。在年度中间终止经营活动的，应当自实际经营终止之日起60日内，向税务机关办理当期企业所得税汇算清缴。

除另有规定外，居民企业以企业登记注册地为纳税地点，登记注册地在境外的，以实际管理机构所在地为纳税地点。非居民企业以机构、场所所在地为纳税地点。

任务相关知识

一、纳税期限

企业所得税按纳税年度计算。纳税年度自公历1月1日起至12月31日止。

企业在一个纳税年度中间开业，或者终止经营活动，使该纳税年度的实际经营期不足12个月的，应当以其实际经营期为一个纳税年度。

企业依法清算时，应当以清算期间作为一个纳税年度。清算期间的计算从清算组开始清算时起，至清算结束时止。

二、纳税地点

1.居民企业纳税地点

除另有规定外，居民企业以企业登记注册地为纳税地点；但登记注册地在境外的，以实际管理机构所在地为纳税地点。

居民企业在中国境内设立不具有法人资格的营业机构的，应当汇总计算并缴纳企业所得税。

2.非居民企业纳税地点

非居民企业以机构、场所所在地为纳税地点。非居民企业在中国境内设立两个或者两个以上机构、场所，符合国务院税务主管部门规定条件的，可以选择由其主要机构、场所汇总缴纳企业所得税。

在中国境内未设立机构、场所的非居民企业，或者虽设立机构、场所但取得的所得与其所设机构、场所没有实际联系的非居民企业，就其来源于中国境内的所得以扣缴义务人所在地为纳税地点。

三、纳税申报

1.分月或者分季预缴

企业所得税分月或者分季预缴。

企业应当自月份或者季度终了之日起15日内，向税务机关报送预缴企业所得税纳税申报表，预缴税款。

2.汇算清缴

汇算清缴，是指纳税人在纳税年度终了后的规定期限内，依照规定，自行计算全年应纳税所得额和应纳税额，根据月度或季度预缴的所得税税额，确定该年度应补或应退税额，并填写年度企业所得税纳税申报表，向主管税务机关办理年度企业所得税纳税申报、提供税务机关要求提供的有关资料，结清全年企业所得税税款的行为。

企业应当自年度终了之日起5个月内，向税务机关报送年度企业所得税纳税申报表，并汇算清缴，结清应缴应退税款。

企业在年度中间终止经营活动的，应当自实际经营终止之日起60日内，向税务机关办理当期企业所得税汇算清缴。

企业应当在办理注销登记前，就其清算所得向税务机关申报并依法缴纳企业所得税。

育人园地

元積与税　　　孔子治税

思考

减轻企业负担是清理费用还是减轻税负更有效？

项目五

个人所得税法律制度

项目情境

我国个人所得税法律制度的历史可以追溯到中华人民共和国成立初期。然而，真正的个人所得税法是在改革开放后才逐步建立的。

1980年，我国颁布了第一部个人所得税法，即《个人所得税法》。该法主要针对外籍人士和在中国工作的外籍员工。

为了适应国内经济发展的需要，1986年，我国颁布了《城乡个体工商业户所得税暂行条例》，主要对城乡个体工商业户进行征税。

1994年，我国对个人所得税法进行了重大改革，将以往的各项个人所得税法合并成一部统一的个人所得税法，并实行了新的计税方法和税率结构。

2018年，我国进行个人所得税法全面改革，将工资薪金所得、劳务报酬所得、稿酬、特许权使用费所得合并，进行综合个税申报。同时，将个税扣除标准调整至5 000元/月（即6万/年）。此外，还增加了子女教育、继续教育、大病医疗等专项附加扣除项目。

2019年，修订后的《个人所得税法》全面实施，标志着我国个人所得税制度进入了新的发展阶段。

项目目标

一、知识目标

1.理解个人所得税的概念和特征；
2.掌握个人所得税构成要素的主要内容；
3.掌握个人所得税各类所得的计税方法；
4.掌握个人所得税的纳税申报。

二、技能目标

1.能够正确区分个人所得税居民个人和非居民个人纳税人，能够判断居民个人和非居民个人纳税人的纳税义务；
2.能够正确计算个人所得税各项所得的应纳税额；
3.能够正确及时申报个人所得税。

三、育人目标

1.树立"人民税收"价值理念，增强税收调节收入差距、实现共同富裕的制度自信；
2.培养依法纳税法治意识，增强坚守税法底线、敬畏法律的意识；

3.培养精确计税、严谨细致的工匠精神;

4.树立大局意识,能从国家宏观角度去分析问题,深刻理解税收发挥的作用;

5.传承尊老爱幼等中华民族传统美德;

6.培养善于思考、勇于探索的精神;

7.激发提高技能水平,争做新时代高端人才的学习动力。

项目概述

个人所得税是对个人取得的所得征收的一种税。

个人所得税的纳税人为个人,分为居民个人和非居民个人。居民纳税人承担无限纳税义务,对从境内和境外取得的所得都要缴纳个人所得税;非居民纳税人承担有限纳税义务,仅就从中国境内取得的所得缴纳个人所得税。

个人所得税的征税对象是个人应税所得,具体包括工资薪金所得,劳务报酬,稿酬所得,特许权使用费所得,经营所得,财产租赁所得,财产转让所得,利息、股息、红利所得和偶然所得九类。将其中的居民纳税人的工资、薪金所得,劳务报酬所得,稿酬所得和特许权使用费所得合并为"综合所得",实行综合征收制度;对经营所得,财产租赁所得,财产转让所得,利息、股息、红利所得和偶然所得采用分类征收制度。

个人所得税的计税依据为应纳税所得额,包括以下多种:

居民个人综合所得的应纳税所得额,为每一纳税年度的收入额减除费用6万元以及专项扣除、专项附加扣除和依法确定的其他扣除后的余额。

非居民个人的工资、薪金所得,以每月收入额减除费用5 000元后的余额为应纳税所得额;劳务报酬所得、稿酬所得、特许权使用费所得,以每次收入额为应纳税所得额。

经营所得,以每一纳税年度的收入总额减除成本、费用以及损失后的余额,为应纳税所得额。

财产租赁所得,每次收入不超过4 000元的,减除费用800元;4 000元以上的,减除20%的费用,其余额为应纳税所得额。

财产转让所得,以转让财产的收入额减除财产原值和合理费用后的余额,为应纳税所得额。

利息、股息、红利所得和偶然所得,以每次收入额为应纳税所得额。

个人所得税的税率包括比例税率和超额累进税率两种,综合所得和经营所得采用超额累进税率,对其他四类所得实行比例税率。

个人所得税应纳税额的计算包括以下多种:

(1)居民个人取得工资、薪金所得,劳务报酬所得,稿酬所得和特许权使用费所得预扣预缴税款的计算;

(2)居民个人综合所得个人所得税的计算;

(3)非居民个人取得工资、薪金所得,劳务报酬所得,稿酬所得和特许权使用费所得个人所得税的计算;

(4)经营所得个人所得税的计算;

(5)财产租赁所得个人所得税的计算;

(6)财产转让所得个人所得税的计算;

(7)利息、股息、红利所得和偶然所得个人所得税的计算。

以上这些所得应纳税额的计算,除个别计算相同以外,大部分计算适用不同的计算方法,具体参考相关任务。

我国个人所得税实行代扣代缴和个人申报纳税相结合的税收管理制度,以所得人为纳税人,以支付所得的单位和个人为扣缴义务人。

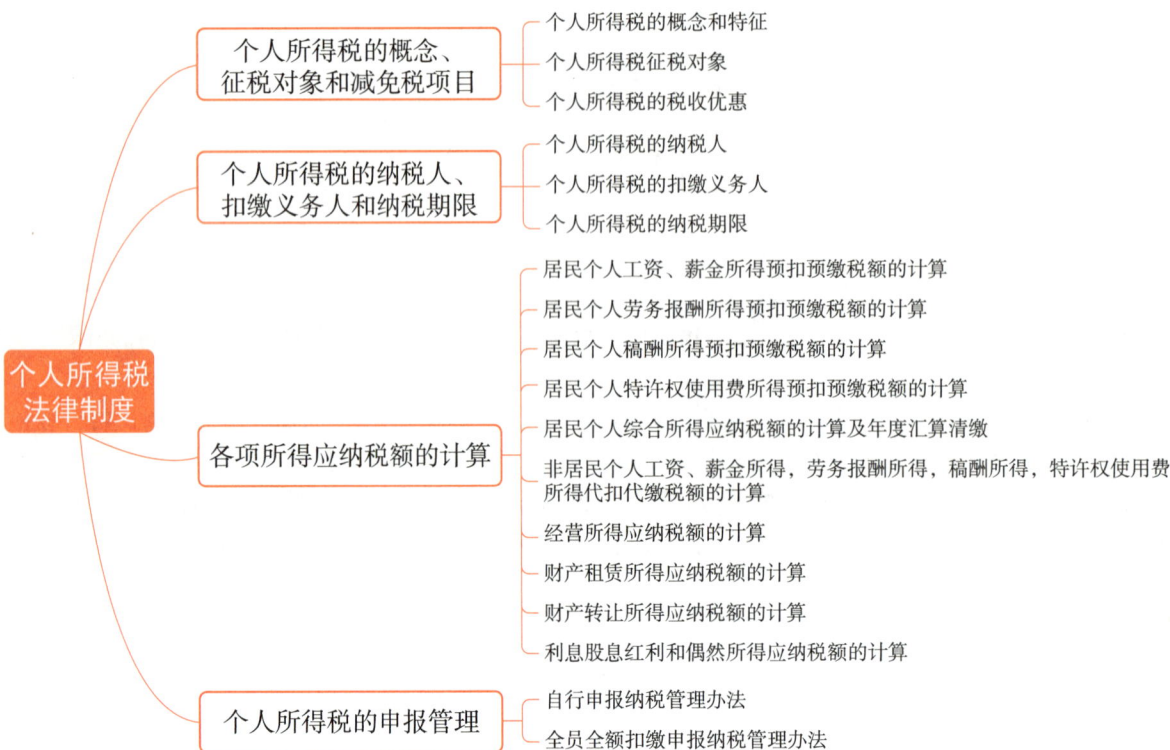

项目知识树

项目法规

中华人民共和国个人所得税法

第一条 在中国境内有住所，或者无住所而一个纳税年度内在中国境内居住累计满一百八十三天的个人，为居民个人。居民个人从中国境内和境外取得的所得，依照本法规定缴纳个人所得税。

在中国境内无住所又不居住，或者无住所而一个纳税年度内在中国境内居住累计不满一百八十三天的个人，为非居民个人。非居民个人从中国境内取得的所得，依照本法规定缴纳个人所得税。

纳税年度，自公历一月一日起至十二月三十一日止。

第二条 下列各项个人所得，应当缴纳个人所得税：

（一）工资、薪金所得；

（二）劳务报酬所得；

（三）稿酬所得；

（四）特许权使用费所得；

（五）经营所得；

（六）利息、股息、红利所得；

（七）财产租赁所得；

（八）财产转让所得；

（九）偶然所得。

居民个人取得前款第一项至第四项所得（以下称综合所得），按纳税年度合并计算个人所得税；非居民个人取得前款第一项至第四项所得，按月或者按次分项计算个人所得税。纳税人取得前款第五项至第九项所得，依照本法规定分别计算个人所得税。

第三条 个人所得税的税率：

（一）综合所得，适用百分之三至百分之四十五的超额累进税率（税率表附后）；

（二）经营所得，适用百分之五至百分之三十五的超额累进税率（税率表附后）；

（三）利息、股息、红利所得，财产租赁所得，财产转让所得和偶然所得，适用比例税率，税率为百分之二十。

第四条 下列各项个人所得，免征个人所得税：

（一）省级人民政府、国务院部委和中国人民解放军军以上单位，以及外国组织、国际组织颁发的科学、教育、技术、文化、卫生、体育、环境保护等方面的奖金；

（二）国债和国家发行的金融债券利息；

（三）按照国家统一规定发给的补贴、津贴；

（四）福利费、抚恤金、救济金；

（五）保险赔款；

（六）军人的转业费、复员费、退役金；

（七）按照国家统一规定发给干部、职工的安家费、退职费、基本养老金或者退休费、离休费、离休生活补助费；

（八）依照有关法律规定应予免税的各国驻华使馆、领事馆的外交代表、领事官员和其他人员的所得；

（九）中国政府参加的国际公约、签订的协议中规定免税的所得；

（十）国务院规定的其他免税所得。

前款第十项免税规定，由国务院报全国人民代表大会常务委员会备案。

第五条 有下列情形之一的，可以减征个人所得税，具体幅度和期限，由省、自治区、直辖市人民政府规定，并报同级人民代表大会常务委员会备案：

（一）残疾、孤老人员和烈属的所得；

（二）因自然灾害遭受重大损失的。

国务院可以规定其他减税情形，报全国人民代表大会常务委员会备案。

第六条 应纳税所得额的计算：

（一）居民个人的综合所得，以每一纳税年度的收入额减除费用六万元以及专项扣除、专项附加扣除和依法确定的其他扣除后的余额，为应纳税所得额。

（二）非居民个人的工资、薪金所得，以每月收入额减除费用五千元后的余额为应纳税所得额；劳务报酬所得、稿酬所得、特许权使用费所得，以每次收入额为应纳税所得额。

（三）经营所得，以每一纳税年度的收入总额减除成本、费用以及损失后的余额，为应纳税所得额。

（四）财产租赁所得，每次收入不超过四千元的，减除费用八百元；四千元以上的，减除百分之二十的费用，其余额为应纳税所得额。

（五）财产转让所得，以转让财产的收入额减除财产原值和合理费用后的余额，为应纳税所得额。

（六）利息、股息、红利所得和偶然所得，以每次收入额为应纳税所得额。

劳务报酬所得、稿酬所得、特许权使用费所得以收入减除百分之二十的费用后的余额为收入额。稿酬所得的收入额减按百分之七十计算。

个人将其所得对教育、扶贫、济困等公益慈善事业进行捐赠，捐赠额未超过纳税人申报的应纳税所得额百分之三十的部分，可以从其应纳税所得额中扣除；国务院规定对公益慈善事业捐赠实行全额税前扣除的，从其规定。

本条第一款第一项规定的专项扣除，包括居民个人按照国家规定的范围和标准缴纳的基本养老保险、基本医疗保险、失业保险等社会保险费和住房公积金等；专项附加扣除，包括子女教育、继续教育、大病医疗、住房贷款利息或者住房租金、赡养老人等支出，具体范围、标准和实施步骤由国务院确定，并报全国人民代表大会常务委员会备案。

第七条 居民个人从中国境外取得的所得，可以从其应纳税额中抵免已在境外缴纳的个人所得税税额，但抵免额不得超过该纳税人境外所得依照本法规定计算的应纳税额。

第八条 有下列情形之一的，税务机关有权按照合理方法进行纳税调整：

（一）个人与其关联方之间的业务往来不符合独立交易原则而减少本人或者其关联方应纳税额，且无正当理由；

（二）居民个人控制的，或者居民个人和居民企业共同控制的设立在实际税负明显偏低的国家（地区）的企业，无合理经营需要，对应当归属于居民个人的利润不作分配或者减少分配；

（三）个人实施其他不具有合理商业目的的安排而获取不当税收利益。

税务机关依照前款规定作出纳税调整，需要补征税款的，应当补征税款，并依法加收利息。

第九条　个人所得税以所得人为纳税人，以支付所得的单位或者个人为扣缴义务人。

纳税人有中国公民身份号码的，以中国公民身份号码为纳税人识别号；纳税人没有中国公民身份号码的，由税务机关赋予其纳税人识别号。扣缴义务人扣缴税款时，纳税人应当向扣缴义务人提供纳税人识别号。

第十条　有下列情形之一的，纳税人应当依法办理纳税申报：

（一）取得综合所得需要办理汇算清缴；

（二）取得应税所得没有扣缴义务人；

（三）取得应税所得，扣缴义务人未扣缴税款；

（四）取得境外所得；

（五）因移居境外注销中国户籍；

（六）非居民个人在中国境内从两处以上取得工资、薪金所得；

（七）国务院规定的其他情形。

扣缴义务人应当按照国家规定办理全员全额扣缴申报，并向纳税人提供其个人所得和已扣缴税款等信息。

第十一条　居民个人取得综合所得，按年计算个人所得税；有扣缴义务人的，由扣缴义务人按月或者按次预扣预缴税款；需要办理汇算清缴的，应当在取得所得的次年三月一日至六月三十日内办理汇算清缴。预扣预缴办法由国务院税务主管部门制定。

居民个人向扣缴义务人提供专项附加扣除信息的，扣缴义务人按月预扣预缴税款时应当按照规定予以扣除，不得拒绝。

非居民个人取得工资、薪金所得，劳务报酬所得，稿酬所得和特许权使用费所得，有扣缴义务人的，由扣缴义务人按月或者按次代扣代缴税款，不办理汇算清缴。

第十二条　纳税人取得经营所得，按年计算个人所得税，由纳税人在月度或者季度终了后十五日内向税务机关报送纳税申报表，并预缴税款；在取得所得的次年三月三十一日前办理汇算清缴。

纳税人取得利息、股息、红利所得，财产租赁所得，财产转让所得和偶然所得，按月或者按次计算个人所得税，有扣缴义务人的，由扣缴义务人按月或者按次代扣代缴税款。

第十三条　纳税人取得应税所得没有扣缴义务人的，应当在取得所得的次月十五日内向税务机关报送纳税申报表，并缴纳税款。

纳税人取得应税所得，扣缴义务人未扣缴税款的，纳税人应当在取得所得的次年六月三十日前，缴纳税款；税务机关通知限期缴纳的，纳税人应当按照期限缴纳税款。

居民个人从中国境外取得所得的，应当在取得所得的次年三月一日至六月三十日内申报纳税。

非居民个人在中国境内从两处以上取得工资、薪金所得的，应当在取得所得的次月十五日内申报纳税。

纳税人因移居境外注销中国户籍的，应当在注销中国户籍前办理税款清算。

第十四条　扣缴义务人每月或者每次预扣、代扣的税款，应当在次月十五日内缴入国库，并向税务机关报送扣缴个人所得税申报表。

纳税人办理汇算清缴退税或者扣缴义务人为纳税人办理汇算清缴退税的，税务机关审核后，按照国库管理的有关规定办理退税。

第十五条　公安、人民银行、金融监督管理等相关部门应当协助税务机关确认纳税人的身份、金融账户信息。教育、卫生、医疗保障、民政、人力资源社会保障、住房城乡建设、公安、人民银行、金融监督管理等相关部门应当向税务机关提供纳税人子女教育、继续教育、大病医疗、住房贷款利息、住房租金、赡养老人等专项附加扣除信息。

个人转让不动产的，税务机关应当根据不动产登记等相关信息核验应缴的个人所得税，登记机构办理转移登记时，应当查验与该不动产转让相关的个人所得税的完税凭证。个人转让股权办理变更登记的，市场主体登记机关应当查验与该股权交易相关的个人所得税的完税凭证。

有关部门依法将纳税人、扣缴义务人遵守本法的情况纳入信用信息系统，并实施联合激励或者惩戒。

第十六条　各项所得的计算，以人民币为单位。所得为人民币以外的货币的，按照人民币汇率中间价折合成人民币缴纳税款。

第十七条　对扣缴义务人按照所扣缴的税款，付给百分之二的手续费。

第十八条　对储蓄存款利息所得开征、减征、停征个人所得税及其具体办法，由国务院规定，并报全国人民代表大会常务委员会备案。

第十九条　纳税人、扣缴义务人和税务机关及其工作人员违反本法规定的，依照《中华人民共和国税收征收管理法》和有关法律法规的规定追究法律责任。

第二十条　个人所得税的税收管理，依照本法和《中华人民共和国税收征收管理法》的规定执行。

第二十一条　国务院根据本法制定实施条例。

第二十二条　本法自公布之日起施行。

中华人民共和国个
人所得税法

中华人民共和国个人所
得税法实施条例

■ 任务一 个人所得税的概念、特征、征税对象和减免税项目

任务情境

什么是个人所得税？哪些人需要交纳个人所得税？

陈某是某北京高校的一名大学生。202×年3月，陈某获得国家励志奖学金1万元。问：陈某需要为此缴纳个人所得税吗？

王先生11月因实名举报某企业的污染行为获得当地环保部门奖励20 000元。同时因其参与的一项技术发明获得国家科技进步二等奖，分得奖金50 000元。王先生11月获得的奖金应当如何缴纳个人所得税？

任务概述

个人所得税是对个人取得的所得征收的一种税。我国个人所得税法列举了九项个人所得，所得的形式包括现金、实物、有价证券和其他形式的经济利益。

我国个人所得税法对个人所得规定了免税和减税项目，财政部和国家税务总局对部分所得规定了免征或暂免征收个人所得税。

任务相关知识

一、个人所得税的概念和特征

个人所得税是对个人取得的应税所得征收的一种税。

我国现行的个人所得税主要有以下几个特征：

（一）实行综合所得和分类所得并用的混合征收方式

我国个人所得税将个人取得的应税所得分为工资、薪金所得，劳务报酬所得，稿酬所得，特许权使用费所得，经营所得，财产租赁所得，财产转让所得，利息、股息、红利所得和偶然所得九类，将其中的居民纳税人的工资、薪金所得，劳务报酬所得，稿酬所得和特许权使用费所得等四项劳动性所得合并为"综合所得"，实行综合征收，对其他五类所得采用分类征收。

（二）采用超额累进税率和比例税率两种税率

我国个人所得税对综合所得和经营所得采用超额累进税率，对其他四类所得实行比例税率。

（三）采用源泉扣缴和自行申报纳税相结合的纳税方法

我国个人所得税对凡是可以由扣缴义务人代扣代缴的，均由扣缴义务人代扣代缴；对没有扣缴义务人，或者扣缴义务人不便扣缴，以及取得综合所得需要办理汇算清缴的，由纳税人自行申报纳税和办理年终汇算清缴。

二、个人所得税的征税对象

个人所得税的征税对象是个人应税所得。我国个人所得税法列举了九项个人所得。

（一）个人应税所得的形式

个人应税所得的形式包括现金、实物、有价证券和其他形式的经济利益。

所得为实物的，应当按照取得的凭证上所注明的价格计算应纳税所得额，无凭证的实物或者凭证上所注明的价格明显偏低的，参照市场价格核定应纳税所得额。

所得为有价证券的，根据票面价格和市场价格核定应纳税所得额。

所得为其他形式的经济利益的，参照市场价格核定应纳税所得额。

（二）个人应税所得的具体项目

1.工资、薪金所得项目

工资、薪金所得，是指个人因任职或者受雇取得的工资、薪金、奖金、年终加薪、劳动分红、津贴、补贴以及与任职或者受雇有关的其他所得。工资通常是指工人的收入，薪金通常是指公职人员的收入。

（1）判断一项收入是否属于工资、薪金所得的关键是看该项收入是否属于因任职或者受雇而取得。凡是与任职、受雇有关的收入都是工资、薪金所得项目的征税对象。

（2）我国税法对以下一些不属于工资、薪金性质的补贴、津贴，或者不属于纳税人本人工资、薪金所得项目的收入不予征税：

①独生子女补贴；

②实行公务员工资规章制度未列入标准工资总金额的补助、补贴差值和家庭主要成员的农副产品补助；

③托儿补助费；

④差旅费津贴、误餐补助。

差旅费津贴、误餐补助实际上是指单位对员工差旅中发生的除城市间交通费及住宿费之外的杂费、伙食费等各种费用的总包干费，因此差旅费津贴、误餐补助不属于工资、薪金的性质，对此不应征税。

（3）出租汽车经营单位对出租车驾驶员采用单车承包或承租方式运营，出租车驾驶员从事客货运营取得的收入，按照"工资、薪金所得"项目计征个人所得税。

（4）个人因公务用车和通信制度改革而取得的公务用车、通信补贴收入，扣除一定标准的公务费用后，按照"工资、薪金"所得项目计征个人所得税。

（5）退休人员再任职取得的收入，在减除规定的费用扣除标准后，按"工资、薪金所得"应税项目缴纳个人所得税。

（6）离退休人员除按规定领取离退休工资或养老金外，另从原任职单位取得的各类补贴、奖金、实物，应在减除费用扣除标准后，按"工资、薪金所得"应税项目缴纳个人所得税。离退休人员从原任职单位取得的各类补贴、奖金、实物，不属于《个人所得税法》第四条规定可以免税的退休工资、离休工资、离休生活补助费。

（7）对企业为员工支付各项免税之外的保险金，应在企业向保险公司缴付时并入员工当期的工资收入，按"工资、薪金所得"项目计征个人所得税。

（8）企事业单位和个人超过规定的比例和标准缴付的基本养老保险费、基本医疗保险费和失业保险费，应将超过部分并入个人当期的工资、薪金收入，计征个人所得税。

2.劳务报酬所得项目

劳务报酬所得，是指个人从事劳务取得的所得，包括从事设计、装潢、安装、制图、化验、测试、医疗、法律、会计、咨询、讲学、翻译、审稿、书画、雕刻、影视、录音、录像、演出、表演、广告、展览、技术服务、介绍服务、经纪服务、代办服务以及其他劳务取得的所得。

（1）劳务报酬所得与工薪所得的区别在于是否存在雇佣关系。存在雇佣关系的所得为工薪所得。提供劳务的个人与被服务单位没有稳定的、连续的劳动人事关系，也没有任何劳动合同关系，其所得也不是以工资薪金形式领取，这种所得为劳务报酬所得。

（2）个人兼职取得的收入，按照"劳务报酬所得"项目征收个人所得税。

3. 稿酬所得项目

稿酬所得，是指个人因其作品以图书、报刊等形式出版、发表而取得的所得。

（1）稿酬所得所说的作品包括文学作品、书画作品、摄影作品，以及其他作品。

（2）稿酬所得是因为出版或发表而取得。

（3）作者去世后，财产继承人取得的遗作稿酬，应按稿酬所得项目征收个人所得税。

4. 特许权使用费所得项目

特许权使用费所得，是指个人提供专利权、商标权、著作权、非专利技术以及其他特许权的使用权取得的所得。

（1）我国个人所得税特许权使用费的特许权主要涉及专利权、商标权、著作权、非专利技术所有人的权利四种。

（2）提供著作权的使用权取得的所得，不包括稿酬所得。

（3）对于作者将自己的文字作品手稿原件或复印件公开拍卖（竞价）取得的所得，属于提供著作权的使用所得，故应按特许权使用费所得项目征收个人所得税。

（4）个人取得特许权的经济赔偿收入，应按"特许权使用费所得"应税项目缴纳个人所得税，税款由支付赔款的单位或个人代扣代缴。

（5）从2002年5月1日起，对于剧本作者从电影、电视剧的制作单位取得的剧本使用费，不再区分剧本的使用方是否为其任职单位，统一按照特许权使用费所得项目计算缴纳个人所得税。

5. 经营所得项目

根据《个人所得税法》的规定，经营所得包括以下几种所得：

（1）个体工商户从事生产、经营活动取得的所得；

（2）个人依法从事办学、医疗、咨询以及其他有偿服务活动取得的所得；

（3）个人独资企业投资人、合伙企业的个人合伙人来源于境内注册的个人独资企业、合伙企业生产、经营的所得；

（4）个人对企业、事业单位承包经营、承租经营以及转包、转租取得的所得；

（5）个人从事其他生产、经营活动取得的所得。

6. 利息、股息、红利所得项目

利息、股息、红利所得，是指个人拥有债权、股权等而取得的利息、股息、红利所得。

（1）利息一般是指存款利息、贷款利息和债券的利息；股息是指公司、企业按照一定的比例派发的每股息金；红利是指根据公司、企业应分配的、超过股息部分的利润，按股派发的红股。

（2）自2008年10月9日起，对储蓄存款利息所得暂免征收个人所得税。

（3）企业购买车辆并将车辆所有权办理在股东个人名下，其实质为企业对股东进行了红利性质的实物分配，应当按照"利息、股息、红利所得"项目计征个人所得税。

（4）除个人独资企业、合伙企业以外的其他企业的个人投资者，以企业资金为本人、家庭成员及其相关人员支付与企业生产经营无关的消费性支出及购买汽车、住房等财产性支出，视为企业对个人投资者的红利分配，依照"利息、股息、红利所得"项目计征个人所得税。

（5）个人持有全国中小企业股份转让系统挂牌公司的股票，持股期限超过1年的，对股息红利所得暂免征收个人所得税，持股期限在1个月以内（含1个月）的，其股息红利所得全额计入应纳税所得额；持股期限在1个月以上至1年（含1年）的，其股息红利所得暂减按50%计入应纳税所得额。

这里所说的挂牌公司是指股票在全国中小企业股份转让系统公开转让的非上市公众公司；持股期限是指个人取得挂牌公司股票之日至转让交割该股票之日前一日的持有时间。

7. 财产租赁所得项目

财产租赁所得，是指个人出租不动产、机器设备、车船以及其他财产取得的所得。

（1）个人取得的财产转租所得，属于"财产租赁所得"的征税范围。

（2）房地产开发企业与商店购买者个人签订协议规定，房地产开发企业按优惠价格出售其开发的商店给购买者个人，购买者个人在一定期限内将购买的商店无偿提供给房地产开发企业对外出租使用的，其实质是购买者个人以所购商店交由房地产开发企业出租而取得的房屋租赁收入支付了部分购房价款。对上述情形的购买者个人少支出的购房价款，应视同个人财产租赁所得，按照"财产租赁所得"项目征收个人所得税。每次财产租赁所得的收入额，按照少支出的购房价款和协议规定的租赁月份数平均计算确定。

8.财产转让所得项目

财产转让所得，是指个人转让有价证券、股权、合伙企业中的财产份额、不动产、机器设备、车船等财产取得的所得。

（1）个人转让股权，以股权转让收入减除股权原值和合理费用后的余额为应纳税所得额，按"财产转让所得"缴纳个人所得税。

这里所称的股权是指个人投资于在中国境内成立的企业或组织（不包括个人独资企业和合伙企业）的股权或股份。这里所称的股权转让是指个人将股权转让给其他个人或法人的行为，包括以下情形：

①出售股权；

②公司回购股权；

③发行人首次公开发行新股时，被投资企业股东将其持有的股份以公开发行方式一并向投资者发售；

④股权被司法或行政机关强制过户；

⑤以股权对外投资或进行其他非货币性交易；

⑥以股权抵偿债务；

⑦其他股权转移行为。

（2）自2018年11月1日（含）起，对个人转让新三板挂牌公司原始股取得的所得，按照"财产转让所得"征收个人所得税，对个人转让新三板挂牌公司非原始股取得的所得，暂免征收个人所得税。这里所称的原始股是指个人在新三板挂牌公司挂牌前取得的股票，以及在该公司挂牌前和挂牌后由上述股票孳生的送、转股。这里所称的非原始股是指个人在新三板挂牌公司挂牌后取得的股票，以及由上述股票孳生的送、转股。

（3）在集体所有制企业改制为股份合作制企业过程中将有关资产量化给职工个人的量化资产，职工个人以股份形式取得的，在取得时暂缓征收个人所得税，在个人将股份转让时，就其转让收入额，减除个人取得该股份时实际支付的费用支出和合理转让费用后的余额，按"财产转让所得"缴纳个人所得税。

（4）对个人转让自用5年以上，并且是家庭唯一生活用房取得的所得，继续免征个人所得税。

9.偶然所得项目

偶然所得，是指个人得奖、中奖、中彩以及其他偶然性质的所得。

（1）个人为单位或他人提供担保获得收入，按照"偶然所得"项目缴纳个人所得税。

（2）房屋产权人将房屋产权无偿赠与他人的，受赠人因无偿受赠房屋取得的受赠收入，按照"偶然所得"项目缴纳个人所得税。

（3）企业在业务宣传、广告等活动中，随机向本单位以外的个人赠送礼品（包括网络红包，下同），以及企业在年会、座谈会、庆典以及其他活动中向本单位以外的个人赠送礼品，个人取得的礼品收入，按照"偶然所得"项目计算缴纳个人所得税，但企业赠送的具有价格折扣或折让性质的消费券、代金券、抵用券、优惠券等礼品除外。

另外，《个人所得税法》将纳税人取得的工资、薪金，劳务报酬，稿酬，特许权使用费四项所得合并为"综合所得"。对综合所得，我国税法以"年"为一个周期计算应该缴纳的个人所得税。平时取得这四项收入时，先由支付方（即扣缴义务人）依税法规定按月或者按次预扣预缴税款。年度终了，纳税人需要办理汇算清缴，也就是纳税人应当在平时已预缴税款的基础上"查遗补漏，汇总收支，按年算账，多退少补"。

（三）应税所得来源的确定

根据《个人所得税法实施条例》的规定，除国务院财政、税务主管部门另有规定外，下列所得，不论支付地点是否在中国境内，均为来源于中国境内的所得：

（1）因任职、受雇、履约等在中国境内提供劳务取得的所得；

（2）将财产出租给承租人在中国境内使用而取得的所得；

（3）许可各种特许权在中国境内使用而取得的所得；

（4）转让中国境内的不动产等财产或者在中国境内转让其他财产取得的所得；

（5）从中国境内企业、事业单位、其他组织以及居民个人取得的利息、股息、红利所得。

此外，财政部和国家税务总局对非居民个人和无住所居民个人的工资、薪金，稿酬等所得的来源问题规定如下：

个人取得归属于中国境内工作期间的工资、薪金所得为来源于境内的工资、薪金所得。

由境内企业、事业单位、其他组织支付或者负担的稿酬所得，为来源于境内的所得。

三、个人所得税的税收优惠

我国个人所得税法对个人所得规定了免税和减税项目，财政部和国家税务总局对部分所得规定了免征或暂免征收个人所得税。

（一）免税项目

根据《个人所得税法》，对个人的下列所得项目免征个人所得税：

（1）省级人民政府、国务院部委和中国人民解放军军以上单位，以及外国组织颁发的科学、教育、技术、文化、卫生、体育、环境保护等方面的奖金。

（2）国债利息和国家发行的金融债券利息。

国债利息，是指个人持有中华人民共和国财政部发行的债券而取得的利息；所称国家发行的金融债券利息，是指个人持有经国务院批准发行的金融债券而取得的利息。

（3）按国家统一规定发给的补贴、津贴。

我国目前个人的工资收入构成中，各种各样的补贴、津贴占有相当大的比重，这些补贴、津贴有些是按国务院的规定发放的，有些是按劳动、人事部门的规定发放的，有些则是各地政府根据中央和国务院有关文件精神结合本地情况而安排发放的。这里所说的按照国家统一规定发给的补贴、津贴，是指按照国务院规定发给的政府特殊津贴、院士津贴、资深院士津贴，以及国务院规定免征个人所得税的其他补贴、津贴。

（4）福利费、抚恤金、救济金。

这里所称的福利费，是指根据国家有关规定，从企业、事业单位、国家机关、社会组织提留的福利费或者工会经费中支付给个人的生活补助费。这里所称的救济金，是指各级人民政府民政部门支付给个人的生活困难补助费。

从福利费或者工会经费中支付给个人的生活补助费，是指由于某些特定事件或因素而给纳税人本人或其家庭的正常生活造成一定困难，其任职单位按国家规定从提留的福利费或者工会经费中向其支付的临时性生活困难补助。

（5）保险赔款。

（6）军人的转业费、复员费、退役金。

（7）按照国家统一规定发给干部、职工的安家费、退职费、退休工资、离休工资、离休生活补助费。

（8）依照有关法律规定应予免税的各国驻华使馆、领事馆的外交代表、领事官员和其他人员的所得。

（9）中国政府参加的国际公约、签订的协议中规定免税的所得。

（10）国务院规定的其他免税项目。

（二）减税项目

根据我国个人所得税法规定，有下列情形之一的，可以减征个人所得税，具体幅度和期限由省、自治区、直辖市人民政府规定，并报同级人民代表大会常务委员会备案：

（1）残疾、孤老人员和烈属的所得；

（2）因自然灾害遭受重大损失的。

国务院可以规定其他减税情形，报全国人民代表大会常务委员会备案。

（三）其他税收优惠项目

（1）对外籍个人的下列所得可免征个人所得税：

①外籍个人以非现金形式或实报实销形式取得的合理的住房补贴、伙食补贴、洗衣费、搬迁费；

②外籍个人按合理标准取得的境内、外出差补贴；

③外籍个人取得的探亲费、语言培训费、子女教育费等补贴，由主管税务机关审核，且在合理数额内的部分；

④外籍个人从外商投资企业取得的股息红利所得。

（2）凡符合下列条件之一的外籍专家取得的工资、薪金所得可免征个人所得税：

①根据世界银行专项货款协议由世界银行直接派往我国工作的外国专家；

②联合国组织直接派往我国工作的专家；

③为联合国援助项目来华工作的专家；

④援助国派往我国专家该国无偿援助项目工作的专家；

⑤根据两国政府签订文化流项目来华工作两年以内的文教专家，其工资、薪金所得由该国负担的；

⑥根据我国大专院校国际交流项目来华工作两年以内的文教专家，其互资、薪金所得由该国负担的。

（3）对达到离休、退休年龄，但确因工作需要，适当延长离休、退休年龄的高级专家，其在延长离休、退休期间的工资、薪金所得，视同退休工资、离休工资免征个人所得税。

（4）个人举报、协查各种违法、犯罪行为而获得的奖金，免征个人所得税。

（5）符合条件的见义勇为者的奖金或奖品，经主管税务机关核准，免征个人所得税。

（6）从事代扣代缴工作的个人办理代扣代缴税款手续，按规定取得的扣缴手续费，免征个人所得税。

（7）个人转让自用达5年以上并且是唯一的家庭居住用房取得的所得，免征个人所得税。

（8）对个人转让上市公司股票取得的所得，免征个人所得税。

（9）自2015年9月8日起，个人从公开发行和转让市场取得的上市公司股票，持股期限超过1年的，股息红利所得暂免征收个人所得税。

（10）自2008年10月9日起，对居民储蓄存款利息暂免征收个人所得税。

（11）对证券市场个人投资者取得的证券交易结算资金利息所得，暂免征收个人所得税。

（12）个人购买社会福利有奖募捐奖券、体育彩票一次中奖收入不超过10 000元的，免征个人所得税。

（13）个人取得的发票中奖所得，单张有奖发票奖金所得不超过800元（含800元）的，免征个人所得税。

（14）个人领取原提存的住房公积金、基本医疗保险金、基本养老保险金、失业保险金，免征个人所得税。

（15）单位按照规定缴付的基本医疗保险金、基本养老保险金、失业保险金，免征个人所得税。

（16）个人按照省级以上人民政府规定的比例缴付的基本医疗保险金、基本养老保险金、失业保险金，允许在个人应纳税所得额中扣除。

（17）单位按照规定缴付的企业年金和职业年金，在计入个人账户时，个人暂不缴纳个人所得税。个人根据规定缴纳的年金，在不超过本人缴费工资计税基数的4%标准内的部分，暂从个人当期的应纳税所得额中扣除。

（18）生育妇女按照县级以上人民政府根据国家有关规定制定的生育保险办法，取得的生育津贴、生育医疗费或其他属于生育保险性质的津贴、补贴，免征个人所得税。

（19）对工伤职工及其近亲属按照《工伤保险条例》规定取得的工伤保险待遇，免征个人所得税。

（20）对个体工商户或个人，以及个人独资企业和合伙企业从事种植业、养殖业、饲养业和捕捞业（"四业"），取得的"四业"所得暂不征收个人所得税。

（21）对被拆迁人按规定的标准取得的拆迁补偿款（含因棚户区改造而取得的拆迁补偿款），免征个人所得税。

（22）2023 年 1 月 1 日—2024 年 12 月 31 日，对个体工商户年应纳税所得额不超过 100 万元的部分，在现行优惠政策基础上，减半征收个人所得税。

育人园地

幸福一家人

个人所得税法的改革与发展

个人所得税改革宣传片

思考

1.总结我国个人所得税发展历程。

2.思考个人所得税政策改革的意义。

■ 任务二　个人所得税的纳税人、扣缴义务人和纳税期限

任务情境

陈某是北京某高校的一名大学生。

某年4月，陈某承包经营某企业的实验室，每月取得收入1万元；同年5月，陈某开始将自己购买的一套校园外公寓对外出租，每月收取租金3万元；同年6月，陈某在国外某期刊发表论文，取得稿酬1万美元。对以上收入，陈某是否应当缴纳个人所得税？

同年7月，陈某去韩国留学。在韩国留学期间利用课外时间打工，在不考虑双边税收协定的前提下，陈某在韩国打工取得的收入需要在中国缴纳个人所得税吗？

任务概述

个人所得税以个人所得人为纳税人，包括个体工商户、个人独资企业、合伙企业中的个人投资者、承租承包者。

根据有无住所和居住时间标准，我国个人所得税的纳税人分为居民个人和非居民个人。在中国境内有住所，或者无住所而一个纳税年度内在中国境内居住累计满183天的个人，为居民个人。居民纳税人承担无限纳税义务，对从境内和境外取得的所得都要缴纳个人所得税。在中国境内无住所又不居住，或者无住所而一个纳税年度内在中国境内居住累计不满183天的个人，为非居民个人。非居民纳税人承担有限纳税义务，仅就从中国境内取得的所得缴纳个人所得税。

我国个人所得税实行代扣代缴和个人申报纳税相结合的税收管理制度，个人所得税以所得人为纳税人，以支付所得的单位和个人为扣缴义务人，但不包括向个体户支付的主体。居民个人的工资、薪金所得由扣缴义务人按月预扣预缴。

《个人所得税法》规定，综合所得、经营所得按年计税。非居民个人的工资、薪金所得，按月计税。对利息、股息、红利所得，财产租赁所得，财产转让所得，偶然所得，非居民个人的劳务报酬所得、稿酬所得、特许权使用费所得等，按次计税。

任务相关知识

一、个人所得税的纳税人

个人所得税以个人所得人为纳税人，包括个体工商户、个人独资企业、合伙企业中的个人投资者、承租承包者。

纳税人有中国公民身份号码的，以中国公民身份号码为纳税人识别号；纳税人没有中国公民身份号码的，由税务机关赋予其纳税人识别号。

根据有无住所和居住时间标准，我国个人所得税的纳税人分为居民个人和非居民个人。

（一）居民纳税人

1.居民纳税人身份的判定

在中国境内有住所，或者无住所而一个纳税年度内在中国境内居住累计满183天的个人，为居民个人。

（1）在中国境内有住所的个人。

中国境内有住所，是指因户籍、家庭、经济利益关系而在中国境内习惯性居住。习惯性居住，相当于定居的概念，指的是个人在较长时间内，相对稳定地在一地居住。对于仅因学习、工作、探亲、旅游等而在中国境内居住，待上述原因消除后仍然回到境外居住的，不属于在境内习惯性居住。因学习、工作、探亲、旅游等而在中国境外居住的，在其原因消除之后，必须回到中国境内居住的个人，则中国即为该纳税人习惯性居住地。习惯性居住，是判定纳税义务人是居民或非居民的一个法律意义上的标准，不是指实际居住或在某一个特定时期内的居住地。

（2）在中国境内无住所而一个纳税年度内在中国境内居住累计满183天的个人，为居民个人。

无住所个人一个纳税年度内在中国境内累计居住天数，按照个人在中国境内累计停留的天数计算。在中国境内停留的当天满24小时的，计入中国境内居住天数，在中国境内停留的当天不足24小时的，不计入中国境内居住天数。

纳税年度，自公历1月1日起至12月31日止。

2.居民纳税人的纳税义务

居民纳税人承担无限纳税义务，也就是居民纳税人对从境内和境外取得的所得都要缴纳个人所得税。

无住所个人一个纳税年度在中国境内累计居住满183天的，如果此前6年在中国境内每年累计居住天数都满183天而且没有任何一年单次离境超过30天，该纳税年度来源于中国境内、境外所得应当缴纳个人所得税；如果此前6年的任一年在中国境内累计居住天数不满183天或者单次离境超过30天，该纳税年度来源于中国境外且由境外单位或者个人支付的所得，免予缴纳个人所得税。

此前6年，是指该纳税年度的前1年至前6年的连续6个年度，此前6年的起始年度自2019年（含）以后年度开始计算。

（二）非居民纳税人

1.非居民纳税人身份的判定

在中国境内无住所又不居住，或者无住所而一个纳税年度内在中国境内居住累计不满183天的个人，为非居民个人。

2.非居民纳税人的纳税义务

非居民纳税人承担有限纳税义务，也就是仅就从中国境内取得的所得缴纳个人所得税。

在中国境内无住所的个人，在一个纳税年度内在中国境内居住累计不超过90天的，其来源于中国境内的所得，由境外雇主支付并且不由该雇主在中国境内的机构、场所负担的部分，免予缴纳个人所得税。

二、个人所得税的扣缴义务人

我国个人所得税实行代扣代缴和个人申报纳税相结合的税收管理制度。我国个人所得税法规定，个人所得税以所得人为纳税人，以支付所得的单位和个人为扣缴义务人，但不包括向个体户支付的主体。

我国个人所得税的法定扣缴义务人在向居民个人支付工资、薪金所得，劳务报酬所得，稿酬所得，特许权使用费所得时应当预扣预缴个人所得税；扣缴义务人在向居民个人或非居民个人支付利息、股息、红利所得，财产租赁所得，财产转让所得，偶然所得时，以及向非居民个人支付工资、薪金所得，劳务报酬所得，稿酬所得，特许权使用费所得时应当代扣代缴个人所得税。

三、个人所得税的纳税期限

我国个人所得税法规定，个人所得税分项目规定了三种纳税期限：

1.按年计税

我国个人所得税法规定，居民个人的综合所得、经营所得按年计税。

2.按月计税

非居民个人的工资、薪金所得，按月计税。

居民个人的工资、薪金所得由扣缴义务人按月预扣预缴。

3.按次计税

利息、股息、红利所得，财产租赁所得，财产转让所得，偶然所得，非居民个人的劳务报酬所得、稿酬所得、特许权使用费所得等，按次计税。

对于"次"，《个人所得税法》规定：

（1）劳务报酬所得、稿酬所得、特许权使用费所得，属于一次性收入的，以取得该项收入为一次；属于同一项目连续性收入的，以一个月内取得的收入为一次。

（2）财产租赁所得，以一个月内取得的收入为一次。

（3）利息、股息、红利所得，以支付利息、股息、红利时取得的收入为一次。

（4）偶然所得，以每次取得该项收入为一次。

育人园地

税制科学 办理高效 流程便捷——首次个税汇算完成彰显我国税收治理能力提升

个人所得税综合所得汇算清缴补税案件

思考

1.个人所得税改革是扩大了还是缩小了征收面？

2.优化个税预扣预缴方法的意义是什么？

■ 任务三　各项所得应纳税额的计算

任务情境

某企业员工钱某202×年全年每月应发工资、薪金收入10 000元，其中含有需要扣除上缴的基本养老保险8%，基本医疗保险2%，失业保险0.5%，住房公积金12%。社保部门核定的钱某社保费缴费工资基数为8 000元。钱某没有其他扣除项目。问：钱某202×年每月应当缴纳多少个人所得税？

任务概述

根据我国个人所得税法，个人所得税应纳税额的计算包括：

（1）居民个人取得工资、薪金所得，劳务报酬所得，稿酬所得和特许权使用费所得预扣预缴税款的计算；

（2）居民个人综合所得个人所得税的计算；

（3）非居民个人取得工资、薪金所得，劳务报酬所得，稿酬所得和特许权使用费所得个人所得税的计算；

（4）经营所得个人所得税的计算；

（5）财产租赁所得个人所得税的计算；

（6）财产转让所得个人所得税的计算；

（7）利息、股息、红利所得和偶然所得个人所得税的计算。

以上这些所得应纳税额的计算，除个别计算相同以外，大部分计算适用不同的计算方法。

个人所得税的税率包括比例税率和超额累进税率两种，税率不同，其税额的计算方式也不相同。

实行比例税率的所得，应纳税额为应纳税所得额乘以税率，用公式表示为：

$$应纳税额 = 应纳税所得额 \times 适用税率$$

实行超额累进税率的所得，应纳税额为所得额乘以税率再减除速算扣除数，用公式表示为：

$$应纳税额 = 应纳税所得额 \times 适用税率 - 速算扣除数$$

应纳税所得额是个人所得税的计税依据。

我国个人所得税法对应纳税所得额的计算规定如下：

（1）居民个人的综合所得，以每一纳税年度的收入额减除费用6万元以及专项扣除、专项附加扣除和依法确定的其他扣除后的余额，为应纳税所得额。

（2）非居民个人的工资、薪金所得，以每月收入额减除费用5 000元后的余额为应纳税所得额；劳务报酬所得、稿酬所得、特许权使用费所得，以每次收入额为应纳税所得额。

（3）经营所得，以每一纳税年度的收入总额减除成本、费用以及损失后的余额，为应纳税所得额。

（4）财产租赁所得，每次收入不超过4 000元的，减除费用800元；4 000元以上的，减除20%的费用，其余额为应纳税所得额。

（5）财产转让所得，以转让财产的收入额减除财产原值和合理费用后的余额，为应纳税所得额。

（6）利息、股息、红利所得和偶然所得，以每次收入额为应纳税所得额。

任务相关知识

一、居民个人工资、薪金所得预扣预缴税额的计算

《个人所得税法》规定，扣缴义务人向居民个人支付工资、薪金所得时，应当预扣税款，并按月办理扣

缴申报。

（一）居民个人工资、薪金所得预扣预缴税款的计算方法

《个人所得税法》规定，扣缴义务人向居民个人支付工资、薪金所得时，应当按照累计预扣法计算预扣税款，并按月办理扣缴申报。

累计预扣法，是指扣缴义务人在一个纳税年度内预扣预缴税款时，以纳税人在本单位截至当前月份工资、薪金所得累计收入减除累计免税收入、累计减除费用、累计专项扣除、累计专项附加扣除和累计依法确定的其他扣除后的余额为累计预扣预缴应纳税所得额，适用个人所得税预扣率表一（居民个人工资、薪金所得预扣预缴适用个人所得税预扣率表），计算累计应预扣预缴税额，再减除累计减免税额和累计已预扣预缴税额，其余额为本期应预扣预缴税额。余额为负值时，暂不退税。纳税年度终了后余额仍为负值时，由纳税人通过办理综合所得年度汇算清缴，税款多退少补。具体计算公式如下：

$$本期应预扣预缴税额 =（累计预扣预缴应纳税所得额 \times 预扣率 - 速算扣除数）-$$
$$累计减免税额 - 累计已预扣预缴税额$$

（二）居民个人工资、薪金所得预扣预缴应纳税所得额的计算方法

$$累计预扣预缴应纳税所得额 = 累计收入 - 累计免税收入 - 累计减除费用 - 累计专项扣除 -$$
$$累计专项附加扣除 - 累计依法确定的其他扣除$$

1.累计收入

工资、薪金收入额，以工资、薪金实际收入计算收入额。累计收入是指纳税人当年截至本月的收入之和。

2.累计免税收入

由于纳税人的收入包括免税收入，而免税收入是免于征税的收入，所以在计算应纳税所得额时应当扣除免税收入。累计免税收入是指纳税人当年截至本月的免税收入之和。

3.累计减除费用

我国个人所得税工资、薪金的费用标准为每月5 000元。累计减除费用按照5 000元/月乘以纳税人当年截至本月在本单位的任职受雇月份数计算。

4.累计专项扣除

专项扣除，包括居民个人按照国家规定的范围和标准缴纳的基本养老保险、基本医疗保险、失业保险等社会保险费和住房公积金等。累计专项扣除是指纳税人当年截至本月的专项扣除之和。

5.累计专项附加扣除

专项附加扣除包括以下七项：

（1）婴幼儿照护。

纳税人照护3岁以下婴幼儿子女的相关支出，按照每个婴幼儿每月2 000元的标准定额扣除。扣除享受期为婴幼儿出生的当月至年满3周岁的前一个月。

父母可以选择由其中一方按扣除标准的100%扣除，也可以选择由双方分别按扣除标准的50%扣除，具体扣除方式在一个纳税年度内不能变更。

（2）子女教育。

纳税人年满3岁至小学入学前处于学前教育阶段与接受全日制学历教育的子女，子女教育的相关支出按照每个子女每月2 000元的标准定额扣除。扣除时间为学前教育阶段子女年满3周岁当月至小学入学前一月。

学历教育为子女接受全日制学历教育入学的当月至全日制学历教育结束的当月。

父母可以选择由其中一方按扣除标准的100%扣除，也可以选择由双方分别按扣除标准的50%扣除，具体扣除方式在一个纳税年度内不能变更。

父母，是指生父母、继父母、养父母；子女，是指婚生子女、非婚生子女、继子女、养子女。

（3）继续教育。

继续教育专项扣除包括学历（学位）继续教育和职业资格继续教育两类。

纳税人在中国境内接受学历（学位）继续教育的支出，在学历（学位）教育期间按照每月400元定额扣除。同一学历（学位）继续教育的扣除期限不能超过48个月。

纳税人接受技能人员职业资格继续教育、专业技术人员职业资格继续教育的支出，在取得相关证书的当年，按照3 600元定额扣除。

个人接受本科及以下学历（学位）继续教育，符合规定扣除条件的，可以选择由其父母扣除，也可以选择由本人扣除。

（4）大病医疗。

在一个纳税年度内，纳税人发生的与基本医保相关的医药费用支出，扣除医保报销后个人负担（指医保目录范围内的自付部分）累计超过15 000元的部分，由纳税人在办理年度汇算清缴时，在80 000元限额内据实扣除。

纳税人发生的医药费用支出可以选择由本人或者其配偶扣除；未成年子女发生的医药费用支出可以选择由其父母一方扣除。

纳税人及其配偶、未成年子女发生的医药费用支出，按规定分别计算扣除额。

（5）住房贷款利息。

纳税人本人或者配偶单独或者共同使用商业银行或者住房公积金个人住房贷款为本人或者其配偶购买中国境内住房，发生的首套住房贷款利息支出，在实际发生贷款利息的年度，按照每月1 000元的标准定额扣除，扣除期限最长不超过240个月。纳税人只能享受一次首套住房贷款的利息扣除。

首套住房贷款是指购买住房享受首套住房贷款利率的住房贷款。

经夫妻双方约定，可以选择由其中一方扣除，具体扣除方式在一个纳税年度内不能变更。

夫妻双方婚前分别购买住房发生的首套住房贷款，其贷款利息支出，婚后可以选择其中一套购买的住房，由购买方按扣除标准的100%扣除，也可以由夫妻双方对各自购买的住房分别按扣除标准的50%扣除，具体扣除方式在一个纳税年度内不能变更。

（6）住房租金。

纳税人在主要工作城市没有自有住房而发生的住房租金支出，可以按照以下标准定额扣除：

①直辖市、省会（首府）城市、计划单列市以及国务院确定的其他城市，扣除标准为每月1 500元；

②除上述所列城市以外，市辖区户籍人口超过100万的城市，扣除标准为每月1 100元；

③市辖区户籍人口不超过100万的城市，扣除标准为每月800元。

纳税人的配偶在纳税人的主要工作城市有自有住房的，视同纳税人在主要工作城市有自有住房。

市辖区户籍人口，以国家统计局公布的数据为准。主要工作城市是指纳税人任职受雇的直辖市、计划单列市、副省级城市、地级市（地区、州、盟）全部行政区域范围；纳税人无任职受雇单位的，为受理其综合所得汇算清缴的税务机关所在城市。

夫妻双方主要工作城市相同的，只能由一方扣除住房租金支出。

住房租金支出由签订租赁住房合同的承租人扣除。

纳税人及其配偶在一个纳税年度内不能同时分别享受住房贷款利息和住房租金专项附加扣除。

（7）赡养老人。

纳税人赡养一位及以上被赡养人的赡养支出，统一按照以下标准定额扣除：

①纳税人为独生子女的，按照每月3 000元的标准定额扣除；

②纳税人为非独生子女的，由其与兄弟姐妹分摊每月3 000元的扣除额度，每人分摊的额度不能超过每月1 500元。可以由赡养人均摊或者约定分摊，也可以由被赡养人指定分摊。约定或者指定分摊的须签订书面分摊协议，指定分摊优先于约定分摊。具体分摊方式和额度在一个纳税年度内不能变更。

被赡养人是指年满60岁的父母，以及子女均已去世的年满60岁的祖父母、外祖父母。

累计专项附加扣除是指纳税人当年截至本月的专项附加扣除之和。

6. 累计依法确定的其他扣除

其他扣除，包括个人缴付符合国家规定的企业年金、职业年金，个人购买符合国家规定的商业健康保险、税收递延型商业养老保险的支出，以及国务院规定可以扣除的其他项目。累计其他扣除是指纳税人当年截至本月的其他扣除之和。

专项扣除、专项附加扣除和依法确定的其他扣除，以居民个人一个纳税年度的应纳税所得额为限额；一个纳税年度扣除不完的，不结转以后年度扣除。

（三）居民个人工资、薪金所得预扣预缴税款的预扣税率

居民个人工资、薪金所得预扣预缴税款适用七级超额预扣税率，具体如表5-1所示。

表5-1 个人所得税税率表（三）（居民个人工资、薪金所得预扣预缴适用）

级数	累计预扣预缴应纳税所得额	预扣率（%）	速算扣除数
1	不超过36 000元的部分	3	0
2	超过36 000元至144 000元的部分	10	2 520
3	超过144 000元至300 000元的部分	20	16 920
4	超过300 000元至420 000元的部分	25	31 920
5	超过420 000元至660 000元的部分	30	52 920
6	超过660 000元至960 000元的部分	35	85 920
7	超过960 000元的部分	45	181 920

（四）居民个人工资、薪金所得预扣预缴税款的计算

计算居民个人工资、薪金所得应预扣预缴税款，应当首先计算应当预扣预缴的应纳税所得额，然后查找适用的税率，最后计算应当预扣预缴的税额。

【例题1】张某2024年每月工资均为30 000元，每月减除费用5 000元，"三险一金"等专项扣除为4 500元，专项附加扣除共计2 000元，没有减免收入及减免税额等情况，计算张某1~3月预扣预缴税额。

【解析】

月份	累计应纳税所得额	累计应纳税额	本期应纳税额
1	30 000-5 000-4 500-2 000=18 500（元）	18 500×3%=555（元）	555元
2	30 000×2-5 000×2-4 500×2-2 000×2=37 000（元）	37 000×10%-2 520=1 180（元）	1 180-555=625（元）
3	30 000×3-5 000×3-4 500×3-2 000×3=55 500（元）	55 500×10%-2 520=3 030（元）	3 030-555-625=1 850（元）

【例题2】张某2024年1~3月每月工资均为30 000元，每月减除费用5 000元，"三险一金"等专项扣除为4 500元。

2月，张某孩子年满3周岁；

3月，张某父亲年满60周岁。

没有减免收入及减免税额等情况，计算1~3月张某预扣预缴税额。

【解析】

月份	累计应纳税所得额	累计应纳税额	本期应纳税额
1	30 000-5 000-4 500-2 000=18 500（元）	18 500×3%=555（元）	555元
2	30 000×2-5 000×2-4 500×2-2 000×2=37 000（元）	37 000×10%-2 520=1 180（元）	1 180-555=625（元）
3	30 000×3-5 000×3-4 500×3-2 000×3-3 000=52 500（元）	52 500×10%-2 520=2 730（元）	2 730-555-625=1 550（元）

二、居民个人劳务报酬所得预扣预缴税额的计算

居民个人取得劳务报酬所得，有扣缴义务人的，由扣缴义务人按次或者按月预扣预缴个人所得税。

（一）居民个人劳务报酬所得应纳税所得额

劳务报酬所得以每次收入额为预扣预缴应纳税所得额。

居民个人劳务报酬所得的收入额为收入减除费用后的余额。

居民个人劳务报酬所得每次收入不超过4 000元的，减除费用按800元计算；每次收入4 000元以上的，减除费用按20%计算。

（二）居民个人劳务报酬所得税率

劳务报酬所得适用20%至40%的超额累进预扣率，如表5-2所示。

表5-2　个人所得税税率表（四）（居民个人劳务报酬所得预扣预缴适用）[①]

级数	预扣预缴应纳税所得额	预扣率（%）	速算扣除数
1	不超过20 000元的部分	20	0
2	超过20 000元至50 000元的部分	30	2 000
3	超过50 000元的部分	40	7 000

（三）居民个人劳务报酬所得预扣预缴税额的计算

劳务报酬所得预扣预缴税额=预扣预缴应纳税所得额×预扣率−速算扣除数

【例题1】假如张某（居民个人）本月取得劳务报酬所得30 000元，计算预扣预缴税额。

【解析】

（1）收入30 000元，超过4 000元，适用20%的费用扣除率。

（2）预扣预缴税额=预扣预缴应纳税所得额×预扣率−速算扣除数=24 000×30%−2 000=5 200（元）。

【例题2】假如刘某（居民个人）本月取得劳务报酬所得3 000元，计算预扣预缴税额。

【解析】

（1）收入3 000元，未超过4 000元，减除费用按800元计算。预扣预缴应纳税所得额=3 000−800=2 200（元）。

（2）预扣预缴税额=预扣预缴应纳税所得额×预扣率−速算扣除数=2 200×20%−0=440（元）。

三、居民个人稿酬所得预扣预缴税额的计算

居民个人取得稿酬所得，有扣缴义务人的，由扣缴义务人按次或者按月预扣预缴个人所得税。

（一）居民个人稿酬所得应纳税所得额

稿酬所得以每次收入额为预扣预缴应纳税所得额。稿酬所得以收入减除费用后的余额为收入额。稿酬所得每次收入不超过4 000元的，减除费用按800元计算；每次收入4 000元以上的，减除费用按20%计算。此外，稿酬所得的收入额减按70%计算。

（二）居民个人稿酬所得税率

稿酬所得适用20%的比例预扣率。

---

① 非居民个人取得工资、薪金所得，劳务报酬所得，稿酬所得和特许权使用费所得，依照本表按月换算后计算应纳税额。

（三）居民个人稿酬所得预扣预缴税额

稿酬所得预扣预缴税额＝预扣预缴应纳税所得额×20%

【例题1】假如张某（居民个人）本月取得稿酬所得20 000元，计算预扣预缴税额。

【解析】稿酬所得20 000元，超过4 000元，费用扣除标准为20%；另外稿酬的收入额按70%计算。

预扣预缴税额＝收入×70%×（1-20%）×20%=20 000×70%×（1-20%）×20%=2 240（元）。

【例题2】假如张某（居民个人）本月取得稿酬所得3 000元，计算预扣预缴税额。

【解析】预扣预缴税额＝（3 000-800）×70%×20%=308（元）。

四、居民个人特许权使用费所得预扣预缴税额的计算

居民个人取得特许权使用费所得，有扣缴义务人的，由扣缴义务人按次或者按月预扣预缴个人所得税。

（一）居民个人特许权使用费所得应纳税所得额

特许权使用费所得，以每次收入额为预扣预缴应纳税所得额。特许权使用费所得每次收入不超过4 000元的，减除费用按800元计算；每次收入4 000元以上的，减除费用按20%计算。

（二）居民个人特许权使用费所得税率

特许权使用费所得适用20%的比例预扣率。

（三）居民个人特许权使用费所得预扣预缴税额

特许权使用费所得预扣预缴税额＝预扣预缴应纳税所得额×20%

五、居民个人综合所得应纳税额的计算及年度汇算清缴

居民纳税人取得的工资、薪金，劳务报酬，稿酬，特许权使用费四项所得合并为综合所得，以"年"为一个周期计算应该缴纳的个人所得税。居民纳税人平时取得这四项收入时，先由支付方（即扣缴义务人）依税法规定按月或者按次预扣预缴税款。年度终了，居民纳税人需要将上述四项所得的全年收入和可以扣除的费用进行汇总，收入额减去费用、扣除后，适用3%~45%的综合所得年度税率表，计算全年应纳个人所得税，再减去年度内已经预缴的税款，向税务机关办理年度纳税申报并结清应退或应补税款。这个过程就是汇算清缴。

（一）居民个人综合所得应纳税所得额

居民个人综合所得以每一纳税年度的收入额减除费用6万元以及专项扣除、专项附加扣除和依法确定的其他扣除后的余额为应纳税所得额。每一纳税年度的收入额为居民个人的工资、薪金收入额，劳务报酬收入额，稿酬收入额，特许权使用费收入额四项收入额之和，其中，劳务报酬、稿酬和特许权使用费以收入减除20%费用后的余额为收入额。

居民个人综合所得应纳税所得额用公式表示为：

居民个人综合所得应纳税所得额＝每一纳税年度的收入额－费用6 000元－专项扣除－

专项附加扣除－依法确定的其他扣除

＝每一纳税年度工资薪金收入＋劳务报酬×（1-20%）＋

稿酬×（1-20%）×70%+特许权使用费×（1-20%）－

费用60 000元－专项扣除－专项附加扣除－依法确定的其他扣除

专项扣除，包括居民个人按照国家规定的范围和标准缴纳的基本养老保险、基本医疗保险、失业保险等社会保险费和住房公积金等。

专项附加扣除，包括婴幼儿照护、子女教育、继续教育、大病医疗、住房贷款利息或者住房租金、赡养老人等支出。

其他扣除，包括个人缴付符合国家规定的企业年金、职业年金，个人购买符合国家规定的商业健康保险、税收递延型商业养老保险的支出，以及国务院规定可以扣除的其他项目。

专项扣除、专项附加扣除和依法确定的其他扣除，以居民个人一个纳税年度的应纳税所得额为限额；一个纳税年度扣除不完的，不结转以后年度扣除。

（二）居民个人综合所得应纳税税率表

综合所得，适用3%~45%的超额累进税率，税率如表5-3所示。

表5-3　个人所得税税率表（一）（综合所得适用）[①]

级数	全年应纳税所得额[②]	税率（%）	速算扣除数
1	不超过36 000元的	3	0
2	超过36 000元至144 000元的部分	10	2 520
3	超过144 000元至300 000元的部分	20	16 920
4	超过300 000元至420 000元的部分	25	31 920
5	超过420 000元至660 000元的部分	30	52 920
6	超过660 000元至960 000元的部分	35	85 920
7	超过960 000元的部分	45	181 920

（三）居民个人综合所得应纳税额的计算

综合所得应纳税额=综合所得应纳税所得额×适用税率-速算扣除数

=（每一纳税年度收入额-费用60 000元-专项扣除-专项附加扣除-依法确定的其他扣除）×适用税率-速算扣除数

=（每一纳税年度工资薪金收入+劳务报酬×（1-20%）+稿酬×（1-20%）×70%+特许权使用费×（1-20%）-费用60 000元-专项扣除-专项附加扣除-依法确定的其他扣除）×适用税率-速算扣除数

【例题】张某2023年全年工资薪金收入36万元，"三险一金"等专项扣除为4 500元/月，全年享受专项附加扣除共计2.4万元，全年取得劳务报酬收入3万元，稿酬收入2万元。不考虑其他因素，请计算张某汇算清缴多退少补的个人所得。

【解析】

1.计算全年应纳税额

（1）全年收入额=36+3×（1-20%）+2×（1-20%）×70%=39.52（万元）。

（2）全年减除费用6万元。

专项扣除=0.45×12=5.4（万元）；

专项附加扣除=2.4万元；

扣除项合计=6+5.4+2.4=13.8（万元）。

（3）应纳税所得额=39.52-13.8=25.72（万元）。

---

① 非居民个人取得工资、薪金所得，劳务报酬所得，稿酬所得和特许权使用费所得，依照本表按月换算后计算应纳税额。

② 全年应纳税所得额是指依照《个人所得税法》第六条的规定，居民个人取得综合所得以每一纳税年度收入额减除费用6万元以及专项扣除、专项附加扣除和依法确定的其他扣除后的余额。

（4）应纳税额=257 200×20%-16 920=34 520（元）。

2.计算已预扣预缴税额

（1）预扣预缴工资薪金税款：27 480元。

（2）预扣预缴劳务报酬税款：5 200元。

（3）预扣预缴稿酬税款：2 240元。

总计：27 480+5 200+2 240=34 920（元）。

3.计算汇算清缴应补缴税额

应补缴税额=34 520-34 920=-400（元）。

计算得出汇算清缴时应该退税400元。

（四）居民个人综合所得汇算清缴的计算

1.需要办理汇算清缴的情形

我国个人所得税对综合所得实行按年计税。我国税法对居民个人纳税人的工资、薪金所得实行累计预扣法，累计预扣法尽可能使单一工资、薪金纳税人日常预缴税款与年度应纳税款一致，免予办理年度汇算清缴。同时，对有多处收入、年度中间享受扣除不充分等很难在预扣环节精准扣缴税款的，税法规定需办理汇算清缴，具体包括：

认识、做好个人所得税综合所得年度汇算

（1）纳税人在一个纳税年度中从两处或者两处以上取得综合所得，且综合所得年收入额减去"三险一金"等专项扣除后的余额超过6万元的。主要原因：对个人取得两处以上综合所得且合计超过6万元的，日常没有合并预扣预缴机制，难以做到预扣税款与汇算清缴税款一致，需要汇算清缴。

（2）取得劳务报酬所得、稿酬所得、特许权使用费所得中的一项或者多项所得，且四项综合所得年收入额减去"三险一金"等专项扣除后的余额超过6万元的。主要原因：上述三项综合所得的收入来源分散，收入不稳定，可能存在多个扣缴义务人，难以做到预扣税款与汇算清缴税款一致，需要汇算清缴。

（3）纳税人在一个纳税年度内，预扣预缴的税额低于依法计算出的应纳税额。

（4）纳税人申请退税的。申请退税是纳税人的合法权益，如纳税人年度预缴税款高于应纳税款的，可以申请退税。

居民纳税人综合所得年度汇算可以更加精准、全面地落实各项税前扣除和税收优惠政策，更好保障纳税人的权益。比如，有的纳税人由于工作繁忙，可享受的税前扣除项目在平时没来得及申报享受；还有一些扣除项目，比如专项附加扣除中的大病医疗支出，只有年度结束才能确切地知道支出金额是多少，这些扣除都可以通过年度汇算来补充享受办理。另外，通过年度汇算，准确计算纳税人综合所得全年应该缴纳的个人所得税，如果预缴税额大于全年应纳税额，就要退还给纳税人。

3分钟告诉你，哪些人需要办理个税年度汇算

2.汇算清缴的计算公式

$$汇算清缴应退或应补税额=[（综合所得收入额-60\,000元-专项扣除-专项附加扣除-依法确定的其他扣除-捐赠）×税率-速算扣除数]-已预扣预缴税额$$

3.汇算清缴的处理

年度汇算分为退税或补税两类。

个人所得税的退税与补税

个税年度汇算之办理渠道如何选

纳税人因为平时扣除不足或未申报扣除等导致多预缴了税款的，可以申请退税，预缴税额小于应纳税额的应当补税。

【例题】某企业员工钱某2023年全年每月应发工资、薪金收入10 000元，其中含有需要扣除上缴的基本养老保险8%，基本医疗保险2%，失业保险0.5%，住房公积金12%。社保部门核定的钱某社保费缴费工资基数为8 000元。根据以上内容：

1.计算钱某1~12月每月预扣预缴的个人所得税税额。

2.计算钱某2023年应当缴纳的个人所得税税额。

3.计算钱某2023汇算清缴应当缴纳的个人所得税税额。

【解析】

1.计算钱某1~12月每月预扣预缴的个人所得税税额。

月份	收入	专项扣除	所得	对应税率	计算1月预扣所得税税额
1月	10 000元	8 000×（8%+2%+0.5%+12%）=8 000×22.5%=1 800（元）	10 000-5 000-1 800=3 200（元）	3%，速算扣除数0	3 200×3%=96（元）
2月	20 000元	8 000×（8%+2%+0.5%+12%）×2=8 000×22.5%×2=3 600（元）	20 000-5 000×2-3 600=6 400（元）	3%，速算扣除数0	
…					

月份	收入	-基本费用	-各项扣除							=所得	税率	预扣额	预扣合计/元
			专项扣除	专项附加扣除/元					其他扣除				
				子女教育	继续教育	房贷利息	租房租金	赡养老人					
1	10 000元	5 000元	1 800元	0	0	0	0	0	0	3 200元	3%-0	96元	96
2	20 000元	10 000元	1 800×2=3 600（元）	0	0	0	0	0	0	6 400元	3%-0	6 400×3%-96=96（元）	192
3	30 000元	15 000元	1 800×3=5 400（元）	0	0	0	0	0	0	9 600元	3%-0	9 600×3%-192=96（元）	288
4	40 000元	20 000元	1 800×4=7 200（元）	0	0	0	0	0	0	12 800元	3%-0	12 800×3%-288=96（元）	384
5	50 000元	25 000元	1 800×5=9 000（元）	0	0	0	0	0	0	16 000元	3%-0	16 000×3%-384=96（元）	480
6	60 000元	30 000元	1 800×6=10 800（元）	0	0	0	0	0	0	19 200元	3%-0	19 200×3%-480=96（元）	576
7	70 000元	35 000元	1 800×7=12 600（元）	0	0	0	0	0	0	22 400元	3%-0	22 400×3%-576=96（元）	672
8	80 000元	40 000元	1 800×8=14 400（元）	0	0	0	0	0	0	25 600元	3%-0	25 600×3%-672=96（元）	768
9	90 000元	45 000元	1 800×9=16 200（元）	0	0	0	0	0	0	28 800元	3%-0	28 800×3%-768=96（元）	864
10	100 000元	50 000元	1 800×10=18 000（元）	0	0	0	0	0	0	32 000元	3%-0	32 000×3%-864=96（元）	960
11	110 000元	55 000元	1 800×11=19 800（元）	0	0	0	0	0	0	35 200元	3%-0	35 200×3%-960=96（元）	1 056
12	120 000元	60 000元	1 800×12=21 600（元）	0	0	0	0	0	0	38 400元	10%-2 520	38 400×10%-2 520=1 320-1 056=264（元）	1 320

2.计算钱某2023年应当缴纳的个人所得税税额。

年份	收入	-基本费用	-各项扣除			=所得	税率
			专项扣除	专项附加扣除	其他扣除		10%-2 520
2023	120 000元	60 000元	8 000×22.5%×12=21 600（元）	0	0	38 400元	1 320元

3.计算钱某2023汇算清缴应当缴纳的个人所得税税额。

全年应纳税额所得额：1 320元。

全年预扣预缴所得税税款合计：1 320元。

汇算清缴的个人所得税税额：1 320-1 320=0（元）。

六、非居民个人工资、薪金所得，劳务报酬所得，稿酬所得，特许权使用费所得代扣代缴税额的计算

非居民个人取得工资、薪金，劳务报酬所得，稿酬所得，特许权使用费所得，有扣缴义务人的，由扣缴义务人按次或者按月代扣代缴个人所得税。

（一）非居民个人工资、薪金所得，劳务报酬所得，稿酬所得，特许权使用费所得代扣代缴应纳税所得额

非居民个人的工资、薪金所得应纳税所得额为每月收入额减除费用5 000元后的余额；劳务报酬所得、稿酬所得、特许权使用费所得，以每次收入额为应纳税所得额。劳务报酬所得、稿酬所得、特许权使用费所得，以每次收入减除20%费用后的余额为收入额，稿酬所得的收入额减按70%计算。

劳务报酬所得、稿酬所得、特许权使用费所得，属于一次性收入的，以取得该项收入为一次；属于同一项目连续性收入的，以一个月内取得的收入为一次。

（二）非居民个人工资、薪金所得，劳务报酬所得，稿酬所得，特许权使用费所得代扣代缴税率

非居民个人的工资、薪金所得，劳务报酬所得，稿酬所得，特许权使用费所得，适用按月换算后的非居民个人月度税率表计算应纳税额，如表5-4所示。

表5-4　个人所得税税率表（五）（非居民个人工资、薪金所得，劳务报酬所得，稿酬所得，特许权使用费所得适用）

级数	应纳税所得额	税率（%）	速算扣除数
1	不超过3 000元的部分	3	0
2	超过3 000元至12 000元的部分	10	210
3	超过12 000元至25 000元的部分	20	1 410
4	超过25 000元至35 000元的部分	25	2 660
5	超过35 000元至55 000元的部分	30	4 410
6	超过55 000元至80 000元的部分	35	7 160
7	超过80 000元的部分	45	15 160

（三）非居民个人工资、薪金所得，劳务报酬所得，稿酬所得，特许权使用费所得代扣代缴应纳税额

非居民个人的工资、薪金所得，劳务报酬所得，稿酬所得，特许权使用费所得的应纳税额计算公式为：

$$应纳税额=应纳税所得额×适用税率-速算扣除数$$

【例题1】假如某非居民个人某月取得工资报酬所得30 000元，计算应扣缴税额。

【解析】扣缴税额＝（30 000-5 000）×税率-速算扣除数=25 000×20%-1 410=3 590（元）。

【例题2】假如某非居民个人取得劳务报酬所得10 000元，计算应扣缴税额。

【解析】扣缴税额=10 000×（1-20%）×税率-速算扣除数=8 000×10%-210=590（元）。

【例题3】假如某非居民个人取得稿酬所得10 000元，计算应扣缴税额。

【解析】扣缴税额=10 000×70%×（1-20%）×税率-速算扣除数=5 600×10%-210=350（元）。

七、经营所得应纳税额的计算

经营所得，是指：

（1）个体工商户从事生产、经营活动取得的所得，个人独资企业投资人、合伙企业的个人合伙人来源于境内注册的个人独资企业、合伙企业生产、经营的所得；

（2）个人依法从事办学、医疗、咨询以及其他有偿服务活动取得的所得；

（3）个人对企业、事业单位承包经营、承租经营以及转包、转租取得的所得；

（4）个人从事其他生产、经营活动取得的所得。

（一）个体工商户生产经营所得的计税方法

个体工商户以业主为个人所得税纳税义务人。

个体工商户的生产、经营所得，以每一纳税年度的收入总额，减除成本、费用、税金、损失、其他支出以及允许弥补的以前年度亏损后的余额，为应纳税所得额。

个人经营所得，适用5%~35%的超额累进税率，如表5-5所示。

表5-5　个人所得税税率表（二）（经营所得适用）

级数	全年应纳税所得额[①]	税率（%）	速算扣除数
1	不超过30 000元的	5	0
2	超过30 000元至90 000元的部分	10	1 500
3	超过90 000元至300 000元的部分	20	10 500
4	超过300 000元至500 000元的部分	30	40 500
5	超过500 000元的部分	35	65 500

个体工商户经营所得计算公式为：

$$应纳税额=应纳税所得额×适用税率-速算扣除数$$

（二）个人独资企业和合伙企业投资者的计税方法

个人独资企业以合伙人为纳税人，合伙企业以每一个合伙人为纳税人。

个人独资企业和合伙企业投资者计算缴纳个人所得税，适用"经营所得"5%~35%的五级超额累进税率。

个人独资企业和合伙企业的应纳税所得额，等于每一纳税年度的收入总额减除成本、费用及损失后的余额。

个人独资企业和合伙企业比照个体工商户经营所得应纳税额的计算方法计算应纳税额。

（三）对企事业单位承包、承租经营所得的计税方法

对企事业单位承包、承租经营所得以每一纳税年度的收入总额，减除必要费用后的余额为应纳税所得额。其中，收入总额是指纳税人按照承包经营、承租经营合同规定分得的经营利润和工资、薪金性质的所得。必要费用为每月5 000元。

对企事业单位承包、承租经营所得适用经营所得五级超额累进税率。对企事业单位承包、承租经营所得，以应纳税所得额乘以适用税率计算应纳税额，计算公式为：

$$应纳税额=应纳税所得额×适用税率-速算扣除数$$

---

① 全年应纳税所得额是指每一纳税年度的收入总额减除成本、费用以及损失后的余额。

八、财产租赁所得应纳税额的计算

财产租赁所得，以一个月内取得的收入为一次。

（一）财产租赁所得应纳税所得额

财产租赁所得应纳税所得额的计算公式为：

（1）每次（每月）收入（即收入额减除财产租赁过程中缴纳的税费、由纳税人承担的租赁财产实际承担的修缮费用、费用后的余额）不足4 000元的：

$$应纳税所得额 = 每次收入额 - 财产租赁过程中缴纳的税费 -$$
$$由纳税人承担的租赁财产实际承担的修缮费用 - 800元$$

修缮费用以800元为限，一次扣除不完的准予在下一次继续扣除，直到扣完为止。

（2）每次（每月）收入（即收入额减除财产租赁过程中缴纳的税费、由纳税人承担的租赁财产实际承担的修缮费用、费用后的余额）4 000元以上的：

$$应纳税所得额 = （每次收入额 - 财产租赁过程中缴纳的税费 -$$
$$由纳税人承担的租赁财产实际承担的修缮费用）×（1-20\%）$$

修缮费用以800元为限，一次扣除不完的准予在下一次继续扣除，直到扣完为止。

（二）财产租赁所得应纳税额的计算

财产租赁所得适用20%的比例税率，但对个人按照市场价格出租的居民住房取得的所得，自2001年1月1日起暂减按10%的税率计算个人所得税。

财产租赁所得应纳税额的计算公式为：

$$应纳税额 = 应纳税所得额 × 适用税率$$

【例题1】中国公民王某202×年1月1日起将其位于市区的一套住房按市价出租，每月收取租金3 800元。2月因卫生间漏水发生修缮费用1 200元，已取得合法有效的支出凭证。不考虑税费情况，计算王某1月~3月应缴纳的个人所得税。

【解析】

1月应缴纳个人所得税：（3 800-800）×10%=300（元）。

2月应缴纳个人所得税：（3 800-800-800）×10%=240（元）。

3月应缴纳个人所得税：（3 800-800-400）×10%=260（元）。

【例题2】中国公民刘某202×年1月1日起将其位于市区的一套商铺按市价出租，每月收取租金10 000元。每月缴纳税费1 000元。2月因装修发生修缮费用1 200元，已取得合法有效的支出凭证。计算刘某1月~3月应缴纳的个人所得税。

【解析】1月应缴纳个人所得税：（10 000-1 000）×（1-20%）×20%=1 440（元）。

2月应缴纳个人所得税：（10 000-1 000-800）×（1-20%）×20%=1 312（元）。

3月应缴纳个人所得税：（10 000-1 000-400）×（1-20%）×20%=1 376（元）。

九、财产转让所得应纳税额的计算

（一）财产转让所得应纳税所得额

财产转让所得以每次转让财产的收入额减除财产原值和合理费用后的余额为应纳税所得额。用公式表示为：

$$财产转让所得应纳税所得额 = 每次收入额 - 财产原值 - 合理费用$$

财产原值，按照下列方法确定：

（1）有价证券，为买入价以及买入时按照规定缴纳的有关费用；

（2）建筑物，为建造费或者购进价格以及其他有关费用；

（3）土地使用权，为取得土地使用权所支付的金额、开发土地的费用以及其他有关费用；

（4）机器设备、车船，为购进价格、运输费、安装费以及其他有关费用。

其他财产，参照上述方法确定财产原值。

纳税人未提供完整、准确的财产原值凭证，不能按照上述规定的方法确定财产原值的，由主管税务机关核定财产原值。

合理费用，是指卖出财产时按照规定支付的有关税费。

（二）财产转让所得应纳税额的计算

财产租赁所得适用20%的比例税率，财产转让所得应纳税额计算公式为：

$$应纳税额＝应纳税所得额×适用税率$$

【例题】中国公民张先生202×年1月拍卖1部小说的著作权，取得收入5万元；同时拍卖1张名人字画，取得收入35万元，已知该字画的原值及合理费用为20万元。计算此次拍卖应缴纳的税款。

【解析】

1.拍卖小说著作权为特许权使用费所得，个人所得税应预扣预缴，年底计入综合所得汇算清缴。

预扣预缴税额＝50 000×（1−20%）×20%＝8 000（元）。

2.拍卖名人字画为转让财产。

应纳税额＝（350 000−200 000）×20%＝30 000（元）。

十、利息股息红利和偶然所得应纳税额的计算

（一）利息、股息、红利所得，偶然所得应纳税所得额

利息、股息、红利所得和偶然所得，以每次取得的收入额为应纳税所得额。

利息、股息、红利所得，以支付利息、股息、红利时取得的收入为一次；偶然所得，以每次取得该项收入为一次。

（二）利息、股息、红利应纳税额的计算

利息、股息、红利所得和偶然所得适用20%的比例税率，其应纳税额的计算公式为：

$$应纳税额＝应纳税所得额（每次收入额）×适用税率$$

育人园地

个税改革 以人民为中心

父亲的账本

"一老一小"个税专项附加扣除标准提高缓解"有老有小"家庭经济压力

思考

1.如何理解个人所得税改革中的"以人民为中心"原则？请举例说明。

2."一老一小"个税专项附加扣除标准提高的意义有哪些？

■ 任务四　个人所得税的申报管理

任务情境

2021年4月，群众举报演员郑某涉嫌偷逃税问题，上海市税务局第一稽查局予以受理，并于同年8月查明事实并依法进行处理。据悉，郑某2019年至2020年未依法申报个人收入1.91亿元，偷税4 526.96万元，其他少缴税款2 652.07万元。根据税法相关规定，上海市税务局对郑某追缴税款、加收滞纳金并处罚款共计2.99亿元。

2021年12月，浙江省杭州市税务局稽查局经税收大数据分析发现，网络主播黄某在2019年至2020年期间，通过隐匿个人收入、虚构业务转换收入性质虚假申报等方式偷逃税款6.43亿元，其他少缴税款0.6亿元，依法对黄某作出税务行政处理处罚决定，追缴税款、加收滞纳金并处罚款共计13.41亿元。

任务概述

出现取得综合所得需要办理汇算清缴，取得应税所得没有扣缴义务人，取得应税所得扣缴义务人未扣缴税款，取得境外所得，因移居境外注销中国户籍，非居民个人在中国境内从两处以上取得工资、薪金所得等情况时，纳税人应当依法按照规定的时间办理纳税申报。纳税人可以采取数据电文、邮寄等方式申报，可以直接到主管税务机关申报，也可以委托有税务代理资质的中介机构或者他人代为办理纳税申报。

对于个人所得税扣缴义务人，在向个人支付应税款项时，应当依照规定办理全员全额扣缴申报。扣缴义务人应当在代扣税款的次月内，向主管税务机关报送其支付应税所得个人的基本信息、支付所得项目和数额、扣缴税款数额以及其他相关涉税信息。扣缴义务人每月或者每次预扣、代扣的税款，应当在次月15日内缴入国库，并向税务机关报送个人所得税扣缴申报表。

任务相关知识

一、自行申报纳税管理办法

为加强个人所得税税收管理，完善个人所得税自行纳税申报制度，国家税务总局制定了《个人所得税自行纳税申报办法（试行）》。根据该办法，纳税人可以采取数据电文、邮寄等方式申报，可以直接到主管税务机关申报，也可以委托有税务代理资质的中介机构或者他人代为办理纳税申报。

（一）纳税人需要办理纳税申报的事项

有下列情形之一的，纳税人应当依法办理纳税申报：
（1）取得综合所得需要办理汇算清缴；
（2）取得应税所得没有扣缴义务人；
（3）取得应税所得，扣缴义务人未扣缴税款；
（4）取得境外所得；
（5）因移居境外注销中国户籍；
（6）非居民个人在中国境内从两处以上取得工资、薪金所得；
（7）国务院规定的其他情形。

（二）取得综合所得需要办理汇算清缴的纳税申报

取得综合所得，并且符合下列情形之一的纳税人，应当依法办理汇算清缴：

（1）从两处以上取得综合所得，且综合所得年收入额减除专项扣除后的余额超过6万元；

（2）取得劳务报酬所得、稿酬所得、特许权使用费所得中一项或者多项所得，且综合所得年收入额减除专项扣除的余额超过6万元；

（3）纳税年度内预缴税额低于应纳税额；

（4）纳税人申请退税。

需要办理汇算清缴的纳税人，应当在取得所得的次年3月1日至6月30日内，向任职、受雇单位所在地主管税务机关办理纳税申报。

（三）取得经营所得的纳税申报

纳税人取得经营所得，按年计算个人所得税，由纳税人在月度或者季度终了后15日内向税务机关报送纳税申报表，并预缴税款；在取得所得的次年3月31日前办理汇算清缴。

（四）取得应税所得，扣缴义务人未扣缴税款的纳税申报

纳税人取得应税所得没有扣缴义务人的，应当在取得所得的次月15日内向税务机关报送纳税申报表，并缴纳税款。

（五）取得境外所得的纳税申报

居民个人从中国境外取得所得的，应当在取得所得的次年3月1日至6月30日内申报纳税。

（六）因移居境外注销中国户籍的纳税申报

纳税人因移居境外注销中国户籍的，应当在注销中国户籍前办理税款清算。

（七）非居民个人在中国境内从两处取得工资、薪金所得的纳税申报

非居民个人在中国境内从两处以上取得工资、薪金所得的，应当在取得所得的次月15日内申报纳税。

二、全员全额扣缴申报纳税管理办法

税法规定，个人所得税扣缴义务人向个人支付应税款项时，应当依照规定办理全员全额扣缴申报。

个人所得税全员全额扣缴申报，是指扣缴义务人向个人支付应税所得时，不论其是否属于本单位人员、支付的应税所得是否达到纳税标准，扣缴义务人应当在代扣税款的次月内，向主管税务机关报送其支付应税所得个人的基本信息、支付所得项目和数额、扣缴税款数额以及其他相关涉税信息。

扣缴义务人每月或者每次预扣、代扣的税款，应当在次月15日内缴入国库，并向税务机关报送个人所得税扣缴申报表。

对扣缴义务人按照规定扣缴的税款，按年付给2%的手续费。不包括税务机关、司法机关等查补或者责令补扣的税款。扣缴义务人领取的扣缴手续费可用于提升办税能力、奖励办税人员。

育人园地

你的力量将是中国的力量　　　个人所得税汇算服务与风险提示案例

思考

1.如何高质量完成个人所得税的纳税申报？

2.税收对缩小贫富差距能否发挥重要作用？

项目六

其他税收法律制度

项目简介

本项目学习房产税、契税、土地增值税、城镇土地使用税、车船税、印花税、资源税、城市维护建设税、教育费附加和地方教育附加、关税、环境保护税、车辆购置税、耕地占用税、烟叶税法律和船舶吨税十五个税费的税收法律制度。学习这些税种的征税对象、纳税人、税率、应纳税额的计算、税收征管等税法要素，具体内容参考具体任务中的任务情境和任务概述。

项目目标

一、知识目标

1. 理解十三种税和教育费附加的含义；
2. 掌握十三种税的征税范围；
3. 掌握十三种税的税率和教育费附加的附加率；
4. 掌握十三种税的纳税人和教育费附加的缴纳人；
5. 掌握正确计算十三种税的应纳税额和教育费附加额的方法；
6. 掌握十三种税的税收优惠政策；
7. 掌握十三种税和教育费附加的税收管理方法；
8. 了解十三种税和教育费附加的历史。

二、技能目标

1. 能准确识别十三种税和教育费附加的征税范围；
2. 能正确计算十三种税的应纳税额和教育费附加额；
3. 能正确申报十三种税和教育费附加；
4. 能进行税收数据的汇总、分析。

三、育人目标

1. 树立"人民税收"价值理念和职业认同感；
2. 增强"税收服务中国式现代化"理念，强化制度自信；
3. 厚植"绿色可持续发展"理念，积极践行习近平生态文明思想；
4. 培养"依法纳税、诚信纳税"的法治意识；
5. 培养精确计税、严谨细致的工匠精神；

6.培养吃苦耐劳、勇于挑战、积极向上的劳动精神；

7.培养分析问题能力和科学质疑精神，具备终身学习的能力。

项目知识树

任务一　房产税法律制度

任务情境

房产税是一种为中外各国政府广为开征的古老税种。欧洲中世纪时，房产税就成为封建君主敛财的一项重要手段，且名目繁多，如"窗户税""灶税""烟囱税"等。在中国，《周礼》上所称"廛布"即为最初的房产税。唐朝的间架税，清朝初期的"市廛输钞""计檩输钞"，清末和民国时期的"房捐"等，都有房产税的性质。

中华人民共和国成立后，1950年1月政务院公布的《全国税政实施要则》，规定全国统一征收房产税。1986年9月15日，国务院发布了《房产税暂行条例》，条例自1986年10月1日起施行。2011年1月8日《房产税暂行条例》进行了修订。

任务概述

房产税是以房屋为征税对象征收的一种财产税。房产税的征税对象为城镇的经营性房屋。房产税依照房产原值一次减除10%至30%后的余值计算缴纳，房产出租的，以房产租金收入为房产税的计税依据。房产税的税率，依照房产余值计算缴纳的，税率为1.2%。依照房产租金收入计算缴纳的，税率为12%。房产税从价计征的，应纳税额按房产原值一次减除扣除比例后的余值计算。其计算公式为：年应纳税额＝房产账面原值×（1–扣除比例）×1.2%；从租计征的，按租金收入计算，其计算公式为：年应纳税额＝年租金收入×12%。

房产税由产权所有人缴纳。特殊情形下房产税由经营管理单位、承典人、房产代管人或者使用人缴纳。房产税由房产所在地的税务机关征收，房产税按年征收、分期缴纳。纳税期限由省、自治区、直辖市人民政府规定。

任务法规

中华人民共和国房产税暂行条例

第一条　房产税在城市、县城、建制镇和工矿区征收。

第二条　房产税由产权所有人缴纳。产权属于全民所有的，由经营管理的单位缴纳。产权出典的，由承典人缴纳。产权所有人、承典人不在房产所在地的，或者产权未确定及租典纠纷未解决的，由房产代管人或者使用人缴纳。

前款列举的产权所有人、经营管理单位、承典人、房产代管人或者使用人，统称为纳税义务人（以下简称纳税人）。

第三条　房产税依照房产原值一次减除10%至30%后的余值计算缴纳。具体减除幅度，由省、自治区、直辖市人民政府规定。

没有房产原值作为依据的，由房产所在地税务机关参考同类房产核定。

房产出租的，以房产租金收入为房产税的计税依据。

第四条　房产税的税率，依照房产余值计算缴纳的，税率为1.2%；依照房产租金收入计算缴纳的，税率为12%。

第五条　下列房产免纳房产税：

一、国家机关、人民团体、军队自用的房产；

二、由国家财政部门拨付事业经费的单位自用的房产；

三、宗教寺庙、公园、名胜古迹自用的房产；

四、个人所有非营业用的房产；

五、经财政部批准免税的其他房产。

第六条 除本条例第五条规定者外，纳税人纳税确有困难的，可由省、自治区、直辖市人民政府确定，定期减征或者免征房产税。

第七条 房产税按年征收、分期缴纳。纳税期限由省、自治区、直辖市人民政府规定。

第八条 房产税的税收管理，依照《中华人民共和国税收征收管理暂行条例》的规定办理。

第九条 房产税由房产所在地的税务机关征收。

第十条 本条例由财政部负责解释；施行细则由省、自治区、直辖市人民政府制定，抄送财政部备案。

第十一条 本条例自1986年10月1日起施行。

任务相关知识

一、房产税的概念和特征

房产税是以房屋为征税对象，按房屋的计税余值或租金收入为计税依据，向产权所有人征收的一种财产税。房产税具有以下特征：

1.征税范围限于经营性房屋

房产税在城市、县城、建制镇和工矿区范围内征收，不包括农村。

另外，税法也通过免税的方式将国家拨付行政经费、事业经费和国防经费的单位自用的房屋、居民个人居住用房屋等房屋排除在征税范围之外。

2.区分房屋的经营使用方式规定不同的计税依据

根据纳税人经营形式的不同，房产税对经营自用和出典的房屋按照房产计税余值征收房产税，对出租的房屋按照租金收入计税。

3.房产税按年征收、分期缴纳

房产税按年征收、分期缴纳。纳税期限由省、自治区、直辖市人民政府规定。

二、房产税征税范围

房产税的征税对象为城镇的经营性房屋。

城镇的经营性房屋包括以下三层含义：

（1）这里的"房屋"是指有屋面和围护结构，能够遮风避雨，可供人们在其中生产、学习、工作、娱乐、居住或储藏物资的场所。房屋附属的给排水管道、电梯、暖气设备、中央空调等设施属于以房屋为载体不可移动的附属设施，应计入房产原值，计征房产税。独立于房屋外的围墙、暖房、水塔、烟囱、室外游泳池等建筑物不属于这里的房屋，不计征房产税。

（2）这里的"经营性"是指房屋被用来进行商业服务、生产经营（办公）等各类经营活动。"经营性房屋"是指利用房屋进行各类商业服务、生产经营（办公）等经营性活动的房屋。

国家机关、人民团体、军队、国家财政部门拨付事业经费的单位、宗教寺庙、公园、名胜古迹、非营利性的医疗机构、非营利性的疾病控制机构和非营利性的妇幼保健机构等单位不属于经济营利组织，不以营利为目的，因此其自用的房产不属于经营性房屋，不属于房产税的征税范围，但是如果上述单位的房产用于出租从事经营活动，就属于经营性房产，就属于房产税的经营范围。同样，个人的住宅自用的不属于经营性房屋，不征收房产税，但是如果个人住宅用于出租从事经营活动的，就属于经营性房产，属于房产税的经营范围。

（3）这里的"城镇"是指城市、县城、建制镇和工矿区。

工矿区指尚未设置镇的大中型工矿企业所在地。

三、房产税计税依据

（1）房产税依照房产原值一次减除10%至30%后的余值计算缴纳。具体减除幅度由省、自治区、直辖市人民政府规定。

房产原值就是指纳税人按照财务会计制度规定，在账簿记载的房产原值。

（2）房产出租的，以房产租金收入为房产税的计税依据。房产租金收入不含增值税。

四、房产税税率

（1）依照房产余值计算缴纳的，税率为1.2%。

（2）依照房产租金收入计算缴纳的，税率为12%。

个人出租住房，不分用途，减按4%的税率征收房产税。对企事业单位、社会团体以及其他组织按市场价格向个人出租用于居住的住房，减按4%的税率征收房产税。

五、房产税应纳税额的计算

房产税的计算方法有以下两种：

（1）从价计征的，按房产原值一次减除10%至30%后的余值计算，计算公式为：

$$年应纳税额=房产账面原值×（1-扣除比例）×1.2\%$$

（2）从租计征的，按租金收入计算，计算公式为：

$$年应纳税额=年租金收入×12\%$$

【例题】某企业202×年度自有房屋10栋，其中8栋用于经营生产，房产原值1 000万元，已计提折旧300万元；2栋房屋租给某公司作经营用房，年租金收入共计100万元（不含增值税）。请计算该企业当年应缴纳的房产税。已知：该省规定按房产原值一次扣除30%后的余值计税。

【解析】

（1）自用房产从价计征，应纳税额＝［1 000×（1-30%）］×1.2%=8.4（万元）。

（2）出租房产从租计征，租金收入应纳税额=100×12%=12（万元）。

（3）全年应纳房产税税额=8.4+12=20.40（万元）。

六、房产税纳税人

房产税由产权所有人缴纳，但：

（1）产权属于国家所有的，其经营管理单位为纳税人；产权属于集体和个人的，集体单位和个人为纳税人。

（2）产权出典的，由承典人缴纳。产权承典，是指产权所有人为了某种需要，将自己房屋的产权，在一定的期限内转让（典当）给他人使用而取得出典价款的一种融资行为。在房屋出典期间，产权所有人已无权支配房屋，因此在房屋出典期间对房屋具有支配权的承典人为纳税人。

（3）产权所有人、承典人不在房产所在地的，或者产权未确定及租典纠纷未解决的，由房产代管人或者使用人缴纳。

七、房产税税收管理

纳税人将原有房产用于生产经营，从生产经营之月起缴纳房产税，其他情形从次月起计算缴纳房产税。

房产税由房产所在地的税务机关征收，房产不在一地的纳税人，应按房产的坐落地点，分别向房产所在地的税务机关缴纳房产税。

房产税按年征收、分期缴纳。纳税期限由省、自治区、直辖市人民政府规定。

育人园地

我国古代的
房产税

房产税的纳
税人

思考

1.为什么要征收房产税？
2.不同用途下，房产税的税率为什么不同？

■ 任务二　契税法律制度

任务情境

中国契税起源于东晋时期的"估税"。当时规定，凡买卖田宅、奴婢、牛马，立有契据者，每一万钱交易额官府征收四百钱，即税率为4%，其中卖方缴纳3%，买方缴纳1%。北宋开宝二年（969年），开始征收印契钱（性质上是税，只是名称为钱）。这是不再由买卖双方分摊，而是由买方缴纳了。从此，开始以保障产权为由征收契税。以后历代封建王朝都对土地、房屋的买卖、典当等产权变动征收契税。由于契税是以保障产权的名义征收的，长期以来都是纳税人自觉向政府申报投税，请求验印或发给契证。因此，契税在群众中影响较深，素有"地凭文契官凭印""买地不税契，诉讼没凭据"的谚语。

中华人民共和国成立后，政务院于1950年发布《契税暂行条例》，规定对土地、房屋的买卖、典当、赠与和交换征收契税。1997年7月7日，国务院发布了《中华人民共和国契税暂行条例》，并于同年10月1日起开始实施。2020年8月11日，第十三届全国人民代表大会常务委员会第二十一次会议通过了《契税法》，于2021年9月1日开始施行。

任务概述

契税是土地、房屋权属转移时按照契约向土地、房屋承受者征收的一种税。承受土地、房屋权属的单位和个人为契税的纳税义务人。

契税的征税对象是在境内发生产权转移的土地和房屋，范围包括国有土地使用权出让、土地使用权转让、房屋买卖、房屋赠与和房屋交换。

国有土地使用权出让、土地使用权出售、房屋买卖的，计税依据为土地或房屋的成交价格；土地使用权赠与、房屋赠与的，计税依据为由征收机关参照土地使用权出售、房屋买卖的市场价格核定的金额；土地使用权交换、房屋交换的，计税依据为交换的差额；先以划拨方式取得土地使用权，后经批准改为出让方式取得该土地使用权的，计税依据为应补缴的土地出让金和其他出让费用。

契税实行3%～5%的幅度税率，应纳税额的计算公式为：应纳税额＝计税依据×税率。

契税的纳税义务发生时间为纳税人签订土地、房屋权属转移合同的当天，或者纳税人取得其他具有土地、房屋权属转移合同性质凭证的当天。纳税人应当向土地、房屋所在地的契税征收机关办理纳税申报。纳税人应当自纳税义务发生之日起10日内，向契税征收机关办理纳税申报，并在契税征收机关核定的期限内缴纳税款。

任务法规

中华人民共和国契税法

（2020年8月11日第十三届全国人民代表大会常务委员会第二十一次会议通过）

第一条　在中华人民共和国境内转移土地、房屋权属，承受的单位和个人为契税的纳税人，应当依照本法规定缴纳契税。

第二条　本法所称转移土地、房屋权属，是指下列行为：

（一）土地使用权出让；

（二）土地使用权转让，包括出售、赠与、互换；

（三）房屋买卖、赠与、互换。

前款第二项土地使用权转让，不包括土地承包经营权和土地经营权的转移。

以作价投资（入股）、偿还债务、划转、奖励等方式转移土地、房屋权属的，应当依照本法规定征收契税。

第三条 契税税率为百分之三至百分之五。

契税的具体适用税率，由省、自治区、直辖市人民政府在前款规定的税率幅度内提出，报同级人民代表大会常务委员会决定，并报全国人民代表大会常务委员会和国务院备案。

省、自治区、直辖市可以依照前款规定的程序对不同主体、不同地区、不同类型的住房的权属转移确定差别税率。

第四条 契税的计税依据：

（一）土地使用权出让、出售，房屋买卖，为土地、房屋权属转移合同确定的成交价格，包括应交付的货币以及实物、其他经济利益对应的价款；

（二）土地使用权互换、房屋互换，为所互换的土地使用权、房屋价格的差额；

（三）土地使用权赠与、房屋赠与以及其他没有价格的转移土地、房屋权属行为，为税务机关参照土地使用权出售、房屋买卖的市场价格依法核定的价格。

纳税人申报的成交价格、互换价格差额明显偏低且无正当理由的，由税务机关依照《中华人民共和国税收征收管理法》的规定核定。

第五条 契税的应纳税额按照计税依据乘以具体适用税率计算。

第六条 有下列情形之一的，免征契税：

（一）国家机关、事业单位、社会团体、军事单位承受土地、房屋权属用于办公、教学、医疗、科研、军事设施；

（二）非营利性的学校、医疗机构、社会福利机构承受土地、房屋权属用于办公、教学、医疗、科研、养老、救助；

（三）承受荒山、荒地、荒滩土地使用权用于农、林、牧、渔业生产；

（四）婚姻关系存续期间夫妻之间变更土地、房屋权属；

（五）法定继承人通过继承承受土地、房屋权属；

（六）依照法律规定应当予以免税的外国驻华使馆、领事馆和国际组织驻华代表机构承受土地、房屋权属。

根据国民经济和社会发展的需要，国务院对居民住房需求保障、企业改制重组、灾后重建等情形可以规定免征或者减征契税，报全国人民代表大会常务委员会备案。

第七条 省、自治区、直辖市可以决定对下列情形免征或者减征契税：

（一）因土地、房屋被县级以上人民政府征收、征用，重新承受土地、房屋权属；

（二）因不可抗力灭失住房，重新承受住房权属。

前款规定的免征或者减征契税的具体办法，由省、自治区、直辖市人民政府提出，报同级人民代表大会常务委员会决定，并报全国人民代表大会常务委员会和国务院备案。

第八条 纳税人改变有关土地、房屋的用途，或者有其他不再属于本法第六条规定的免征、减征契税情形的，应当缴纳已经免征、减征的税款。

第九条 契税的纳税义务发生时间，为纳税人签订土地、房屋权属转移合同的当日，或者纳税人取得其他具有土地、房屋权属转移合同性质凭证的当日。

第十条 纳税人应当在依法办理土地、房屋权属登记手续前申报缴纳契税。

第十一条 纳税人办理纳税事宜后，税务机关应当开具契税完税凭证。纳税人办理土地、房屋权属登记，不动产登记机构应当查验契税完税、减免税凭证或者有关信息。未按照规定缴纳契税的，不动产登记机构不予办理土地、房屋权属登记。

第十二条 在依法办理土地、房屋权属登记前，权属转移合同、权属转移合同性质凭证不生效、无效、被撤销或者被解除的，纳税人可以向税务机关申请退还已缴纳的税款，税务机关应当依法办理。

第十三条　税务机关应当与相关部门建立契税涉税信息共享和工作配合机制。自然资源、住房城乡建设、民政、公安等相关部门应当及时向税务机关提供与转移土地、房屋权属有关的信息，协助税务机关加强契税税收管理。

税务机关及其工作人员对税收征收管理过程中知悉的纳税人的个人信息，应当依法予以保密，不得泄露或者非法向他人提供。

第十四条　契税由土地、房屋所在地的税务机关依照本法和《中华人民共和国税收征收管理法》的规定税收管理。

第十五条　纳税人、税务机关及其工作人员违反本法规定的，依照《中华人民共和国税收征收管理法》和有关法律法规的规定追究法律责任。

第十六条　本法自2021年9月1日起施行。1997年7月7日国务院发布的《中华人民共和国契税暂行条例》同时废止。

任务相关知识

一、契税的概念与特征

契税是土地、房屋权属转移时按照契约向土地、房屋承受者征收的一种税。

契税具有以下几个特征：

1.契税属于财产转移税

契税以发生转移的土地和房屋为征收对象，土地和房屋未发生产权转移的，不征契税。

2.契税由财产承受人缴纳

契税由土地和房屋的买方，即承受方纳税。

二、契税的纳税人

契税的纳税义务人是承受境内转移土地、房屋权属的单位和个人。

单位是指企业单位、事业单位、国家机关、军事单位和社会团体以及其他组织。个人是指个体经营者及其他个人，包括中国公民和外籍人员。

三、契税的征税范围

契税的征税对象是在中华人民共和国境内发生产权转移的土地和房屋。具体征税范围包括：

（1）国有土地使用权出让。

国有土地使用权出让是指国家以土地所有者的身份将土地使用权在一定年限内让与土地使用者，并由土地使用者向国家支付土地使用权出让金的行为。

（2）土地使用权转让。

土地使用权转让，包括出售、赠与和交换，但不包括农村集体土地承包经营权的转移。

（3）房屋买卖。

（4）房屋赠与。

（5）房屋互换。

以作价投资（入股）、偿还债务、划转、奖励等方式转移土地、房屋权属的，也属于转移土地使用权和房屋所有权的行为，应当征纳契税。

四、契税的计税依据

土地、房屋权属转移行为不同，其契税计税依据也不相同。

（1）国有土地使用权出让、土地使用权出售、房屋买卖的，计税依据为土地或房屋的成交价格。

（2）土地使用权赠与、房屋赠与的，计税依据为由征收机关参照土地使用权出售、房屋买卖的市场价格核定的金额。

（3）土地使用权交换、房屋互换的，计税依据为交换的差额。

（4）先以划拨方式取得土地使用权，后经批准改为出让方式取得该土地使用权的，计税依据为应补缴的土地出让金和其他出让费用。

成交价格明显低于市场价格并且无正当理由的，或者所交换土地使用权、房屋的价格的差额明显不合理并且无正当理由的，由征收机关参照市场价格核定。

五、契税的税率

契税实行3%~5%的幅度税率。各省、自治区、直辖市人民政府在幅度税率规定范围内提出本地适用的税率，报同级人民代表大会常务委员会决定，并报全国人民代表大会常务委员会和国务院备案。

六、契税应纳税额的计算

契税采用比例税率。应纳税额的计算公式为：

$$应纳税额=计税依据×税率$$

【例题】甲企业有多处厂房，将其中一处出售给乙企业，成交价格为1 200万元；将另一处价值500万元的厂房与丙企业交换，并支付给丙企业差价款300万元。计算甲、乙、丙相关行为应缴纳的契税（假设当地契税税率为4%）。

【解析】

甲企业应缴纳的契税=300×4%=12（万元）。

乙企业应缴纳的契税=1 200×4%=48（万元）。

契税应该由支付差价的一方缴纳，丙企业没有支付差价，无须缴纳契税。

应纳税额以人民币计算。转移土地、房屋权属以外汇结算的，按照纳税义务发生之日中国人民银行公布的人民币市场汇率中间价折合成人民币计算。

七、契税的税收管理

契税的纳税义务发生时间，为纳税人签订土地、房屋权属转移合同的当天，或者纳税人取得其他具有土地、房屋权属转移合同性质凭证的当天。

纳税人应当向土地、房屋所在地的契税征收机关办理纳税申报。

纳税人应当自纳税义务发生之日起10日内，向契税征收机关办理纳税申报，并在契税征收机关核定的期限内缴纳税款。

育人园地

传承与升华！契税法的前世与今生

思考

1.结合契税历史和典型案例，思考为什么要征收契税。

2.契税的税率为什么是一个范围？契税税率不断下调背后的原因是什么？

任务三　土地增值税法律制度

我国现行的土地增值税法律制度主要包括《中华人民共和国土地增值税暂行条例》及其实施细则。《中华人民共和国土地增值税暂行条例》由国务院于1993年制定，并自1994年1月1日开始实施。1995年1月27日财政部发布了《中华人民共和国土地增值税暂行条例实施细则》，细则自发布之日起施行。

2019年，财政部和国家税务总局曾发布了《中华人民共和国土地增值税法（征求意见稿）》，向社会公开征求意见。

任务概述

土地增值税是对有偿转让国有土地使用权、地上的建筑物及其附着物并取得收入的单位和个人所征收的一种税。转让国有土地使用权及地上建筑物和其他附着物产权，并取得收入的单位和个人为土地增值税纳税人。土地增值税的计税依据是有偿转让国有土地使用权及地上建筑物和其他附着物产权所取得的增值额。增值额为纳税人转让房地产所取得的收入减除规定扣除项目金额后的余额。

转让新建房的扣除项目及其金额包括取得土地使用权所支付的金额、房地产开发成本、房地产开发费用、与转让房地产有关的税金，以及财政部规定的其他扣除项目。

关于旧房转让土地增值税扣除项目及其金额的确定，分三种情况：能提供旧房及建筑物评估价格的，扣除项目为取得土地使用权所支付的地价款、房屋及建筑物的评估价格、按国家统一规定交纳的有关费用和在转让环节缴纳的税金；不能取得评估价格，但能提供购房发票的，扣除项目包括加计扣除的发票所载金额、与房地产转让有关费用，及与房地产转让有关税金；转让旧房及建筑物，既没有评估价格，又不能提供购房发票的情况，地方税务机关可以根据规定，实行核定征收。

土地增值税实行四级超率累进税率。土地增值税的应纳税额为每级距增值额和对应税率乘积的和，可按增值额乘以适用的税率减去扣除项目金额乘以速算扣除系数的简便方法计算。

土地增值税纳税人应在转让房地产合同签订后的7日内，到房地产所在地主管税务机关办理纳税申报。

任务法规

中华人民共和国土地增值税暂行条例

第一条　为了规范土地、房地产市场交易秩序，合理调节土地增值收益，维护国家权益，制定本条例。

第二条　转让国有土地使用权、地上的建筑物及其附着物（以下简称转让房地产）并取得收入的单位和个人，为土地增值税的纳税义务人（以下简称纳税人），应当依照本条例缴纳土地增值税。

第三条　土地增值税按照纳税人转让房地产所取得的增值额和本条例第七条规定的税率计算征收。

第四条　纳税人转让房地产所取得的收入减除本条例第六条规定扣除项目金额后的余额，为增值额。

第五条　纳税人转让房地产所取得的收入，包括货币收入、实物收入和其他收入。

第六条　计算增值额的扣除项目：

（一）取得土地使用权所支付的金额；

（二）开发土地的成本、费用；

（三）新建房及配套设施的成本、费用，或者旧房及建筑物的评估价格；

（四）与转让房地产有关的税金；

（五）财政部规定的其他扣除项目。

第七条 土地增值税实行四级超率累进税率：

增值额未超过扣除项目金额50%的部分，税率为30%。

增值额超过扣除项目金额50%、未超过扣除项目金额100%的部分，税率为40%。

增值额超过扣除项目金额100%、未超过扣除项目金额200%的部分，税率为50%。

增值额超过扣除项目金额200%的部分，税率为60%。

第八条 有下列情形之一的，免征土地增值税：

（一）纳税人建造普通标准住宅出售，增值额未超过扣除项目金额20%的；

（二）因国家建设需要依法征收、收回的房地产。

第九条 纳税人有下列情形之一的，按照房地产评估价格计算征收：

（一）隐瞒、虚报房地产成交价格的；

（二）提供扣除项目金额不实的；

（三）转让房地产的成交价格低于房地产评估价格，又无正当理由的。

第十条 纳税人应当自转让房地产合同签订之日起7日内向房地产所在地主管税务机关办理纳税申报，并在税务机关核定的期限内缴纳土地增值税。

第十一条 土地增值税由税务机关征收。土地管理部门、房产管理部门应当向税务机关提供有关资料，并协助税务机关依法征收土地增值税。

第十二条 纳税人未按照本条例缴纳土地增值税的，土地管理部门、房产管理部门不得办理有关的权属变更手续。

第十三条 土地增值税的税收管理，依据《中华人民共和国税收征收管理法》及本条例有关规定执行。

第十四条 本条例由财政部负责解释，实施细则由财政部制定。

第十五条 本条例自1994年1月1日起施行。各地区的土地增值费征收办法，与本条例相抵触的，同时停止执行。

任务相关知识

一、土地增值税的概念和特征

土地增值税是对有偿转让国有土地使用权、地上的建筑物及其附着物并取得收入的单位和个人所征收的一种税。

土地增值税具有以下几个特点：

1.以转让房地产的增值额为计税依据

土地增值税的增值额是以转让所取得的收入包括货币收入、实物收入和其他收入减去法定扣除项目金额后的余额。

2.实行超率累进税率

土地增值税按照超率累进税率计算税款，增值率高的税率高，增值率低的税率低。

3.实行按次征税

土地增值税发生在房地产转让环节，实行按次征收，每发生一次转让行为，就应当根据取得的增值额征一次税。

二、土地增值税的征税范围

（1）土地增值税只对"转让"国有土地使用权的行为征税，对"出让"国有土地使用权的行为不征税。

（2）土地增值税既对转让国有土地使用权的行为征税，也对转让地上建筑物及其他附着物产权的行为征税。

国有土地，是指按国家法律规定属于国家所有的土地。地上的建筑物，是指建于土地上的一切建筑物，包括地上地下的各种附属设施。附着物，是指附着于土地上的不能移动，一经移动即遭损坏的物品。

（3）土地增值税只对"有偿转让"的房地产征税，对以"继承、赠与"等方式无偿转让的房地产，不予征税。不予征收土地增值税的行为主要包括两种：

①房产所有人、土地使用人将房产、土地使用权赠与"直系亲属或者承担直接赡养义务人"。

②房产所有人、土地使用人通过中国境内非营利的社会团体、国家机关，将房屋产权、土地使用权赠与教育、民政和其他社会福利、公益事业。

三、土地增值税的纳税人

纳税人为转让国有土地使用权及地上建筑物和其他附着物产权并取得收入的单位和个人。单位，是指各类企业单位、事业单位、国家机关和社会团体及其他组织。个人，包括个体经营者。

四、土地增值税的计税依据

土地增值税的计税依据是有偿转让国有土地使用权及地上建筑物和其他附着物产权所取得的增值额。增值额为纳税人转让房地产所取得的收入减除规定扣除项目金额后的余额。计算公式为：

增值额=转让房地产的收入−扣除项目金额

（一）转让房地产的收入

纳税人转让房地产所取得的收入，包括转让房地产的全部价款及有关的经济收益，包括货币收入、实物收入和其他收入。

（二）转让新建房的扣除项目及其金额

根据规定，新建房是指建成后未使用的房产。新建房的具体扣除项目及其金额规定如下：

1.取得土地使用权所支付的金额

取得土地使用权所支付的金额，是指纳税人为取得土地使用权所支付的地价款和缴纳的有关费用。

2.房地产开发成本

房地产开发成本是指开发土地和新建房及配套设施的成本，是纳税人开发房地产项目的实际发生成本。房地产开发成本按照实际发生数扣除。

3.房地产开发费用

房地产开发费用是开发土地和新建房及配套设施的费用，包括与房地产开发项目有关的销售费用、管理费用、财务费用。

房地产开发费用按照规定的标准扣除。

财务费用中的利息支出，凡能够按转让房地产项目计算分摊并提供金融机构证明的，允许据实扣除，但最高不能超过按商业银行同类同期贷款利率计算的金额。除利息以外的其他房地产开发费用（包括销售费用、管理费用和除利息以外的其他财务费用），按取得土地使用权所支付的金额和房地产开发成本计算的金额之和的5%以内计算扣除。计算公式为：

开发费用=利息（最高不能超过按商业银行同类同期贷款利率计算的金额）+
（取得土地使用权所支付的金额+房地产开发成本）×5%以内

财务费用中的利息支出，凡不能按转让房地产项目计算分摊利息支出或不能提供金融机构证明的，房地产开发费（包括销售费用、管理费用、财务费用）用按取得土地使用权所支付的金额和房地产开发成本计算的金额之和的10%以内计算扣除。计算公式为：

开发费用=（取得土地使用权所支付的金额+房地产开发成本）×10%以内

【例题】甲房地产开发公司对一项开发项目进行土地增值税清算，相关资料包括：取得土地使用权支付的金额为40 000万元；房地产开发成本101 000万元；销售费用4 500万元，管理费用2 150万元，财务费用3 680万元，其中包括支付给银行贷款利息3 000万元，已取得银行开具的相关证明。项目所在省规定房地产开发费用扣除比例为5%。不考虑其他情况，计算该房地产开发公司在本次清算中可以扣除的房地产开发费用。

【解析】纳税人能按转让房地产项目分摊利息支出并能提供金融机构贷款证明的，允许扣除的房地产开发费用=利息+（取得土地使用权所支付的金额+房地产开发成本）×5% 允许扣除的房地产开发费用=3 000+（40 000+101 000）×5%=10 050（万元）。

4.与转让房地产有关的税金

与转让房地产有关的税金，包括在转让房地产时缴纳的城市维护建设税、印花税和教育费附加。

对于房地产开发企业，由于房地产开发企业缴纳的印花税按照规定列入管理费用，在管理费用中扣除，所以印花税不再单独扣除，以避免重复扣除。

5.财政部规定的其他扣除项目

由于房地产开发项目开发周期长、资金投入大，为了给房地产开发企业以合理的投资回报，财政部规定对从事房地产开发的纳税人，允许按照取得土地使用权时所支付的金额和房地产开发成本之和，加计20%扣除。非房地产开发企业不能享受此项加计扣除政策。

【例题1】某房地产开发公司开发出售一幢写字楼，收入总额为1 000万元。开发该写字楼有关支出为：支付地价款及各种费用100万元；房地产开发成本300万元；财务费用中的利息支出为50万元（可按转让项目计算分摊并提供金融机构证明）；转让环节缴纳的城市维护建设税税费和教育费附加共计为55万元，印花税为5万元；该单位所在地政府规定的其他房地产开发费用计算扣除比例为5%。计算该房地产开发公司转让该写字楼可以扣除的项目金额。

【解析】

（1）取得土地使用权支付的地价款及有关费用为100万元。

（2）房地产开发成本为300万元。

（3）房地产开发费用=50+（100+300）×5%=70（万元）。

（4）允许扣除的税费为55万元。

（5）从事房地产开发的纳税人加计扣除20% 允许扣除额=（100+300）×20%=80（万元）。

（6）允许扣除的项目金额合计=100+300+70+55+80=605（万元）。

【例题2】某房地产开发公司开发出售一幢写字楼，收入总额为1 000万元。开发该写字楼有关支出为：支付地价款及各种费用100万元；房地产开发成本300万元；财务费用中的利息支出为50万元（可按转让项目计算分摊，但不能提供金融机构证明）；转让环节缴纳的城市维护建设税税费和教育费附加共计为55万元，印花税为5万元；该单位所在地政府规定的其他房地产开发费用计算扣除比例为5%。计算该房地产开发公司转让该写字楼可以扣除的项目金额。

【解析】

（1）取得土地使用权支付的地价款及有关费用为100万元。

（2）房地产开发成本为300万元。

（3）房地产开发费用=（100+300）×10%=40（万元）。

（4）允许扣除的税费为55万元。

（5）从事房地产开发的纳税人加计扣除20% 允许扣除额=（100+300）×20%=80（万元）。

（6）允许扣除的项目金额合计=100+300+40+55+80=575（万元）。

【例题3】某机械制造新建设一幢厂房后对外转让，转让收入总额为1 000万元。该机械制造建设该厂房有关支出为：支付地价款及各种费用100万元；厂房建设成本300万元；财务费用中的利息支出为50万元（可按转让项目计算分摊并提供金融机构证明）；转让环节缴纳的城市维护建设税税费和教育费附加共计为55万元，印花税为5万元；该单位所在地政府规定的其他房地产开发费用计算扣除比例为5%。计算该房地产开发公司转让该写字楼可以扣除的项目金额。

【解析】

（1）取得土地使用权支付的地价款及有关费用为100万元。

（2）厂房开发成本为300万元。

（3）厂房开发费用 =50+（100+300）×5%=70（万元）。

（4）允许扣除的税费 =55+5=60（万元）。

（5）允许扣除的项目金额合计 =100+300+70+60=530（万元）。

（三）转让旧房的扣除项目及其金额

根据规定，旧房是指已经使用一定时间或达到一定磨损程度的房产。

旧房转让土地增值税的扣除项目包括取得土地使用权所支付的金额、旧房及建筑物的评估价格、开发土地的成本和费用，以及与转让房地产有关的税金。

关于旧房转让土地增值税扣除项目及其金额的确定，分为以下三种情况：

1. 能提供旧房及建筑物评估价格的

旧房及建筑物的评估价格是指在转让已使用的房屋及建筑物时，由政府批准设立的房地产评估机构评定的重置成本价乘以成新度折扣率后的价格。

重置成本价的含义是：对旧房及建筑物，按转让时的建材价格及人工费用计算建造同样面积、同样层次、同样结构、同样建筑标准的新房及建筑物所需花费的成本费用。

成新度折扣率的含义是：按旧房的新旧程度做一定比例的折扣。

对能提供旧房及建筑物评估价格的旧房，扣除项目为取得土地使用权所支付的地价款、房屋及建筑物的评估价格、按国家统一规定交纳的有关费用，以及在转让环节缴纳的税金。

【例题】甲房地产企业以5 000万元出售一幢写字楼，账面原值500万元，累计折旧50万元。土地性质为商业用地，由于取得时间较早，无法提供土地出让金的支付原始凭证等资料。甲房地产委托资产评估公司评估，评估土地价值为1 200万元，按照成本法对于写字楼进行评估，重置成本为1 000万元，成新率60%，甲企业支付评估费10万元，支付与转让房地产有关的税金150万元。计算甲企业缴纳土地增值税可以扣除的项目金额。

【解析】

（1）A企业取得土地使用权所支付的地价款和按国家统一规定交纳的有关费用为0。

（2）办公楼评估价格 =1 000×60%=600（万元）。

（3）与转让房地产有关的税金150万元。

（4）支付评估费用10万元。

（5）扣除项目合计 =600+0+150+10=760（万元）。

2. 不能取得评估价格，但能提供购房发票的

纳税人转让旧房及建筑物，凡不能取得评估价格，但能提供购房发票的，扣除项目包括：

（1）加计扣除的发票所载金额。

购房发票所载金额实际上包含了"取得土地使用权所支付的金额"以及"旧房及建筑物的评估价格"两部分，对这两部分的扣除金额，按发票所载金额并从购买年度起至转让年度止每年加计5%计算。

计算扣除项目时的"每年"按购房发票所载日期起至售房发票开具之日止，每满12个月计1年；超过1年，未满12个月但超过6个月的，可以视同为1年。

（2）与房地产转让有关费用。

（3）与房地产转让有关税金。

对纳税人购房时缴纳的契税，凡能提供契税完税凭证的，准予作为"与转让房地产有关的税金"予以扣除，但不得作为加计5%的基数。

总结以上规定，不能取得评估价格，但能提供购房发票的旧房转让，土地增值税扣除项目的计算公式为：

扣除项目金额 = 发票所载金额 ×［1+（转让年度－购买年度）×5%］+ 与房地产转让有关税金

（包括转让旧房时缴纳的营业税、城市维护建设税、印花税、契税以及教育费附加，

必须提供相应的完税凭证）+ 与房地产转让有关费用

【例题】乙房地产企业以1 000万元出售一幢已经使用了2年零11个月的豪华别墅住宅，账面原值200万

元，累计折旧20万元。该别墅住宅原始购买发票金额为200万元。支付房地产转让有关费用10万元，与转让房地产有关的税金50万元。该房产无评估价值。计算乙企业缴纳土地增值税可以扣除的项目金额。

【解析】

（1）加计扣除的发票所载金额=发票所载金额×[1+（转让年度−购买年度）×5%]=200×[1+3×5%]=230（万元）。

（2）与转让房地产有关的税金50万元。

（3）支付房地产转让有关费用10万元。

（4）土地增值税扣除项目金额=发票所载金额×[1+（转让年度−购买年度）×5%]+与房地产转让有关税金+与房地产转让有关费用=200×[1+3×5%]+50+10=290（万元）。

3.既没有评估价格，又不能提供购房发票的

转让旧房及建筑物，既没有评估价格，又不能提供购房发票的，地方税务机关可以根据规定，实行核定征收。

【例题】丙房地产企业以2 000万元出售500平方米商业房，账面原值500万元，累计折旧50万元。支付房地产转让有关费用20万元。该办公楼既无法取得评估资料，也不能找到原始购买发票。计算丙企业应当缴纳的土地增值税。

【解析】假设核定征收率为15%，转让价2 000万元，应纳土地增值税如下：

（1）丙企业商业房转让收入2 000万元。

（2）核定征收率15%。

（3）应纳土地增值税税额=2 000×15%=300（万元）。

五、土地增值税的税率

土地增值税实行四级超率累进税率，如表6-1所示。

（1）增值额未超过扣除项目金额50%的部分，税率为30%。

（2）增值额超过扣除项目金额50%，未超过扣除项目金额100%的部分，税率为40%。

（3）增值额超过扣除项目金额100%，未超过扣除项目金额200%的部分，税率为50%。

（4）增值额超过扣除项目金额200%的部分，税率为60%。

表6-1 土地增值税税率表

级数	增值额与扣除项目金额的比率	税率（%）	速算扣除系数	税额计算公式
1	未超过50%的部分	30	0	增值额30%
2	超过50%，未超过100%的部分	40	5%	增值额×40%−扣除项目金额×5%
3	超过100%，未超过200%的部分	50	15%	增值额×50%−扣除项目金额×15%
4	超过200%的部分	60	35%	增值额×60%−扣除项目金额×35%

需要注意的是，对以上四级超率累进税率，每级"增值额未超过扣除项目金额"的比例，均包括本比例数，即未超过50%的部分包括50%。

六、土地增值税应纳税额的计算

由于土地增值税实行超率累进税率，土地增值税的应纳税额为每级距增值额和对应税率乘积的和，计算公式为：

$$土地增值税应纳税额=（第一级距增值额×30%）+（第二级距增值额×40%）+$$
$$（第三级距增值额×50%）+（第四级距增值额×60%）$$
$$=\sum（每级距的增值额×税率）$$

由于以上公式计算比较复杂，计算土地增值税税额，可按增值额乘以适用的税率减去扣除项目金额乘以

速算扣除系数的简便方法计算，计算公式如下：

（1）增值额未超过扣除项目金额50%：

$$土地增值税税额＝增值额×30\%$$

（2）增值额超过扣除项目金额50%，未超过100%的：

$$土地增值税税额＝增值额×40\%－扣除项目金额×5\%$$

（3）增值额超过扣除项目金额100%，未超过200%的：

$$土地增值税税额＝增值额×50\%－扣除项目金额×15\%$$

（4）增值额超过扣除项目金额200%的：

$$土地增值税税额＝增值额×60\%－扣除项目金额×35\%$$

公式中的5%、15%、35%为速算扣除系数。

【例题】某房地产开发公司出售一幢写字楼，收入总额为1 000万元。开发该写字楼有关支出为：支付地价款及各种费用100万元；房地产开发成本300万元；财务费用中的利息支出为50万元（可按转让项目计算分摊并提供金融机构证明）；转让环节缴纳的有关税费共计为55万元；该单位所在地政府规定的其他房地产开发费用计算扣除比例为5%。计算该房地产开发公司应纳的土地增值税。

【解析】

（1）取得土地使用权支付的地价款及有关费用为100万元。

（2）房地产开发成本为300万元。

（3）房地产开发费用＝50+（100+300）×5%＝70（万元）。

（4）允许扣除的税费为55万元。

（5）从事房地产开发的纳税人加计扣除20%允许扣除额＝（100+300）×20%＝80（万元）。

（6）允许扣除的项目金额合计＝100+300+70+55+80＝605（万元）。

（7）增值额＝1 000－605＝395（万元）。

（8）增值率＝395÷605×100%＝65.29%。

（9）应纳税额＝395×40%－605×5%＝127.75（万元）。

七、土地增值税的税收管理

纳税人应在转让房地产合同签订后的7日内，到房地产所在地主管税务机关办理纳税申报。

纳税人因经常发生房地产转让而难以在每次转让后申报的，经税务机关审核同意后，可以定期进行纳税申报，具体期限由税务机关根据情况确定。

育人园地

个人转让不动产需缴纳哪些税费　土地增值税：你所应该知道的那些事

思考

1.为什么征收土地增值税？

2.土地增值税有关税收优惠政策的意义是什么？

■ 任务四　城镇土地使用税法律制度

任务情境

1988年9月27日国务院颁布了《中华人民共和国城镇土地使用税暂行条例》，条例自1988年11月1日起施行，并进行了四次修订。该条例是我国城镇土地使用税的主体法律制度。

某机械制造企业位于市区，实际占用面积为6 000平方米，其中生产区占地5 000平方米，生活区占地1 000平方米。该机械制造企业还有一个位于农村的仓库，租给公安局使用，实际占用面积为1 500平方米。已知城镇土地使用税适用税率每平方米税额为5元，计算该机械制造企业全年应缴纳的城镇土地使用税税额。

任务概述

城镇土地使用税是指国家在城市、县城、建制镇、工矿区范围内，对使用土地的单位和个人征收的一种税。城镇土地使用税的征税范围为城市、县城、建制镇和工矿区的国家所有、集体所有的土地。计税依据为纳税人实际占用的土地面积。城镇土地使用税的税率采用定额税率，税率根据城市规模不同而有所差异。城镇土地使用税应纳税额根据实际占用的土地面积乘以适用的单位税额计算，其计算公式为：年应纳税额＝实际占用面积（平方米）×适用税额。土地使用税按年计算，分期缴纳，由土地所在地的税务机关征收。

任务法规

中华人民共和国城镇土地使用税暂行条例

（1988年9月27日中华人民共和国国务院令第17号发布根据2006年12月31日《国务院关于修改〈中华人民共和国城镇土地使用税暂行条例〉的决定》第一次修订根据2011年1月8日《国务院关于废止和修改部分行政法规的决定》第二次修订根据2013年12月7日《国务院关于修改部分行政法规的决定》第三次修订根据2019年3月2日《国务院关于修改部分行政法规的决定》第四次修订）

第一条　为了合理利用城镇土地，调节土地级差收入，提高土地使用效益，加强土地管理，制定本条例。

第二条　在城市、县城、建制镇、工矿区范围内使用土地的单位和个人，为城镇土地使用税（以下简称土地使用税）的纳税人，应当依照本条例的规定缴纳土地使用税。

前款所称单位，包括国有企业、集体企业、私营企业、股份制企业、外商投资企业、外国企业以及其他企业和事业单位、社会团体、国家机关、军队以及其他单位；所称个人，包括个体工商户以及其他个人。

第三条　土地使用税以纳税人实际占用的土地面积为计税依据，依照规定税额计算征收。

前款土地占用面积的组织测量工作，由省、自治区、直辖市人民政府根据实际情况确定。

第四条　土地使用税每平方米年税额如下：

（一）大城市1.5元至30元；

（二）中等城市1.2元至24元；

（三）小城市0.9元至18元；

（四）县城、建制镇、工矿区0.6元至12元。

第五条　省、自治区、直辖市人民政府，应当在本条例第四条规定的税额幅度内，根据市政建设状况、经济繁荣程度等条件，确定所辖地区的适用税额幅度。

市、县人民政府应当根据实际情况，将本地区土地划分为若干等级，在省、自治区、直辖市人民政府确定的税额幅度内，制定相应的适用税额标准，报省、自治区、直辖市人民政府批准执行。

经省、自治区、直辖市人民政府批准，经济落后地区土地使用税的适用税额标准可以适当降低，但降低额不得超过本条例第四条规定最低税额的30%。经济发达地区土地使用税的适用税额标准可以适当提高，但须报经财政部批准。

第六条　下列土地免缴土地使用税：

（一）国家机关、人民团体、军队自用的土地；

（二）由国家财政部门拨付事业经费的单位自用的土地；

（三）宗教寺庙、公园、名胜古迹自用的土地；

（四）市政街道、广场、绿化地带等公共用地；

（五）直接用于农、林、牧、渔业的生产用地；

（六）经批准开山填海整治的土地和改造的废弃土地，从使用的月份起免缴土地使用税5年至10年；

（七）由财政部另行规定免税的能源、交通、水利设施用地和其他用地。

第七条　除本条例第六条规定外，纳税人缴纳土地使用税确有困难需要定期减免的，由县以上税务机关批准。

第八条　土地使用税按年计算、分期缴纳。缴纳期限由省、自治区、直辖市人民政府确定。

第九条　新征收的土地，依照下列规定缴纳土地使用税：

（一）征收的耕地，自批准征收之日起满1年时开始缴纳土地使用税；

（二）征收的非耕地，自批准征收次月起缴纳土地使用税。

第十条　土地使用税由土地所在地的税务机关征收。土地管理机关应当向土地所在地的税务机关提供土地使用权属资料。

第十一条　土地使用税的税收管理，依照《中华人民共和国税收征收管理法》及本条例的规定执行。

第十二条　土地使用税收入纳入财政预算管理。

第十三条　本条例的实施办法由省、自治区、直辖市人民政府制定。

第十四条　本条例自1988年11月1日起施行，各地制定的土地使用费办法同时停止执行。

任务相关知识

一、城镇土地使用税的概念

城镇土地使用税是指国家在城市、县城、建制镇、工矿区范围内，对使用土地的单位和个人，以其实际占用的城镇土地面积为计税依据，按照规定的税额计算征收的一种税。开征城镇土地使用税，有利于加强对城镇土地的管理，促进合理、节约使用城镇土地，提高城镇土地使用效益。

城镇土地使用税按年计算，分期缴纳。

税务小课堂：城镇土地使用税、房产税

二、城镇土地使用税的征税范围

城镇土地使用税的征税范围为城市、县城、建制镇和工矿区的国家所有、集体所有的土地。

三、城镇土地使用税的计税依据

城镇土地使用税以纳税人实际占用的土地面积为计税依据。土地占用面积的组织测量工作，由省、自治区、直辖市人民政府根据实际情况确定。

（1）凡有由省、自治区、直辖市人民政府确定的单位组织测定土地面积的，以测定的面积为准；

（2）尚未组织测量，但纳税人持有政府部门核发的土地使用证书的，以证书确认的土地面积为准；

（3）尚未核发出土地使用证书的，应由纳税人申报土地面积，据以纳税，待核发土地使用证以后再作调整。

四、城镇土地使用税的税率

城镇土地使用税每平方米年税额如下：

（1）大城市[①]1.5元至30元；

（2）中等城市[②]1.2元至24元；

（3）小城市[③]0.9元至18元；

（4）县城、建制镇、工矿区0.6元至12元。

省、自治区、直辖市人民政府，应当在规定的税额幅度内，根据市政建设状况、经济繁荣程度等条件，确定所辖地区的适用税额幅度。

市、县人民政府应当根据实际情况，将本地区土地划分为若干等级，在省、自治区、直辖市人民政府确定的税额幅度内，制定相应的适用税额标准，报省、自治区、直辖市人民政府批准执行。

经省、自治区、直辖市人民政府批准，经济落后地区土地使用税的适用税额标准可以适当降低，但降低额不得超过规定最低税额的30%。经济发达地区土地使用税的适用税额标准可以适当提高，但须报经财政部批准。

五、城镇土地使用税应纳税额的计算

城镇土地使用税根据实际占用的土地面积，按照适用的单位税额计算缴纳。城镇土地使用税按年计算，计算公式为：

$$年应纳税额＝实际占用面积（平方米）×适用税额$$

【例题】某市一商场坐落在该市繁华地段，企业土地使用证书记载占用土地的面积为6 000平方米。该商场2022年3月自其他企业取得一门面房，4月5日办理完毕房屋权属证书，共占地3 000平方米。已知该地方适用的城镇土地使用税年税额为4元/平方米，计算该商场全年应纳城镇土地使用税税额。

【解析】

（1）商场占地应纳税额=6 000×4=24 000（元）。

（2）门面房应自房地产权属登记机关签发房屋权属证书之次月起纳税，故全年应纳5~12月共计8个月的城镇土地使用税。综上，门面房占地应纳税额=3 000×4×8/12=8 000（元）。

（3）该商场全年应纳城镇土地使用税额=24 000+8 000=32 000（元）。

六、城镇土地使用税法定项目税收优惠

下列土地，免征城镇土地使用税：

（1）国家机关、人民团体、军队自用的土地；

（2）由国家财政部拨付事业经费的单位自用的土地；

（3）宗教寺庙、公园、名胜古迹自用的土地；

（4）市政街道、广场绿化地带等公共用地；

（5）直接用于农、林、牧、渔业的生产用地；

（6）经批准开山填海整治的土地和改造的废弃用地，从使用的月份起，免征土地使用税5年至10年；

---

① 人口总计在50万以上的，为大城市。

② 人口总计在20万至50万的，为中等城市。

③ 人口总计在20万以下的，为小城市。

（7）由财政部另行规定免税的能源、交通、水利设施用地和其他用地。

国家机关、人民团体、军队自用的土地，是指这些单位本身的办公用地和公务用地；事业单位自用的土地，是指这些单位本身的业务用地；宗教寺庙自用的土地，是指举行宗教仪式等的用地和寺庙内的宗教人员生活用地；公园、名胜古迹自用的土地，是指供公共参观游览的用地及其管理单位的办公用地。

以上单位的生产、营业用地和其他用地，不属于免税范围，应按规定缴纳土地使用税。

七、城镇土地使用税的纳税人

（1）在城市、县城、建制镇、工矿区范围内使用土地的单位和个人，为城镇土地使用税的纳税人。

（2）拥有土地使用权的单位和个人不在土地所在地的，其土地的实际使用人和代管人为纳税人。

（3）土地使用权未确定的或权属纠纷未解决的，其实际使用人为纳税人。

（4）土地使用权共有的，共有各方都是纳税人，由共有各方分别纳税。如两个单位共有一块土地使用权，一方占60%，另一方各占40%，如果算出的税额为100万元，则分别按60万元、40万元的数额负担土地使用税。

八、城镇土地使用税的税收管理

城镇土地使用税的纳税义务发生时间：

（1）纳税人购置新建商品房，自房屋交付使用之次月起开始。

（2）纳税人购置存量房，自办理产权登记，房地产权属登记机关签发房屋权属证书之次月起。

（3）纳税人出租、出借房产，自交付出租、出借房产之次月起。

（4）以出让或转让方式有偿取得土地使用权的，应由受让方从合同约定交付土地时间的次月起缴纳土地使用税。

（5）征用的耕地，自批准征用之日起满1年时开始缴纳城镇土地使用税；征用的非耕地，自批准征用次月起缴纳土地使用税。

城镇土地使用税由土地所在地的税务机关征收。

城镇土地使用税按年计算，分期缴纳，缴纳期限由省、自治区、直辖市人民政府确定。

育人园地

税费思维导图——认识城镇土地使用税

思考

1.为什么要征收城镇土地使用税？

2.有关税收优惠政策的意义是什么？

任务五　车船税法律制度

任务情境

我国的车船税法律制度包括《车船税法》及其实施条例。《车船税法》于2011年颁布，自2012年1月1日起施行，并于2019年进行了修正。国务院制定的《中华人民共和国车船税法实施条例》共27条，自2012年1月1日起施行。

你家有没有交过车船税？如果交过的话，什么时候交的？交了多少？

某渔业公司2016年拥有10艘机动船舶，每艘净吨位为150吨；5艘非机动驳船，每艘净吨位为80吨。已知机动船舶适用年基准税额为每吨3元，该渔业公司当年应当缴纳多少车船税？

任务概述

车船税，是指对中华人民共和国境内应税车辆、船舶的所有人或者管理人所征收的一种税。车船税的征税范围为依法应当在我国车船管理部门登记的车辆和船舶。中华人民共和国境内应税车辆、船舶的所有人或者管理人为车船税的纳税人。车船税实行定额税率，应纳税额为适用税额和计税单位的乘积。

车船税按年申报，分月计算，一次性缴纳。

任务法规

中华人民共和国车船税法

第一条　在中华人民共和国境内属于本法所附《车船税税目税额表》规定的车辆、船舶（以下简称车船）的所有人或者管理人，为车船税的纳税人，应当依照本法缴纳车船税。

第二条　车船的适用税额依照本法所附《车船税税目税额表》执行。

车辆的具体适用税额由省、自治区、直辖市人民政府依照本法所附《车船税税目税额表》规定的税额幅度和国务院的规定确定。

船舶的具体适用税额由国务院在本法所附《车船税税目税额表》规定的税额幅度内确定。

第三条　下列车船免征车船税：

（一）捕捞、养殖渔船；

（二）军队、武装警察部队专用的车船；

（三）警用车船；

（四）悬挂应急救援专用号牌的国家综合性消防救援车辆和国家综合性消防救援专用船舶；

（五）依照法律规定应当予以免税的外国驻华使领馆、国际组织驻华代表机构及其有关人员的车船。

第四条　对节约能源、使用新能源的车船可以减征或者免征车船税；对受严重自然灾害影响纳税困难以及有其他特殊原因确需减税、免税的，可以减征或者免征车船税。具体办法由国务院规定，并报全国人民代表大会常务委员会备案。

第五条　省、自治区、直辖市人民政府根据当地实际情况，可以对公共交通车船，农村居民拥有并主要在农村地区使用的摩托车、三轮汽车和低速载货汽车定期减征或者免征车船税。

第六条　从事机动车第三者责任强制保险业务的保险机构为机动车车船税的扣缴义务人，应当在收取保险费时依法代收车船税，并出具代收税款凭证。

第七条 车船税的纳税地点为车船的登记地或者车船税扣缴义务人所在地。依法不需要办理登记的车船，车船税的纳税地点为车船的所有人或者管理人所在地。

第八条 车船税纳税义务发生时间为取得车船所有权或者管理权的当月。

第九条 车船税按年申报缴纳。具体申报纳税期限由省、自治区、直辖市人民政府规定。

第十条 公安、交通运输、农业、渔业等车船登记管理部门、船舶检验机构和车船税扣缴义务人的行业主管部门应当在提供车船有关信息等方面，协助税务机关加强车船税的税收管理。

车辆所有人或者管理人在申请办理车辆相关登记、定期检验手续时，应当向公安机关交通管理部门提交依法纳税或者免税证明。公安机关交通管理部门核查后办理相关手续。

第十一条 车船税的税收管理，依照本法和《中华人民共和国税收征收管理法》的规定执行。

第十二条 国务院根据本法制定实施条例。

第十三条 本法自2012年1月1日起施行。2006年12月29日国务院公布的《中华人民共和国车船税暂行条例》同时废止。

任务相关知识

中华人民共和国车船税法实施条例

一、车船税的概念、纳税人及扣缴义务人

车船税，是指对在中华人民共和国境内的车辆、船舶的所有人或者管理人按照车船税法征收的一种税。

中华人民共和国境内应税车辆、船舶的所有人或者管理人为车船税的纳税人。

从事机动车第三者责任强制保险业务的保险机构为机动车车船税的扣缴义务人，应当在收取保险费时依法代收车船税，并出具代收税款凭证。

二、车船税的征税范围

车船税的征税范围包括依法应当在车船管理部门登记的机动车辆和船舶，以及依法不需要在车船登记管理部门登记的在单位内部场所行驶或者作业的机动车辆和船舶。主要包括以下六类：

1. 乘用车

乘用车，是指在设计和技术特性上主要用于载运乘客及随身行李的汽车，其特点是核定载客人数包括驾驶员在内不超过9人。

2. 商用车

商用车，是指除乘用车外，在设计和技术特性上用于载运乘客、货物的汽车，可以分为客车和货车两大类。

3. 挂车

挂车，是指就其设计和技术特性需由汽车或者拖拉机牵引，才能正常使用的一种无动力的道路车辆。

4. 其他车辆

其他车辆，包括专用作业车和轮式专用机械车。

专用作业车，是指在其设计和技术特性上用于特殊工作的车辆。

轮式专用机械车，是指有特殊结构和专门功能，装有橡胶车轮可以自行行驶，最高设计车速大于每小时20公里的轮式工程机械车。

5. 摩托车

摩托车，是指无论采用何种驱动方式，最高设计车速大于每小时50公里，或者使用内燃机，其排量大于50毫升的两轮或者三轮车辆。

6. 船舶

船舶，是指各类机动船舶、非机动船舶以及其他水上移动装置，但是船舶上装备的救生艇筏和长度小于5米的艇筏除外。其中，机动船舶是指用机器推进的船舶；非机动驳船，是指在船舶登记管理部门登记为驳船的非机动船舶。

三、车船税的税率

车船税实行定额税率，具体适用的税额参见表6-2。

表6-2 车船税税目税额表①

税　目		计税单位	年基准税额	备　注
乘用车［按发动机汽缸容量（排气量）分档］	1.0升（含）以下的	每辆	60元至360元	核定载客人数9人（含）以下
	1.0升以上至1.6升（含）的		300元至540元	
	1.6升以上至2.0升（含）的		360元至660元	
	2.0升以上至2.5升（含）的		660元至1 200元	
	2.5升以上至3.0升（含）的		1 200元至2 400元	
	3.0升以上至4.0升（含）的		2 400元至3 600元	
	4.0升以上的		3 600元至5 400元	
商用车	客车	每辆	480元至1 440元	核定载客人数9人（包括电车）以上
	货车	整备质量每吨	16元至120元	包括半挂牵引车、三轮汽车和低速载货汽车等
挂车		整备质量每吨	按照货车税额的50%计算	
其他车辆	专用作业车	整备质量每吨	16元至120元	不包括拖拉机
	轮式专用机械车		16元至120元	
摩托车		每辆	36元至180元	
船舶	机动船舶	净吨位每吨	3元至6元	拖船、非机动驳船分别按照机动船舶税额的50%计算
	游艇	艇身长度每米	600元至2 000元	

车辆的具体适用税额由省、自治区、直辖市人民政府依照《车船税税目税额表》规定的税额幅度和国务院的规定确定，并报国务院备案。

船舶的具体适用税额由国务院在《车船税税目税额表》规定的税额幅度内确定。

四、车船税应纳税额的计算

（一）新购置车船应纳税额的计算

购置的新车船，购置当年的应纳税额自纳税义务发生的当月起按月计算。应纳税额为年应纳税额除以12再乘以应纳税月份数，计算公式为：

---

① 编者注：表中的整备质量是指汽车按照出厂技术条件完全装备好，包括备胎、工具、各种油水等安装齐备并填满后的重量，也称为汽车的"空车重量"或"整车装备质量"。整备质量是衡量汽车设计水平、制造水平以及工业化水平的重要参数。船舶净吨位是表示船舶容积的一种指标，是船舶的有效容积，即扣除不能用来载货或载客的处所后得到的船舶可营运容积，净吨位通常作为征税、收费、保险等的计算依据。

$$应纳税额＝适用年基准税额 \div 12 \times 应纳税月数$$

【例题】某运输公司拥有30辆载货汽车（每辆货车整备质量为10吨），20辆载人大客车，10辆小客车。已知：载货汽车每吨年税额80元，载人大客车每辆年税额800元，小客车每辆年税额700元。计算该公司应缴纳的车船税。

【解析】

（1）载货汽车的计税单位为整备质量每吨，应纳税额＝30×10×80=24 000（元）。

（2）载人大客车和小客车的计税单位为每辆，应纳税额＝20×800+10×700=23 000（元）。

全年应纳车船税税额＝24 000+23 000=47 000（元）。

（二）盗抢、报废、灭失车船重新缴纳车船税应纳税额的计算

在一个纳税年度内，已完税的车船被盗抢、报废、灭失的，纳税人可以凭有关管理机关出具的证明和完税凭证，向纳税所在地的主管税务机关申请退还自被盗抢、报废、灭失月份起至该纳税年度终了期间的税款。

已办理退税的被盗抢车船失而复得的，纳税人应当从公安机关出具相关证明的当月起计算缴纳车船税。计算公式为：

$$应纳税额＝适用年基准税额 \div 12 \times 应纳税月数$$

【例题】某企业2023年9月一辆客车被盗，该客车已于1月缴纳了车船税480元，该车办理了车船税退还手续；11月由公安机关找回并出具证明。计算该企业2023年实缴的车船税金额。

【解析】被盗车辆9、10两个月无须缴纳车船税，实缴的车船税=480÷12×10=400（元）。

五、车船税的税收管理

车船税纳税义务发生时间为取得车船所有权或者管理权的当月。车船所有权或者管理权的当月，应当以购买车船的发票或者其他证明文件所载日期的当月为准。

车船税按年申报，分月计算，一次性缴纳。纳税年度为公历1月1日至12月31日。具体申报纳税期限由省、自治区、直辖市人民政府规定。

车船税的纳税地点为车船的登记地或者车船税扣缴义务人所在地。依法不需要办理登记的车船，车船税的纳税地点为车船的所有人或者管理人所在地。

育人园地

中国最早的车船　　车船税的历史　　红色税收记忆　车
税——算商车　　　　　　　　　　　船税的前世今生

思考

1.为什么征收车船税？

2.车船税优惠政策设置的背景和意义是什么？

■ 任务六　印花税法律制度

任务情境

印花税法，是指国家制定的用以调整印花税征收与缴纳权利与义务关系的法律规范。现行印花税法的基本规范是于2022年7月1日开始施行的《印花税法》。

经济活动和经济交往常伴随着订立合同和领受营业执照等行为，印花税就是对订立、领受这些凭证的行为所征收的一种税，可见，印花税是一种行为税。印花税并非对所有订立、领受凭证的行为征税，而仅仅是对订立、领受印花税税目税率表中列举的凭证和经财政部确定的其他凭证的行为征税。因此，印花税是以经济活动和经济交往中，书立、领受应税凭证的行为为征税对象征收的一种税。书立、领受应税凭证的单位和个人是印花税的纳税义务人。印花税因其采用在应税凭证上粘贴印花税票的方法缴纳税款而得名。

任务概述

印花税是对经济活动和经济交往中书立、领受的凭证征收的一种税，印花税的征税对象是各类应税凭证，应税凭证是指《印花税税目税率表》中列明的合同、产权转移书据、营业账簿和证券交易。

印花税的应纳税额按照计税依据乘以适用税率计算。应税合同的计税依据，为合同列明的价款或者报酬，不包括增值税税款。应税产权转移书据的计税依据，为产权转移书据列明的价款，不包括增值税税款。应税营业账簿的计税依据，为营业账簿记载的实收资本（股本）、资本公积合计金额。证券交易的计税依据，为成交金额。印花税采用比例税率。印花税应纳税额的计算公式为：应纳税额＝计税依据×适用税率。

在中华人民共和国境内书立应税凭证、进行证券交易、在中华人民共和国境外书立在境内使用的应税凭证的单位和个人为印花税的纳税人。

印花税可以采用粘贴印花税票的方式缴纳。一份应税凭证应纳税额超过500元的，应向当地税务机关申请用缴款书或者完税证完税，并将其中一联粘贴在凭证上或由税务机关在凭证上加盖完税戳记代替贴花。

印花税按季、按年或者按次计征。实行按季、按年计征的，纳税人应当自季度、年度终了之日起15日内申报缴纳税款；实行按次计征的，纳税人应当自纳税义务发生之日起15日内申报缴纳税款。证券交易印花税按周解缴。证券交易印花税扣缴义务人应当自每周终了之日起5日内申报解缴税款以及银行结算的利息。

任务法规

中华人民共和国印花税法

（2021年6月10日第十三届全国人民代表大会常务委员会第二十九次会议通过）

第一条　在中华人民共和国境内书立应税凭证、进行证券交易的单位和个人，为印花税的纳税人，应当依照本法规定缴纳印花税。

在中华人民共和国境外书立在境内使用的应税凭证的单位和个人，应当依照本法规定缴纳印花税。

第二条　本法所称应税凭证，是指本法所附《印花税税目税率表》列明的合同、产权转移书据和营业账簿。

第三条　本法所称证券交易，是指转让在依法设立的证券交易所、国务院批准的其他全国性证券交易场所交易的股票和以股票为基础的存托凭证。

证券交易印花税对证券交易的出让方征收，不对受让方征收。

第四条 印花税的税目、税率，依照本法所附《印花税税目税率表》执行。

第五条 印花税的计税依据如下：

（一）应税合同的计税依据，为合同所列的金额，不包括列明的增值税税款；

（二）应税产权转移书据的计税依据，为产权转移书据所列的金额，不包括列明的增值税税款；

（三）应税营业账簿的计税依据，为账簿记载的实收资本（股本）、资本公积合计金额；

（四）证券交易的计税依据，为成交金额。

第六条 应税合同、产权转移书据未列明金额的，印花税的计税依据按照实际结算的金额确定。

计税依据按照前款规定仍不能确定的，按照书立合同、产权转移书据时的市场价格确定；依法应当执行政府定价或者政府指导价的，按照国家有关规定确定。

第七条 证券交易无转让价格的，按照办理过户登记手续时该证券前一个交易日收盘价计算确定计税依据；无收盘价的，按照证券面值计算确定计税依据。

第八条 印花税的应纳税额按照计税依据乘以适用税率计算。

第九条 同一应税凭证载有两个以上税目事项并分别列明金额的，按照各自适用的税目税率分别计算应纳税额；未分别列明金额的，从高适用税率。

第十条 同一应税凭证由两方以上当事人书立的，按照各自涉及的金额分别计算应纳税额。

第十一条 已缴纳印花税的营业账簿，以后年度记载的实收资本（股本）、资本公积合计金额比已缴纳印花税的实收资本（股本）、资本公积合计金额增加的，按照增加部分计算应纳税额。

第十二条 下列凭证免征印花税：

（一）应税凭证的副本或者抄本；

（二）依照法律规定应当予以免税的外国驻华使馆、领事馆和国际组织驻华代表机构为获得馆舍书立的应税凭证；

（三）中国人民解放军、中国人民武装警察部队书立的应税凭证；

（四）农民、家庭农场、农民专业合作社、农村集体经济组织、村民委员会购买农业生产资料或者销售农产品书立的买卖合同和农业保险合同；

（五）无息或者贴息借款合同、国际金融组织向中国提供优惠贷款书立的借款合同；

（六）财产所有权人将财产赠与政府、学校、社会福利机构、慈善组织书立的产权转移书据；

（七）非营利性医疗卫生机构采购药品或者卫生材料书立的买卖合同；

（八）个人与电子商务经营者订立的电子订单。

根据国民经济和社会发展的需要，国务院对居民住房需求保障、企业改制重组、破产、支持小型微型企业发展等情形可以规定减征或者免征印花税，报全国人民代表大会常务委员会备案。

第十三条 纳税人为单位的，应当向其机构所在地的主管税务机关申报缴纳印花税；纳税人为个人的，应当向应税凭证书立地或者纳税人居住地的主管税务机关申报缴纳印花税。

不动产产权发生转移的，纳税人应当向不动产所在地的主管税务机关申报缴纳印花税。

第十四条 纳税人为境外单位或者个人，在境内有代理人的，以其境内代理人为扣缴义务人；在境内没有代理人的，由纳税人自行申报缴纳印花税，具体办法由国务院税务主管部门规定。

证券登记结算机构为证券交易印花税的扣缴义务人，应当向其机构所在地的主管税务机关申报解缴税款以及银行结算的利息。

第十五条 印花税的纳税义务发生时间为纳税人书立应税凭证或者完成证券交易的当日。

证券交易印花税扣缴义务发生时间为证券交易完成的当日。

第十六条 印花税按季、按年或者按次计征。实行按季、按年计征的，纳税人应当自季度、年度终了之日起十五日内申报缴纳税款；实行按次计征的，纳税人应当自纳税义务发生之日起十五日内申报缴纳税款。

证券交易印花税按周解缴。证券交易印花税扣缴义务人应当自每周终了之日起五日内申报解缴税款以及银行结算的利息。

第十七条 印花税可以采用粘贴印花税票或者由税务机关依法开具其他完税凭证的方式缴纳。

印花税票粘贴在应税凭证上的，由纳税人在每枚税票的骑缝处盖戳注销或者画销。

印花税票由国务院税务主管部门监制。

第十八条 印花税由税务机关依照本法和《中华人民共和国税收征收管理法》的规定税收管理。

第十九条 纳税人、扣缴义务人和税务机关及其工作人员违反本法规定的，依照《中华人民共和国税收征收管理法》和有关法律、行政法规的规定追究法律责任。

第二十条 本法自2022年7月1日起施行。1988年8月6日国务院发布的《中华人民共和国印花税暂行条例》同时废止。

任务相关知识

一、印花税的概念和特征

印花税是以经济活动和经济交往中，订立、领受应税凭证的行为为征税对象征收的一种税。因其采用在应税凭证上粘贴印花税票的方法缴纳税款而得名。

印花税具有以下几个特征：

1.兼具凭证税和行为税的性质

印花税是对经济活动和经济交往中书立、领受的凭证征收的一种税，印花税具有凭证税的性质。同时，任何一种应税经济凭证都反映了某种特定的经济行为，对凭证的征税，实质上是对这些经济行为的课税，从这个角度来看，印花税又具有行为税的性质。

2.征税范围涉及面广

印花税对经济活动和经济交往中书立、领受的凭证征税，包括经济活动和经济交往中的各种应税凭证，这些应税凭证涉及经济活动的方方面面，因此印花税的征税范围涉及面是非常广泛的。

3.税率低、税负轻

与其他税种相比较，印花税的税率较低，印花税具有税率低、税负轻的特点。

二、印花税的纳税人

印花税的纳税人包括以下三种：

1在中华人民共和国境内书立应税凭证的单位和个人。

应税凭证，是指《印花税法》所附《印花税税目税率表》列明的合同、产权转移书据和营业账簿。

如果一份合同或应税凭证由两方或多方当事人共同签订，各方当事人都应当就其所持的应税凭证缴纳印花税。

2.进行证券交易的单位和个人

证券交易，是指转让在依法设立的证券交易所、国务院批准的其他全国性证券交易场所交易的股票和以股票为基础的存托凭证。

证券交易印花税只对证券交易的出让方征收，不对受让方征收。

3.在中华人民共和国境外书立在境内使用的应税凭证的单位和个人

在中华人民共和国境外书立在境内使用的应税凭证的单位和个人，指的是在中华人民共和国国境之外制作、签署应税凭证，但这些凭证在中华人民共和国境内被使用或具有法律效力的单位和个人。这些应税凭证可能涉及合同、产权转移书据或营业账簿等，根据《印花税法》的规定，这些单位和个人需要依法缴纳印花税。

三、印花税的征税对象和税率

印花税的征税对象是各类应税凭证。应税凭证是指《印花税税目税率表》中列明的合同、产权转移书据、营业账簿和证券交易。

1.合同

这里的借款合同、买卖合同等十一种合同，具体参看表6-3。

表6-3　印花税税目税率表

税目		税率	备注
合同（指书面合同）	借款合同	借款金额的万分之零点五	指银行业金融机构、经国务院银行业监督管理机构批准设立的其他金融机构与借款人（不包括同业拆借）的借款合同
	融资租赁合同	租金的万分之零点五	
	买卖合同	价款的万分之三	指动产买卖合同（不包括个人书立的动产买卖合同）
	承揽合同	报酬的万分之三	
	建设工程合同	价款的万分之三	
	运输合同	运输费用的万分之三	指货运合同和多式联运合同（不包括管道运输合同）
	技术合同	价款、报酬或者使用费的万分之三	不包括专利权、专有技术使用权转让书据
	租赁合同	租金的千分之一	
	保管合同	保管费的千分之一	
	仓储合同	仓储费的千分之一	
	财产保险合同	保险费的千分之一	不包括再保险合同
产权转移书据	土地使用权出让书据	价款的万分之五	转让包括买卖（出售）、继承、赠与、互换、分割
	土地使用权、房屋等建筑物和构筑物所有权转让书据（不包括土地承包经营权和土地经营权转移）	价款的万分之五	
	股权转让书据（不包括应缴纳证券交易印花税的）	价款的万分之五	
	商标专用权、著作权、专利权、专有技术使用权转让书据	价款的万分之三	
营业账簿		实收资本（股本）、资本公积合计金额的万分之二点五	
证券交易		成交金额的千分之一	

2.产权转移书据

产权转移书据，是指单位和个人产权的买卖、继承、赠与、交换、分割等所立的书据。

这里的产权是指需要在政府相关机构登记注册的产权，包括土地使用权、房屋所有权、股权（不包括应缴纳证券交易印花税的）、商标专用权、著作权、专利权和专有技术使用权。

专有技术使用权的转让需要在政府管理部门登记注册方能生效，因此专有技术使用权转让按"产权转移书据"税目贴花。

3.营业账簿

营业账簿，是指单位或者个人记载生产经营活动的财务会计核算账簿，包括各种账册、生产经营账册、记载资金的账簿等，只有记载资金的营业账簿需要缴纳印花税。

4.证券交易

这里的证券交易是指转让在依法设立的证券交易所、国务院批准的其他全国性证券交易场所交易的股票和以股票为基础的存托凭证。

印花税采用比例税率。具体税率的确定，依照《印花税税目税率表》执行。

四、印花税应纳税额的计税

印花税的应纳税额按照计税依据乘以适用税率计算，计算公式为：

$$应纳税额=计税依据×适用税率$$

印花税的计税依据，按照下列方法确定：

1.应税合同的计税依据

应税合同的计税依据，为合同列明的价款或者报酬，不包括增值税税款。合同中价款或者报酬与增值税税款未分开列明的，按照合计金额确定。

应税合同、产权转移书据未列明金额的，印花税的计税依据按照实际结算的金额确定。计税依据按照前款规定仍不能确定的，按照书立合同、产权转移书据时的市场价格确定；依法应当执行政府定价或者政府指导价的，按照国家有关规定确定。

2.应税产权转移书据的计税依据

应税产权转移书据的计税依据，为产权转移书据列明的价款，不包括增值税税款；产权转移书据中价款与增值税税款未分开列明的，按照合计金额确定。

3.应税营业账簿的计税依据

应税营业账簿的计税依据，为营业账簿记载的实收资本（股本）、资本公积合计金额。已缴纳印花税的营业账簿，以后年度记载的实收资本（股本）、资本公积合计金额比已缴纳印花税的实收资本（股本）、资本公积合计金额增加的，按照增加部分计算应纳税额。

4.证券交易的计税依据

证券交易的计税依据，为成交金额。证券交易无转让价格的，按照办理过户登记手续时该证券前一个交易日收盘价计算确定计税依据；无收盘价的，按照证券面值计算确定计税依据。

【例题1】某机械制造企业202×年1月签订货物销售合同1份，合同销售金额150万元，该合同应缴纳的印花税=150×10 000×0.3‰=450（元）。

【例题2】某汽车运输企业202×年2月出售一台旧卡车，转让价格为80万元，该企业转让该卡车应缴纳的印花税=80×10 000×0.5‰=400（元）。

【例题3】某机械制造企业设立营业账簿3个，其中记载资金的账簿1个，记录实收资本50万元，该企业设置营业账簿应缴纳的印花税=2×5+500 000×0.5‰=10+250=260（元）。

五、印花税的税收管理

（一）印花税缴税方式

印花税可以采用粘贴印花税票的方式缴纳。印花税票粘贴在应税凭证上的，由纳税人在每枚税票的骑缝处盖戳注销或者画销。

一份应税凭证应纳税额超过500元的，应向当地税务机关申请用缴款书或者完税证完税，并将其中一联粘贴在凭证上或由税务机关在凭证上加盖完税戳记代替贴花。

（二）纳税地点

纳税人为单位的，应当向其机构所在地的主管税务机关申报缴纳印花税；纳税人为个人的，应当向应税凭证书立地或者纳税人居住地的主管税务机关申报缴纳印花税。

不动产产权发生转移的，纳税人应当向不动产所在地的主管税务机关申报缴纳印花税。

纳税人为境外单位或者个人，在境内有代理人的，以其境内代理人为扣缴义务人；在境内没有代理人的，由纳税人自行申报缴纳印花税，具体办法由国务院税务主管部门规定。

证券登记结算机构为证券交易印花税的扣缴义务人，应当向其机构所在地的主管税务机关申报解缴税款以及银行结算的利息。

（三）纳税义务发生时间及纳税期限

印花税的纳税义务发生时间为纳税人书立应税凭证或者完成证券交易的当日。证券交易印花税扣缴义务发生时间为证券交易完成的当日。

印花税按季、按年或者按次计征。实行按季、按年计征的，纳税人应当自季度、年度终了之日起15日内申报缴纳税款；实行按次计征的，纳税人应当自纳税义务发生之日起15日内申报缴纳税款。

证券交易印花税按周解缴。证券交易印花税扣缴义务人应当自每周终了之日起5日内申报解缴税款以及银行结算的利息。

育人园地

历史故事（印花税的产生）	印花税法知多少	印花税的发展	印花税史话，了解印花税的前世今生！

思考

1.印花税立法的意义是什么？
2.基于印花税历史，思考印花税的作用。

■ 任务七　资源税法律制度

任务情境

资源税是以开发应税资源为课税对象，为了调节资源级差收入、体现国有资源有偿使用、促进资源节约集约利用和保护环境，对我国领域和管辖的其他海域开发应税资源的单位和个人征收的税种，资源税属于对自然资源开发课税的范畴。资源税法，就是调整资源税征收与缴纳相关权利和义务的法律规范。

习近平提出了"绿水青山就是金山银山"的重要理念和科学论断。为了贯彻习近平生态文明思想，落实税收法定原则，我国制定了《资源税法》，自2020年9月1日起施行。

某煤矿企业为增值税一般纳税人，2020年1月开采原煤500万吨，销售原煤100万吨，取得不含税销售额2 000万元，另外收取不含增值税装卸费、仓储费共计10万元（不能单独核算）。已知原煤适用的资源税税率为10%。该企业2020年1月应缴纳多少资源税？

任务概述

资源税是对在中华人民共和国领域和中华人民共和国管辖的其他海域开发应税资源的单位和个人，就其开采或生产应税资源征收的一种税。在中华人民共和国领域和中华人民共和国管辖的其他海域开发应税资源的单位和个人，为资源税的纳税人。资源税的应税资源包括矿产和盐两大类，具体包括能源矿产、金属矿产、非金属矿产、水气矿产和盐等五个税目。资源税实行从价计征或从量计征，实行从价计征的，应纳税额按照应税资源产品的销售额乘以具体适用税率计算。销售额，是指纳税人销售应税产品向购买方收取的全部价款和价外费用，但不包括收取的增值税销项税额。实行从量计征的，应纳税额按照应税产品的销售数量乘以具体适用税率计算。销售数量，包括纳税人开采或者生产应税产品的实际销售数量和视同销售的自用数量。《资源税税目税率表》规定了比例税率和定额税率。

纳税人销售应税产品，纳税义务发生时间为收讫销售款或者取得索取销售款凭据的当日；自用应税产品的，纳税义务发生时间为移送应税产品的当日。资源税按月或者按季申报缴纳；不能按固定期限计算缴纳的，可以按次申报缴纳。纳税人应当向应税产品开采地或者生产地的税务机关申报缴纳资源税。纳税人按月或者按季申报缴纳的，应当自月度或者季度终了之日起15日内，向税务机关办理纳税申报并缴纳税款；按次申报缴纳的，应当自纳税义务发生之日起15日内，向税务机关办理纳税申报并缴纳税款。

任务法规

中华人民共和国资源税法

（2019年8月26日第十三届全国人民代表大会常务委员会第十二次会议通过）

第一条　在中华人民共和国领域和中华人民共和国管辖的其他海域开发应税资源的单位和个人，为资源税的纳税人，应当依照本法规定缴纳资源税。

应税资源的具体范围，由本法所附《资源税税目税率表》（以下称《税目税率表》）确定。

第二条　资源税的税目、税率，依照《税目税率表》执行。

《税目税率表》中规定实行幅度税率的，其具体适用税率由省、自治区、直辖市人民政府统筹考虑该应税资源的品位、开采条件以及对生态环境的影响等情况，在《税目税率表》规定的税率幅度内提出，报同级人民代表大会常务委员会决定，并报全国人民代表大会常务委员会和国务院备案。《税目税率表》中规定征税对象为原矿或者选矿的，应当分别确定具体适用税率。

第三条　资源税按照《税目税率表》实行从价计征或者从量计征。

《税目税率表》中规定可以选择实行从价计征或者从量计征的，具体计征方式由省、自治区、直辖市人民政府提出，报同级人民代表大会常务委员会决定，并报全国人民代表大会常务委员会和国务院备案。

实行从价计征的，应纳税额按照应税资源产品（以下称应税产品）的销售额乘以具体适用税率计算。实行从量计征的，应纳税额按照应税产品的销售数量乘以具体适用税率计算。

应税产品为矿产品的，包括原矿和选矿产品。

第四条　纳税人开采或者生产不同税目应税产品的，应当分别核算不同税目应税产品的销售额或者销售数量；未分别核算或者不能准确提供不同税目应税产品的销售额或者销售数量的，从高适用税率。

第五条　纳税人开采或者生产应税产品自用的，应当依照本法规定缴纳资源税；但是，自用于连续生产应税产品的，不缴纳资源税。

第六条　有下列情形之一的，免征资源税：

（一）开采原油以及在油田范围内运输原油过程中用于加热的原油、天然气；

（二）煤炭开采企业因安全生产需要抽采的煤成（层）气。

有下列情形之一的，减征资源税：

（一）从低丰度油气田开采的原油、天然气，减征百分之二十资源税；

（二）高含硫天然气、三次采油和从深水油气田开采的原油、天然气，减征百分之三十资源税；

（三）稠油、高凝油减征百分之四十资源税；

（四）从衰竭期矿山开采的矿产品，减征百分之三十资源税。

根据国民经济和社会发展需要，国务院对有利于促进资源节约集约利用、保护环境等情形可以规定免征或者减征资源税，报全国人民代表大会常务委员会备案。

第七条　有下列情形之一的，省、自治区、直辖市可以决定免征或者减征资源税：

（一）纳税人开采或者生产应税产品过程中，因意外事故或者自然灾害等原因遭受重大损失；

（二）纳税人开采共伴生矿、低品位矿、尾矿。

前款规定的免征或者减征资源税的具体办法，由省、自治区、直辖市人民政府提出，报同级人民代表大会常务委员会决定，并报全国人民代表大会常务委员会和国务院备案。

第八条　纳税人的免税、减税项目，应当单独核算销售额或者销售数量；未单独核算或者不能准确提供销售额或者销售数量的，不予免税或者减税。

第九条　资源税由税务机关依照本法和《中华人民共和国税收征收管理法》的规定税收管理。

税务机关与自然资源等相关部门应当建立工作配合机制，加强资源税税收管理。

第十条　纳税人销售应税产品，纳税义务发生时间为收讫销售款或者取得索取销售款凭据的当日；自用应税产品的，纳税义务发生时间为移送应税产品的当日。

第十一条　纳税人应当向应税产品开采地或者生产地的税务机关申报缴纳资源税。

第十二条　资源税按月或者按季申报缴纳；不能按固定期限计算缴纳的，可以按次申报缴纳。

纳税人按月或者按季申报缴纳的，应当自月度或者季度终了之日起十五日内，向税务机关办理纳税申报并缴纳税款；按次申报缴纳的，应当自纳税义务发生之日起十五日内，向税务机关办理纳税申报并缴纳税款。

第十三条　纳税人、税务机关及其工作人员违反本法规定的，依照《中华人民共和国税收征收管理法》和有关法律法规的规定追究法律责任。

第十四条　国务院根据国民经济和社会发展需要，依照本法的原则，对取用地表水或者地下水的单位和个人试点征收水资源税。征收水资源税的，停止征收水资源费。

水资源税根据当地水资源状况、取用水类型和经济发展等情况实行差别税率。

水资源税试点实施办法由国务院规定，报全国人民代表大会常务委员会备案。

国务院自本法施行之日起五年内，就征收水资源税试点情况向全国人民代表大会常务委员会报告，并及时提出修改法律的建议。

第十五条 中外合作开采陆上、海上石油资源的企业依法缴纳资源税。

2011年11月1日前已依法订立中外合作开采陆上、海上石油资源合同的，在该合同有效期内，继续依照国家有关规定缴纳矿区使用费，不缴纳资源税；合同期满后，依法缴纳资源税。

第十六条 本法下列用语的含义是：

（一）低丰度油气田，包括陆上低丰度油田、陆上低丰度气田、海上低丰度油田、海上低丰度气田。陆上低丰度油田是指每平方公里原油可开采储量丰度低于二十五万立方米的油田；陆上低丰度气田是指每平方公里天然气可开采储量丰度低于二亿五千万立方米的气田；海上低丰度油田是指每平方公里原油可开采储量丰度低于六十万立方米的油田；海上低丰度气田是指每平方公里天然气可开采储量丰度低于六亿立方米的气田。

（二）高含硫天然气，是指硫化氢含量在每立方米三十克以上的天然气。

（三）三次采油，是指二次采油后继续以聚合物驱、复合驱、泡沫驱、气水交替驱、二氧化碳驱、微生物驱等方式进行采油。

（四）深水油气田，是指水深超过三百米的油气田。

（五）稠油，是指地层原油粘度大于或等于每秒五十毫帕或原油密度大于或等于每立方厘米零点九二克的原油。

（六）高凝油，是指凝固点高于四十摄氏度的原油。

（七）衰竭期矿山，是指设计开采年限超过十五年，且剩余可开采储量下降到原设计可开采储量的百分之二十以下或者剩余开采年限不超过五年的矿山。衰竭期矿山以开采企业下属的单个矿山为单位确定。

第十七条 本法自 2020 年 9 月 1 日起施行。1993 年 12 月 25 日国务院发布的《中华人民共和国资源税暂行条例》同时废止。

任务相关知识

一、资源税的概念、纳税人与特征

资源税是对在中华人民共和国领域和中华人民共和国管辖的其他海域开发应税资源的单位和个人就其开采或生产应税资源征收的一种税。在中华人民共和国领域和中华人民共和国管辖的其他海域开发应税资源的单位和个人，为资源税的纳税人。

资源税具有以下几个特征：

1. 征收范围特定

虽然自然资源包括的范围很广，但我国资源税只对矿产品和盐征收。

2. 税率包括固定税率和幅度税率，大多为幅度税率

资源税按照资源的不同条件和质量，对大多数税目实行差别税率，即"资源条件好、收入多的多征；资源条件差、收入少的少征"。这种征收方式不仅稳定了财政收入，而且有利于促使资源开采企业降低成本，提高经济效率。

3. 实行一次性源泉课征制

我国资源税是对开采或生产应税资源进行销售或自用的单位和个人，仅在销售或移作自用时，在开采或生产地源泉控制征收，对批发、零售已税资源产品及用已税资源产品进一步加工应税产品销售的不再征收资源税。

二、资源税的税目和税率

资源税的应税资源包括矿产和盐两大类，具体包括以下五个税目：

1. 能源矿产

能源矿产又称燃料矿产、矿物能源。主要有液态的石油，气态的天然气、页岩气、煤层气，固态的煤、铀、钍、油页岩、油砂、天然沥青、石煤，还有呈液态、气态的地热资源等。

2.金属矿产

金属矿产指从中提取某种金属元素或化合物的矿产。

通常人们根据金属的颜色和性质等特征，将金属分为黑色金属和有色金属两大类。黑色金属主要指铁及其合金，如钢、生铁、铁合金、铸铁等。黑色金属以外的金属称为有色金属。

3.非金属矿产

非金属矿产是与金属矿产相对而言的，非金属矿产包括矿物类、岩石类和宝玉石类。

4.水气矿产

水气矿产包括矿泉水、二氧化碳气、硫化氢气、氦气和氡气。

5.盐

盐包括钠盐、钾盐、镁盐、锂盐、天然卤水和海盐。

资源税实行从价计征或从量计征，《资源税税目税率表》规定了比例税率和定额税率，如表6-4所示。

表6-4 资源税税目税率表

税 目			征税对象	税率
能源矿产	原油		原矿	6%
	天然气、页岩气、天然气水合物		原矿	6%
	煤		原矿或者选矿	2%~10%
	煤成（层）气		原矿	1%~2%
	铀、钍		原矿	4%
	油页岩、油砂、天然沥青、石煤		原矿或者选矿	1%~4%
	地热		原矿	1%~20%或者每立方米1~30元
金属矿产	黑色金属	铁、锰、铬、钒、钛	原矿或者选矿	1%~9%
	有色金属	铜、铅、锌、锡、镍、锑、镁、钴、铋、汞	原矿或者选矿	2%~10%
		铝土矿	原矿或者选矿	2%~9%
		钨	选矿	6.5%
		钼	选矿	8%
		金、银	原矿或者选矿	2%~6%
		铂、钯、钌、锇、铱、铑	原矿或者选矿	5%~10%
		轻稀土	选矿	7%~12%
		中重稀土	选矿	20%
		铍、锂、锆、锶、铷、铯、铌、钽、锗、镓、铟、铊、铪、铼、镉、硒、碲	原矿或者选矿	2%~10%
非金属矿产	矿物类	高岭土	原矿或者选矿	1%~6%
		石灰岩	原矿或者选矿	1%~6%或者每吨（或者每立方米）1~10元
		磷	原矿或者选矿	3%~8%
		石墨	原矿或者选矿	3%~12%
		萤石、硫铁矿、自然硫	原矿或者选矿	1%~8%

税　　目			征税对象	税率
		天然石英砂、脉石英、粉石英、水晶、工业用金刚石、冰洲石、蓝晶石、硅线石（砂线石）、长石、滑石、刚玉、菱镁矿、颜料矿物、天然碱、芒硝、钠硝石、明矾石、砷、硼、碘、溴、膨润土、硅藻土、陶瓷土、耐火黏土、铁矾土、凹凸棒石黏土、海泡石黏土、伊利石黏土、累托石黏土	原矿或者选矿	1%~12%
		叶蜡石、硅灰石、透辉石、珍珠岩、云母、沸石、重晶石、毒重石、方解石、蛭石、透闪石、工业用电气石、白垩、石棉、蓝石棉、红柱石、石榴子石、石膏	原矿或者选矿	2%~12%
		其他黏土（铸型用黏土、砖瓦用黏土、陶粒用黏土、水泥配料用黏土、水泥配料用红土、水泥配料用黄土、水泥配料用泥岩、保温材料用黏土）	原矿或者选矿	1%~5%或者每吨（或者每立方米）0.1~5元
	岩石类	大理岩、花岗岩、白云岩、石英岩、砂岩、辉绿岩、安山岩、闪长岩、板岩、玄武岩、片麻岩、角闪岩、页岩、浮石、凝灰岩、黑曜岩、霞石正长岩、蛇纹岩、麦饭石、泥灰岩、含钾岩石、含钾砂页岩、天然油石、橄榄岩、松脂岩、粗面岩、辉长岩、辉石岩、正长岩、火山灰、火山渣、泥炭	原矿或者选矿	1%~10%
		砂石	原矿或者选矿	1%~5%或者每吨（或者每立方米）0.1~5元
	宝玉石类	宝石、玉石、宝石级金刚石、玛瑙、黄玉、碧玺	原矿或者选矿	4%~20%
水气矿产	二氧化碳气、硫化氢气、氦气、氡气		原矿	2%~5%
	矿泉水		原矿	1%~20%或者每立方米1~30元
盐	钠盐、钾盐、镁盐、锂盐		选矿	3%~15%
	天然卤水		原矿	3%~15%或者每吨（或者每立方米）1~10元
	海盐			2%~5%

三、资源税应纳税额的计算

资源税的计税依据为应税资源的销售额或销售数量。销售额，是指纳税人销售应税产品向购买方收取的全部价款和价外费用，但不包括收取的增值税销项税额。销售数量，包括纳税人开采或者生产应税产品的实际销售数量和视同销售的自用数量。

实行从价计征的，应纳税额按照应税资源产品的销售额乘以具体适用税率计算，计算公式为：

$$应纳税额 = 应税资源产品的销售额 × 具体适用税率$$

【例题】某油田2024年1月销售原油2 000吨，开具增值税专用发票取得销售额1 000万元、增值税税额130万元，按资源税法所附《资源税税目税率表》的规定，其适用税率为6%。计算该油田当月应缴纳的资源税税额。

【解析】应纳税额=1 000×6%=60（万元）。

实行从量计征的，应纳税额按照应税产品的销售数量乘以具体适用税率计算，计算公式为：

$$应纳税额=应税产品的销售数量×具体适用税率$$

【例题】某砂石开采企业2024年3月销售砂石5 000立方米，资源税税率为2元/立方米。计算该企业当月应缴纳的资源税税额。

【解析】应纳税额=5 000×2=10 000（元）。

四、资源税的税收管理

纳税人销售应税产品，纳税义务发生时间为收讫销售款或者取得索取销售款凭据的当日；自用应税产品的，纳税义务发生时间为移送应税产品的当日。

纳税人应当向应税产品开采地或者生产地的税务机关申报缴纳资源税。

资源税按月或者按季申报缴纳；不能按固定期限计算缴纳的，可以按次申报缴纳。

纳税人按月或者按季申报缴纳的，应当自月度或者季度终了之日起15日内，向税务机关办理纳税申报并缴纳税款；按次申报缴纳的，应当自纳税义务发生之日起15日内，向税务机关办理纳税申报并缴纳税款。

育人园地

绿色税制
一图了解绿色税收之水资源税

思考

1.为什么征收资源税？

2.资源税是如何约束企业行为，节约资源，助力绿色发展的？

■ 任务八　城市维护建设税法律制度和教育费附加、地方教育附加法律制度

任务情境

城市维护建设税和教育费附加、地方教育附加属于附加税费。

城市维护建设税是指对在中国境内缴纳增值税、消费税的单位和个人征收的一种用于城市的公用事业和公共设施维护的一种税。

中华人民共和国成立以来，我国的城市维护和城市建设取得了较大的成绩，但国家在城市维护建设方面的资金一直不足。为了扩大城市维护建设资金，1985年我国颁布了《中华人民共和国城市维护建设税暂行条例》，2020年进一步颁布了《城市维护建设税法》。城市维护建设税法，是指国家制定的用以调整城市维护建设税征收与缴纳权利义务关系的法律规范。

教育费附加是为了加快地方教育事业、扩大地方教育经费的资金而征收的一项专项基金。为了扩大教育经费筹措渠道，1986年国务院颁布了《征收教育费附加的暂行规定》，规定从1986年7月1日起在全国内开征教育附加费。2006年，《中华人民共和国教育法》开始施行，其中第五十八条规定："税务机关依法足额征收教育费附加，由教育行政部门统筹管理，主要用于实施义务教育。省、自治区、直辖市人民政府根据国务院的有关规定，可以决定开征用于教育的地方附加费，专款专用。"2010年，财政部下发了《财政部关于统一地方教育附加政策有关问题的通知》，通知要求尚未开征地方教育附加的省份尽快开征地方教育附加，并将地方教育附加征收标准统一为单位和个人（包括外商投资企业、外国企业及外籍个人）实际缴纳的增值税、营业税和消费税税额的2%。

任务概述

城市维护建设税和教育费附加、地方教育附加是对在中华人民共和国境内缴纳增值税、消费税的单位和个人征收的专项税费。

城市维护建设税和教育费附加、地方教育附加以纳税人实际缴纳的增值税、消费税税额为计税依据，城市维护建设税根据纳税人所在地区的不同，设置了7%、5%和1%三档地区差别比例税率，教育费附加征收率为3%，地方教育附加征收率为2%。

城市维护建设税和教育费附加、地方教育附加都按照纳税人实际缴纳的增值税、消费税税额乘以具体的适用税率计算应纳税额。城市维护建设税和教育费附加、地方教育附加的税收管理，按照消费税、增值税的有关规定办理。城市维护建设税和教育费附加、地方教育附加与增值税、消费税同时缴纳。

任务法规

中华人民共和国城市维护建设税法

（2020年8月11日第十三届全国人民代表大会常务委员会第二十一次会议通过）

第一条　在中华人民共和国境内缴纳增值税、消费税的单位和个人，为城市维护建设税的纳税人，应当依照本法规定缴纳城市维护建设税。

第二条　城市维护建设税以纳税人依法实际缴纳的增值税、消费税税额为计税依据。

城市维护建设税的计税依据应当按照规定扣除期末留抵退税退还的增值税税额。

城市维护建设税计税依据的具体确定办法，由国务院依据本法和有关税收法律、行政法规规定，报全国人民代表大会常务委员会备案。

第三条　对进口货物或者境外单位和个人向境内销售劳务、服务、无形资产缴纳的增值税、消费税税额，不征收城市维护建设税。

第四条　城市维护建设税税率如下：

（一）纳税人所在地在市区的，税率为百分之七；

（二）纳税人所在地在县城、镇的，税率为百分之五；

（三）纳税人所在地不在市区、县城或者镇的，税率为百分之一。

前款所称纳税人所在地，是指纳税人住所地或者与纳税人生产经营活动相关的其他地点，具体地点由省、自治区、直辖市确定。

第五条　城市维护建设税的应纳税额按照计税依据乘以具体适用税率计算。

第六条　根据国民经济和社会发展的需要，国务院对重大公共基础设施建设、特殊产业和群体以及重大突发事件应对等情形可以规定减征或者免征城市维护建设税，报全国人民代表大会常务委员会备案。

第七条　城市维护建设税的纳税义务发生时间与增值税、消费税的纳税义务发生时间一致，分别与增值税、消费税同时缴纳。

第八条　城市维护建设税的扣缴义务人为负有增值税、消费税扣缴义务的单位和个人，在扣缴增值税、消费税的同时扣缴城市维护建设税。

第九条　城市维护建设税由税务机关依照本法和《中华人民共和国税收征收管理法》的规定税收管理。

第十条　纳税人、税务机关及其工作人员违反本法规定的，依照《中华人民共和国税收征收管理法》和有关法律法规的规定追究法律责任。

第十一条　本法自2021年9月1日起施行。1985年2月8日国务院发布的《中华人民共和国城市维护建设税暂行条例》同时废止。

征收教育费附加的暂行规定

（1986年4月28日国务院发布　根据1990年6月7日《国务院关于修改〈征收教育费附加的暂行规定〉的决定》第一次修订　根据2005年8月20日《国务院关于修改〈征收教育费附加的暂行规定〉的决定》第二次修订　根据2011年1月8日《国务院关于废止和修改部分行政法规的决定》第三次修订）

第一条　为贯彻落实《中共中央关于教育体制改革的决定》，加快发展地方教育事业，扩大地方教育经费的资金来源，特制定本规定。

第二条　凡缴纳消费税、增值税、营业税的单位和个人，除按照《国务院关于筹措农村学校办学经费的通知》（国发〔1984〕174号文）的规定，缴纳农村教育事业费附加的单位外，都应当依照本规定缴纳教育费附加。

第三条　教育费附加，以各单位和个人实际缴纳的增值税、营业税、消费税的税额为计征依据，教育费附加率为3%，分别与增值税、营业税、消费税同时缴纳。

除国务院另有规定者外，任何地区、部门不得擅自提高或者降低教育费附加率。

第四条　依照现行有关规定，除铁道系统、中国人民银行总行、各专业银行总行、保险总公司的教育附加随同营业税上缴中央财政外，其余单位和个人的教育费附加，均就地上缴地方财政。

第五条　教育费附加由税务机关负责征收。

教育费附加纳入预算管理，作为教育专项资金，根据"先收后支、列收列支、收支平衡"的原则使用和管理。地方各级人民政府应当依照国家有关规定，使预算内教育事业费逐步增长，不得因教育费附加纳入预算专项资金管理而抵顶教育事业费拨款。

第六条　教育费附加的税收管理，按照消费税、增值税、营业税的有关规定办理。

第七条　企业缴纳的教育费附加，一律在销售收入（或营业收入）中支付。

第八条　地方征收的教育费附加，按专项资金管理，由教育部门统筹安排，提出分配方案，商同级财政部门同意后，用于改善中小学教学设施和办学条件，不得用于职工福利和发放奖金。

铁道系统、中国人民银行总行、各专业银行总行、保险总公司随同营业税上缴的教育费附加，由国家教育委员会按年度提出分配方案，商财政部同意后，用于基础教育的薄弱环节。

地方征收的教育费附加，主要留归当地安排使用。省、自治区、直辖市可根据各地征收教育费附加的实际情况，适当提取一部分数额，用于地区之间的调剂、平衡。

第九条 地方各级教育部门每年应定期向当地人民政府、上级主管部门和财政部门，报告教育费附加的收支情况。

第十条 凡办有职工子弟学校的单位，应当先按本规定缴纳教育费附加；教育部门可根据它们办学的情况酌情返还给办学单位，作为对所办学校经费的补贴。办学单位不得借口缴纳教育费附加而撤并学校，或者缩小办学规模。

第十一条 征收教育费附加以后，地方各级教育部门和学校，不准以任何名目向学生家长和单位集资，或者变相集资，不准以任何借口不让学生入学。

对违反前款规定者，其上级教育部门要予以制止，直接责任人员要给予行政处分。单位和个人有权拒缴。

第十二条 本规定由财政部负责解释。各省、自治区、直辖市人民政府可结合当地实际情况制定实施办法。

第十三条 本规定从1986年7月1日起施行。

任务相关知识

一、城市维护建设税

（一）城市维护建设税的概念和特征

城市维护建设税是对在中华人民共和国境内缴纳增值税、消费税的单位和个人征收的一种税。城市维护建设税用于城市公用事业和公共设施的维护建设。

我国现行城市维护建设税主要有以下几个特点：

1.税款专款专用

城市维护建设税专款专用，用来保证城市的公共事业和公共设施的维护和建设。

2.属于附加税

城市维护建设税没有特定的征税对象，是以纳税人实际缴纳的增值税、消费税的税额之和为计税依据。

3.根据城镇规模设计地区差别比例税率

城市维护建设税根据城镇规模不同，设计不同比例税率。

4.征收范围广

城市维护建设税是增值税、消费税的附加税，而增值税、消费税是我国的主要税种，征收范围广，因此，城市维护建设税的征收范围也相应比较广。

（二）城市维护建设税的计税依据

城市维护建设税以纳税人实际缴纳的增值税、消费税税额为计税依据，具体办法由国务院规定。

对进口货物或者境外单位和个人向境内销售劳务、服务、无形资产缴纳的增值税、消费税税额，不征收城市维护建设税。

（三）城市维护建设税的税率

城市维护建设税税率如下：

（1）纳税人所在地在市区的，税率为7%；

（2）纳税人所在地在县城、镇的，税率为5%；

（3）纳税人所在地不在市区、县城或者镇的，税率为1%。

以上所称的纳税人所在地，是指纳税人住所地或者与纳税人生产经营活动相关的其他地点，具体地点由省、自治区、直辖市确定。

（四）城市维护建设税应纳税额的计算

城市维护建设税的应纳税额按照纳税人实际缴纳的增值税、消费税税额乘以具体的适用税率计算，计算公式为：

应纳税额＝（纳税人实际缴纳的增值税税额＋纳税人实际缴纳的消费税税额）×适用税率

【例题】位于某市区的一家企业，某月实际缴纳增值税30 000元、消费税20 000元。计算该企业当月应申报缴纳的城市维护建设税。

【解析】应缴纳的城市维护建设税=（30 000+20 000）×7%=3 500（元）。

（五）城市维护建设税的纳税人

在中华人民共和国境内缴纳增值税、消费税的单位和个人，为城市维护建设税的纳税人。

城市维护建设税的扣缴义务人为负有增值税、消费税扣缴义务的单位和个人，在扣缴增值税、消费税的同时扣缴城市维护建设税。

（六）城市维护建设税的税收管理

城市维护建设税与增值税、消费税同时缴纳。

城市维护建设税的扣缴义务人为负有增值税、消费税扣缴义务的单位和个人，在扣缴增值税、消费税的同时扣缴城市维护建设税。

二、教育费附加和地方教育附加

教育费附加是对缴纳增值税、消费税的单位和个人征收，专门用于发展地方教育事业的专项附加费。

教育费附加，以各单位和个人实际缴纳的增值税、消费税的税额为计征依据，对海关进口的产品征收的增值税、消费税，不征收教育费附加。

教育费附加率为3%，地方教育附加率为2%。

教育费附加按照纳税人实际缴纳的增值税、消费税税额乘以附加率计算，计算公式为：

应纳教育附加＝（纳税人实际缴纳的增值税税额＋纳税人实际缴纳的消费税税额）×附加率

【例题】某公司某月向税务机关实际缴纳增值税10万元、消费税5万元；向海关缴纳进口环节增值税4万元、消费税3万元。已知教育费附加征收比率为3%，地方教育附加征收率为2%。该公司当月应当缴纳多少教育附加费？

【解析】

应纳教育费附加＝（10+5）×3%=0.45（万元）。

应纳地方教育附加＝（10+5）×2%=0.3（万元）。

凡缴纳消费税、增值税的单位和个人都应当缴纳教育费附加。

教育费附加的税收管理，按照消费税、增值税的有关规定办理。教育费附加与增值税、消费税同时缴纳。

育人园地

与您同行　　　　快速了解城市维　　　扎实推动教育强
　　　　　　　　护建设税　　　　　国建设

思考

1.为什么征收城市维护建设税？

2.城市维护建设税税收优惠政策的意义是什么？

3.为什么征收教育费附加？

■ 任务九　关税法律制度

任务情境

关税是海关对进出境的货物、物品征收的一种税。关税法是指国家制定的调整关税征收与缴纳权利义务关系的法律规范。我国现行关税法律制度主要包括《中华人民共和国海关法》《中华人民共和国进出口关税条例》《中华人民共和国海关进出口税则》和《中华人民共和国海关入境旅客行李物品和个人邮递物品征收进口税办法》。

为进一步规范关税的征收和缴纳，我国加快了《关税法》的立法程序。2023年12月29日，《中华人民共和国关税法（修订草案）》公布并向社会征求意见。

任务概述

关税是海关对进出境的货物、物品征收的一种税。货物和物品的主要区别在于其性质的不同，货物具有贸易性质，具有营利的目的，而进出境物品以自用而不是以营利为目的。另外，海关法对进出境物品的数量也有一定的限制，超出了法定的数量，按货物对待。

关税的种类有很多，包括进口关税、出口关税和过境关税等。我国不征收过境关税，出口关税征收的范围也很小，主要征收进口关税。

关税从价税的，关税税额=应税进（出）口货物数量×单位完税价格×税率。完税价格即用来计算缴纳关税税款的价格，完税价格并非买卖双方的实际货物成交价格，而是由海关在此基础上进行审查后确定的价格。进口货物完税价格由海关以货物的到岸价格（CIF中国口岸价格[①]）为基础审查确定。出口货物的完税价格由海关以该货物的离岸价格（FOB中国港口价格[②]）审查确定。

进口关税的税率比较多，有最惠国税率、协定税率、特惠税率、普通税率、关税配额税率、暂定税率等多种税率形式。出口关税设置出口税率，在一定期限内也可以实行暂定税率。

任务法规

中华人民共和国进出口关税条例

（2003年11月23日中华人民共和国国务院令392号公布　根据2011年1月8日《国务院关于废止和修改部分行政法规的决定》第一次修订　根据2013年12月7日《国务院关于修改部分行政法规的决定》第二次修订　根据2016年2月6日《国务院关于修改部分行政法规的决定》第三次修订　根据2017年3月1日《国务院关于修改和废止部分行政法规的决定》第四次修订）

[①] CIF价格，即成本加保险费加运费价格，是国际贸易中一种常用的贸易术语。它代表了卖方在将货物装上船并承担运费和保险费之前，将货物交付给买方的价格。CIF价格的构成主要包括三个部分：成本（Cost）、保险费（Insurance）和运费（Freight）。CIF中国口岸价格，是指卖方将货物运输至中国口岸，并承担运费和保险费的价格。

[②] FOB，全称是Free On Board，即"装运港船上交货"，是国际贸易中常用的贸易术语之一。该术语规定卖方必须在指定的装运港将货物交到买方指定的船上，并办理货物出口清关手续。在FOB术语下，卖方需要支付将货物运至指定装运港并越过船舷之前的所有费用。

第一章 总则

第一条 为了贯彻对外开放政策，促进对外经济贸易和国民经济的发展，根据《中华人民共和国海关法》(以下简称《海关法》)的有关规定，制定本条例。

第二条 中华人民共和国准许进出口的货物、进境物品，除法律、行政法规另有规定外，海关依照本条例规定征收进出口关税。

第三条 国务院制定《中华人民共和国进出口税则》(以下简称《税则》)、《中华人民共和国进境物品进口税税率表》(以下简称《进境物品进口税税率表》)，规定关税的税目、税则号列和税率，作为本条例的组成部分。

第四条 国务院设立关税税则委员会，负责《税则》和《进境物品进口税税率表》的税目、税则号列和税率的调整和解释，报国务院批准后执行；决定实行暂定税率的货物、税率和期限；决定关税配额税率；决定征收反倾销税、反补贴税、保障措施关税、报复性关税以及决定实施其他关税措施；决定特殊情况下税率的适用，以及履行国务院规定的其他职责。

第五条 进口货物的收货人、出口货物的发货人、进境物品的所有人，是关税的纳税义务人。

第六条 海关及其工作人员应当依照法定职权和法定程序履行关税征管职责，维护国家利益，保护纳税人合法权益，依法接受监督。

第七条 纳税义务人有权要求海关对其商业秘密予以保密，海关应当依法为纳税义务人保密。

第八条 海关对检举或者协助查获违反本条例行为的单位和个人，应当按照规定给予奖励，并负责保密。

第二章 进出口货物关税税率的设置和适用

第九条 进口关税设置最惠国税率、协定税率、特惠税率、普通税率、关税配额税率等税率。对进口货物在一定期限内可以实行暂定税率。

出口关税设置出口税率。对出口货物在一定期限内可以实行暂定税率。

第十条 原产于共同适用最惠国待遇条款的世界贸易组织成员的进口货物，原产于与中华人民共和国签订含有相互给予最惠国待遇条款的双边贸易协定的国家或者地区的进口货物，以及原产于中华人民共和国境内的进口货物，适用最惠国税率。

原产于与中华人民共和国签订含有关税优惠条款的区域性贸易协定的国家或者地区的进口货物，适用协定税率。

原产于与中华人民共和国签订含有特殊关税优惠条款的贸易协定的国家或者地区的进口货物，适用特惠税率。

原产于本条第一款、第二款和第三款所列以外国家或者地区的进口货物，以及原产地不明的进口货物，适用普通税率。

第十一条 适用最惠国税率的进口货物有暂定税率的，应当适用暂定税率；适用协定税率、特惠税率的进口货物有暂定税率的，应当从低适用税率；适用普通税率的进口货物，不适用暂定税率。

适用出口税率的出口货物有暂定税率的，应当适用暂定税率。

第十二条 按照国家规定实行关税配额管理的进口货物，关税配额内的，适用关税配额税率；关税配额外的，其税率的适用按照本条例第十条、第十一条的规定执行。

第十三条 按照有关法律、行政法规的规定对进口货物采取反倾销、反补贴、保障措施的，其税率的适用按照《中华人民共和国反倾销条例》《中华人民共和国反补贴条例》和《中华人民共和国保障措施条例》的有关规定执行。

第十四条 任何国家或者地区违反与中华人民共和国签订或者共同参加的贸易协定及相关协定，对中华人民共和国在贸易方面采取禁止、限制、加征关税或者其他影响正常贸易的措施的，对原产于该国家或者地区的进口货物可以征收报复性关税，适用报复性关税税率。

征收报复性关税的货物、适用国别、税率、期限和征收办法，由国务院关税税则委员会决定并公布。

第十五条 进出口货物，应当适用海关接受该货物申报进口或者出口之日实施的税率。

进口货物到达前，经海关核准先行申报的，应当适用装载该货物的运输工具申报进境之日实施的税率。

转关运输货物税率的适用日期，由海关总署另行规定。

第十六条 有下列情形之一，需缴纳税款的，应当适用海关接受申报办理纳税手续之日实施的税率：

（一）保税货物经批准不复运出境的；

（二）减免税货物经批准转让或者移作他用的；

（三）暂准进境货物经批准不复运出境，以及暂准出境货物经批准不复运进境的；

（四）租赁进口货物，分期缴纳税款的。

第十七条 补征和退还进出口货物关税，应当按照本条例第十五条或者第十六条的规定确定适用的税率。

因纳税义务人违反规定需要追征税款的，应当适用该行为发生之日实施的税率；行为发生之日不能确定的，适用海关发现该行为之日实施的税率。

第三章 进出口货物完税价格的确定

第十八条 进口货物的完税价格由海关以符合本条第三款所列条件的成交价格以及该货物运抵中华人民共和国境内输入地点起卸前的运输及其相关费用、保险费为基础审查确定。

进口货物的成交价格，是指卖方向中华人民共和国境内销售该货物时买方为进口该货物向卖方实付、应付的，并按照本条例第十九条、第二十条规定调整后的价款总额，包括直接支付的价款和间接支付的价款。

进口货物的成交价格应当符合下列条件：

（一）对买方处置或者使用该货物不予限制，但法律、行政法规规定实施的限制、对货物转售地域的限制和对货物价格无实质性影响的限制除外；

（二）该货物的成交价格没有因搭售或者其他因素的影响而无法确定；

（三）卖方不得从买方直接或者间接获得因该货物进口后转售、处置或者使用而产生的任何收益，或者虽有收益但能够按照本条例第十九条、第二十条的规定进行调整；

（四）买卖双方没有特殊关系，或者虽有特殊关系但未对成交价格产生影响。

第十九条 进口货物的下列费用应当计入完税价格：

（一）由买方负担的购货佣金以外的佣金和经纪费；

（二）由买方负担的在审查确定完税价格时与该货物视为一体的容器的费用；

（三）由买方负担的包装材料费用和包装劳务费用；

（四）与该货物的生产和向中华人民共和国境内销售有关的，由买方以免费或者以低于成本的方式提供并可以按适当比例分摊的料件、工具、模具、消耗材料及类似货物的价款，以及在境外开发、设计等相关服务的费用；

（五）作为该货物向中华人民共和国境内销售的条件，买方必须支付的、与该货物有关的特许权使用费；

（六）卖方直接或者间接从买方获得的该货物进口后转售、处置或者使用的收益。

第二十条 进口时在货物的价款中列明的下列税收、费用，不计入该货物的完税价格：

（一）厂房、机械、设备等货物进口后进行建设、安装、装配、维修和技术服务的费用；

（二）进口货物运抵境内输入地点起卸后的运输及其相关费用、保险费；

（三）进口关税及国内税收。

第二十一条 进口货物的成交价格不符合本条例第十八条第三款规定条件的，或者成交价格不能确定的，海关经了解有关情况，并与纳税义务人进行价格磋商后，依次以下列价格估定该货物的完税价格：

（一）与该货物同时或者大约同时向中华人民共和国境内销售的相同货物的成交价格；

（二）与该货物同时或者大约同时向中华人民共和国境内销售的类似货物的成交价格；

（三）与该货物进口的同时或者大约同时，将该进口货物、相同或者类似进口货物在第一级销售环节销售给无特殊关系买方最大销售总量的单位价格，但应当扣除本条例第二十二条规定的项目；

（四）按照下列各项总和计算的价格：生产该货物所使用的料件成本和加工费用，向中华人民共和国境内销售同等级或者同种类货物通常的利润和一般费用，该货物运抵境内输入地点起卸前的运输及其相关费用、保险费；

（五）以合理方法估定的价格。

纳税义务人向海关提供有关资料后，可以提出申请，颠倒前款第（三）项和第（四）项的适用次序。

第二十二条　按照本条例第二十一条第一款第（三）项规定估定完税价格，应当扣除的项目是指：

（一）同等级或者同种类货物在中华人民共和国境内第一级销售环节销售时通常的利润和一般费用以及通常支付的佣金；

（二）进口货物运抵境内输入地点起卸后的运输及其相关费用、保险费；

（三）进口关税及国内税收。

第二十三条　以租赁方式进口的货物，以海关审查确定的该货物的租金作为完税价格。

纳税义务人要求一次性缴纳税款的，纳税义务人可以选择按照本条例第二十一条的规定估定完税价格，或者按照海关审查确定的租金总额作为完税价格。

第二十四条　运往境外加工的货物，出境时已向海关报明并在海关规定的期限内复运进境的，应当以境外加工费和料件费以及复运进境的运输及其相关费用和保险费审查确定完税价格。

第二十五条　运往境外修理的机械器具、运输工具或者其他货物，出境时已向海关报明并在海关规定的期限内复运进境的，应当以境外修理费和料件费审查确定完税价格。

第二十六条　出口货物的完税价格由海关以该货物的成交价格以及该货物运至中华人民共和国境内输出地点装载前的运输及其相关费用、保险费为基础审查确定。

出口货物的成交价格，是指该货物出口时卖方为出口该货物应当向买方直接收取和间接收取的价款总额。

出口关税不计入完税价格。

第二十七条　出口货物的成交价格不能确定的，海关经了解有关情况，并与纳税义务人进行价格磋商后，依次以下列价格估定该货物的完税价格：

（一）与该货物同时或者大约同时向同一国家或者地区出口的相同货物的成交价格；

（二）与该货物同时或者大约同时向同一国家或者地区出口的类似货物的成交价格；

（三）按照下列各项总和计算的价格：境内生产相同或者类似货物的料件成本、加工费用，通常的利润和一般费用，境内发生的运输及其相关费用、保险费；

（四）以合理方法估定的价格。

第二十八条　按照本条例规定计入或者不计入完税价格的成本、费用、税收，应当以客观、可量化的数据为依据。

第四章　进出口货物关税的征收

第二十九条　进口货物的纳税义务人应当自运输工具申报进境之日起14日内，出口货物的纳税义务人除海关特准的外，应当在货物运抵海关监管区后、装货的24小时以前，向货物的进出境地海关申报。进出口货物转关运输的，按照海关总署的规定执行。

进口货物到达前，纳税义务人经海关核准可以先行申报。具体办法由海关总署另行规定。

第三十条　纳税义务人应当依法如实向海关申报，并按照海关的规定提供有关确定完税价格、进行商品归类、确定原产地以及采取反倾销、反补贴或者保障措施等所需的资料；必要时，海关可以要求纳税义务人补充申报。

第三十一条　纳税义务人应当按照《税则》规定的目录条文和归类总规则、类注、章注、子目注释以及其他归类注释，对其申报的进出口货物进行商品归类，并归入相应的税则号列；海关应当依法审核确定该货物的商品归类。

第三十二条　海关可以要求纳税义务人提供确定商品归类所需的有关资料；必要时，海关可以组织化验、检验，并将海关认定的化验、检验结果作为商品归类的依据。

第三十三条　海关为审查申报价格的真实性和准确性，可以查阅、复制与进出口货物有关的合同、发票、账册、结付汇凭证、单据、业务函电、录音录像制品和其他反映买卖双方关系及交易活动的资料。

海关对纳税义务人申报的价格有怀疑并且所涉关税数额较大的，经直属海关关长或者其授权的隶属海关关长批准，凭海关总署统一格式的协助查询账户通知书及有关工作人员的工作证件，可以查询纳税义务人在银行或者其他金融机构开立的单位账户的资金往来情况，并向银行业监督管理机构通报有关情况。

第三十四条 海关对纳税义务人申报的价格有怀疑的，应当将怀疑的理由书面告知纳税义务人，要求其在规定的期限内书面作出说明、提供有关资料。

纳税义务人在规定的期限内未作说明、未提供有关资料的，或者海关仍有理由怀疑申报价格的真实性和准确性的，海关可以不接受纳税义务人申报的价格，并按照本条例第三章的规定估定完税价格。

第三十五条 海关审查确定进出口货物的完税价格后，纳税义务人可以以书面形式要求海关就如何确定其进出口货物的完税价格作出书面说明，海关应当向纳税义务人作出书面说明。

第三十六条 进出口货物关税，以从价计征、从量计征或者国家规定的其他方式征收。

从价计征的计算公式为：应纳税额＝完税价格×关税税率

从量计征的计算公式为：应纳税额＝货物数量×单位税额

第三十七条 纳税义务人应当自海关填发税款缴款书之日起15日内向指定银行缴纳税款。纳税义务人未按期缴纳税款的，从滞纳税款之日起，按日加收滞纳税款万分之五的滞纳金。

海关可以对纳税义务人欠缴税款的情况予以公告。

海关征收关税、滞纳金等，应当制发缴款凭证，缴款凭证格式由海关总署规定。

第三十八条 海关征收关税、滞纳金等，应当按人民币计征。

进出口货物的成交价格以及有关费用以外币计价的，以中国人民银行公布的基准汇率折合为人民币计算完税价格；以基准汇率币种以外的外币计价的，按照国家有关规定套算为人民币计算完税价格。适用汇率的日期由海关总署规定。

第三十九条 纳税义务人因不可抗力或者在国家税收政策调整的情形下，不能按期缴纳税款的，经海关批准，可以延期缴纳税款，但是最长不得超过6个月。

第四十条 进出口货物的纳税义务人在规定的纳税期限内有明显的转移、藏匿其应税货物以及其他财产迹象的，海关可以责令纳税义务人提供担保；纳税义务人不能提供担保的，海关可以按照《海关法》第六十一条的规定采取税收保全措施。

纳税义务人、担保人自缴纳税款期限届满之日起超过3个月仍未缴纳税款的，海关可以按照《海关法》第六十条的规定采取强制措施。

第四十一条 加工贸易的进口料件按照国家规定保税进口的，其制成品或者进口料件未在规定的期限内出口的，海关按照规定征收进口关税。

加工贸易的进口料件进境时按照国家规定征收进口关税的，其制成品或者进口料件在规定的期限内出口的，海关按照有关规定退还进境时已征收的关税税款。

第四十二条 经海关批准暂时进境或者暂时出境的下列货物，在进境或者出境时纳税义务人向海关缴纳相当于应纳税款的保证金或者提供其他担保的，可以暂不缴纳关税，并应当自进境或者出境之日起6个月内复运出境或者复运进境；经纳税义务人申请，海关可以根据海关总署的规定延长复运出境或者复运进境的期限：

（一）在展览会、交易会、会议及类似活动中展示或者使用的货物；

（二）文化、体育交流活动中使用的表演、比赛用品；

（三）进行新闻报道或者摄制电影、电视节目使用的仪器、设备及用品；

（四）开展科研、教学、医疗活动使用的仪器、设备及用品；

（五）在本款第（一）项至第（四）项所列活动中使用的交通工具及特种车辆；

（六）货样；

（七）供安装、调试、检测设备时使用的仪器、工具；

（八）盛装货物的容器；

（九）其他用于非商业目的的货物。

第一款所列暂准进境货物在规定的期限内未复运出境的，或者暂准出境货物在规定的期限内未复运进境的，海关应当依法征收关税。

第一款所列可以暂时免征关税范围以外的其他暂准进境货物，应当按照该货物的完税价格和其在境内滞留时间与折旧时间的比例计算征收进口关税。具体办法由海关总署规定。

第四十三条 因品质或者规格原因，出口货物自出口之日起1年内原状复运进境的，不征收进口关税。

因品质或者规格原因，进口货物自进口之日起1年内原状复运出境的，不征收出口关税。

第四十四条　因残损、短少、品质不良或者规格不符原因，由进出口货物的发货人、承运人或者保险公司免费补偿或者更换的相同货物，进出口时不征收关税。被免费更换的原进口货物不退运出境或者原出口货物不退运进境的，海关应当对原进出口货物重新按照规定征收关税。

第四十五条　下列进出口货物，免征关税：

（一）关税税额在人民币50元以下的一票货物；

（二）无商业价值的广告品和货样；

（三）外国政府、国际组织无偿赠送的物资；

（四）在海关放行前损失的货物；

（五）进出境运输工具装载的途中必需的燃料、物料和饮食用品。

在海关放行前遭受损坏的货物，可以根据海关认定的受损程度减征关税。

法律规定的其他免征或者减征关税的货物，海关根据规定予以免征或者减征。

第四十六条　特定地区、特定企业或者有特定用途的进出口货物减征或者免征关税，以及临时减征或者免征关税，按照国务院的有关规定执行。

第四十七条　进口货物减征或者免征进口环节海关代征税，按照有关法律、行政法规的规定执行。

第四十八条　纳税义务人进出口减免税货物的，除另有规定外，应当在进出口该货物之前，按照规定持有关文件向海关办理减免税审批手续。经海关审查符合规定的，予以减征或者免征关税。

第四十九条　需由海关监管使用的减免税进口货物，在监管年限内转让或者移作他用需要补税的，海关应当根据该货物进口时间折旧估价，补征进口关税。

特定减免税进口货物的监管年限由海关总署规定。

第五十条　有下列情形之一的，纳税义务人自缴纳税款之日起1年内，可以申请退还关税，并应当以书面形式向海关说明理由，提供原缴款凭证及相关资料：

（一）已征进口关税的货物，因品质或者规格原因，原状退货复运出境的；

（二）已征出口关税的货物，因品质或者规格原因，原状退货复运进境，并已重新缴纳因出口而退还的国内环节有关税收的；

（三）已征出口关税的货物，因故未装运出口，申报退关的。

海关应当自受理退税申请之日起30日内查实并通知纳税义务人办理退还手续。纳税义务人应当自收到通知之日起3个月内办理有关退税手续。

按照其他有关法律、行政法规规定应当退还关税的，海关应当按照有关法律、行政法规的规定退税。

第五十一条　进出口货物放行后，海关发现少征或者漏征税款的，应当自缴纳税款或者货物放行之日起1年内，向纳税义务人补征税款。但因纳税义务人违反规定造成少征或者漏征税款的，海关可以自缴纳税款或者货物放行之日起3年内追征税款，并从缴纳税款或者货物放行之日起按日加收少征或者漏征税款万分之五的滞纳金。

海关发现海关监管货物因纳税义务人违反规定造成少征或者漏征税款的，应当自纳税义务人应缴纳税款之日起3年内追征税款，并从应缴纳税款之日起按日加收少征或者漏征税款万分之五的滞纳金。

第五十二条　海关发现多征税款的，应当立即通知纳税义务人办理退还手续。

纳税义务人发现多缴税款的，自缴纳税款之日起1年内，可以以书面形式要求海关退还多缴的税款并加算银行同期活期存款利息；海关应当自受理退税申请之日起30日内查实并通知纳税义务人办理退还手续。

纳税义务人应当自收到通知之日起3个月内办理有关退税手续。

第五十三条　按照本条例第五十条、第五十二条的规定退还税款、利息涉及从国库中退库的，按照法律、行政法规有关国库管理的规定执行。

第五十四条　报关企业接受纳税义务人的委托，以纳税义务人的名义办理报关纳税手续，因报关企业违反规定而造成海关少征、漏征税款的，报关企业对少征或者漏征的税款、滞纳金与纳税义务人承担纳税的连带责任。

报关企业接受纳税义务人的委托，以报关企业的名义办理报关纳税手续的，报关企业与纳税义务人承担纳税的连带责任。

除不可抗力外，在保管海关监管货物期间，海关监管货物损毁或者灭失的，对海关监管货物负有保管义务的人应当承担相应的纳税责任。

第五十五条 欠税的纳税义务人，有合并、分立情形的，在合并、分立前，应当向海关报告，依法缴清税款。纳税义务人合并时未缴清税款的，由合并后的法人或者其他组织继续履行未履行的纳税义务；纳税义务人分立时未缴清税款的，分立后的法人或者其他组织对未履行的纳税义务承担连带责任。

纳税义务人在减免税货物、保税货物监管期间，有合并、分立或者其他资产重组情形的，应当向海关报告。按照规定需要缴税的，应当依法缴清税款；按照规定可以继续享受减免税、保税待遇的，应当到海关办理变更纳税义务人的手续。

纳税义务人欠税或者在减免税货物、保税货物监管期间，有撤销、解散、破产或者其他依法终止经营情形的，应当在清算前向海关报告。海关应当依法对纳税义务人的应缴税款予以清缴。

第五章　进境物品进口税的征收

第五十六条 进境物品的关税以及进口环节海关代征税合并为进口税，由海关依法征收。

第五十七条 海关总署规定数额以内的个人自用进境物品，免征进口税。

超过海关总署规定数额但仍在合理数量以内的个人自用进境物品，由进境物品的纳税义务人在进境物品放行前按照规定缴纳进口税。

超过合理、自用数量的进境物品应当按照进口货物依法办理相关手续。

国务院关税税则委员会规定按货物征税的进境物品，按照本条例第二章至第四章的规定征收关税。

第五十八条 进境物品的纳税义务人是指，携带物品进境的入境人员、进境邮递物品的收件人以及以其他方式进口物品的收件人。

第五十九条 进境物品的纳税义务人可以自行办理纳税手续，也可以委托他人办理纳税手续。接受委托的人应当遵守本章对纳税义务人的各项规定。

第六十条 进口税从价计征。

进口税的计算公式为：进口税税额＝完税价格×进口税税率

第六十一条 海关应当按照《进境物品进口税税率表》及海关总署制定的《中华人民共和国进境物品归类表》、《中华人民共和国进境物品完税价格表》对进境物品进行归类、确定完税价格和确定适用税率。

第六十二条 进境物品，适用海关填发税款缴款书之日实施的税率和完税价格。

第六十三条 进口税的减征、免征、补征、追征、退还以及对暂准进境物品征收进口税参照本条例对货物征收进口关税的有关规定执行。

第六章　附则

第六十四条 纳税义务人、担保人对海关确定纳税义务人、确定完税价格、商品归类、确定原产地、适用税率或者汇率、减征或者免征税款、补税、退税、征收滞纳金、确定计征方式以及确定纳税地点有异议的，应当缴纳税款，并可以依法向上一级海关申请复议。对复议决定不服的，可以依法向人民法院提起诉讼。

第六十五条 进口环节海关代征税的税收管理，适用关税税收管理的规定。

第六十六条 有违反本条例规定行为的，按照《海关法》、《中华人民共和国海关行政处罚实施条例》和其他有关法律、行政法规的规定处罚。

第六十七条 本条例自2004年1月1日起施行。1992年3月18日国务院修订发布的《中华人民共和国进出口关税条例》同时废止。

中华人民共和国海关法（2017修正）　　中华人民共和国进出口关税条例

任务相关知识

一、关税的含义

（一）关税的概念

关税是海关对进出关境的货物、物品征收的一种税。

关境是"海关境界"的简称，亦称"关税国境"，是执行统一海关法令的领土范围。关境和国境是两个不同的概念。国境是指国境线以内的所有区域，包括国家全部的领土、领海、领空。在通常情况下，关境与国境是一致的，而有些国家和地区的关境同国境并不完全一致。如一国境内有自由港或自由区，即不属于该国关境范围之内，在此情况下，关境小于国境；在缔结关税同盟的国家，它们的领土成为统一的关境，在此情况下，关境则大于国境。

（二）关税的种类

按照征收对象，关税可以分为进口税、出口税以及过境税三种。

进口税是指一国海关对进口货物和物品征收的关税。现今世界各国的关税，主要是征收进口税。

出口税是指本国货物或物品出境时需要缴纳的一种关税。大部分发达国家都已经废止了出口税，但有些国家为增加财政收入，限制本国紧缺资源的输出，仍旧对部分出口产品征收出口税。

过境税是对过境商品征收的关税。过境税阻碍了国际贸易的开展，世界贸易组织协定严格禁止成员国开征任何形式的过境关税，目前只有少数国家开征过境税。

二、关税的征税范围

关税的征税范围是进出境的货物和物品。

货物和物品是两个不同的概念，两者的区别主要有以下两点：

第一，货物具有贸易性质，而物品限于自用，不能用于贸易。

第二，海关对进境物品有数额上的限制。

对数额以内的个人自用进境物品，免于征税。超过海关总署规定数额但仍在合理数量以内的个人自用进境物品，按照规定缴税。超过合理、自用数量的进境物品按照进口货物办理报关进口手续。

三、关税的计税依据

关税的计税依据即完税价格。完税价格即用来计算缴纳关税税款的价格，这里的"完"就是"缴纳"的意思，完税价格就是计算缴纳关税的价格，也就是关税的计税依据。

计算缴纳关税的完税价格并非买卖双方的实际货物成交价格，而是由海关在此基础上进行审查后确定的价格。在有些情况下，海关审查确定的完税价格同实际货物成交价格是一致的；但在有些情况下，海关会以成交价格为基础重新确定一个价格，并以此计征关税，在计征关税时由海关认定并用以计征关税的价格即完税价格。

（一）进口货物完税价格

进口货物的完税价格由海关以货物的到岸价格（CIF中国口岸价格）为基础审查确定。也就是海关以成交价格以及该货物运抵中华人民共和国境内输入地点起卸前的运输及其相关费用、保险费为基础审查确定进口货物的完税价格。

进口货物的成交价格不符合规定条件的，或者成交价格不能确定的，海关经了解有关情况，并与纳税义务人进行价格磋商后，依次以下列价格估定该货物的完税价格：

（1）与该货物同时或者大约同时向中华人民共和国境内销售的相同货物的成交价格。

（2）与该货物同时或者大约同时向中华人民共和国境内销售的类似货物的成交价格。

（3）与该货物进口的同时或者大约同时，将该进口货物、相同或者类似进口货物在第一级销售环节销售给无特殊关系买方最大销售总量的单位价格，但应当扣除同等级或者同种类货物在中华人民共和国境内第一级销售环节销售时通常的利润和一般费用以及通常支付的佣金、进口货物运抵境内输入地点起卸后的相关费用以及进口关税及国内税收。

（4）按照下列各项总和计算的价格：生产该货物所使用的料件成本和加工费用，向中华人民共和国境内销售同等级或者同种类货物通常的利润和一般费用，该货物运抵境内输入地点起卸前的运输及其相关费用、保险费。

（5）以合理方法估定的价格。

进口货物的下列费用应当计入完税价格：

①由买方负担的购货佣金以外的佣金和经纪费；

②由买方负担的在审查确定完税价格时与该货物视为一体的容器的费用；

③由买方负担的包装材料费用和包装劳务费用；

④与该货物的生产和向中华人民共和国境内销售有关的，由买方以免费或者以低于成本的方式提供并可以按适当比例分摊的料件、工具、模具、消耗材料及类似货物的价款，以及在境外开发、设计等相关服务的费用；

⑤作为该货物向中华人民共和国境内销售的条件，买方必须支付的、与该货物有关的特许权使用费；

⑥卖方直接或者间接从买方获得的该货物进口后转售、处置或者使用的收益。

（二）出口货物完税价格

出口货物的完税价格由海关以该货物的离岸价格（FOB中国港口价格）审查确定，也就是海关以成交价格以及该货物运至中华人民共和国境内输出地点装载前的运输及其相关费用、保险费为基础审查确定出口货物的完税价格。

出口货物的成交价格不能确定的，海关经了解有关情况，并与纳税义务人进行价格磋商后，依次以下列价格估定该货物的完税价格：

（1）与该货物同时或者大约同时向同一国家或者地区出口的相同货物的成交价格。

（2）与该货物同时或者大约同时向同一国家或者地区出口的类似货物的成交价格。

（3）按照下列各项总和计算的价格：境内生产相同或者类似货物的料件成本、加工费用，通常的利润和一般费用，境内发生的运输及其相关费用、保险费。

（4）以合理方法估定的价格。

出口关税不计入完税价格。

四、关税的税率

（一）关税税率的种类

进口关税设置最惠国税率、协定税率、特惠税率、普通税率、关税配额税率等税率。对进口货物在一定期限内可以实行暂定税率。

出口关税设置出口税率。对出口货物在一定期限内可以实行暂定税率。

（二）关税税率的适用

1.最惠国税率的适用

原产于共同适用最惠国待遇条款的世界贸易组织成员的进口货物，原产于与中华人民共和国签订含有相互给予最惠国待遇条款的双边贸易协定的国家或者地区的进口货物，以及原产于中华人民共和国境内的进口货物，适用最惠国税率。

2.协定税率的适用

原产于与中华人民共和国签订含有关税优惠条款的区域性贸易协定的国家或者地区的进口货物，适用协定税率。

3.特惠税率的适用

原产于与中华人民共和国签订含有特殊关税优惠条款的贸易协定的国家或者地区的进口货物，适用特惠税率。

4.普通税率的适用

原产于上述所列以外国家或者地区的进口货物，以及原产地不明的进口货物，适用普通税率。

5.暂定税率的适用

用最惠国税率的进口货物有暂定税率的，应当适用暂定税率；适用协定税率、特惠税率的进口货物有暂定税率的，应当从低适用税率；适用普通税率的进口货物，不适用暂定税率。

适用出口税率的出口货物有暂定税率的，应当适用暂定税率。

6.关税配额税率的适用

按照国家规定实行关税配额管理的进口货物，关税配额内的，适用关税配额税率；关税配额外的，其税率的适用按照其他规定执行。

7.反倾销、反补贴、保障措施税率的适用

按照有关法律、行政法规的规定对进口货物采取反倾销、反补贴、保障措施的，其税率的适用按照《中华人民共和国反倾销条例》《中华人民共和国反补贴条例》和《中华人民共和国保障措施条例》的有关规定执行。

8.报复性税率的适用

任何国家或者地区违反与中华人民共和国签订或者共同参加的贸易协定及相关协定，对中华人民共和国在贸易方面采取禁止、限制、加征关税或者其他影响正常贸易的措施的，对原产于该国家或者地区的进口货物可以征收报复性关税，适用报复性关税税率。

五、关税应纳税额的计算

（一）从价税应纳税额的计算

$$关税税额＝应税进（出）口货物数量×单位完税价格×税率$$

（二）从量税应纳税额的计算

$$关税税额＝应税进（出）口货物数量×单位税额$$

（三）复合税应纳税额的计算

我国目前实行的复合税都是先计征从量税，再计征从价税。

$$关税税额＝应税进（出）口货物数量×单位货物税额＋应税进（出）口货物数量×单位完税价格×税率$$

（四）滑准税应纳税额的计算

滑准税是指关税的税率随着进口货物价格的变动而反方向变动的一种税率形式，即价格越高，税率越低，税率为比例税率。征收这种关税的目的是使该种进口商品，不论其进口价格高低，其税后价格保持在一个预定的价格标准上，以稳定进口国国内该种商品的市场价格，尽可能减少国际市场价格波动的影响。我国对关税配额外进口一定数量的棉花实施滑准税。

滑准税应纳税额的计算方法与从价税的计算方法相同。

$$关税税额＝应税进（出）口货物数量×单位完税价格×税率$$

六、关税的税收优惠

（1）下列进出口货物，免征关税：

①关税税额在人民币50元以下的一票货物；

②无商业价值的广告品和货样；

③外国政府、国际组织无偿赠送的物资；

④在海关放行前损失的货物；

⑤进出境运输工具装载的途中必需的燃料、物料和饮食用品。

（2）在海关放行前遭受损坏的货物，可以根据海关认定的受损程度减征关税。

（3）因品质或者规格原因，出口货物自出口之日起1年内原状复运进境的，不征收进口关税。

（4）因品质或者规格原因，进口货物自进口之日起1年内原状复运出境的，不征收出口关税。

（5）因残损、短少、品质不良或者规格不符，由进出口货物的发货人、承运人或者保险公司免费补偿或者更换的相同货物，进出口时不征收关税。被免费更换的原进口货物不退运出境或者原出口货物不退运进境的，海关应当对原进出口货物重新按照规定征收关税。

七、关税的纳税人

进口货物的收货人、出口货物的发货人、进境物品的所有人，是关税的纳税义务人。

八、关税的税收管理

（1）关税由海关征收，由纳税义务人在货物实际进出境时一次性缴纳。

（2）旅客携运进出境的行李物品有下列情形之一的，海关暂不予放行：

①旅客不能当场缴纳进境物品税款的；

②进出境的物品属于许可证件管理的范围，但旅客不能当场提交的；

③进出境的物品超出自用合理数量，按规定应当办理货物报关手续或其他海关手续，其尚未办理的；

④进出境物品的属性、内容存疑，需要由有关主管部门进行认定、鉴定、验核的；

⑤按规定暂不予以放行的其他行李物品。

（3）进出口货物的纳税义务人，应当自海关填发税款缴款书之日起15日内缴纳税款；逾期缴纳的，由海关征收滞纳金。

（4）进出口货物、进出境物品放行后，海关发现少征或者漏征税款，应当自缴纳税款或者货物、物品放行之日起1年内，向纳税义务人补征。因纳税义务人违反规定而造成的少征或者漏征，海关在3年以内可以追征。

（5）海关多征的税款，海关发现后应当立即退还；纳税义务人自缴纳税款之日起1年内，可以要求海关退还。

育人园地

70年从弱到强关税变迁见证对外贸易发展历程

思考

1.为什么征收关税？

2.思考中外关税政策不同背后的意义。

■ 任务十　环境保护税法律制度

任务情境

环境保护税是以保护环境为目标而征收的一种税。环境保护税是对在中华人民共和国领域和中华人民共和国管辖的其他海域，直接向环境排放应税污染物的单位所征收的一种税。

环境保护税法是指国家制定的，调整环境保护税征收与缴纳相关权利义务关系的法律规范。现行环境保护税法包括《环境保护税法》及《中华人民共和国环境保护税法实施条例》等。环境保护税法的实施对深入贯彻新时代中国特色社会主义生态文明思想，践行习近平"绿水青山就是金山银山"的理念，推动城乡人居环境明显改善，建设美丽中国，发挥了重要作用。

任务概述

环境保护税是对在中华人民共和国领域和中华人民共和国管辖的其他海域，直接向环境排放应税污染物的单位和其他生产经营者所征收的一种税。环境保护税的征税范围是在中华人民共和国领域和中华人民共和国管辖的其他海域，直接向环境排放的大气污染物、水污染物、固体废物和噪声。

关于应税污染物的计税依据，应税大气污染物、水污染物按照污染物排放量折合的污染当量[①]数确定；应税固体废物按照固体废物的排放量确定；应税噪声按照超过国家规定标准的分贝数确定。

环境保护税采用定额税率，其中，对应税大气污染物和水污染物规定了幅度定额税率。

关于环境保护税应纳税额，应税大气污染物、水污染物的应纳税额为污染当量数乘以具体适用税额，应税固体废物的应纳税额为固体废物排放量乘以具体适用税额，应税噪声的应纳税额为超过国家规定标准的分贝数对应的具体适用税额。

环境保护税由税务机关依法税收管理。纳税义务发生时间为纳税人排放应税污染物的当日。纳税人应当向应税污染物排放地的税务机关申报缴纳环境保护税。环境保护税按月计算，按季申报缴纳。不能按固定期限计算缴纳的，可以按次申报缴纳。

任务法规

中华人民共和国环境保护税法

（2016年12月25日第十二届全国人民代表大会常务委员会第二十五次会议通过　根据2018年10月26日第十三届全国人民代表大会常务委员会第六次会议《关于修改〈中华人民共和国野生动物保护法〉等十五部法律的决定》修正）

目　　录

第一章　总则

第二章　计税依据和应纳税额

第三章　税收减免

———————

① 污染当量，是指根据污染物或者污染排放活动对环境的有害程度以及处理的技术经济性，衡量不同污染物对环境污染的综合性指标或者计量单位。同一介质相同污染当量的不同污染物，其污染程度基本相当。

第一章　总则

第一条　为了保护和改善环境，减少污染物排放，推进生态文明建设，制定本法。

第二条　在中华人民共和国领域和中华人民共和国管辖的其他海域，直接向环境排放应税污染物的企业事业单位和其他生产经营者为环境保护税的纳税人，应当依照本法规定缴纳环境保护税。

第三条　本法所称应税污染物，是指本法所附《环境保护税税目税额表》、《应税污染物和当量值表》规定的大气污染物、水污染物、固体废物和噪声。

第四条　有下列情形之一的，不属于直接向环境排放污染物，不缴纳相应污染物的环境保护税：

（一）企业事业单位和其他生产经营者向依法设立的污水集中处理、生活垃圾集中处理场所排放应税污染物的；

（二）企业事业单位和其他生产经营者在符合国家和地方环境保护标准的设施、场所贮存或者处置固体废物的。

第五条　依法设立的城乡污水集中处理、生活垃圾集中处理场所超过国家和地方规定的排放标准向环境排放应税污染物的，应当缴纳环境保护税。

企业事业单位和其他生产经营者贮存或者处置固体废物不符合国家和地方环境保护标准的，应当缴纳环境保护税。

第六条　环境保护税的税目、税额，依照本法所附《环境保护税税目税额表》执行。

应税大气污染物和水污染物的具体适用税额的确定和调整，由省、自治区、直辖市人民政府统筹考虑本地区环境承载能力、污染物排放现状和经济社会生态发展目标要求，在本法所附《环境保护税税目税额表》规定的税额幅度内提出，报同级人民代表大会常务委员会决定，并报全国人民代表大会常务委员会和国务院备案。

第二章　计税依据和应纳税额

第七条　应税污染物的计税依据，按照下列方法确定：

（一）应税大气污染物按照污染物排放量折合的污染当量数确定；

（二）应税水污染物按照污染物排放量折合的污染当量数确定；

（三）应税固体废物按照固体废物的排放量确定；

（四）应税噪声按照超过国家规定标准的分贝数确定。

第八条　应税大气污染物、水污染物的污染当量数，以该污染物的排放量除以该污染物的污染当量值计算。每种应税大气污染物、水污染物的具体污染当量值，依照本法所附《应税污染物和当量值表》执行。

第九条　每一排放口或者没有排放口的应税大气污染物，按照污染当量数从大到小排序，对前三项污染物征收环境保护税。

每一排放口的应税水污染物，按照本法所附《应税污染物和当量值表》，区分第一类水污染物和其他类水污染物，按照污染当量数从大到小排序，对第一类水污染物按照前五项征收环境保护税，对其他类水污染物按照前三项征收环境保护税。

省、自治区、直辖市人民政府根据本地区污染物减排的特殊需要，可以增加同一排放口征收环境保护税的应税污染物项目数，报同级人民代表大会常务委员会决定，并报全国人民代表大会常务委员会和国务院备案。

第十条　应税大气污染物、水污染物、固体废物的排放量和噪声的分贝数，按照下列方法和顺序计算：

（一）纳税人安装使用符合国家规定和监测规范的污染物自动监测设备的，按照污染物自动监测数据计算；

（二）纳税人未安装使用污染物自动监测设备的，按照监测机构出具的符合国家有关规定和监测规范的监测数据计算；

（三）因排放污染物种类多等原因不具备监测条件的，按照国务院生态环境主管部门规定的排污系数、物料衡算方法计算；

（四）不能按照本条第一项至第三项规定的方法计算的，按照省、自治区、直辖市人民政府生态环境主管部门规定的抽样测算的方法核定计算。

第十一条 环境保护税应纳税额按照下列方法计算：

（一）应税大气污染物的应纳税额为污染当量数乘以具体适用税额；

（二）应税水污染物的应纳税额为污染当量数乘以具体适用税额；

（三）应税固体废物的应纳税额为固体废物排放量乘以具体适用税额；

（四）应税噪声的应纳税额为超过国家规定标准的分贝数对应的具体适用税额。

第三章　税收减免

第十二条 下列情形，暂予免征环境保护税：

（一）农业生产（不包括规模化养殖）排放应税污染物的；

（二）机动车、铁路机车、非道路移动机械、船舶和航空器等流动污染源排放应税污染物的；

（三）依法设立的城乡污水集中处理、生活垃圾集中处理场所排放相应应税污染物，不超过国家和地方规定的排放标准的；

（四）纳税人综合利用的固体废物，符合国家和地方环境保护标准的；

（五）国务院批准免税的其他情形。

前款第五项免税规定，由国务院报全国人民代表大会常务委员会备案。

第十三条 纳税人排放应税大气污染物或者水污染物的浓度值低于国家和地方规定的污染物排放标准百分之三十的，减按百分之七十五征收环境保护税。纳税人排放应税大气污染物或者水污染物的浓度值低于国家和地方规定的污染物排放标准百分之五十的，减按百分之五十征收环境保护税。

第四章　税收管理

第十四条 环境保护税由税务机关依照《中华人民共和国税收征收管理法》和本法的有关规定税收管理。

生态环境主管部门依照本法和有关环境保护法律法规的规定负责对污染物的监测管理。

县级以上地方人民政府应当建立税务机关、生态环境主管部门和其他相关单位分工协作工作机制，加强环境保护税税收管理，保障税款及时足额入库。

第十五条 生态环境主管部门和税务机关应当建立涉税信息共享平台和工作配合机制。

生态环境主管部门应当将排污单位的排污许可、污染物排放数据、环境违法和受行政处罚情况等环境保护相关信息，定期交送税务机关。

税务机关应当将纳税人的纳税申报、税款入库、减免税额、欠缴税款以及风险疑点等环境保护税涉税信息，定期交送生态环境主管部门。

第十六条 纳税义务发生时间为纳税人排放应税污染物的当日。

第十七条 纳税人应当向应税污染物排放地的税务机关申报缴纳环境保护税。

第十八条 环境保护税按月计算，按季申报缴纳。不能按固定期限计算缴纳的，可以按次申报缴纳。

纳税人申报缴纳时，应当向税务机关报送所排放应税污染物的种类、数量，大气污染物、水污染物的浓度值，以及税务机关根据实际需要要求纳税人报送的其他纳税资料。

第十九条 纳税人按季申报缴纳的，应当自季度终了之日起十五日内，向税务机关办理纳税申报并缴纳税款。纳税人按次申报缴纳的，应当自纳税义务发生之日起十五日内，向税务机关办理纳税申报并缴纳税款。

纳税人应当依法如实办理纳税申报，对申报的真实性和完整性承担责任。

第二十条 税务机关应当将纳税人的纳税申报数据资料与生态环境主管部门交送的相关数据资料进行比对。

税务机关发现纳税人的纳税申报数据资料异常或者纳税人未按照规定期限办理纳税申报的，可以提请生态环境主管部门进行复核，生态环境主管部门应当自收到税务机关的数据资料之日起十五日内向税务机关出具复核意见。税务机关应当按照生态环境主管部门复核的数据资料调整纳税人的应纳税额。

第二十一条 依照本法第十条第四项的规定核定计算污染物排放量的，由税务机关会同生态环境主管部门核定污染物排放种类、数量和应纳税额。

第二十二条　纳税人从事海洋工程向中华人民共和国管辖海域排放应税大气污染物、水污染物或者固体废物，申报缴纳环境保护税的具体办法，由国务院税务主管部门会同国务院生态环境主管部门规定。

第二十三条　纳税人和税务机关、生态环境主管部门及其工作人员违反本法规定的，依照《中华人民共和国税收征收管理法》《中华人民共和国环境保护法》和有关法律法规的规定追究法律责任。

第二十四条　各级人民政府应当鼓励纳税人加大环境保护建设投入，对纳税人用于污染物自动监测设备的投资予以资金和政策支持。

第五章　附则

第二十五条　本法下列用语的含义：

（一）污染当量，是指根据污染物或者污染排放活动对环境的有害程度以及处理的技术经济性，衡量不同污染物对环境污染的综合性指标或者其计量单位。同一介质相同污染当量的不同污染物，其污染程度基本相当。

（二）排污系数，是指在正常技术经济和管理条件下，生产单位产品所应排放的污染物量的统计平均值。

（三）物料衡算，是指根据物质质量守恒原理对生产过程中使用的原料、生产的产品和产生的废物等进行测算的一种方法。

第二十六条　直接向环境排放应税污染物的企业事业单位和其他生产经营者，除依照本法规定缴纳环境保护税外，应当对所造成的损害依法承担责任。

第二十七条　自本法施行之日起，依照本法规定征收环境保护税，不再征收排污费。

第二十八条　本法自2018年1月1日起施行。

任务相关知识

一、环境保护税的概念和特征

环境保护税是对在中华人民共和国领域和中华人民共和国管辖的其他海域，直接向环境排放应税污染物的单位和其他生产经营者所征收的一种税。

环境保护税是以环境保护为目标而征收的一种税，具有以下特征：

1.明确的目的性

环境保护税的核心目的不是增加税收，而是建立机制，鼓励企业减少污染物排放。它是以税收为手段，利用经济当事人的自我调整来达到保护环境的目的。

2.针对性强

环境保护税以向环境直接排放应税污染物为条件，向依法设立的污水集中处理、生活垃圾集中处理场所排放污染物，不征收环境保护税，并且征税项目主要针对四种重点污染源，即大气污染物、水污染物、固体废物和噪声，针对性强。

3.纳税人明确

环境保护税的纳税人是企事业单位和其他生产经营者，这明确了税收的责任主体，有利于加强税收管理和监督。

环境保护税宣传片　　三分钟带你看懂环境保护税

二、环境保护税的征税范围

环境保护税的征税范围是在中华人民共和国领域和中华人民共和国管辖的其他海域，直接向环境排放的大气污染物、水污染物、固体废物和噪声。

有下列情形之一的，不属于直接向环境排放污染物，不缴纳相应污染物的环境保护税：

（1）企业事业单位和其他生产经营者向依法设立的污水集中处理、生活垃圾集中处理场所排放应税污染物的；

（2）企业事业单位和其他生产经营者在符合国家和地方环境保护标准的设施、场所贮存或者处置固体废物的。

依法设立的城乡污水集中处理、生活垃圾集中处理场所超过国家和地方规定的排放标准向环境排放应税污染物的，应当缴纳环境保护税。

企业事业单位和其他生产经营者贮存或者处置固体废物不符合国家和地方环境保护标准的，应当缴纳环境保护税。

三、环境保护税的计税依据

应税污染物的计税依据，按照下列方法确定：

（1）应税大气污染物、水污染物按照污染物排放量折合的污染当量数确定；

（2）应税固体废物按照固体废物的排放量确定；

（3）应税噪声按照超过国家规定标准的分贝数确定。

四、环境保护税的税率

环境保护税采用定额税率，其中，对应税大气污染物和水污染物规定了幅度定额税率。具体税额依据《环境保护税税目税额表》执行，如表6-5所示。

表6-5　环境保护税税目税额表

税目		计税单位	税额	备注
大气污染物		每污染当量	1.2元至12元	
水污染物		每污染当量	1.4元至14元	
固体废物	煤矸石	每吨	5元	
	尾矿	每吨	15元	
	危险废物	每吨	1 000元	
	冶炼渣、粉煤灰、炉渣、其他固体废物（含半固态、液态废物）	每吨	25元	
噪声	工业噪声	超标1~3分贝	每月350元	1.一个单位边界上有多处噪声超标，根据最高一处超标声级计算应纳税额；当沿边界长度超过100米有两处以上噪声超标，按照两个单位计算应纳税额。 2.一个单位有不同地点作业场所的，应当分别计算应纳税额，合并计征。 3.昼、夜均超标的环境噪声，昼、夜分别计算应纳税额，累计计征。 4.声源一个月内超标不足15天的，减半计算应纳税额。 5.夜间频繁突发和夜间偶然突发厂界超标噪声，按等效声级和峰值噪声两种指标中超标分贝值高的一项计算应纳税额。
		超标4~6分贝	每月700元	
		超标7~9分贝	每月1 400元	
		超标10~12分贝	每月2 800元	
		超标13~15分贝	每月5 600元	
		超标16分贝以上	每月11 200元	

五、环境保护税应纳税额的计算

（一）环境保护税应纳税额的计算方法

环境保护税应纳税额按照下列方法计算：

（1）应税大气污染物、水污染物的应纳税额为污染当量数乘以适用税额，计算公式为：

$$应纳税额 = 污染当量数 \times 适用税额$$

【例题】某餐饮公司，通过安装水流量计测得2月排放污水量为60吨，污染当量值为0.5吨。假设当地水污染物适用税额为2.8元/污染当量，计算该餐饮公司当月应缴纳的环境保护税税额。

【解析】水污染当量数 = 60 ÷ 0.5 = 120

应纳环境保护税税额 = 120 × 2.8 = 336（元）。

（2）应税固体废物的应纳税额为固体废物排放量乘以适用税额，计算公式为：

$$应纳税额 = 固体废物排放量 \times 适用税额$$

【例题】甲企业某月产生炉渣150吨，其中30吨在符合国家和地方环境保护标准的设施中贮存，100吨综合利用且符合国家和地方环境保护标准，其余的直接倒弃于空地，已知炉渣环境保护税税率为25元/吨。计算甲企业当月所产生炉渣应缴纳的环境保护税税额。

【解析】应纳税额 =（150 - 100 - 30）× 25 = 500（元）。

（3）应税噪声的应纳税额为超过国家规定标准的分贝数对应的适用税额。

（二）应税大气污染物、水污染物、固体废物排放量和噪声分贝数的确定

应税大气污染物、水污染物、固体废物的排放量和噪声的分贝数，按照下列方法和顺序计算：

（1）纳税人安装使用符合国家规定和监测规范的污染物自动监测设备的，按照污染物自动监测数据计算；

（2）纳税人未安装使用污染物自动监测设备的，按照监测机构出具的符合国家有关规定和监测规范的监测数据计算；

（3）因排放污染物种类多等原因不具备监测条件的，按照国务院生态环境主管部门规定的排污系数[①]、物料衡算[②]方法计算；

（4）不能按照前面方法计算的，按照省、自治区、直辖市人民政府生态环境主管部门规定的抽样测算的方法核定计算。

六、环境保护税的税收优惠

下列情形，暂予免征环境保护税：

（1）农业生产（不包括规模化养殖）排放应税污染物的；

（2）机动车、铁路机车、非道路移动机械、船舶和航空器等流动污染源排放应税污染物的；

（3）依法设立的城乡污水集中处理、生活垃圾集中处理场所排放相应应税污染物，不超过国家和地方规定的排放标准的；

（4）纳税人综合利用的固体废物，符合国家和地方环境保护标准的；

（5）国务院批准免税的其他情形。

纳税人排放应税大气污染物或者水污染物的浓度值低于国家和地方规定的污染物排放标准30%的，减按75%征收环境保护税。纳税人排放应税大气污染物或者水污染物的浓度值低于国家和地方规定的污染物排放标准50%的，减按50%征收环境保护税。

---

① 排污系数，是指在正常技术经济和管理条件下，生产单位产品所应排放的污染物量的统计平均值。

② 物料衡算，是指根据物质质量守恒原理对生产过程中使用的原料、生产的产品和产生的废物等进行测算的一种方法。

七、环境保护税的纳税人

在中华人民共和国领域和中华人民共和国管辖的其他海域，直接向环境排放应税污染物的企业事业单位和其他生产经营者为环境保护税的纳税人。

八、环境保护税的税收管理

环境保护税由税务机关依法税收管理。

纳税义务发生时间为纳税人排放应税污染物的当日。纳税人应当向应税污染物排放地的税务机关申报缴纳环境保护税。环境保护税按月计算，按季申报缴纳。不能按固定期限计算缴纳的，可以按次申报缴纳。

纳税人按季申报缴纳的，应当自季度终了之日起15日内，向税务机关办理纳税申报并缴纳税款。纳税人按次申报缴纳的，应当自纳税义务发生之日起15日内，向税务机关办理纳税申报并缴纳税款。

育人园地

税惠促发展　山　　　我国绿色税收制
青水更绿　　　　度体系

思考

1.为什么征收环境保护税？

2.环境保护税减征税额优惠政策设置的背景和意义是什么？

3.征收环境保护税能不能有效改善环境污染？

任务十一　车辆购置税法律制度

任务情境

车辆购置税是对在中华人民共和国境内购置汽车、有轨电车、汽车挂车、排气量超过150毫升的摩托车的单位和个人征收的一种税。车辆购置税法是指调整车辆购置税征收与缴纳权利义务关系的法律规范。我国现行的车辆购置税法主要是《车辆购置税法》，于2018年通过，自2019年7月1日起施行。

任务概述

车辆购置税是对在中国境内购置应税车辆的单位和个人征收的一种税，应税车辆包括汽车、有轨电车、汽车挂车、排气量超过150毫升的摩托车，购置应税车辆的单位和个人为车辆购置税的纳税人。

车辆购置的计税依据是应税车辆的计税价格，计税价格不包括增值税税款，车辆购置税的税率为10%。应纳税额按照应税车辆的计税价格乘以税率计算，计算公式为：应纳税额=计税依据×税率。

车辆购置税的纳税义务发生时间为纳税人购置应税车辆的当日。纳税人应当自纳税义务发生之日起60日内，在向公安机关交通管理部门办理车辆注册登记前，向车辆登记地的主管税务机关申报缴纳车辆购置税。车辆购置税实行一次性征收，购置已征车辆购置税的车辆，不再征收车辆购置税。

任务法规

中华人民共和国车辆购置税法

（2018年12月29日第十三届全国人民代表大会常务委员会第七次会议通过）

第一条　在中华人民共和国境内购置汽车、有轨电车、汽车挂车、排气量超过一百五十毫升的摩托车（以下统称应税车辆）的单位和个人，为车辆购置税的纳税人，应当依照本法规定缴纳车辆购置税。

第二条　本法所称购置，是指以购买、进口、自产、受赠、获奖或者其他方式取得并自用应税车辆的行为。

第三条　车辆购置税实行一次性征收。购置已征车辆购置税的车辆，不再征收车辆购置税。

第四条　车辆购置税的税率为百分之十。

第五条　车辆购置税的应纳税额按照应税车辆的计税价格乘以税率计算。

第六条　应税车辆的计税价格，按照下列规定确定：

（一）纳税人购买自用应税车辆的计税价格，为纳税人实际支付给销售者的全部价款，不包括增值税税款；

（二）纳税人进口自用应税车辆的计税价格，为关税完税价格加上关税和消费税；

（三）纳税人自产自用应税车辆的计税价格，按照纳税人生产的同类应税车辆的销售价格确定，不包括增值税税款；

（四）纳税人以受赠、获奖或者其他方式取得自用应税车辆的计税价格，按照购置应税车辆时相关凭证载明的价格确定，不包括增值税税款。

第七条　纳税人申报的应税车辆计税价格明显偏低，又无正当理由的，由税务机关依照《中华人民共和国税收征收管理法》的规定核定其应纳税额。

第八条 纳税人以外汇结算应税车辆价款的，按照申报纳税之日的人民币汇率中间价折合成人民币计算缴纳税款。

第九条 下列车辆免征车辆购置税：

（一）依照法律规定应当予以免税的外国驻华使馆、领事馆和国际组织驻华机构及其有关人员自用的车辆；

（二）中国人民解放军和中国人民武装警察部队列入装备订货计划的车辆；

（三）悬挂应急救援专用号牌的国家综合性消防救援车辆；

（四）设有固定装置的非运输专用作业车辆；

（五）城市公交企业购置的公共汽电车辆。

根据国民经济和社会发展的需要，国务院可以规定减征或者其他免征车辆购置税的情形，报全国人民代表大会常务委员会备案。

第十条 车辆购置税由税务机关负责征收。

第十一条 纳税人购置应税车辆，应当向车辆登记地的主管税务机关申报缴纳车辆购置税；购置不需要办理车辆登记的应税车辆的，应当向纳税人所在地的主管税务机关申报缴纳车辆购置税。

第十二条 车辆购置税的纳税义务发生时间为纳税人购置应税车辆的当日。纳税人应当自纳税义务发生之日起六十日内申报缴纳车辆购置税。

第十三条 纳税人应当在向公安机关交通管理部门办理车辆注册登记前，缴纳车辆购置税。

公安机关交通管理部门办理车辆注册登记，应当根据税务机关提供的应税车辆完税或者免税电子信息对纳税人申请登记的车辆信息进行核对，核对无误后依法办理车辆注册登记。

第十四条 免税、减税车辆因转让、改变用途等原因不再属于免税、减税范围的，纳税人应当在办理车辆转移登记或者变更登记前缴纳车辆购置税。计税价格以免税、减税车辆初次办理纳税申报时确定的计税价格为基准，每满一年扣减百分之十。

第十五条 纳税人将已征车辆购置税的车辆退回车辆生产企业或者销售企业的，可以向主管税务机关申请退还车辆购置税。退税额以已缴税款为基准，自缴纳税款之日至申请退税之日，每满一年扣减百分之十。

第十六条 税务机关和公安、商务、海关、工业和信息化等部门应当建立应税车辆信息共享和工作配合机制，及时交换应税车辆和纳税信息资料。

第十七条 车辆购置税的税收管理，依照本法和《中华人民共和国税收征收管理法》的规定执行。

第十八条 纳税人、税务机关及其工作人员违反本法规定的，依照《中华人民共和国税收征收管理法》和有关法律法规的规定追究法律责任。

第十九条 本法自2019年7月1日起施行。2000年10月22日国务院公布的《中华人民共和国车辆购置税暂行条例》同时废止。

任务相关知识

一、车辆购置税的概念和特征

车辆购置税是对在中华人民共和国境内购置应税车辆的单位和个人征收的一种税。

车辆购置税法具有以下几个特征：

1.征收范围单一明确

车辆购置税针对汽车、有轨电车、汽车挂车、排气量超过150毫升的摩托车征收，课税对象单一明确。

2.征收环节固定

车辆购置税在车辆的购置环节实行一次性征收，这意味着在车辆的生产、经营、消费等其他环节均不再征收此税，体现了征收环节的单一性。

3.税率统一

车辆购置税采用统一的比例税率进行征收，这一税率不随征税对象的金额变化而变化，确保了税收征收的简便性和稳定性。

4.征收方法明确

车辆购置税的征收方式主要依据购置车辆的计税价格实行从价计征，即根据车辆的价格来确定税额，价高者多征税，价低者少征税，这种方式体现了税收与价值的直接相关性。

二、车辆购置税的征税范围

车辆购置税以列举的车辆为征税对象，未列举的车辆不征收。车辆购置税的征收范围包括汽车、有轨电车、汽车挂车、排气量超过150毫升的摩托车。

地铁、轻轨等城市轨道交通车辆，装载机、平地机、挖掘机、推土机等轮式专用机械车，以及起重机（吊车）、叉车、电动摩托车，不属于应税车辆。

三、车辆购置税的纳税人

在中华人民共和国境内购置汽车、有轨电车、汽车挂车、排气量超过150毫升的摩托车的单位和个人，为车辆购置税的纳税人。

购置，包括购买、进口、自产、受赠、获奖或者以其他方式取得并自用应税车辆的行为。单位，包括国有企业、集体企业、私营企业、股份制企业、外商投资企业、外国企业以及其他企业和事业单位、社会团体、国家机关、部队以及其他单位。个人，包括个体工商户以及其他个人。

已经办理免税、减税手续的车辆，因转让、改变用途等不再属于免税、减税范围，发生转让行为的，受让人为车辆购置税纳税人；未发生转让行为的，车辆所有人为车辆购置税纳税人。

四、车辆购置税的计税依据

车辆购置的计税依据是应税车辆的计税价格。

（1）计税价格的确定。

应税车辆的计税价格，按照下列规定确定：

①纳税人购买自用应税车辆的计税价格，为纳税人实际支付给销售者的全部价款，不包括增值税税款。

②纳税人进口自用应税车辆的计税价格，为关税完税价格加上关税和消费税。

③纳税人自产自用应税车辆的计税价格，按照纳税人生产的同类应税车辆的销售价格确定，不包括增值税税款；没有同类应税车辆销售价格的，按照组成计税价格确定。组成计税价格计算公式如下：

$$组成计税价格 = 成本 \times （1 + 成本利润率）$$

属于应征消费税的应税车辆，其组成计税价格中应加计消费税税额。

④纳税人以受赠、获奖或者其他方式取得自用应税车辆的计税价格，按照购置应税车辆时相关凭证载明的价格确定，不包括增值税税款。如果无法提供相关凭证，税务机关会参照同类应税车辆市场平均交易价格确定其计税价格。

（2）纳税人申报的应税车辆计税价格明显偏低，又无正当理由的，由税务机关依照《税收征收管理法》的规定核定其应纳税额。

（3）纳税人以外汇结算应税车辆价款的，按照申报纳税之日的人民币汇率中间价折合成人民币计算缴纳税款。

五、车辆购置税的税率及应纳税额的计算

车辆购置税的税率为10%。

车辆购置税的应纳税额按照应税车辆的计税价格乘以税率计算，计算公式为：

$$应纳税额 = 计税依据 \times 税率$$

（一）购买自用应税车辆应纳税额的计算

纳税人购买自用应税车辆的计税价格，为纳税人实际支付给销售者的全部价款，不包括增值税税款。

【例题】我国境内公民张某从某汽车销售公司购买一辆小汽车供自己使用，支付了含增值税税款在内的款项113 791元，所支付的款项由该汽车有限公司开具"机动车销售统一发票"。请计算张某应缴纳的车辆购置税。

【解析】

（1）计税依据=113 791÷（1+13%）=100 700（元）。

（2）应纳税额=100 700×10%=10 070（元）。

（二）进口自用应税车辆应纳税额的计算

纳税人进口自用应税车辆的计税价格，为关税完税价格加上关税和消费税。

【例题】我国境内某企业从国外进口1辆某型号小轿车自用。这辆小轿车经海关核定的关税完税价格为185 000元，海关对该车辆征收了关税46 200元、消费税40 800元、增值税35 360元。计算应缴纳的车辆购置税。

【解析】

（1）计税依据=185 000+46 200+40 800=272 000（元）。

（2）应纳税额=272 000×10%=27 200（元）。

（三）其他自用应税车辆应纳税额的计算

纳税人自产自用应税车辆的计税价格，按照纳税人生产的同类应税车辆的销售价格确定，不包括增值税税款；没有同类应税车辆销售价格的，按照组成计税价格确定。组成计税价格计算公式如下：

$$组成计税价格=成本×（1+成本利润率）$$

属于应征消费税的应税车辆，其组成计税价格中应加计消费税税额。

纳税人以受赠、获奖或者其他方式取得自用应税车辆的计税价格，按照购置应税车辆时相关凭证载明的价格确定，不包括增值税税款。

【例题】我国境内某汽车制造厂将自产的一辆某型号货车用于本厂生产运输服务，该车辆的市场销售价格为20万元（不含增值税）。计算该车应缴纳的车辆购置税。

【解析】应纳税额=200 000×10%=20 000（元）。

（四）已经办理免税、减税手续的车辆因转让、改变用途等不再属于免税、减税范围的，应纳税额的计算

已经办理免税、减税手续的车辆因转让、改变用途等不再属于免税、减税范围的，应纳税额计算公式如下：

$$应纳税额=初次办理纳税申报时确定的计税价格×（1–使用年限×10%）×10%–已纳税额$$

应纳税额不得为负数。

使用年限的计算方法是，自纳税人初次办理纳税申报之日起，至不再属于免税、减税范围的情形发生之日止。使用年限取整计算，不满1年的不计算在内。

（五）已征车辆购置税的车辆退回车辆生产或销售企业，纳税人申请退还车辆购置税的，应退税额计算

已征车辆购置税的车辆退回车辆生产或销售企业，纳税人申请退还车辆购置税的，应退税额计算公式如下：

$$应退税额=已纳税额×（1–使用年限×10%）$$

应退税额不得为负数。

使用年限的计算方法是，自纳税人缴纳税款之日起，至申请退税之日止。

【例题】张某 2016 年 10 月份购置一辆汽车自用，当月办理纳税申报并缴纳车辆购置税 5 万元，2023 年 10 月该汽车因安全气囊问题被生产企业召回，根据车辆购置税法律制度的规定，张某应申请退还多少车辆购置税？

【解析】应退税额 =50 000×（1−7×10%）=15 000（元）。

六、车辆购置税的税收优惠

《车辆购置税法》规定下列车辆免征车辆购置税：

（1）依照法律规定应当予以免税的外国驻华使馆、领事馆和国际组织驻华机构及其有关人员自用的车辆；

（2）中国人民解放军和中国人民武装警察部队列入装备订货计划的车辆；

（3）悬挂应急救援专用号牌的国家综合性消防救援车辆；

（4）设有固定装置的非运输专用作业车辆；

（5）城市公交企业购置的公共汽电车辆。

另外，根据国民经济和社会发展的需要，国务院可以规定减征或者其他免征车辆购置税的情形，报全国人民代表大会常务委员会备案。

七、车辆购置税的税收管理

车辆购置税由税务机关负责征收。车辆购置税实行一次性征收。购置已征车辆购置税的车辆，不再征收车辆购置税。

车辆购置税的纳税义务发生时间为纳税人购置应税车辆的当日。纳税人应当自纳税义务发生之日起 60 日内申报缴纳车辆购置税。

纳税人购置应税车辆，应当向车辆登记地的主管税务机关申报缴纳车辆购置税；购置不需要办理车辆登记的应税车辆的，应当向纳税人所在地的主管税务机关申报缴纳车辆购置税。

纳税人应当在向公安机关交通管理部门办理车辆注册登记前，缴纳车辆购置税。

育人园地

秒懂新能源汽车车辆购置税

思考

1. 为什么征收车辆购置税？

2. 车辆购置税优惠政策对经济的促进作用是什么？

任务十二　耕地占用税法律制度

任务情境

耕地占用税是对在中华人民共和国境内占用耕地建设建筑物、构筑物或者从事非农业建设的单位和个人征收的一种税。耕地占用税法是指调整耕地占用税征收与缴纳权利义务关系的法律规范。我国现行耕地占用税的基本法律规范包括《耕地占用税法》及《中华人民共和国耕地占用税法实施办法》。《耕地占用税法》由第十三届全国人民代表大会常务委员会第七次会议于2018年12月29日通过，自2019年9月1日起施行。《中华人民共和国耕地占用税法实施办法》由财政部、税务总局、自然资源部、农业农村部、生态环境部于2019年8月29日发布，也是自2019年9月1日起施行。

任务概述

耕地占用税是对在中华人民共和国境内占用耕地建设建筑物、构筑物或者从事非农业建设的单位和个人征收的一种税。耕地占用税的征税范围是在中华人民共和国境内占用的建设建筑物、构筑物或者从事非农业建设的耕地。在中华人民共和国境内占用耕地建设建筑物、构筑物或者从事非农业建设的单位和个人，为耕地占用税的纳税人。

耕地占用税以纳税人实际占用的耕地面积为计税依据。耕地占用税实行定额税率，应纳税额为纳税人实际占用的应税土地面积乘以适用税额。

耕地占用税的纳税义务发生时间为纳税人收到自然资源主管部门办理占用耕地手续的书面通知的当日，纳税人应当自纳税义务发生之日起30日内到税务机关申报缴纳耕地占用税。

任务法规

中华人民共和国耕地占用税法

（2018年12月29日第十三届全国人民代表大会常务委员会第七次会议通过）

第一条　为了合理利用土地资源，加强土地管理，保护耕地，制定本法。

第二条　在中华人民共和国境内占用耕地建设建筑物、构筑物或者从事非农业建设的单位和个人，为耕地占用税的纳税人，应当依照本法规定缴纳耕地占用税。

占用耕地建设农田水利设施的，不缴纳耕地占用税。

本法所称耕地，是指用于种植农作物的土地。

第三条　耕地占用税以纳税人实际占用的耕地面积为计税依据，按照规定的适用税额一次性征收，应纳税额为纳税人实际占用的耕地面积（平方米）乘以适用税额。

第四条　耕地占用税的税额如下：

（一）人均耕地不超过一亩的地区（以县、自治县、不设区的市、市辖区为单位，下同），每平方米为十元至五十元；

（二）人均耕地超过一亩但不超过二亩的地区，每平方米为八元至四十元；

（三）人均耕地超过二亩但不超过三亩的地区，每平方米为六元至三十元；

（四）人均耕地超过三亩的地区，每平方米为五元至二十五元。

各地区耕地占用税的适用税额，由省、自治区、直辖市人民政府根据人均耕地面积和经济发展等情况，在前款规定的税额幅度内提出，报同级人民代表大会常务委员会决定，并报全国人民代表大会常务委员会和国务院备案。各省、自治区、直辖市耕地占用税适用税额的平均水平，不得低于本法所附《各省、自治区、直辖市耕地占用税平均税额表》规定的平均税额。

第五条 在人均耕地低于零点五亩的地区，省、自治区、直辖市可以根据当地经济发展情况，适当提高耕地占用税的适用税额，但提高的部分不得超过本法第四条第二款确定的适用税额的百分之五十。具体适用税额按照本法第四条第二款规定的程序确定。

第六条 占用基本农田的，应当按照本法第四条第二款或者第五条确定的当地适用税额，加按百分之一百五十征收。

第七条 军事设施、学校、幼儿园、社会福利机构、医疗机构占用耕地，免征耕地占用税。

铁路线路、公路线路、飞机场跑道、停机坪、港口、航道、水利工程占用耕地，减按每平方米二元的税额征收耕地占用税。

农村居民在规定用地标准以内占用耕地新建自用住宅，按照当地适用税额减半征收耕地占用税；其中农村居民经批准搬迁，新建自用住宅占用耕地不超过原宅基地面积的部分，免征耕地占用税。

农村烈士遗属、因公牺牲军人遗属、残疾军人以及符合农村最低生活保障条件的农村居民，在规定用地标准以内新建自用住宅，免征耕地占用税。

根据国民经济和社会发展的需要，国务院可以规定免征或者减征耕地占用税的其他情形，报全国人民代表大会常务委员会备案。

第八条 依照本法第七条第一款、第二款规定免征或者减征耕地占用税后，纳税人改变原占地用途，不再属于免征或者减征耕地占用税情形的，应当按照当地适用税额补缴耕地占用税。

第九条 耕地占用税由税务机关负责征收。

第十条 耕地占用税的纳税义务发生时间为纳税人收到自然资源主管部门办理占用耕地手续的书面通知的当日。纳税人应当自纳税义务发生之日起三十日内申报缴纳耕地占用税。

自然资源主管部门凭耕地占用税完税凭证或者免税凭证和其他有关文件发放建设用地批准书。

第十一条 纳税人因建设项目施工或者地质勘查临时占用耕地，应当依照本法的规定缴纳耕地占用税。纳税人在批准临时占用耕地期满之日起一年内依法复垦，恢复种植条件的，全额退还已经缴纳的耕地占用税。

第十二条 占用园地、林地、草地、农田水利用地、养殖水面、渔业水域滩涂以及其他农用地建设建筑物、构筑物或者从事非农业建设的，依照本法的规定缴纳耕地占用税。

占用前款规定的农用地的，适用税额可以适当低于本地区按照本法第四条第二款确定的适用税额，但降低的部分不得超过百分之五十。具体适用税额由省、自治区、直辖市人民政府提出，报同级人民代表大会常务委员会决定，并报全国人民代表大会常务委员会和国务院备案。

占用本条第一款规定的农用地建设直接为农业生产服务的生产设施的，不缴纳耕地占用税。

第十三条 税务机关应当与相关部门建立耕地占用税涉税信息共享机制和工作配合机制。县级以上地方人民政府自然资源、农业农村、水利等相关部门应当定期向税务机关提供农用地转用、临时占地等信息，协助税务机关加强耕地占用税税收管理。

税务机关发现纳税人的纳税申报数据资料异常或者纳税人未按照规定期限申报纳税的，可以提请相关部门进行复核，相关部门应当自收到税务机关复核申请之日起三十日内向税务机关出具复核意见。

第十四条 耕地占用税的税收管理，依照本法和《中华人民共和国税收征收管理法》的规定执行。

第十五条 纳税人、税务机关及其工作人员违反本法规定的，依照《中华人民共和国税收征收管理法》和有关法律法规的规定追究法律责任。

第十六条 本法自2019年9月1日起施行。2007年12月1日国务院公布的《中华人民共和国耕地占用税暂行条例》同时废止。

附：

各省、自治区、直辖市耕地占用税平均税额表

省、自治区、直辖市	平均税额（元/平方米）
上海	45
北京	40
天津	35
江苏、浙江、福建、广东	30
辽宁、湖北、湖南	25
河北、安徽、江西、山东、河南、重庆、四川	22.5
广西、海南、贵州、云南、陕西	20
山西、吉林、黑龙江	17.5
内蒙古、西藏、甘肃、青海、宁夏、新疆	12.5

中华人民共和国耕地占用税法实施办法　　《中华人民共和国耕地占用税法》问题解答

任务相关知识

一、耕地占用税的概念与特征

耕地占用税是对在中华人民共和国境内占用耕地建设建筑物、构筑物或者从事非农业建设的单位和个人征收的一种税。

耕地占用税具有以下几个特征：

1.征税对象具有特定性

耕地占用税的征税对象具有特定性，主要针对占用耕地进行建房或从事其他非农业建设的单位和个人。这种特定性体现了税收的针对性和公平性，确保税收能够精准地作用于占用耕地的行为。

2.属于一次课征税种

耕地占用税在占用耕地环节实行一次性课征。这意味着一旦占用耕地，就需要在特定环节缴纳相应的税款，而不会进行多次征税。这种一次性特征简化了税收流程，提高了税收效率。

3.税率确定具有灵活性

耕地占用税的税率确定具有灵活性。税率的具体标准会根据地区差异、人均占有耕地的数量以及经济发展程度等因素进行调整。这种灵活性使得税收制度能够更好地适应不同地区的实际情况，确保税收的公平性和合理性。

4.税款使用具有专项性

耕地占用税的税款使用具有专项性。税收收入主要用于耕地开发和改良，以确保被占用的耕地得到有效的补充和恢复。这种专项性体现了税收的针对性和可持续性，有助于实现土地资源的合理利用和保护。

二、耕地占用税的征税范围

耕地占用税的征税范围是在中华人民共和国境内占用的建设建筑物、构筑物或者从事非农业建设的耕地。

耕地，是指用于种植农作物的土地。

占用耕地建设农田水利设施的，不缴纳耕地占用税。

三、耕地占用税的计税依据

耕地占用税以纳税人实际占用的耕地面积为计税依据。实际占用的耕地面积，包括经批准占用的耕地面积和未经批准占用的耕地面积。

四、耕地占用税的税率

耕地占用税实行定额税率，具体如表6-6所示。

表6-6　耕地占用税税率

人均耕地占用面积 （以县、自治区、不设区的市、市辖区为单位）	平均税额/（元/平方米）
不超过1亩的地区	10~50
超过1亩但不超过2亩的地区	8~40
超过2亩但不超过3亩的地区	6~30
超过3亩的地区	5~25

占用基本农田的，应当按照当地适用税额，加按150%征收。基本农田，是指依据《中华人民共和国基本农田保护条例》划定的基本农田保护区范围内的耕地。

五、耕地占用税应纳税额的计算

耕地占用税应纳税额为纳税人实际占用的应税土地面积（平方米）乘以适用税额，计算公式为：

应纳税额＝应税土地面积（平方米）×适用税额

【例题】某市一家企业新占用6 000平方米耕地用于工业建设，另占用1 000平方米基本农田用于开发旅游度假村，所占耕地适用的定额税率均为18元/平方米。请计算该企业应缴纳的耕地占用税。

【解析】应纳税额=6 000×18+1 000×18×150%=135 000（元）。

六、耕地占用税的税收优惠

（1）军事设施、学校、幼儿园、社会福利机构、医疗机构占用耕地，免征耕地占用税。

（2）铁路线路、公路线路、飞机场跑道、停机坪、港口、航道、水利工程占用耕地，减按每平方米2元的税额征收耕地占用税。

（3）农村居民在规定用地标准以内占用耕地新建自用住宅，按照当地适用税额减半征收耕地占用税；其中农村居民经批准搬迁，新建自用住宅占用耕地不超过原宅基地面积的部分，免征耕地占用税。

（4）农村烈士遗属、因公牺牲军人遗属、残疾军人以及符合农村最低生活保障条件的农村居民，在规定用地标准以内新建自用住宅，免征耕地占用税。

（5）纳税人因建设项目施工或者地质勘查临时占用耕地，应当依照耕地占用税法的规定缴纳耕地占用税。纳税人在批准临时占用耕地期满之日起一年内依法复垦，恢复种植条件的，全额退还已经缴纳的耕地占用税。

（6）占用园地、林地、草地、农田水利用地、养殖水面、渔业水域滩涂以及其他农用地建设建筑物、构筑物或者从事非农业建设的，依照规定缴纳耕地占用税，但适用税额可以适当低于本地区确定的适用税额，但降低的部分不得超过50%。

（7）占用园地、林地、草地、农田水利用地、养殖水面、渔业水域滩涂以及其他农用地建设直接为农业生产服务的生产设施的，不缴纳耕地占用税。

七、耕地占用税的纳税人

在中华人民共和国境内占用耕地建设建筑物、构筑物或者从事非农业建设的单位和个人，为耕地占用税的纳税人。具体包括：

（1）经批准占用耕地的，纳税人为农用地转用审批文件中标明的建设用地人。

（2）农用地转用审批文件中未标明建设用地人的，纳税人为用地申请人，其中用地申请人为各级人民政府的，由同级土地储备中心、自然资源主管部门或政府委托的其他部门、单位履行耕地占用税申报纳税义务。

（3）未经批准占用耕地的，纳税人为实际用地人。

八、耕地占用税的税收管理

耕地占用税的纳税义务发生时间为纳税人收到自然资源主管部门办理占用耕地手续的书面通知的当日。未经批准占用耕地的，耕地占用税纳税义务发生时间为自然资源主管部门认定的纳税人实际占用耕地的当日。

纳税人应当自纳税义务发生之日起30日内申报缴纳耕地占用税。

耕地占用税由税务机关负责征收。

自然资源主管部门凭耕地占用税完税凭证或者免税凭证和其他有关文件发放建设用地批准书。

育人园地

快速了解城市　　扎实推动教育
维护建设税　　　强国建设

思考

1. 为什么征收耕地占用税？
2. 耕地占用税优惠政策设置的背景和意义是什么？

■ 任务十三　烟叶税法律制度

任务情境

烟叶税是以纳税人收购烟叶的收购金额为计税依据征收的一种税。

在我国，农业税有着悠久的历史，是封建社会的主要税收来源之一。中华人民共和国成立初期，由于国家工业化建设的需要，农业税成为国家财政的重要支柱。在早期的农业税条例中，烟叶特产税作为农业税的一个组成部分，对烟叶生产者进行征收。随着农村税费改革的推进，农业税逐渐走向废止。2006年，我国全面取消了农业税，烟叶特产税失去了法律依据而被停征。考虑到烟叶特产税收入在地方财政收入中的重要地位，国务院通过立法形式将烟叶特产税改为烟叶税，继续征收。2006年4月28日，国务院公布了《中华人民共和国烟叶税暂行条例》，并自公布之日起施行。2017年12月27日第十二届全国人民代表大会常务委员会第三十一次会议通过了《烟叶税法》，自2018年7月1日起施行。

任务概述

烟叶税是对在中华人民共和国境内依法收购烟叶的单位征收的一种税，收购烟叶的单位为烟叶税的纳税人。烟叶税的征税范围包括烤烟叶和晾晒烟叶。烟叶税的计税依据为纳税人收购烟叶实际支付的价款总额，烟叶税的税率为20%，烟叶税的应纳税额按照纳税人收购烟叶实际支付的价款总额乘以税率计算。烟叶税的纳税义务发生时间为纳税人收购烟叶的当日，纳税人应当向烟叶收购地的主管税务机关申报缴纳烟叶税。烟叶税按月计征，纳税人应当于纳税义务发生月终了之日起15日内申报并缴纳税款。

任务法规

中华人民共和国烟叶税法

（2017年12月27日第十二届全国人民代表大会常务委员会第三十一次会议通过）

第一条　在中华人民共和国境内，依照《中华人民共和国烟草专卖法》的规定收购烟叶的单位为烟叶税的纳税人。纳税人应当依照本法规定缴纳烟叶税。

第二条　本法所称烟叶，是指烤烟叶、晾晒烟叶。

第三条　烟叶税的计税依据为纳税人收购烟叶实际支付的价款总额。

第四条　烟叶税的税率为百分之二十。

第五条　烟叶税的应纳税额按照纳税人收购烟叶实际支付的价款总额乘以税率计算。

第六条　烟叶税由税务机关依照本法和《中华人民共和国税收征收管理法》的有关规定税收管理。

第七条　纳税人应当向烟叶收购地的主管税务机关申报缴纳烟叶税。

第八条　烟叶税的纳税义务发生时间为纳税人收购烟叶的当日。

第九条　烟叶税按月计征，纳税人应当于纳税义务发生月终了之日起十五日内申报并缴纳税款。

第十条　本法自2018年7月1日起施行。2006年4月28日国务院公布的《中华人民共和国烟叶税暂行条例》同时废止。

任务相关知识

一、烟叶税的概念

烟叶税是对在中华人民共和国境内依法收购烟叶的单位征收的一种税。

二、烟叶税的征税范围

烟叶税的征税范围包括烤烟叶和晾晒烟叶。

三、烟叶税的计税依据

烟叶税的计税依据为纳税人收购烟叶实际支付的价款总额。

纳税人收购烟叶实际支付的价款总额包括纳税人支付给烟叶销售者的烟叶收购价款和价外补贴，价外补贴统一暂按烟叶收购价款的10%计算，即烟叶收购金额=烟叶收购价款×（1+10%）。

四、烟叶税的税率

烟叶税的税率为20%。

五、烟叶税应纳税额的计算

烟叶税的应纳税额按照纳税人收购烟叶实际支付的价款总额乘以税率计算，计算公式为：

$$应纳税额=收购烟叶实际支付的价款总额×税率$$
$$=烟叶收购价款×（1+10\%）×20\%$$

六、烟叶税的纳税人

在中华人民共和国境内，依照《中华人民共和国烟草专卖法》的规定收购烟叶的单位为烟叶税的纳税人。

七、烟叶税的税收管理

烟叶税的纳税义务发生时间为纳税人收购烟叶的当日。

烟叶税由税务机关依法征收管理，纳税人应当向烟叶收购地的主管税务机关申报缴纳烟叶税。

烟叶税按月计征，纳税人应当于纳税义务发生月终了之日起15日内申报并缴纳税款。

育人园地

烟叶税的历史和今生

解读《中华人民共和国烟叶税法》

新中国成立以来烟草行业改革发展回眸：一片烟叶。

思考

1.为什么征收烟叶税？

2.烟叶税立法的意义是什么？

■ 任务十四　船舶吨税法律制度

任务情境

　　船舶吨税亦称"吨税"，是海关对自中国境外进入境内港口的船舶，按船舶净吨位征收的一种税。征收的主要原因是外国船舶在本国港口行驶，使用了港口的灯塔、航标等设施和助航设备，故应支付一定的使用费。因此有的国家也称吨税为"灯塔税"。

　　我国现行船舶吨税的基本规范是2017年12月27日中华人民共和国第十二届全国人民代表大会常务委员会第三十一次会议通过的《船舶吨税法》，该法自2018年7月1日起施行。

任务概述

　　船舶吨税是对自中华人民共和国境外港口进入境内港口的船舶征收的一种税。船舶吨税主要针对进出中国港口的国际航行船舶征收，应税船舶的负责人作为纳税人需要履行纳税义务。进出中国港口的国际航行船舶使用港口和助航设施等资源需要为此支付相应的税收。船舶吨税的征收税款主要用于港口建设维护及海上干线公用航标的建设维护。

　　船舶吨税按照船舶净吨位和吨税执照期限征收。船舶吨税设置优惠税率和普通税率。吨税的应纳税额按照船舶净吨位乘以适用税率计算，用公式表示为：应纳税额＝船舶净吨位×适用税率

　　吨税纳税义务发生时间为应税船舶进入港口的当日。应税船舶负责人应当自海关填发吨税缴款凭证之日起15日内缴清税款。

任务法规

中华人民共和国船舶吨税法

　　（2017年12月27日第十二届全国人民代表大会常务委员会第三十一次会议通过　根据2018年10月26日第十三届全国人民代表大会常务委员会第六次会议《关于修改〈中华人民共和国野生动物保护法〉等十五部法律的决定》修正）

　　第一条　自中华人民共和国境外港口进入境内港口的船舶（以下称应税船舶），应当依照本法缴纳船舶吨税（以下简称吨税）。

　　第二条　吨税的税目、税率依照本法所附的《吨税税目税率表》执行。

　　第三条　吨税设置优惠税率和普通税率。

　　中华人民共和国籍的应税船舶，船籍国（地区）与中华人民共和国签订含有相互给予船舶税费最惠国待遇条款的条约或者协定的应税船舶，适用优惠税率。

　　其他应税船舶，适用普通税率。

　　第四条　吨税按照船舶净吨位和吨税执照期限征收。

　　应税船舶负责人在每次申报纳税时，可以按照《吨税税目税率表》选择申领一种期限的吨税执照。

　　第五条　吨税的应纳税额按照船舶净吨位乘以适用税率计算。

　　第六条　吨税由海关负责征收。海关征收吨税应当制发缴款凭证。

　　应税船舶负责人缴纳吨税或者提供担保后，海关按照其申领的执照期限填发吨税执照。

第七条　应税船舶在进入港口办理入境手续时，应当向海关申报纳税领取吨税执照，或者交验吨税执照（或者申请核验吨税执照电子信息）。应税船舶在离开港口办理出境手续时，应当交验吨税执照（或者申请核验吨税执照电子信息）。

应税船舶负责人申领吨税执照时，应当向海关提供下列文件：

（一）船舶国籍证书或者海事部门签发的船舶国籍证书收存证明；

（二）船舶吨位证明。

应税船舶因不可抗力在未设立海关地点停泊的，船舶负责人应当立即向附近海关报告，并在不可抗力原因消除后，依照本法规定向海关申报纳税。

第八条　吨税纳税义务发生时间为应税船舶进入港口的当日。

应税船舶在吨税执照期满后尚未离开港口的，应当申领新的吨税执照，自上一次执照期满的次日起续缴吨税。

第九条　下列船舶免征吨税：

（一）应纳税额在人民币五十元以下的船舶；

（二）自境外以购买、受赠、继承等方式取得船舶所有权的初次进口到港的空载船舶；

（三）吨税执照期满后二十四小时内不上下客货的船舶；

（四）非机动船舶（不包括非机动驳船）；

（五）捕捞、养殖渔船；

（六）避难、防疫隔离、修理、改造、终止运营或者拆解，并不上下客货的船舶；

（七）军队、武装警察部队专用或者征用的船舶；

（八）警用船舶；

（九）依照法律规定应当予以免税的外国驻华使领馆、国际组织驻华代表机构及其有关人员的船舶；

（十）国务院规定的其他船舶。

前款第十项免税规定，由国务院报全国人民代表大会常务委员会备案。

第十条　在吨税执照期限内，应税船舶发生下列情形之一的，海关按照实际发生的天数批注延长吨税执照期限：

（一）避难、防疫隔离、修理、改造，并不上下客货；

（二）军队、武装警察部队征用。

第十一条　符合本法第九条第一款第五项至第九项、第十条规定的船舶，应当提供海事部门、渔业船舶管理部门等部门、机构出具的具有法律效力的证明文件或者使用关系证明文件，申明免税或者延长吨税执照期限的依据和理由。

第十二条　应税船舶负责人应当自海关填发吨税缴款凭证之日起十五日内缴清税款。未按期缴清税款的，自滞纳税款之日起至缴清税款之日止，按日加收滞纳税款万分之五的税款滞纳金。

第十三条　应税船舶到达港口前，经海关核准先行申报并办结出入境手续的，应税船舶负责人应当向海关提供与其依法履行吨税缴纳义务相适应的担保；应税船舶到达港口后，依照本法规定向海关申报纳税。

下列财产、权利可以用于担保：

（一）人民币、可自由兑换货币；

（二）汇票、本票、支票、债券、存单；

（三）银行、非银行金融机构的保函；

（四）海关依法认可的其他财产、权利。

第十四条　应税船舶在吨税执照期限内，因修理、改造导致净吨位变化的，吨税执照继续有效。应税船舶办理出入境手续时，应当提供船舶经过修理、改造的证明文件。

第十五条　应税船舶在吨税执照期限内，因税目税率调整或者船籍改变而导致适用税率变化的，吨税执照继续有效。

因船籍改变而导致适用税率变化的，应税船舶在办理出入境手续时，应当提供船籍改变的证明文件。

第十六条　吨税执照在期满前毁损或者遗失的，应当向原发照海关书面申请核发吨税执照副本，不再补税。

第十七条 海关发现少征或者漏征税款的，应当自应税船舶应当缴纳税款之日起一年内，补征税款。但因应税船舶违反规定造成少征或者漏征税款的，海关可以自应当缴纳税款之日起三年内追征税款，并自应当缴纳税款之日起按日加征少征或者漏征税款万分之五的税款滞纳金。

海关发现多征税款的，应当在二十四小时内通知应税船舶办理退还手续，并加算银行同期活期存款利息。

应税船舶发现多缴税款的，可以自缴纳税款之日起三年内以书面形式要求海关退还多缴的税款并加算银行同期活期存款利息；海关应当自受理退税申请之日起三十日内查实并通知应税船舶办理退还手续。

应税船舶应当自收到本条第二款、第三款规定的通知之日起三个月内办理有关退还手续。

第十八条 应税船舶有下列行为之一的，由海关责令限期改正，处二千元以上三万元以下的罚款；不缴或者少缴应纳税款的，处不缴或者少缴税款百分之五十以上五倍以下的罚款，但罚款不得低于二千元：

（一）未按照规定申报纳税、领取吨税执照；

（二）未按照规定交验吨税执照（或者申请核验吨税执照电子信息）以及提供其他证明文件。

第十九条 吨税税款、税款滞纳金、罚款以人民币计算。

第二十条 吨税的征收，本法未作规定的，依照有关税收征收管理的法律、行政法规的规定执行。

第二十一条 本法及所附《吨税税目税率表》下列用语的含义：

净吨位，是指由船籍国（地区）政府签发或者授权签发的船舶吨位证明书上标明的净吨位。

非机动船舶，是指自身没有动力装置，依靠外力驱动的船舶。

非机动驳船，是指在船舶登记机关登记为驳船的非机动船舶。

捕捞、养殖渔船，是指在中华人民共和国渔业船舶管理部门登记为捕捞船或者养殖船的船舶。

拖船，是指专门用于拖（推）动运输船舶的专业作业船舶。

吨税执照期限，是指按照公历年、日计算的期间。

第二十二条 本法自2018年7月1日起施行。2011年12月5日国务院公布的《中华人民共和国船舶吨税暂行条例》同时废止。

任务相关知识

一、船舶吨税的概念与特征

船舶吨税是对自中华人民共和国境外港口进入境内港口的船舶征收的一种税。

船舶吨税主要有以下几个特征：

1.征税对象特定

船舶吨税主要针对进出中国港口的国际航行船舶征收，应税船舶的负责人作为纳税人需要履行纳税义务。

2.具有受益税的性质

船舶吨税具有受益税的性质，即纳税人通过使用特定的公共资源（如港口和助航设施）获得利益时，需要为此支付相应的税收。

3.税款用途特定

船舶吨税的征收税款主要用于港口建设维护及海上干线公用航标的建设维护，这些资金有助于提升我国港口设施的质量，确保海上交通的安全和顺畅。

二、船舶吨税的征税对象与纳税人

船舶吨税的征税对象是自中华人民共和国境外港口进入境内港口的船舶。

应税船舶负责人为船舶吨税纳税人。

应税船舶在进入港口办理入境手续时，应税船舶负责人应当向海关申报纳税领取吨税执照，或者交验吨税执照（或者申请核验吨税执照电子信息）。应税船舶在离开港口办理出境手续时，应当交验吨税执照（或者申请核验吨税执照电子信息）。

三、船舶吨税的计税依据

船舶吨税按照船舶净吨位和吨税执照期限征收。

净吨位（Net Tonnage，NT）是船舶有效容积的一种指标，表示船舶可营运的容积大小。它是根据有关国家主管机关制定的规范丈量得出的，具体是从船舶的总吨位中扣除不能用来载货或载客的处所后得到的容积。这里的净吨位，是指由船籍国（地区）政府签发或者授权签发的船舶吨位证明书上标明的净吨位。

吨税执照期限，是指按照公历年、日计算的期间。

应税船舶负责人在每次申报纳税时，可以按照《吨税税目税率表》选择申领一种期限的吨税执照。

四、船舶吨税的税率

船舶吨税设置优惠税率和普通税率。

中华人民共和国籍的应税船舶，船籍国（地区）与中华人民共和国签订含有相互给予船舶税费最惠国待遇条款的条约或者协定的应税船舶，适用优惠税率。其他应税船舶，适用普通税率。具体税目税率如表6-7所示。

表6-7　船舶吨税税目税率表

税目（按船舶净吨位划分）	税率/（元/净吨）						备注
	普通税率（按执照期限划分）			优惠税率（按执照期限划分）			
	1年	90日	30日	1年	90日	30日	
不超过2 000净吨	12.6	4.2	2.1	9.0	3.0	1.5	1.拖船按照发动机功率每千瓦折合净吨位0.67吨。
超过2 000净吨，但不超过10 000净吨	24.0	8.0	4.0	17.4	5.8	2.9	2.无法提供净吨位证明文件的游艇，按照发动机功率每千瓦折合净吨位0.05吨。
超过10 000净吨，但不超过50 000净吨	27.6	9.2	4.6	19.8	6.6	3.3	3.拖船和非机动驳船分别按相同净吨位船舶税率的50%计征税款。
超过50 000净吨	31.8	10.6	5.3	22.8	7.6	3.8	

五、船舶吨税应纳税额的计算

吨税的应纳税额按照船舶净吨位乘以适用税率计算，计算公式为：

$$应纳税额 = 船舶净吨位 \times 适用税率$$

【例题】一艘德国籍散货船停靠我国青岛港，船舶负责人申领了90日的吨税执照。已知该货船总吨位为17 000吨，注册净吨位为11 000吨，该船舶适用优惠吨税。计算该船舶应缴纳的船舶吨税税额。

【解析】净吨位为11 000吨的船舶90天期限的优惠税率为5.8元/吨。

应纳税额=11 000×5.8=63 800（元）。

六、船舶吨税的税收优惠

下列船舶免征吨税：

（1）应纳税额在人民币50元以下的船舶；

（2）自境外以购买、受赠、继承等方式取得船舶所有权的初次进口到港的空载船舶；

（3）吨税执照期满后24小时内不上下客货的船舶；

（4）非机动船舶（不包括非机动驳船）；

（5）捕捞、养殖渔船；

（6）避难、防疫隔离、修理、改造、终止运营或者拆解，并不上下客货的船舶；

（7）军队、武装警察部队专用或者征用的船舶；

（8）警用船舶；

（9）依照法律规定应当予以免税的外国驻华使领馆、国际组织驻华代表机构及其有关人员的船舶；

（10）国务院规定的其他船舶。

七、船舶吨税的税收管理

船舶吨税由海关负责征收。应税船舶负责人向海关申报纳税领取吨税执照，应税船舶负责人缴纳吨税或者提供担保后，海关按照其申领的执照期限填发吨税执照。

吨税纳税义务发生时间为应税船舶进入港口的当日。

应税船舶负责人应当自海关填发吨税缴款凭证之日起15日内缴清税款。

吨税税款、税款滞纳金、罚款以人民币计算。

育人园地

船舶吨税的前世今生

中国船舶吨税与国际吨位税

禹贡的故事

思考

1.为什么征收船舶吨税？

2.船舶吨税税收优惠政策的意义是什么？

税法（第2版）
任务工单

■ 任务二 增值税的征税范围

编号	2-2-1	知识点	增值税征税范围的一般规定		日期	
姓名		学号		班级	评分	
		1.类别				2.税率

销售		1.货物					
		2.劳务					
	3.服务	（1）_____服务					
		（2）_____服务	邮政服务限定于_____及其所属企业提供				
		（3）_____服务					
		（4）_____服务					
		（5）_____服务					
		（6）_____服务	租赁服务	_____租赁	动产租赁		
					不动产租赁		
				_____租赁	动产租赁		
					不动产租赁		
		（7）___服务					
	4.						
	5.						
进口							

编号	2-2-2	知识点	增值税征税范围的一般规定	日期	
姓名		学号		班级		评分	

1.什么是增值税应税劳务？

2.根据增值税应税范围的一般规定，什么是无形资产？无形资产有哪些？

3.根据增值税应税范围的一般规定，什么是不动产？不动产有哪些？

4.下列属于增值税征税范围的有（　　　）。

A.单位聘用的员工为本单位提供（取得工资）的运输服务

B.航空运输企业提供的湿租业务

C.广告公司提供的广告代理业务

D.房地产评估咨询公司提供的房地产评估业务

5.根据增值税法律制度的规定，下列行为中，应按照"销售货物"税目征收增值税的有（　　　）。

A.销售电力　　　　　　B.销售热力　　　　　　C.销售天然气　　　　　　D.销售商品房

6.根据增值税法律制度的规定，下列各项中，应按照"销售服务——交通运输服务"税目计缴增值税的有（　　　）。

A.程租　　　　　　B.期租　　　　　　C.湿租　　　　　　D.道路通行服务

7.根据增值税法律制度的规定，下列行为中，应按照"销售服务——建筑服务"税目计缴增值税的是（　　　）。

A.平整土地　　　　B.出售住宅　　　　C.出租办公楼　　　　D.转让土地使用权

8.根据增值税法律制度的规定，下列各项中，应按照"金融服务——贷款服务"税目计缴增值税的是（　　　）。

A.融资性售后回租　　　　　　　　B.账户管理服务

C.收取保底利润的货币资金投资　　　　D.资金结算服务

9.根据增值税法律制度的规定，下列各项中，应按照"销售服务——现代服务"税目计缴增值税的是（　　　）。

A.经营租赁服务　　B.融资性售后回租　　C.保险服务　　　　D.文化体育服务

10.根据增值税法律制度的规定，下列各项中，应按照"销售服务——生活服务"税目计缴增值税的是（　　　）。

A.文化创意服务　　B.车辆停放服务　　　C.广播影视服务　　　D.旅游娱乐服务

11.根据增值税法律制度的规定，下列行为中，属于销售无形资产的是（　　　）。

A.转让专利权　　　　　　　　B.转让建筑永久使用权

C.转让网络虚拟道具　　　　　　D.转让采矿权

12.根据增值税法律制度的规定，下列行为中，应按照"销售不动产"税目计缴增值税的是（　　　）。

A.将建筑物广告位出租给其他单位用于发布广告

B.销售底商

C.转让高速公路经营权

D.转让国有土地使用权

13.某共享单车企业以单车押金进行投资，购买短期保本理财产品取得收益100万元，取得单车运营收入200万元，车身广告收入300万元，APP软件页面广告收入400万元，上述收入应按照"现代服务——租赁服务"税目缴纳增值税的有（　　　）。

A.购买短期保本理财产品，取得收益　　　　B.单车运营收入

C.车身广告收入　　　　　　　　D.APP软件页面广告收入

14.下列行为不属于增值税"现代服务"税目征收范围的是（　　　）。

A.在游览场所经营索道、摆渡车业务　　　　B.度假村提供会议场地及配套服务

C.将建筑物广告位出租给其他单位用于发布广告　　　　D.为电信企业提供基站天线等塔类站址管理业务

编号	2-2-3	知识点	增值税征税范围的特殊规定		日期	
姓名		学号		班级	评分	

1.根据增值税法律制度的规定，下列各项中，不征收增值税的有（　　）。

A.物业管理单位收取的物业费　　　　B.被保险人获得的医疗保险赔付

C.物业管理单位代收的住宅专项维修资金　　D.存款利息

2.根据增值税法律制度的规定，视同销售货物的情形有哪些?

3.根据增值税法律制度的规定，下列行为中，属于增值税应税交易的有（　　）。

A.将购进的货物无偿赠送给其他单位

B.将购进的货物用于本单位集体福利

C.将自产货物无偿赠送他人

D.将外购货物分配给股东

4.根据增值税法律制度的规定，增值税一般纳税人的下列行为中，应视同销售货物，征收增值税的有（　　）。

A.食品厂将自产的月饼发给职工作为福利

B.商场将购进的服装发给职工用于运动会入场式

C.电脑生产企业将自产的电脑分配给投资者

D.纺织厂将自产的窗帘用于职工活动中心

5.根据增值税法律制度的规定，以下行为属于增值税视同销售行为的有（　　）。

A.服装公司将自产的服装交给百货公司代销

B.化妆品公司将自产的化妆品小样赠送给客户

C.白酒生产企业将委托加工收回的白酒分配给股东单位

D.电脑生产企业将自产的笔记本电脑用于年会抽奖，奖励给职工

6.根据增值税法律制度的规定，以下行为属于增值税视同销售行为的有（　　）。

A.白酒生产企业将自产的白酒小样赠送给客户

B.坚果公司将外购的杏仁露作为中秋节礼物发放给职工

C.线下零售商将其品牌和连锁经营权无偿转让给某互联网电商企业

D.航空公司根据国家指令无偿提供的境外撤侨服务

7.根据增值税法律制度的规定，下列销售行为中，属于境内销售的有（　　）

A.法国航空公司将某中国公民从法国运送至美国

B.日本某公司为中国境内某企业设计手机外观

C.法国某公司出租设备给中国境内某企业使用

D.美国某公司出租一栋别墅给中国境内某企业，用于其美国分公司办公使用

8.根据增值税法律制度的规定，下列情形中，属于在境内销售服务的有（　　）。

A.境外会计师事务所向境内单位销售完全在境内发生的会计咨询服务

B.境内语言培训机构向境外单位销售完全在境外发生的培训服务

C.境内广告公司向境外单位销售完全在境内发生的广告服务

D.境外律师事务所向境内单位销售完全在境外发生的法律咨询服务

9.下列业务属于在我国境内发生增值税应税行为的是（　　）。

A.英国会展单位在我国境内为境内某单位提供会议展览服务

B.境外企业在巴基斯坦为我国境内单位提供工程勘察勘探服务

C.我国境内单位转让在德国境内的不动产

D.新西兰汽车租赁公司向我国境内企业出租汽车，供其在新西兰考察中使用

■ 任务三　增值税纳税人

编号	2-3	知识点		增值税纳税人		日期	
姓名		学号		班级		评分	

1.增值税纳税人为什么要分为一般纳税人和小规模纳税人两类？增值税纳税人是如何被分为一般纳税人和小规模纳税人两个类别的？

2.大学生小张将自己发明的一项污水处理技术以2万元的价格转让给一家企业。问：大学生小张是增值税纳税人吗？为什么？

3.个体户小王在小区门面房开了一个理发店。问：个体户小王是增值税纳税人吗？为什么？

4.（判断题）根据增值税法律制度的规定，除个体经营者以外的其他个人不属于增值税一般纳税人。（　　）

任务四　增值税的税率和征收率

编号	2-4-1	知识点	增值税税率		日期	
姓名		学号		班级	评分	
增值税税率						

13%	
9%	
6%	
0%	

编号	2-4-2	知识点		增值税税率和征收率		日期	
姓名		学号		班级		评分	

1.大学生小张将自己发明的一项污水处理技术以2万元的价格转让给一家企业。问：在不考虑税收优惠的情况下，此次销售适用的税率或征收率是多少？

2.个体户小王在小区门面房开了一个理发店。问：在不考虑税收优惠的情况下，个体户小王缴纳增值税适用的税率或征收率是多少？

3.免税和零税率是一回事吗？不征税、免税、零税率三者有什么区别？

4.货物租赁为什么适用13%而不是9%的税率？

5.根据增值税法律制度的规定，一般纳税人销售的下列货物中，适用9%增值税税率的是（   ）。

A.洗衣液   B.文具盒   C.杂粮   D.蔬菜罐头

6.根据增值税法律制度的规定，一般纳税人销售的下列货物中，适用9%增值税税率的有（   ）。

A.图书   B.粮食   C.电子出版物   D.暖气

7.增值税一般纳税人发生的下列应税行为中，适用6%税率计征增值税的有（   ）。

A.提供建筑服务   B.销售现场制作食品

C.提供会议场地及配套服务   D.提供植物养护服务

8.如何区分混合销售和兼营？

9.以下销售为混合销售还是兼营？请分析原因并说明销售行为应征增值税适用的税率。

（1）某食品厂生产销售食品，同时提供包送运输服务，某月该食品厂取得货物销售收入80万元，运输收入6万元。

（2）某美容美发店提供美容美发服务，对美容的顾客另行收取美容护肤用品费用。某月该美容美发店取得美容美发收入5万元，美容护肤用品收入22万元。

（3）某公司销售电动自行车，同时也提供电动自行车维修服务。某月该公司取得电动自行车销售收入200万元，电动自行车维修服务收入3万元。

（4）某物业公司向业主提供物业管理服务，同时向业主销售日常生活物品。某月该物业公司取得物业管理服务收入50万元，日常生活物品销售收入30万元。

（5）某酒店在客房内摆放有单独收费的食品（如方便面、火腿肠、饮料等），客人消费后，在房费中统一结算。某月取得房费收入50万元，收费食品收入10万元。

■ 任务五　增值税应纳税额的计算

<table>
<tr><td>编号</td><td>2-5-1</td><td>知识点</td><td colspan="2">一般计税方法和简易计税方法的比较</td><td>日期</td><td></td></tr>
<tr><td>姓名</td><td></td><td>学号</td><td></td><td>班级</td><td></td><td>评分</td><td></td></tr>
<tr><td></td><td colspan="3" align="center">一般计税方法</td><td colspan="4" align="center">简易计税方法</td></tr>
<tr><td>概念</td><td colspan="3"></td><td colspan="4"></td></tr>
<tr><td>计算公式</td><td colspan="3"></td><td colspan="4"></td></tr>
<tr><td>计算</td><td colspan="3">　　某纺纱厂为增值税一般纳税人，202×年1月，该厂取得含税销售收入1 130万元，各项支出取得的增值税专用发票注明的税额合计为100万元，已知增值税税率为13%，计算该纺纱厂当月应缴纳的增值税税额。</td><td colspan="4">　　某餐馆为小规模纳税人，202×年1月，该餐馆提供餐饮服务取得含税销售收入61.8万元，各项支出取得的增值税专用发票注明的税额合计为0.8万元，计算该小吃店当月应缴纳的增值税税额。</td></tr>
</table>

税法（第2版）任务工单

224

编号	2-5-2	知识点	增值税应纳税额的计算		日期	
姓名		学号		班级	评分	

综 合

1.在采用一般计税方法计算增值税数额时，哪些款项不能计入销售额？

2.在以旧换新销售方式下，如何确定销售额？

3.可以抵扣进项税额的凭证有哪些？是否存在增值税普通发票也可以抵扣进项税额的情况？

4.收购农产品时如何确定进项税额？

5.一般纳税人从小规模纳税人购进农产品，取得增值税专用发票。一般纳税人在确定进项税额时，为什么不直接适用增值税专用发票注明的税额，而是需要按照发票金额和9%或10%的适用税率计算进项税额？

6.一般纳税人从小规模纳税人购进农产品并取得增值税专用发票。一般纳税人在计算进项税额时，如何选择适用税率？

7.购入旅客运输服务如何确定进项税额？

项目二

8.用于集体福利或者个人消费的购进项目为什么不能抵扣进项税额?

9.非正常损失的购进货物为什么不能抵扣进项税额?

10.购进的餐饮服务、居民日常服务和娱乐服务为什么不能抵扣进项税额?

11.在增值税计算中,如果同时存在可以抵扣和不得抵扣的进项税额,如何确定两者的数额?

编号	2-5-3	知识点	增值税应纳税额的计算		日期	
姓名		学号		班级	评分	
知识点			分知识点练习			

1.销售额	1.根据增值税法律制度的规定，下列各项中，应计入增值税的应税销售额的有（ ）。 A.向购买方收取的违约金 B.销售货物的同时代办保险而向购买方收取的保险费 C.因销售货物向购买方收取的手续费 D.受托加工应征消费税的消费品所代收代缴的消费税 2.根据增值税法律制度的规定，一般纳税人收取的下列款项中，应作为价外费用并入销售额计算增值税销项税额的是（ ）。 A.受托加工应征消费税的消费品所代收代缴的消费税 B.销售货物时收取的包装费 C.销售货物的同时代办保险而向购买方收取的保险费 D.向购买方收取的代购买方缴纳的车辆牌照费 3.根据增值税法律制度的规定，下列各项中，应计入增值税的应税销售额的有（ ）。 A.向购买方收取的违约金 B.销售货物的同时代办保险而向购买方收取的保险费 C.因销售货物向购买方收取的手续费 D.受托加工应征消费税的消费品所代收代缴的消费税 4.根据增值税法律制度的规定，下列关于增值税计税销售额的表述中，正确的有（ ）。 A.金融企业转让金融商品，按照卖出价扣除买入价后的余额为销售额 B.银行提供贷款服务，以提供贷款服务取得的全部利息及利息性质的收入为销售额 C.经纪代理服务，以取得的全部价款和价外费用，扣除向委托方收取并代为支付的政府性基金或者行政事业性收费后的余额为销售额 D.建筑企业提供建筑服务适用一般计税方法的，以取得的全部价款和价外费用扣除支付的分包款后的余额为销售额 5.某商业银行第四季度取得含增值税贷款利息收入6 360万元，支付存款利息1 590万元；销售一批债券，卖出价805.6万元，该批债券买入价795万元。问：该银行提供贷款服务的销售额是多少？该银行销售债券的销售额是多少？
2.含税销售额的换算	6.某棉纺厂（增值税一般纳税人）销售一批纱线，取得纱线含税销售额11.3万元，另外收取纱线运输托盘租金1.13万元，纱线包装纸箱押金2.26万元，该批货物的增值税应税销售额是多少？
3.视同销售货物的销售额	7.甲公司为增值税一般纳税人，本月将两台自产的A型洗衣机奖励给职工，已知A型洗衣机的生产成本为1 500元/台，成本利润率为10%，市场最高不含税售价为2 500元/台，平均不含税售价为2 200元/台，计算甲公司当月该笔业务应缴纳的增值税销售额。

	8.某棉纺厂（增值税一般纳税人）将一批采用新材料研制开发的新型纱线作为试用品无偿赠送给客户。已知该批纱线的生产成本为5万元，市场无同类产品销售，纱线的成本利润率为10%，计算该批货物的应税销售额。
4.商业折扣销售	9.甲公司为增值税一般纳税人，某月采取折扣方式销售一批货物，该批货物不含税价格为166 000元，因购买数量大，甲公司给予购买方10%的价格优惠，销售额和折扣额在同一张发票上分别注明。求甲公司当月该笔业务增值税销售额。
5.现金折扣	10.某纺纱厂（增值税一般纳税人）销售一批纱线，销售价款为100万元。销售合同约定客户在合同签订后一周内付款，纱厂将给予10%的折扣。后客户在合同签订后第五天支付货款90万元。该批货物的应税销售额为多少？
6.以旧换新方式销售	11.某家电超市（增值税一般纳税人）为了扩大销售收入，决定采用"以旧换新"方式销售彩电，一台新彩电售价2 000元，收购的旧彩电按照100元/台进行折抵。某月销售100台新彩电，同时收购100台旧彩电。该超市当月的应税销售额是多少？
	12.甲公司为一般纳税人，某月销售50台新型冰箱，每台含税价格5 800元；采取以旧换新方式销售同型号冰箱20台，收回的旧冰箱每台作价232元，实际每台收取款项5 568元。计算甲公司当月增值税销售额。
	13.甲首饰店是增值税一般纳税人。某月采取"以旧换新"方式销售一批金项链。该批金项链含增值税售价为139 200元，换回的旧项链作价116 600元，甲首饰店实际收取差价款22 600元。已知增值税税率为13%。计算甲首饰店当月该笔业务增值税的销售额。
7.还本销售方式销售	14.某纺纱厂（增值税一般纳税人）采用还本销售方式销售一批纱线，取得销售价款100万元，合同约定后期将其中10万元返还客户，该批货物的应税销售额是多少？

8.以物易物方式销售	15.某纺纱厂（增值税一般纳税人）以价款为100万元的纱线和某贸易公司交换一批棉花，贸易公司另行支付纺纱厂差价20万元。求纺纱厂该批货物的应税销售额。
9.从农民购买取得自产农产品	16.某大型水果超市为增值税一般纳税人，某日从农民手中收购一批苹果，农产品收购发票上注明的收购价款为8000元，该超市对苹果做了清洗包装后，出售给了甲企业，开具增值税专用发票上注明的金额为12000元。已知，该超市销售农产品适用的税率为9%，计算该超市应缴纳的增值税税额。
	17.某生产企业为增值税一般纳税人，生产的产品均适用13%的增值税税率。某月销售产品取得不含税销售额200万元，当月从农业生产者购进农产品作为生产用原材料，收购发票上注明买价为70万元，当月领用56万元农产品用于加工；另购进其他原材料，取得增值税专用发票注明的金额为100万元，税额13万元。请计算当月该企业应缴纳的增值税税额。
	18.某食品厂为增值税一般纳税人，某月从农民手中购进玉米用于加工爆米花，当月全部领用，收购发票上注明买价5万元，支付运费取得增值税专用发票，金额为0.6万元。计算该厂当月可抵扣的增值税进项税额。
10.销项税额	19.甲公司为增值税一般纳税人，某月销售啤酒取得含税价款226万元，另收取包装物租金1.13万元，包装物押金3.39万元，已知增值税适用税率为13%，计算甲公司当月上述业务增值税销项税额。
	20.某烟酒店为增值税一般纳税人，某月销售白酒，开具增值税专用发票，金额为50万元，另收取包装物租金1万元，包装物押金1.26万元；销售啤酒，取得不含税收入20万元，收取包装物押金2万元。计算该烟酒店当月增值税销项税额。
	21.某企业为增值税一般纳税人，某月提供汽车租赁服务，开具增值税专用发票，金额为50万元；提供汽车车身广告位出租服务，开具增值税普通发票，注明价税合计金额67.8万元；出租上月购置房屋，开具增值税专用发票，注明金额100万元。计算该企业当月上述业务增值税销项税额。
11.进项税额	22.纳税人取得的下列各项国内旅客运输的票据中，可以作为进项税额抵扣凭证的是（　　）。 A.为本单位员工批量购买国内旅客运输取得的增值税电子普通发票 B.本单位员工因公出差取得的未注明旅客身份信息的公路客运客票 C.为本单位客户的员工购买机票取得的注明旅客身份信息的航空电子客票行程单 D.提供给本单位员工作为职工福利的注明旅客身份信息的春节回乡探亲火车票

	23.甲公司是增值税一般纳税人，某月从外地购入一批原材料，取得增值税专用发票，金额为10万元，税额为1.3万元，该批原材料在运回甲公司途中因管理不善丢失了5%，又因遇不可抗力毁损了30%。求该批原料的进项税转出额。
	24.根据增值税法律制度的规定，一般纳税人购进货物的下列进项税额中，不得从销项税额中抵扣的有（　　）。 A.因管理不善造成被盗的购进货物的进项税额 B.被执法部门依法没收的购进货物的进项税额 C.被执法部门强令自行销毁的购进货物的进项税额 D.因地震造成毁损的购进货物的进项税额
12.无法划分的项目	25.某律师事务所（增值税一般纳税人）某月发生业务如下：提供应税服务取得收入200万元，提供免税服务取得收入60万元，提供简易计税项目服务取得收入40万元，当月发生的进项税额共计24万元，但无法在各服务之间进行准确划分。该律所当月可以抵扣的进项税额是多少？（以上收入均为不含税收入）
	26.某制药厂为增值税一般纳税人，某月销售应税药品取得不含税收入100万元，销售免税药品取得收入50万元，当月购入一批原材料，取得增值税专用发票，税款为6.8万元；应税药品与免税药品无法划分耗料情况。计算该制药厂当月应缴纳的增值税。
13.简易计税方法应纳税额的计算	27.甲便利店为增值税小规模纳税人，某年第四季度零售商品取得收入10.3万元，将一批外购商品无偿赠送给物业公司用于社区活动，该批商品的含税价格为721元。已知增值税征收率为3%。计算甲便利店第四季度应缴纳增值税税额。
14.进口货物应纳税额的计算	28.某企业为增值税一般纳税人，某月从国外进口一批普通货物，经海关核定的关税完税价格为200万元。已知进口关税税率为10%，增值税率为13%，计算该企业进口环节应当缴纳的增值税税额。
	29.甲公司进口一批设备，关税完税价格为150万元。已知关税税率为5%，增值税税率为13%，计算甲公司当月该笔业务应缴纳的增值税税额。
	30.某商贸公司（有进出口经营权）进口一批货物，经海关核定的关税完税价格为60万元。货物报关后，公司按规定缴纳了进口环节的增值税并取得了海关开具的海关进口增值税专用缴款书。假定该批进口货物在国内全部销售，取得不含税销售额80万元。已知货物进口关税为9万元，增值税率为13%。根据上述资料，完成下列各题： （1）计算进口环节应缴纳的增值税的组成计税价格。 （2）计算进口环节应缴纳的增值税税额。 （3）计算国内销售环节的销项税额。 （4）计算国内销售环节应缴纳的增值税税额。

编号	2-5-4	知识点	增值税应纳税额的计算		日期	
姓名		学号		班级	评分	

1.企业银行为增值税一般纳税人,该银行第四季度发生以下业务:

(1)购进5台设备,取得增值税专用发票,金额为40万元,增值税为5.2万元;

(2)租入一处底商作为营业部,租金总额为105万元,取得增值税专用发票,金额为100万元,增值税为5万元;

(3)办理公司业务,收取结算手续费(含税)31.8万元,收取账户管理费(含税)26.5万元;

(4)办理贷款业务,取得利息收入(含税)1.06亿元;

(5)吸收存款8亿元。

已知:提供金融服务适用的增值税税率为6%,计算该银行第四季度应缴纳的增值税税额。

2.金丝纺纱厂是增值税一般纳税人,该纺纱厂某月发生以下业务:

(1)购进一批原料,取得增值税专用发票注明的金额为50万元,增值税为6.5万元;为此支付运费,取得增值税普通发票,金额为2万元,增值税为0.18万元;

(2)承接其他企业投资转入一批材料,取得增值税专用发票,金额为100万元,增值税为13万元;

(3)购进低值易耗品,取得增值税专用发票,金额为6万元,增值税为0.78万元;

(4)销售一批产品,取得不含税销售额200万元,另外收取包装物租金1.13万元;

(5)采取以旧换新方式销售产品,新产品含税售价7.91万元,旧产品作价2万元;

(6)因管理不善造成一批原料报废,该批报废原料购入价款为8万元(购入进项税额已抵扣)。

已知:购进和销售产品适用的增值税率为13%,求金丝纺纱厂当月应当缴纳的增值税税额。

3.银丝纺纱厂是增值税一般纳税人,该纺纱厂某月发生以下业务:

(1)向某贸易公司购进一批棉花,取得增值税专用发票,金额为30万元,增值税为3.9万元;

(2)向某运输企业支付该批货物的运输费用,取得增值税专用发票,金额为1万元;

(3)原棉购入当天因库房忘记锁门部分棉花被盗,经查实该批被盗棉花价值2万元;

(4)从农业生产者手中购进一批棉花,价款4万元;

(5)从小规模纳税人手中购买一批棉花,价款2万元,取得增值税普通发票;

(6)销售给一般纳税人一批面纱,取得不含税销售额100万元;

(7)销售给小规模纳税人一批面纱,取得含税销售额56.5万元;

(8)将一批纱线用作对外投资,该批纱线不含税市场价格20万元。

已知:购进和销售产品适用的增值税税率为13%,运输服务费税率为6%。计算银丝纺纱厂当月应当缴纳的增值税税额。

项目二

4.金平律师事务所为增值税小规模纳税人，该律师事务所某月发生以下业务：

（1）向某一般纳税人企业提供咨询服务，取得含增值税销售额3.09万元；

（2）向某小规模纳税人提供注册信息服务，取得含增值税销售额1.03万元；

（3）购进办公用品，支付价款2.06万元，取得增值税普通发票。

已知增值税征收率为3%，计算该律师事务所当月应缴纳的增值税税额。

5.大野汽车贸易公司为增值税一般纳税人，某月公司有关经营业务如下：

（1）进口越野车一批，取得海关进口增值税专用缴款书，税额为170万元；

（2）购进维修用原材料及零配件，取得防伪税控增值税专用发票，金额为680万元，税额为115.6万元；

（3）支付进货运输费用，取得增值税专用发票，金额为5万元，税额为0.55万元；

（4）销售小型客车取得含税销售额9 040万元，销售小型客车零配件取得含税销售额20.34万元；

（5）销售汽车内装饰饰品，取得含税销售额169.5万元；

（6）对外提供汽车维修服务，取得含税销售额113万元；

已知：大野汽车贸易公司适用的增值税税率为13%，增值税专用发票、专用缴款书、运输发票均通过认证，上月末留抵的进项税额为16万元，根据上述资料完成下列各题。

（1）大野汽车贸易公司当月允许抵扣的增值税进项税额是（　　）。

A.购进维修用原材料及配件的进项税额

B.上月末留抵的进项税额

C.进口越野车的进项税额

D.支付进货运输费用的进项税额

（2）大野汽车贸易公司当月发生的下列业务中，应按照"加工、修理修配劳务"申报缴纳增值税的是（　　）。

A.提供汽车维修服务　　　B.销售小型客车零配件　　　C.销售小型客车　　　D.销售汽车内装饰饰品

（3）计算大野汽车贸易公司当月允许抵扣的进项税额。

（4）计算大野汽车贸易公司当月各项业务应缴纳的增值税销项税额。

6.大金银行为增值税一般纳税人，其第一季度有关经营情况如下：

（1）取得含增值税贷款利息收入6 360万元，支付存款利息1 590万元；取得含增值税转贷利息收入530万元，支付转贷利息477万元。

（2）本季度销售一批债券，卖出价805.6万元，该批债券买入价795万元，除此之外无其他金融商品买卖业务，上一纳税期金融商品买卖销售额为正差且已纳税。

（3）租入营业用房屋，取得增值税专用发票，税额为9万元；对该房屋进行装修，支付装修费，取得增值税专用发票，税额为10万元。

已知，金融服务增值税税率为6%。取得的增值税专用发票均已通过税务机关认证。

要求：根据上述资料，不考虑其他因素，分析回答下列小题。

（1）大金银行提供的下列金融服务中，应按照"金融服务——直接收费金融服务"税目计缴增值税的是（ ）。

A.货币兑换　　　　　B.基金管理　　　　　C.贷款　　　　　D.资金结算

（2）计算大金银行第一季度贷款及转贷业务增值税销项税额的下列算式中，正确的是（ ）。

A.（6 360-1 590+530-477）÷（1+6%）×6%=273（万元）

B.（6 360-1 590+530）÷（1+6%）×6%=300（万元）

C.（6 360+530）÷（1+6%）×6%=390（万元）

D.（6 360+530-477）÷（1+6%）×6%=363（万元）

（3）计算大金银行第一季度金融商品买卖业务应缴纳增值税税额的下列算式中，正确的是（ ）。

A.805.6×6%=48.336（万元）　　　　　B.（805.6+795）÷（1+6%）×6%=90.6（万元）

C.805.6÷（1+6%）×6%=45.6（万元）　　　　　D.（805.6-795）÷（1+6%）×6%=0.6（万元）

（4）关于大金银行第一季度租入营业用房屋及装修业务增值税进项税额抵扣的下列表述中，正确的是（ ）。

A.租入营业用房屋进项税额9万元允许在当期全额抵扣，装修进项税额10万元只允许在当期抵扣60%

B.租入营业用房屋进项税额9万元及装修进项税额10万元都不允许抵扣

C.租入营业用房屋进项税额9万元及装修进项税额10万元都允许在当期抵扣

D.租入营业用房屋进项税额9万元及装修进项税额10万元允许在当期抵扣60%

7.欢朋酒店为增值税一般纳税人，某月有关经营情况如下：

（1）提供餐饮、住宿服务取得含增值税收入1 431万元。

（2）出租餐饮设备取得含增值税收入29万元，出租房屋取得含增值税收入5.5万元。

（3）提供车辆停放服务取得含增值税收入11万元。

（4）发生员工出差火车票、飞机票支出合计10万元。

（5）支付技术咨询服务费，取得增值税专用发票，税额为1.2万元。

（6）购进一批卫生用具，取得增值税专用发票，税额为1.6万元。

（7）从农业合作社购进蔬菜，取得农产品销售发票，买价为100万元。

已知：有形动产租赁服务增值税税率为13%；不动产租赁服务增值税税率为9%；生活服务、现代服务（除有形动产租赁服务和不动产租赁服务外）增值税税率为6%；交通运输服务增值税税率为9%；农产品扣除率为10%；取得的扣税凭证均已通过税务机关认证。

要求：根据上述材料，不考虑其他因素，分析回答下列问题。

（1）欢朋酒店下列经营业务中，应按照"现代服务"税目计缴增值税的是（ ）。

A.餐饮服务

B.房屋租赁服务

C.餐饮设备租赁服务

D.住宿服务

（2）下列关于欢朋酒店增值税进项税额抵扣的表述中，正确的是（ ）。

A.支付技术咨询服务费的进项税额准予抵扣

B.火车票、飞机票的进项税额准予抵扣

C.购进蔬菜的进项税额准予抵扣

D.购进卫生用具的进项税额准予抵扣

（3）计算欢朋酒店当月增值税销项税额的下列算式中，正确的是（ ）。

A.车辆停放收入的销项税额=11÷（1+9%）×9%

B.房屋出租收入的销项税额=5.5÷（1+9%）×9%

C.餐饮设备出租收入的销项税额=29÷（1+13%）×13%

D.餐饮、住宿收入的销项税额=1 431÷（1+6%）×6%

（4）计算欢朋酒店当月准予抵扣增值税进项税额的下列算式中，正确的是（ ）。

A. 1.2+1.6

B. 10×9%+1.2+1.6+100×10%

C. 10×9%+1.2

D. 10÷（1+9%）×9%+1.2+1.6+100×9%

■ 任务六　增值税税收优惠

编号	2-6	知识点	增值税税收优惠		日期	
姓名		学号		班级	评分	

1.202×年，农民梁满仓完成以下销售货物，问：哪些销售需要缴纳增值税？

1月，在本村收购小麦销售给县面粉厂，取得销售款项10万元。

2月，在本村收购玉米销售给县饲料厂，取得销售款项11万元。

3月，将自己种植的高粱销售给县酿酒厂，取得销售款项12万元。

4月，购买新拖拉机，将旧拖拉机对外出售，取得销售款项13万元。

5月，购买本村的一台旧拖拉机对外出售，取得销售款项14万元。

6月，将自己演唱录制的一首歌曲的国内发行权出售给某国内唱片公司，取得销售款项15万元。

2.根据增值税法律制度的规定，下列各项中，属于免税项目的是（　　）。

A.超市销售保健品

B.外贸公司进口供残疾人专用的物品

C.商场销售儿童玩具

D.外国政府无偿援助的进口物资

3.根据增值税法律制度的规定，一般纳税人销售下列货物或者应税劳务适用免税规定的是（　　）。

A.农产品

B.避孕药品

C.图书

D.自己使用过的汽车

4.根据增值税法律制度的规定，下列各项中，属于免税项目的是（　　）。

A养老机构提供的养老服务

B装修公司提供的装饰服务

C婚介所提供的婚姻介绍服务

D托儿所提供的保育服务

5.根据增值税法律制度的规定，下列各项中，属于增值税免税项目的是（　　）。

A.培训机构开设考前培训班取得的收入

B.个人转让著作权取得的收入

C.发行福利彩票取得的收入

D.农业生产者销售自产农产品取得的收入

6.根据增值税法律制度的规定，下列各项中，免征增值税的有（　　）。

A.婚姻介绍所提供的婚姻介绍服务

B.医疗机构提供医疗服务

C.电信公司提供语音通话服务

D.科研机构进口直接用于科学研究的仪器

■ 任务七　增值税的纳税时间和纳税地点

编号	2-7-1	知识点		增值税纳税义务发生时间	日期	
姓名		学号		班级	评分	
纳税义务发生时间						
	概念					
	一般规定					
具体规定	直接收款方式销售货物					
	销售应税劳务					
	视同销售货物					
	采取托收承付和委托银行收款方式销售货物					
	采取赊销和分期收款方式销售货物					
	委托其他纳税人代销货物					
	预收货款方式销售货物					
	提供租赁服务采取预收款方式的					
	金融商品转让					

编号	2-7-2	知识点	增值税的纳税期限和申报期限	日期	
姓名		学号		班级	评分

增值税的纳税期限和申报期限

概　　念		分　　类	
纳税期限			
纳税申报期限			

项目二

　　某自行车商店为增值税一般纳税人，202×年1月，该商店发生以下业务：

　　1月5日，采用直接收款方式销售40辆自行车，不含税单价1 300元；

　　1月8日，采用赊销方式销售20辆自行车，不含税单价1 350元，合同约定1月27日收款；

　　1月25日，采用预收货款方式销售30辆自行车，不含税单价1 250元，货款已经收到，其中10辆自行车于25日发出，其余20辆于2月5日发出；

　　2月5日，收到1月8日销售的20辆自行车的货款。

　　问：该纳税人1月增值税应税销售额为多少？纳税人应当于何时申报纳税？

编号	2-7-3	知识点		增值税纳税地点		日期	
姓名		学号		班级		评分	

纳税地点		
固定业户	纳税地点	
	异地分支机构	
	外地经营的	
非固定业户		
其他个人		
进口货物		
扣缴义务人		

■ 任务一　消费税的概念、特征、纳税人、征税范围、税目及税率

编号	3-1-1	知识点	消费税的纳税人、征税范围、税目	日期	
姓名		学号		班级	评分	

简答题

1.我国对哪些商品征收消费税？生活中哪些商品含有消费税？你负担过消费税吗？请根据本任务所学内容予以分析。

2.某男生花6元在某超市购买了一瓶啤酒，问：该瓶啤酒含有消费税吗？请根据本任务所学内容予以分析。

3.某女生花100元在某超市购买了一瓶15毫升的防晒霜，问：该瓶防晒霜含有消费税吗？请根据本任务所学内容予以分析。

4.请论述我国消费税的纳税环节。

项目三

编号	3-1-2	知识点	消费税的纳税人、征税范围、税目	日期	
姓名		学号		班级		评分	

选择题

1.根据消费税法律制度的规定，下列消费品中，属于消费税征收范围的有（　　）。

A.酒精　　　　　　B.护发液　　　　　　C.合成宝石　　　　　D.果木酒

2.根据消费税法律制度的规定，下列各项中属于消费税征税对象的有（　　）。

A.黄酒　　　　　　B.调味料酒　　　　　C.白酒　　　　　　　D.啤酒

3.根据消费税法律制度的规定，下列各项中，属于消费税征税对象的有（　　）。

A.私人飞机　　　　B.高档手表　　　　　C.珠宝玉石　　　　　D.游艇

4.根据消费税法律制度的规定，下列各项中，属于消费税征税对象的有（　　）。

A.成品油　　　　　B.酒精　　　　　　　C.烟丝　　　　　　　D.实木地板

5.下列各项中，应按照"高档化妆品"税目计缴消费税的有（　　）。

A.高档护肤类化妆品　　　　　　　B.成套化妆品

C.高档修饰类化妆品　　　　　　　D.高档美容类化妆品

6.根据规定，企业将自产应税消费品用于下列情形中，应当缴纳消费税的是（　　）。

A.地板厂将自产的实木地板用于装修办公室

B.摩托车厂将自产的排量为250毫升的摩托车用于赞助

C.化妆品厂将自产的高档化妆品用于广告

D.卷烟厂将自产的烟丝用于连续生产卷烟

7.根据消费税法律制度的规定，下列情形中，属于消费税征税范围的有（　　）。

A.甲服装厂生产销售服装

B.乙烟草批发企业将卷烟销售给其他烟草批发企业

C.丙商场零售金银首饰

D.丁汽车贸易公司进口小汽车

8.根据消费税法律制度的规定，下列应税消费品中，采用从量计征办法计缴消费税的有（　　）。

A.黄酒　　　　　　B.葡萄酒　　　　　　C.啤酒　　　　　　　D.药酒

9.根据消费税法律制度的规定，下列各项中，属于消费税纳税人的是（　　）。

A.白酒批发商　　　B.卷烟生产商　　　　C.钻石进口商　　　　D.高档化妆品零售商

10.根据消费税法律制度的规定，下列各项中，属于消费税纳税人的有（　　）。

A.委托加工白酒的超市　　　　　　B.进口白酒的贸易商

C.销售白酒的商场　　　　　　　　D.生产白酒的厂商

任务二　消费税应纳税额的计算

编号	姓名	学号	班级	日期	评分
3-2-1					

消费税应纳税额的计算

销售应税消费品应纳税额的计算	1.从价计税	应纳税额=销售额×比例税率
	2.从量计税	（1）销售应税消费品从从价计税的：应纳税额=销售数量×定额税率
		（2）自产自用应税消费品视同销售从量计量计税的：应纳税额=数量×定额税率
	3.复合计税	（1）销售应税消费品复合计税的：应纳税额=销售额×比例税率+销售数量×定额税率
		（2）自产自用应税消费品视同销售复合计税的：应纳税额=（_____）×（1-比例税率）×比例税率+自产自用数量×定额税率
委托加工应税消费品应纳税额的计算	1.从价计税	（1）受托方有同类消费品销售价格的：应纳税额=销售额×比例税率
		（2）受托方没有同类消费品销售价格的：应纳税额=（_____）÷（1-比例税率）×比例税率
	2.从量计税	应税消费品数量×定额税率
	3.复合计税	（1）受托方有同类消费品的，应纳税额=销售额×比例税率+定额税率
		（2）受托方没有同类消费品销售价格的，应纳税额=（_____）÷（1-比例税率）×比例税率+委托加工数量×定额税率
进口应税消费品应纳税额的计算	1.从价计税	应纳税额=（_____）÷（1-比例税率）×比例税率
	2.从量计税	应纳税额=进口数量×定额税率
	3.复合计税	应纳税额=（_____）÷（1-比例税率）×比例税率+进口数量×定额税率
已纳消费税的扣除	外购应税消费品已纳税额的扣除	1.从价计税 准予扣除的税款=当期准予扣除的外购应税消费品买价×外购应税消费品适用税率；当期准予扣除的外购应税消费品买价=_____+应税消费品的买价-_____
		2.从量计税 准予扣除的税款=当期准予扣除的外购应税消费品数量×外购应税消费品适用税率；当期准予扣除的外购应税消费品数量=_____+应税消费品的数量-_____
	委托加工收回的应税消费品已纳税款的扣除	当期准予扣除的已纳税款=_____-委托加工应税消费品已纳税款；款=_____-委托加工应税消费品已纳税

编号	3-2-2	知识点	消费税应纳税额的计算		日期	
姓名		学号		班级	评分	

选择题

1.202×年1月，某酒厂生产220吨白酒，对外销售180吨，取得不含增值税销售额2 000万元，增值税税额260万元。该酒厂当月销售白酒计算消费税的计税依据为（　　）。

A.2 000万元　　　　B.2 260万元　　　　C.220吨　　　　D.180吨

2.202×年2月，某啤酒厂生产150吨啤酒，销售100吨，取得不含增值税销售额30万元，增值税税额3.9万元。甲啤酒厂当月销售啤酒消费税计税依据为（　　）。

A.33.9万元　　　　B.30万元　　　　C.150吨　　　　D.100吨

3.根据消费税法律制度的规定，下列各项中，包装物押金计入销售额的有（　　）。

A.因逾期未收回的包装物不再退还的押金

B.已收取的时间超过12个月的押金

C.黄酒、啤酒包装物押金

D.除黄酒、啤酒以外的酒类包装物押金

4.甲酒厂主要从事白酒生产销售业务，该酒厂销售白酒取得的下列款项中，应并入销售额缴纳消费税的有（　　）。

A.向甲公司收取的产品优质费　　　　B.向乙公司收取的包装物租金

C.向丙公司收取的品牌使用费　　　　D.向丁公司收取的储备费

5.（判断题）某卷烟厂通过自设独立核算门市部销售自产卷烟，应当按照门市部对外销售额或销售数量计算征收消费税。（　　）

6.（判断题）纳税人采用以旧换新方式销售的金银首饰，应按差价征收消费税。（　　）

7.（判断题）纳税人采用翻新改制方式销售的金银首饰，按实际收取的不含增值税的全部价款确定计税依据征收消费税。（　　）

8.根据消费税法律制度的规定，企业发生下列事项，应根据企业同类应税消费品最高计税价格计征消费税的是（　　）。

A.用于职工福利的自产高档化妆品

B.用于运输车队的自产柴油

C.用于抵偿债务的自产小汽车

D.用于广告宣传的自产白酒

9.根据消费税法律制度的规定，下列各项中，可以按当期生产领用数量计算准予扣除外购的应税消费品已纳消费税税款的是（　　）。

A.外购已税白酒生产的药酒　　　　B.外购已税烟丝生产的卷烟

C.外购已税翡翠生产加工的金银翡翠首饰　　　　D.外购已税钻石生产的高档手表

计算题

1.某男生花113元（含增值税13元）在超市购买了一瓶500毫升52度山西汾酒。问：该瓶白酒含有多少消费税？

2.某女生花2 260元（含增值税260元）在商店购买了一瓶75毫升的高档护肤化妆品，问：该瓶化妆品含有多少消费税？

3.某化妆品生产企业为增值税一般纳税人，202×年6月向某大型商场销售一批高档化妆品，开具增值税专用发票，取得不含增值税销售额50万元，还向商场收取了延迟付款利息2.26万元。计算该化妆品生产企业的上述业务应缴纳的消费税。（高档化妆品适用消费税税率为15%）

4.甲公司为增值税小规模纳税人，202×年3月销售自产葡萄酒，取得含增值税销售额150 174元。已知增值税征收率为3%，葡萄酒消费税税率为10%。计算甲公司当月该笔业务应缴纳的消费税税额。

5.某啤酒厂202×年6月销售1 000吨啤酒，取得不含增值税销售额290万元，增值税税额37.7万元，另收取包装物押金22.6万元。计算该啤酒厂6月应缴纳的消费税税额。（甲类啤酒的消费税单位税额为250元/吨，乙类啤酒为220元/吨）

6.甲公司为增值税一般纳税人，主要从事柴油加工和销售业务，202×年4月，甲公司销售自产柴油1 000吨，赠送客户10吨自产柴油，本公司工程车辆领用20吨自产柴油，已知柴油1吨=1 176升，消费税税率为1.2元/升，计算甲公司当月上述业务应缴纳的消费税税额。

7.某酒厂为增值税一般纳税人，202×年5月，该酒厂销售白酒50吨，取得含增值税销售额113万元，已知增值税税率为13%，白酒消费税比例税率为20%，定额税率为0.5元/500克。计算该酒厂当月应缴纳的消费税税额。

8.某摩托车生产企业为增值税一般纳税人，202×年6月，该摩托车生产企业将生产的100辆某型号摩托车，以每辆出厂价1万元（不含增值税）给自设非独立核算的门市部；门市部又以每辆16 950元的价格（含增值税）全部销售给消费者。已知该型号摩托车适用的消费税税率为10%，计算该摩托车生产企业202×年6月份应缴纳的消费税税额。

9.甲公司为增值税一般纳税人，202×年7月，甲公司将1辆生产成本5万元的自产小汽车用于抵偿债务，同型号小汽车含增值税平均售价11.3万元/辆，含增值税最高售价13.56万元/辆。已知增值税税率为13%，消费税税率为5%，计算甲公司当月该笔业务应缴纳的消费税税额。

10.某摩托车厂202×年10月以自产20辆摩托车（气缸容量为300毫升）与某钢厂换取20吨钢材，每吨钢材3 600元。已知摩托车厂当月销售三批同一型号摩托车，销售价格分别为4 400元/辆、4 500元/辆、4 600元/辆，销售数量分别为50辆、15辆、35辆，摩托车消费税税率为10%，计算该摩托车厂当月应缴纳的消费税税额。

11.某摩托车厂202×年10月以自产20辆摩托车（气缸容量为300毫升）奖励给职工，用于职工福利。已知摩托车厂当月销售三批同一型号摩托车，销售价格分别为4 400元/辆、4 500元/辆、4 600元/辆，销售数量分别为50辆、15辆、35辆，摩托车消费税税率为10%，计算该项业务应缴纳的消费税税额。

12.某酒厂移送50吨B类白酒给自设非独立核算门市部，不含增值税售价为1.5万元/吨，门市部当月销售40吨，对外不含增值税售价为3万元/吨。计算该笔业务当月应缴纳的消费税税额。

13.甲酒厂为增值税一般纳税人，202×年8月，甲酒厂销售自产红酒，取得含增值税价款56.5万元，另收取包装物押金3.39万元、手续费2.26万元。已知红酒增值税税率为13%，消费税税率为10%，计算甲酒厂该笔业务应缴纳的消费税税额。

14.甲化妆品公司为增值税一般纳税人，202×年9月，甲化妆品公司销售200套化妆品套装，每套含增值税售价791元，将同款套装10套用于对外赞助。已知该化妆品套装适用的增值税税率为13%，消费税税率为15%，计算甲化妆品公司当月销售化妆品套装应缴纳的消费税税额。

15. 202×年10月，甲化妆品厂将一批自产高档化妆品用于馈赠客户，该批高档化妆品生产成本为1 000元，无同类高档化妆品销售价格。已知消费税税率为15%，成本利润率为5%，计算甲化妆品厂当月该笔业务应缴纳的消费税税额。

16. 某化妆品公司将一批自产的高档化妆品用于职工福利，该批高档化妆品的成本为80 000元，无同类产品市场销售价格，但已知其成本利润率为5%，消费税税率为15%。计算该批高档化妆品应缴纳的消费税税额。

17. 202×年11月，某酒厂将自产的2 000公斤粮食白酒加工成酒精消毒液对外销售，市场没有同类白酒销售，该批白酒的成本为20万元。已知白酒适用的消费税税率为20%，单位税额为0.5元/斤，粮食白酒的平均利润率为10%，计算该批白酒的应缴纳的消费税税额。

18. 某酒厂将自产的300斤薯类白酒作为年终奖励发给本企业职工，查知无同类产品销售价格，该批白酒的生产成本为15 000元。薯类白酒的成本利润率为5%，白酒消费税适用比例税率为20%，定额税率为0.5元/斤。计算该企业上述业务应缴纳的消费税税额。

19.某公司从境外进口一批高档化妆品，经海关核定，关税的完税价格为54 000元，进口关税税率为25%，消费税税率为15%，请计算该批高档化妆品进口环节应缴纳的消费税税额。

20.某市卷烟生产企业为增值税一般纳税人，202×年3月从国外进口400标准箱B类卷烟，关税的完税价格为275万元，计算进口卷烟应缴纳的消费税税额。（其他相关资料：①该批卷烟适用的比例税率为36%；②卷烟消费税定额税率：每标准箱（250标准条）150元；③卷烟的进口关税为55万元；④相关票据已通过主管税务机关认证。）

21.某企业进口100标准条某种卷烟，海关审定的完税价格为5万元，该企业缴纳关税2万元。已知该种卷烟适用的消费税比例税率为36%，定额税率为0.003元/支。计算某企业应缴纳的消费税税额。

22.甲卷烟厂为增值税一般纳税人，受托加工一批烟丝，委托方提供的烟叶成本含税价为5.65万元，甲卷烟厂收取含增值税加工费2.26元。已知增值税税率为13%，消费税税率为30%，无同类烟丝销售价格，计算甲卷烟厂该笔业务应代收代缴的消费税税额。

23.某企业委托某卷烟厂加工卷烟100标准条，卷烟耗用原料含税价款为2.1万元，加工费为1.29万元，受委托加工厂未销售过该种卷烟，计算受委托加工厂代收代缴的消费税税额。该种卷烟消费税比例税率为56%，定额税率为0.003元/支。

24.甲涂料生产企业202×年11月发生如下经营业务：

（1）在境内生产并销售油脂类涂料1吨（施工状态下挥发性有机物含量高于420克/升），取得不含增值税销售额200万元。

（2）委托境内乙企业加工橡胶类涂料1吨（施工状态下挥发性有机物含量高于420克/升），收回后再销售的不含税销售额100万元，乙企业同类消费品的销售价格（不含税）为80万元/吨，涂料成本为30万元，加工费为20万元，涂料消费税税率为4%。

根据上述资料，计算：

（1）甲企业生产销售自产涂料应缴纳的消费税税额；

（2）乙企业受托加工涂料应代收代缴的消费税税额；

（3）甲企业销售委托加工收回的涂料应缴纳的消费税税额；

（4）甲企业本月应申报缴纳的消费税税额。

25.甲企业为增值税一般纳税人，202×年2月，月初库存烟丝不含增值税买价5万元，本月外购烟丝不含增值税买价40万元，月末库存烟丝不含增值税买价10万元，领用的烟丝当月全部用于连续生产卷烟。已知烟丝消费税税率为30%，计算甲企业本月准予扣除的外购烟丝已缴纳消费税税额。

■ 任务三　消费税征收管理

编号	3-3	知识点	消费税的征收管理	日期	
姓名		学号		班级		评分	

1. 202×年6月1日，甲市圣井白酒厂与乙市古源酒厂签订了一份受托加工粮食白酒的合同，古源酒厂向圣井白酒厂提供红粮，委托圣井白酒厂加工生产高度粮食白酒，古源酒厂支付圣井白酒厂加工费。同年9月1日，圣井白酒厂按时将加工好的粮食白酒交给了古源酒厂，古源酒厂向圣井白酒厂支付了加工费。问：古源酒厂委托圣井白酒厂加工生产粮食白酒，消费税纳税义务应当如何履行？

2. 根据消费税法律制度的规定，下列关于消费税纳税义务发生时间的表述中，正确的是（　　）。

A. 委托加工应税消费品的，为纳税人提货的当天

B. 采取托收承付方式销售应税消费品的，为收到货款的当天

C. 进口应税消费品的，为报关进口的当天

D. 自产自用应税消费品的，为移送使用的当天

3. 甲公司为增值税一般纳税人，机构所在地在A市。202×年2月，在B市销售一批货物；在C市海关报关进口一批货物；接受D市客户委托加工应缴纳消费税的一批货物。下列关于甲公司上述业务纳税地点的表述中，正确的有（　　）。

A. 委托加工货物应向D市税务机关申报缴纳增值税

B. 委托加工货物应向A市税务机关解缴代收的消费税

C. 进口货物应向C市海关申报缴纳增值税

D. 销售货物应向B市税务机关申报缴纳增值税

4. 根据消费税法律制度的规定，下列关于消费税纳税地点的表述中，正确的是（　　）。

A. 纳税人销售的应税消费品，除另有规定外，应当向纳税人机构所在地或者居住地的税务机关申报纳税

B. 纳税人的总机构与分支机构不在同一省的，由总机构汇总向总机构所在地的税务机关申报缴纳消费税

C. 进口的应税消费品，由进口人或者其代理人向机构所在地的税务机关申报纳税

D. 委托加工的应税消费品，受托方为个人的，由受托方向居住地的税务机关申报纳税

■ 任务一　企业所得税的概念、纳税人、征税对象和税率

编号	4-1-1	知识点	企业所得税的概念、纳税人、征税对象和税率	日期	
姓名		学号		班级		评分	

1.如何理解企业所得税的"所得"？

2.王小宝到市场监督管理部门注册成立了一家个人独资企业，在校园出售饮料、方便面等食品，问：王小宝的个人独资企业需要缴纳企业所得税吗？请依法说明理由。

3.德国境内 A 公司投资中国境内 B 公司，并获得投资收益 10 万元，请问：德国 A 公司是否需要就该投资收益向中国政府缴纳企业所得税？请依法说明理由。

4.根据企业所得税法律制度的规定，下列各项中，属于企业所得税纳税人的是（　　）。

A.个体工商户　　　　　B.个人独资企业　　　　　C.合伙企业　　　　　D.一人有限责任公司

■ 任务二　企业所得税应纳税所得额

编号	4-2-1	知识点		收入的确认		日期	
姓名		学号		班级		评分	

收入类别			确认时间
1.销售货物	（1）采用托收承付方式		
	（2）采用预收款方式		
	（3）需要安装和检验的	一般情形	
		安装程序简单	
	（4）采用支付手续费方式委托代销		
	（5）采用分期收款方式		
	（6）采取产品分成方式		
2.提供劳务			
3.股息、红利等权益性投资			
4.利息、租金、特许权使用费			
5.接受捐赠			

一、收入总额

1.根据企业所得税法律制度的规定，下列各项中，在计算企业所得税应纳税所得额时，应计入收入总额的有（　　）。

A.企业资产溢余收入　　　　　　　　　B.逾期未退包装物押金收入

C.确实无法偿付的应付款项　　　　　　D.汇兑收益

2.根据企业所得税法律制度的规定，下列各项中，属于特许权使用费的是（　　）。

A.提供生产设备使用权取得的收入

B.提供运输工具使用权取得的收入

C.提供房屋使用权取得的收入

D.提供商标权的使用权取得的收入

3.根据企业所得税法律制度的规定，下列各项中，属于货币形式的收入的是（　　）。

A.应收票据　　　　B.应收账款　　　　C.股权投资　　　　D.银行存款

4.根据企业所得税法律制度的规定，下列各项中，属于货币形式的收入的是（　　）。

A.现金　　　　　　　　　　　　　　B.准备持有至到期的债券

C.不准备持有至到期的债券　　　　　D.应收票据

5.下列关于企业所得税收入的确认表述中，正确的有（　　）。

A.销售商品采用托收承付方式的，在办妥托收手续时确认收入

B.销售商品采用预收款方式的，在发出商品时确认收入

C.销售商品需要安装和检验的，在购买方接受商品以及安装和检验完毕时确认收入

D.采取产品分成方式取得收入的，按照企业分得产品的日期确认收入的实现

6.下列关于企业所得税收入的确认表述中，正确的有（　　）。

A.接受捐赠收入，按照合同约定的捐赠日期确认收入的实现

B.利息收入，按照合同约定的债务人应付利息的日期确认收入的实现

C.租金收入，按照出租人实际收到租金的捐赠日期确认收入的实现

D.权益性投资收入，按照投资方实际收到利润的日期确认收入的实现

7.下列关于企业所得税收入的确认表述中，正确的有（　　）。

A.权益性投资收益，除另有规定外，按照利润实际分配的日期确认收入的实现

B.利息收入，按照合同约定的债务人应付利息的日期确认收入的实现

C.租金收入，按照合同约定的承租人应付租金的日期确认收入的实现

D.特许权使用费收入，按照特许权使用人支付特许权使用费的日期确认收入的实现

8.依据企业所得税的相关规定，下列关于收入确认的时间，正确的是（　　）。

A.接受捐赠收入，按照合同约定的捐赠日期确认收入的实现

B.特许权使用费收入，以实际取得收入的日期确认收入的实现

C.采取产品分成方式取得收入的，按照企业分得产品的日期确认收入的实现

D.股息、红利等权益性投资收益，以被投资方实际分红的日期确认收入的实现

9.（填空题）企业在各个纳税期末，提供劳务交易的结果能够可靠估计的，用（　　）法确认提供劳务收入。

10.9月1日，甲乙公司签订合同，采用预收款方式销售一批货物，并于9月10日收到全部货款。甲公司9月20日发出货物，乙公司21日收到货物。关于甲公司确认该业务销售收入时间的表述中，正确的是（　　）

A.9月10日确认销售收入

B.9月20日确认销售收入

C.9月21日确认销售收入

D.9月22日确认销售收入

项目四

253

二、不征税收入	

11.根据企业所得税法律制度的规定，下列各项中，属于不征税收入的是（　　）。

A.财政拨款

B.国债利息收入

C.接受捐赠收入

D.转让股权收入

三、免税收入	

12.根据企业所得税法律制度的规定，下列各项中，属于免税收入的是（　　）。

A.国债利息收入

B.地方政府债券利息收入

C.符合条件的居民企业之间的股息、红利等权益性投资收益

D.符合条件的非营利组织的收入

13.根据企业所得税法律制度的规定，下列各项中，属于免税收入的是（　　）。

A.符合条件的居民企业之间的股息

B.在中国境内设立机构、场所的非居民企业从居民企业取得与该机构、场所有实际联系的股息、红利等权益性投资收益

C.符合条件的非营利组织的收入

D.符合条件的非营利组织接受的捐赠收入

四、各项扣除	

准予扣除的项目	14.根据企业所得税法律制度的规定，在计算应纳税所得额时，不得扣除的收益性支出项目有（　　）。 A.向投资者支付的股息、红利等权益性投资收益款项 B.企业所得税税款 C.税收滞纳金 D.罚金、罚款和被没收财物的损失 15.根据企业所得税法律制度的规定，下列支出项目中，在计算企业所得税应纳税所得额时，不得扣除的有（　　）。 A.向投资者支付的股息、红利 B.银行按规定加收的罚息 C.被没收财物的损失 D.直接赞助某学校的支出 16.根据企业所得税法律制度的规定，下列支出项目中，在计算企业所得税应纳税所得额时，不得扣除的有（　　）。 A.企业转让固定资产发生的费用 B.企业参加财产保险缴纳的保险费 C.企业发生的非广告性赞助支出 D.企业发生的合理的劳动保护支出 17.根据企业所得税法律制度的规定，下列支出项目中，在计算企业所得税应纳税所得额时，准予扣除的有（　　）。 A.向客户支付的合同违约金 B.向税务机关支付的税收滞纳金 C.向银行支付的逾期利息 D.向公安部门缴纳的交通违章罚款

	18.根据企业所得税法律制度的规定，企业缴纳的下列税金中，在计算企业所得税应纳税所得额时准予扣除的有（　　）。 A.企业所得税 B.印花税 C.不得抵扣的增值税 D.土地增值税 19.根据企业所得税法律制度的规定，企业缴纳的下列税金中，准予在企业所得税税前扣除的有（　　）。 A.允许抵扣的增值税　　　　B.消费税　　　　C.土地增值税　　　　D.印花税
收益性支出的扣除	20.（填空题）企业发生的职工福利费支出，不超过工资薪金总额（　　）的部分准予扣除。 企业拨缴的工会经费，不超过工资薪金总额（　　）的部分准予扣除。 除国务院财政、税务主管部门另有规定外，企业发生的职工教育经费支出，不超过工资薪金总额（　　）的部分准予扣除。 企业为在本企业任职或者受雇的全体员工支付的补充养老保险费、补充医疗保险费，分别在不超过职工工资总额（　　）标准内的部分，在计算应纳税所得额时准予扣除；超过的部分，不予扣除 企业发生的与生产经营活动有关的业务招待费支出，按照发生额的（　　）扣除，但最高不得超过当年销售（营业）收入的（　　）。 企业发生的符合条件的广告费和业务宣传费支出，除国务院财政、税务主管部门另有规定外，不超过当年销售（营业）收入（　　）的部分，准予扣除；超过部分，准予结转以后纳税年度扣除。自2021年1月1日起至2025年12月31日止，对化妆品制造或销售、医药制造和饮料制造（不含酒类制造）企业发生的广告费和业务宣传费支出，不超过当年销售（营业）收入（　　）的部分，准予扣除；超过部分，准予在以后纳税年度结转扣除。 企业发生的公益性捐赠支出，不超过年度利润总额（　　）的部分，准予扣除。超过年度利润总额的部分，准予以后（　　）年内在计算应纳税所得额时结转扣除。 保险企业发生与其经营活动有关的手续费及佣金支出，不超过当年全部保费收入扣除退保金等后余额的（　　）（含本数）的部分，在计算应纳税所得额时准予扣除；超过部分允许结转以后年度扣除。电信企业在发展客户、拓展业务等过程中，需向经纪人、代办商支付手续费及佣金的，其实际发生的相关手续费及佣金支出，不超过企业当年收入总额（　　）（含本数）的部分，准予在企业所得税前据实扣除。其他企业按与具有合法经营资格中介服务机构或个人（不含交易双方及其雇员、代理人和代表人等）所签订服务协议或合同确认的收入金额的（　　）（含本数）计算限额。 21.（判断题）根据企业所得税法律制度的规定，企业为投资者或者职工支付的商业保险费，准予全额扣除。（　　） 22.根据企业所得税法律制度的规定，下列企业缴纳的保险费用中，准予在税前全额扣除的有（　　）。 A.为购入车辆支付的财产保险费用 B.为煤矿井下作业人员支付的人身安全商业保险费用 C.为企业职工支付的基本养老保险费用 D.为企业职工支付的补充养老保险费用 23.某居民企业，202×年计入成本、费用的实发工资总额为300万元，拨缴职工工会经费10万元，支出职工福利费45万元、职工教育经费10万元，计算该企业在计算该年度应纳税所得额时准予在税前扣除的三项经费之和。

24.甲企业202×年实现利润总额500万元，发生公益性捐赠支出62万元。上年度未在税前扣除完的符合条件的公益性捐赠支出10万元。已知公益性捐赠支出在年度利润总额12%以内的部分，准予扣除。计算甲企业在计算该年度企业所得税应纳税所得额时准予扣除的公益性捐赠支出。

25.某机械制造企业2023年度销售收入为30万元，发生业务招待费5 000元，发生广告费3万元，业务宣传费2元，2022年结转广告费1万元。分别计算该机械制造企业当年可以在税前扣除的业务招待费、广告费和业务宣传费。

26.某企业202×年取得销售（营业）收入2 000万元，发生与生产经营活动有关的业务招待费支出12万元，已知业务招待费支出按照发生额的60%扣除，但最高不得超过当年销售（营业）收入的5‰，计算该企业在计算该年度企业所得税应纳税所得额时准予扣除的业务招待费金额。

27.（判断题）非金融企业向金融企业借款的利息支出可以据实扣除，非金融企业向非金融企业借款的利息支出不允许在税前扣除。（　）

28.某饮料生产企业，某年3月因业务发展需要向建设银行借款200万元，期限半年，年利率8%；同年5月，该企业又向原料供应商借款200万元，期限半年，支付利息20万元。上述借款均用于经营周转，该企业无其他借款，计算该企业该年度可以在所得税前扣除的利息费用。

29.某公司某年度支出工资薪金总额2 000万元，按规定标准为职工缴纳基本社会保险费300万元，为受雇的全体员工支付补充养老保险费160万元，补充医疗保险90万元，为公司高管缴纳商业保险费60万元。计算该公司该年度发生的上述保险费在计算应纳税所得额时准予扣除的数额。

30.甲企业经某中介与乙企业签订了一份买卖合同，合同金额20万元。甲企业向该中介支付的佣金为2万元。计算该笔佣金在计算企业所得税应纳税所得额时准予扣除的数额。

	31.根据企业所得税法律制度的规定，下列各项中，属于生产性生物资产的有（　　） A.经济林　　　　　B.薪炭林　　　　　C.产畜　　　　　D.役畜 32.根据企业所得税法律制度的规定，下列各项中，属于长期待摊费用的是（　　） A.购入固定资产的支出 B.固定资产的大修理 C.租入固定资产的改建支出 D.已足额提取折旧的固定资产的改建支出 33.根据企业所得税法律制度的规定，下列固定资产中，可以计提折扣扣除的是（　　） A.以融资租赁方式租出的固定资产 B.以经营租赁方式租入的固定资产 C.已足额提取折旧仍继续使用的固定资产 D.未投入使用的厂房
资本性支出 的扣除	34.根据企业所得税法律制度的规定，下列固定资产项目中，在计算应纳税所得额时，不得扣除折旧的有（　　）。 A.尚未投入使用的房屋、建筑物 B.以经营租赁方式租入的固定资产 C.以融资租赁方式租出的固定资产 D.与经营活动无关的固定资产 35.根据企业所得税法律制度的规定，下列各项中，应以该资产的公允价值和支付的相关税费为计税基础的是（　　）。 A.盘盈的固定资产 B.自行建造的固定资产 C.外购的固定资产 D.通过捐赠取得的固定资产 36.根据企业所得税法律制度的规定，下列无形资产中，应当以该资产的公允价值和支付的相关税费为计税基础的有（　　）。 通过债务重组取得的无形资产 自行开发的无形资产 C.接受投资取得的无形资产 D.接受捐赠取得的无形资产 37.根据企业所得税法律制度的规定，下列各项中，应以同类固定资产的重置完全价值为计税基础的是（　　）。 A.盘盈的固定资产 B.自行建造的固定资产 C.外购的固定资产 D.通过捐赠取得的固定资产 38.根据企业所得税法律制度的规定，下列固定资产折旧的处理中，正确的有（　　）。 A.甲企业2019年3月5日购进一台卡车，2019年4月5日投入使用，应当自2019年4月起计算折旧 B.乙企业2019年4月1日以融资租赁方式租出一台卡车，之后继续对该卡车计提折旧 C.丙企业因生产经营调整，于2019年10月1日停止使用一台卡车，应当自2019年11月起停止计算折旧 D.丁企业2019年9月以经营租赁方式租入一台卡车，在计算企业所得税时，对该卡车计提折旧

257

续表

五、以前年度的亏损

（填空题）根据企业所得税法律制度的规定，企业纳税年度发生的亏损，准予向以后年度结转，用以后年度的所得弥补，但结转年限最长不得超过（ ）；作为一项企业所得税税收优惠措施，自2018年1月1日起，对当年具备高新技术企业或科技型中小企业资格的企业，其具备资格年度之前5个年度发生的尚未弥补完的亏损，准予结转以后年度弥补，最长结转年限由（ ）年延长至（ ）年。

39.某居民企业2016年设立，2016—2020年弥补亏损前的所得情况如下表所示。

年份	2016年	2017年	2018年	2019年	2020年
未弥补亏损前的所得	–20万元	100万元	–220万元	180万元	200万元

假设无其他纳税调整项目，计算该居民企业2020年度企业所得税应纳税所得额。

税法（第2版）任务工单

258

■ 任务三　企业所得税应纳税额

编号	4-3	知识点	企业所得税应纳税额的计算		日期	
姓名		学号		班级	评分	

　　1.根据企业所得税法律制度的规定，企业取得的符合规定的所得已在境外缴纳了企业所得税的，其税额可以从其当期应纳税额中抵免，抵免限额为（　　）；超过抵免限额的部分，可以在以后（　　）个年度内，用每年度抵免限额抵免当年应抵税额后的余额进行抵补。

　　2.甲公司202×年实现会计利润总额300万元，预缴企业所得税税额60万元，在"营业外支出"账目中列支了通过公益性社会团体向灾区的捐款38万元。已知企业所得税税率为25%，公益性捐赠支出不超过年度利润总额12%的部分，准予在计算企业所得税应纳税所得额时扣除，计算甲公司当年应补缴企业所得税税额的下列算式中，正确的是（　　）。

　　A.（300+38）×25%-60=24.5（万元）　　　　B.300×25%-60=15（万元）

　　C.（300+300×12%）×25%-60=24（万元）　　D.［300+（38-300×12%）］×25%-60=15.5（万元）

　　3.甲公司为居民企业，202×年度境内应纳税所得额为1 000万元，来源于M国的应纳税所得额为300万元，已在M国缴纳企业所得税60万元，已知甲公司适用的所得税税率为25%，计算甲公司该年度应缴纳企业所得税税额的下列算式中，正确的是（　　）。

　　A.1 000×25%=250（万元）

　　B.（1 000+300）×25%=325（万元）

　　C.（1 000+300）×25%-60=265（万元）

　　D.1 000×25%-60=190（万元）

　　4.甲公司202×年应纳税所得额为1 000万元，当年购入一台安全生产设备，增值税发票上注明的价款为100万元，取得境外所得，在中国境内可以抵免税额20万元，则计算甲公司该年度企业所得税应纳税额的下列算式中，正确的是（　　）。

　　A.（1 000-100×70%）×25%-20=212.5（万元）

　　B.1 000×25%-100×10%-20=220（万元）

　　C.1 000×25%-100×10%=240（万元）

　　D.1 000×25%=250（万元）

　　5.根据企业所得税法律制度的规定，下列企业取得的已在境外缴纳了企业所得税的所得中，税额可以从其当期应纳税额中抵免的有（　　）。

　　A.居民企业来源于中国境外的应税所得

　　B.非居民企业来源于中国境外的应税所得

　　C.非居民企业在中国境内设立机构、场所，取得发生在中国境外但与该机构、场所有实际联系的应税所得

　　D.非居民企业在中国境内设立机构、场所，取得发生在中国境外但与该机构、场所没有实际联系的应税所得

计算题

　　6.某居民企业某年发生如下经营业务：销售产品，取得产品销售收入4 000万元；发生产品销售成本2 600万元；发生销售费用770万元，其中广告费用660万元；发生管理费用480万元，其中业务招待费25万元；发生财务费用60万元；税金及附加40万元；营业外收入80万元；营业外支出50万元，其中含有通过公益性社会团体向贫困山区的捐款40万元，支付的税收滞纳金6万元；计入成本、费用中的实发工资总额200万元，拨缴职工工会经费5万元，发生职工福利费31万元，发生职工教育经费7万元。

　　计算该企业该年度企业所得税应纳税额。

7.某机械制造企业为居民企业，202×年发生下列业务：

（1）销售产品取得销售收入2 000万元；

（2）接受一批捐赠材料，取得赠出方开具的增值税发票，注明价款10万元，增值税1.3万元；企业找一运输公司将该批材料运回企业，支付运杂费0.3万元；

（3）转让一项商标所有权，取得营业外收入60万元；

（4）收取当年让渡资产使用权的专利实施许可费，取得其他业务收入10万元；

（5）取得国债利息2万元；

（6）全年销售成本1 000万元；销售税金及附加100万元；

（7）全年销售费用500万元，含广告费400万元；全年管理费用200万元，含招待费80万元；全年财务费用50万元；

（8）全年营业外支出40万元，含通过政府部门对灾区捐款20万元；直接对私立小学捐款10万元；违反政府规定被市场监督管理局罚款2万元。

计算该企业该年度的企业所得税应纳税所得额和应纳税额。

■ 任务四　企业所得税税收优惠

编号	4-4-1	知识点	企业所得税税收优惠		日期	
姓名		学号		班级	评分	
企业所得税税收优惠一览						
1.收入优惠	免税					
	减计					
2.扣除优惠						
3.所得优惠						
4.应纳税所得额优惠						
5.税率优惠						
6.应纳税额优惠						

编号	4-4-2	知识点	企业所得税税收优惠	日期	
姓名		学号		班级		评分	

一、扣除优惠

1.甲公司202×年取得会计利润80万元，当年发生研发支出40万元，未形成无形资产，已做管理费用扣除，假设甲公司无其他纳税调整事项，则甲公司该年度应缴纳企业所得税的下列计算中，正确的是（   ）。

A. 80×25%=20（万元）

B.（80−40×50%）×25%=15（万元）

C.（80−40×75%）×25%=12.5（万元）

D.（80−40×100%）×25%=10（万元）

二、所得优惠

2.根据企业所得税法律制度的规定，企业的下列农、林、牧、渔业项目所得，免征企业所得税的有（   ）。

A.农作物新品种的选育

B.林木的培育和种植

C.林产品的采集

D.灌溉、农产品初加工、兽医、农技推广、农机作业和维修等农、林、牧、渔服务业项目

3.根据企业所得税法律制度的规定，企业的下列农、林、牧、渔业项目所得，免征企业所得税的有（   ）。

A.中药材的种植　　　　B.牲畜、家禽的饲养　　C.远洋捕捞　　　　　　D.海洋捕捞

4.根据企业所得税法律制度的规定，企业的下列农、林、牧、渔业项目所得，减半征收企业所得税的有（   ）。

A.饮料作物的种植　　　　B.香料作物的种植　　　C.海水养殖　　　　　　D.内陆养殖

5.（填空题）根据企业所得税法律制度的规定，企业从事国家重点扶持的公共基础设施项目的投资经营的所得，企业从事符合条件的环境保护、节能节水项目的所得，自（   ）起，（   ）免征企业所得税，（   ）减半征收企业所得税。

6.（填空题）根据企业所得税法律制度的规定，符合条件的技术转让所得免征、减征企业所得税，是指一个纳税年度内，居民企业技术转让所得（   ）的部分，免征企业所得税；（   ）的部分，减半征收企业所得税。

7.甲公司为居民企业，202×年取得符合条件的技术转让所得600万元，在计算甲公司该年度企业所得税应纳税所得额时，技术转让所得应纳税调减的金额是（   ）万元。

三、应纳税所得额优惠

8.（填空题）根据企业所得税法律制度的规定，创业投资企业采取股权投资方式投资于未上市的中小高新技术企业（   ）年以上的，可以按照其（   ）在股权持有满2年的当年抵扣该创业投资企业的应纳税所得额；当年不足抵扣的，可以在以后纳税年度结转抵扣。

9.（判断题）居民企业在汇总计算缴纳企业所得税时其境外营业机构的亏损不得抵减境内营业机构的盈利。（   ）

10.（填空题）甲创业投资企业2020年11月1日向乙企业（未上市的中小高新技术企业）投资100万元，投资后一直持有股权，甲创业投资企业在2022年度可以抵扣的应纳税所得额为（   ）元。

四、税率优惠

11.（判断题）在中国境内设立机构、场所且取得的所得与其所设机构、场所有实际联系的非居民企业，适用的企业所得税税率为20%。（   ）

12.根据企业所得税法律制度的规定，下列各项关于企业所得税税率的说法中，正确的有（   ）。

A.在中国境内设立机、构场所且取得所得与所设机构、场所有实际联系的非居民企业适用25%的税率

B.国家需要重点扶持的高新技术企业，减按15%的税率征收企业所得税

C.经认定的技术先进型服务企业，减按15%的税率征收企业所得税

D.符合条件的小型微利企业，减按20%的税率征收企业所得税

13.（填空题）2022年小型微利企业年应纳税所得额不超过100万元的部分，减按（   ）计入；年应纳税所得额超过100万元但不超过（   ）万元的部分，减按（   ）计入。

14.某符合条件的小型微利企业2023年度的应纳税所得额为200万元，请计算在享受小型微利企业所得税优惠政策后，该企业当年需缴纳的企业所得税。

五、税额优惠

15.（填空题）根据企业所得税法律制度的规定，企业购置并实际使用规定的环境保护、节能节水、安全生产等专用设备的，该专用设备的（　　　）可以从企业当年的应纳税额中抵免；当年不足抵免的，可以在以后（　　）个纳税年度结转抵免。

16.（填空题）某企业202×年6月投资300万元购置并投入使用环境保护专用设备（属于《企业所得税优惠目录》的范围），202×年该企业应纳税所得额为180万元，适用企业所得税税率25%。不考虑其他条件，该企业当年应缴纳的企业所得税金额为（　　）元。

17.根据企业所得税法律制度的规定，符合条件的小型微利企业可以享受企业所得税应纳税所得额和税率的双重优惠，可以享受该优惠的小型微利企业必须符合的条件有（　　）。

A.从事国家非限制和禁止行业

B.年度应纳税所得额不超过300万元

C.从业人数不超过300人

D.资产总额不超过5 000万元

18.（判断题）根据企业所得税法律制度的规定，企业"从事"符合条件的"环境保护、节能节水"项目的所得，自项目"取得第一笔生产经营收入"所属纳税年度起，第一年至第三年免征，第四年至第六年减半征收。（　　）

项目四

263

■ 任务五 企业所得税税收管理

编号	4-5	知识点	企业所得税税收管理		日期	
姓名		学号		班级		评分	

1.（判断题）非居民企业在中国境内设立机构、场所且取得的所得与所设立的机构、场所没有实际联系的，以机构、场所所在地为纳税地点。（ ）

2.根据企业所得税法律制度的规定，下列表述中，正确的有（ ）。

A.企业所得税按年计征，分月或者分季预缴，年终汇算清缴，多退少补

B.企业在一个纳税年度中间开业，使该纳税年度的实际经营不足12个月的，应当以其实际经营期为1个纳税年度

C.企业依法清算时，应当以清算期作为1个纳税年度

D.企业在纳税年度中间终止经营活动的，应当自实际经营终止之日起90日内，向税务机关办理当期企业所得税汇算清缴

3.根据企业所得税法律制度的规定，下列关于企业所得税纳地点的表述中，正确的有（ ）。

A.非居民企业以机构、场所所在地为纳税地点

B.非居民企业在中国境内设立两个或者两个以上机构、场所，符合国务院税务主管部门规定条件的，可以选择由其主要机构、场所汇总缴纳企业所得税

C.在中国境内未设立机构、场所的非居民企业，就其来源于中国境内的所得以扣缴义务人所在地为纳税地点

D.在中国境内设立机构、场所但取得的所得与其所设机构、场所没有实际联系的非居民企业，就其来源于中国境内的所得以扣缴义务人所在地为纳税地点

4.根据企业所得税法律制度的规定，下列表述中，正确的有（ ）。

A.企业所得税分月或者分季预缴

B.企业应当自月份或者季度终了之日起15日内，向税务机关预缴税款

C.企业应当自年度终了之日起6个月内，向税务机关报送年度企业所得税纳税申报表，并汇算清缴

D.企业在年度中间终止经营活动的，应当自实际经营终止之日起60日内，向税务机关办理当期企业所得税汇算清缴

■ 任务一　个人所得税的概念、特征、征税对象和减免税项目

编号	5-1-1	知识点		个人所得税的征税对象		日期	
姓名		学号		班级		评分	

征税对象	所得的形式及其应纳税所得额的计算依据	所得的具体项目		概念
应税所得	1.现金； 2.实物：按照（　　　）计算应纳税所得额，无凭证或者凭证注明的价格明显偏低的，参照（　　　）价格核定应纳税所得额）； 3.有价证券：根据（　　　）核定应纳税所得额； 4.其他形式：参照（　　　　）核定应纳税所得额。	综合所得		

税法（第2版）任务工单

1.根据我国个人所得税法的规定，下列各项中，不予征收个人所得税的有（　　）。

A.独生子女补贴

C.实行公务员工资规章制度未列入标准工资总金额的补助、补贴差值和家庭主要成员的农副产品补助

C.托儿补助费

D.差旅费津贴、误餐补助

2.根据我国个人所得税法的规定，下列各项中，按照"工资、薪金所得"项目计征个人所得税的有（　　）。

A.出租汽车经营单位对出租车驾驶员采用单车承包或承租方式运营，出租车驾驶员从事客货运营取得的收入

B.个人因公务用车和通信制度改革而取得的公务用车、通信补贴收入

C.退休人员再任职取得的收入

D.离退休人员从原任职单位取得的各类补贴、奖金、实物

3.根据个人所得税法律制度的规定，下列各项中，不属于工资、薪金性质的补贴、津贴的是（　　）。

A.岗位津贴

B.高温补贴

C.独生子女补贴

D.工龄补贴

4.（判断题）根据我国个人所得税法的规定，个人兼职取得的收入，按照"工资、薪金所得"项目征收个人所得税。（　　）

5.根据个人所得税法律制度的规定，下列各项中，应缴纳个人所得税的是（　　）。

A.年终加薪

B.托儿补助费

C.差旅费津贴

D.误餐补助

6.根据我国个人所得税法的规定，对以下所得按照"特许权使用费所得"项目计征个人所得税的有（　　）。

A.提供著作权的使用权取得的所得

B.稿酬所得

C.作者将自己的文字作品手稿原件公开拍卖取得的所得

D.个人取得特许权的经济赔偿收入

7.（判断题）个人转让股权，以股权转让收入减除股权原值和合理费用后的余额为应纳税所得额，按"财产转让所得"缴纳个人所得税。（　　）

8.根据我国个人所得税法的规定，下列各项中，属于经营所得的有（　　）。

A.个体工商户从事生产、经营活动取得的所得

B.个人依法从事办学活动取得的所得

C.个人独资企业投资人来源于境内注册的个人独资企业生产、经营的所得

D.个人对企业承租经营取得的所得

9.根据个人所得税法律制度的规定，个人取得的下列收入中，应按照"劳务报酬所得"税目计缴个人所得税的有（　　）。

A.某经济学家从非雇佣企业取得的讲学收入

B.某职员取得的本单位优秀员工奖金

C.某工程师从非雇佣企业取得的咨询收入

D.某高校教师从任职学校领取的工资

10.（判断题）作者去世后其财产继承人的遗作稿酬免征个人所得税。（　　）

11.根据个人所得税法律制度的规定，下列各项中，应按照"特许权使用费所得"税目计缴个人所得税的有（　　）。

A.作家公开拍卖自己的小说手稿原件取得的收入

B.编剧从电视剧的制作单位取得的剧本使用费收入

C.专利权人许可他人使用自己的专利取得的收入

D.商标权人许可他人使用的商标取得的收入

12.根据个人所得税法律制度的规定，下列收入中，按照"特许权使用费所得"税目缴纳个人所得税的有（　　）。

A.提供商标权的使用权收入

B.转让土地使用权收入

C.转让著作权收入

D.转让专利权收入

13.根据个人所得税法律制度的规定，下列收入中，按照"偶然所得"税目缴纳个人所得税的有（　　）。

A.个人为他人提供担保获得的收入

B.房屋产权人将房屋产权无偿赠与他人的，受赠人因无偿受赠房屋取得的受赠收入

C.企业庆典活动中向本单位以外的个人赠送礼品，个人取得的礼品收入

D.企业在广告活动中，随机向本单位以外的个人赠送的具有价格折扣的消费券、代金券

14.根据个人所得税法律制度的规定，下列各项中，不属于综合所得的是（　　）。

A.工资、薪金所得　　　　B.劳务报酬所得　　　　C.特许权使用费所得　　　D.利息、股息、红利所得

15.下列个人所得中，应按"劳务报酬所得"项目征收个人所得税的有（　　）。

A.某编剧从电视剧制作单位取得的剧本使用费

B.某公司高管从大学取得的讲课费

C.某作家拍卖手稿取得的收入

D.某大学教授从企业取得董事费

16.下列所得，应按"特许权使用费所得"缴纳个人所得税的是（　　）。

A.转让土地使用权取得的收入

B.转让债权取得的收入

C.提供房屋使用权取得的收入

D.转让专利所有权取得的收入

17.（判断题）房地产开发企业与商店购买者个人签订协议规定，以优惠价格出售其商店给购买者个人，购买者个人在一定期限内必须将购买的商店无偿提供给房地产开发企业对外出租使用。对购买者个人少支出的购房价款，应按照"财产租赁所得"项目征收个人所得税。（　　）

18.根据个人所得税法律制度的规定，下列各项中，属于来源于中国境内的所得的是（　　）。

A.美国居民在中国境内推销商品取得所得

B.日本居民在中国境内炒股取得所得

C.韩国居民在中国商场购物，获得抽奖机会，取得中奖所得

D.中国居民将位于美国纽约的一栋别墅出售给一家美国公司取得所得

19.非居民个人取得的下列所得中，属于来源于中国境内所得的有（　　）。

A.在境外通过网上指导获得境内机构支付的培训所得

B.转让其在中国境内的房产而取得的财产转让所得

C.持有中国境内公司债券取得的利息所得

D.将专利权转让给中国境内公司在境内使用而取得的特许权使用费所得。

20.根据个人所得税法律制度的规定，下列选项中，属于来源于中国境内所得的有（　　）。

A.劳务报酬所得，实际提供劳务地在我国境内

B.转让动产取得财产转让所得，转让行为发生在我国境内

C.特许权使用费所得，特许权的使用地在我国境内

D.利息、股息、红利所得，收到利息、股息、红利的企业在我国境内

■ 任务二　个人所得税的纳税人、扣缴义务人和纳税期限

编号	5-2	知识点	个人所得税的纳税人、扣缴义务人和纳税期限	日期	
姓名		学号		班级	评分	

1.（判断题）非居民纳税人仅就来源于中国境内的所得缴纳个人所得税。（　）

2.根据我国个人所得税法的规定，下列各项中，需要缴纳个人所得税的有（　　）。

A.个体工商户　　　　　　　　　　　B.个人独资企业

C.合伙企业中的个人投资者　　　　　D.承租承包者个人

3.根据我国个人所得税法的规定，下列个人，属于个人所得税居民纳税人的是（　　）。

A.在中国境内无住所且居住不满90天，但有来自境内所得的外籍个人

B.2019年1月1日至5月30日在境内居住之后再未入境的外籍个人

C.在中国境内无住所且不居住，但有来自境内所得的外籍个人

D.2019年3月1日至10月31日在境内履职的外籍个人

4.根据个人所得税法律制度的规定，下列关于个人所得税纳税人的说法中，正确的有（　　）。

A.对合伙企业中的个人合伙人从合伙企业取得的所得应征收企业所得税

B.判定个人所得税居民纳税人的标准为是否在我国境内有住所

C.A国甲，2019年5月1日入境，2019年12月20日离境，甲在2019年属于我国居民纳税人

D.B国乙，2019年10月10日入境，2020年5月1日离境，乙属于我国居民纳税人

5.（填空题）我国个人所得税法规定，个人所得税以（　　　　）为纳税人，以（　　　　）所得的单位和个人为扣缴义务人，但不包括向（　　　　）支付的主体。

6.（判断题）转让中国境内的建筑物、土地使用权取得的所得，无论支付地点是否在中国境内，均为来源于中国境内的所得。（　）

7.根据个人所得税法律制度的规定，下列所得中，按年计税的有（　　）。

A.居民个人的综合所得　　　　　　　B.居民个人的经营所得

C.非居民个人的工资、薪金所得　　　D.财产租赁所得

8.根据个人所得税法律制度的规定，下列所得中，按次计税的有（　　）。

A.非居民个人的工资、薪金所得

B.利息、股息、红利所得

C.财产租赁所得

D.非居民个人的劳务报酬所得

9.陈某是北京某高校的一名大学生。202×年4月，陈某承包经营某企业的实验室，每月取得收入1万元；5月，陈某开始将自己购买的一套校园外公寓对外出租，每月收取租金3万元；6月，陈某在国外某期刊发表论文，取得稿酬1万美元。对以上收入，陈某是否应当缴纳个人所得税？

10.陈某是北京某高校的一名大学生。202×年7月，陈某去韩国留学。陈某在韩国留学期间利用课外时间打工。在不考虑双边税收协定的前提下，陈某在韩国打工取得的收入需要在中国交纳个人所得税吗？请分析说明。

任务三 各项所得应纳税额的计算

工单编号	5-3-1	姓名		学号		班级		日期	
所得的具体项目			计税方法	所得额计算公式		税额计算公式		税率	
居民个人	1.居民个人工资薪金所得								
	2.居民个人劳务报酬								
	3.居民个人稿酬所得								
	4.居民个人特许权使用费所得								
	5.居民个人综合所得								
非居民个人	6.非居民个人工资、薪金所得								
	7.非居民个人劳务报酬								
	8.非居民个人稿酬所得								
	9.非居民个人特许权使用费所得								
10.经营所得				—		—			
11.财产租赁所得									
12.财产转让所得									
13.利息、股息、红利所得/偶然所得									

1.根据个人所得税法律制度的规定，下列各项中，属于专项扣除项目的有（ ）。

A.基本医疗保险

B.基本养老保险

C.住房公积金

D.首套住房贷款利息支出

2.根据个人所得税法律制度的规定，下列各项中，可以作为个人专项附加扣除的有（ ）。

A.子女抚养

B.继续教育

C.赡养老人

D.子女教育

3.根据个人所得税法律制度的规定，下列各项中，适用超额累进税率计征个人所得税的有（ ）。

A.经营所得

B.工资、薪金所得

C.财产转让所得

D.稿酬所得

4.（判断题）个人综合所得中专项扣除、专项附加扣除和依法确定的其他扣除一个纳税年度扣除不完的，可以结转以后年度扣除。（ ）

5.某居民个人202×年每月取得工资收入10 000元，每月缴纳社保费用和住房公积金1 500元，该居民个人全年均享受住房贷款利息专项附加扣除，没有减免收入及减免税额等情况。请计算该居民个人的工资薪金扣缴义务人1月、2月和12月应预扣预缴的税款金额。

6.中国公民张某202×年1月取得工资10 000元，缴纳基本养老保险费、基本医疗保险费、失业保险费、住房公积金2 000元，支付首套住房贷款利息2 500元。已知工资、薪金所得个人所得税预扣率为3%，减除费用为5 000元/月，住房贷款利息专项附加扣除标准为1 000元/月，由张某按扣除标准的100%扣除。计算张某当月工资应预扣预缴的个人所得税税额。

7.中国居民钱某为某公司职员，2023年1月首次入职，1~3月每月应发工资10 000元，每月公司按规定标准为其代扣代缴"三险一金"1 500元，从1月起享受子女教育支出专项附加扣除2 000元，没有减免收入及减免税额等情况。请依照现行税法规定计算1~3月每月应预扣预缴的税额。

8.某公司职员张某，2023年每月取得工资、薪金收入20 000元，个人缴纳的"三险一金"合计为4 500元，赡养老人、子女教育、住房租金等专项附加扣除合计为4 500元。已知张某前7个月已预交税款1 680元，累计应纳税所得额超过36 000元至144 000元的，适用的预扣率为10%，速算扣除数为2 520。计算张某2023年8月工资、薪金所得应预缴的个人所得税。

9.某公司职工王某系中国公民，2023年王某取得工资收入8万元，在某大学授课取得收入4万元，出版著作一部，取得稿酬6万元，转让商标使用权，取得特许权使用费收入2万元。王某没有其他兄弟姐妹，王某个人缴纳"三险一金"2万元，赡养老人支出等专项附加扣除为3.6万元。假设无其他扣除项目，已知全年综合所得应纳税所得额超过36 000元至144 000元的，适用税率为10%，速算扣除数为2 520，王某全年已预缴个人所得税23 000元，计算王某2023年汇算清缴应补或应退个人所得税税额。

10.我国某居民个人纳税人为独生子女，2023年交完社保和公积金后共取得税前工资收入20万元，劳务报酬1万元，稿酬1万元。该纳税人有两个年满3周岁的小孩且均由其扣除子女教育专项附加扣除，此外，父母健在且均已年满60周岁。计算其当年应缴纳的个人所得税额。

11.中国公民张某2023年1月在某公司授课一次，取得劳务报酬所得3 500元，自行负担交通费200元。已知：劳务报酬所得个人所得税预扣率为20%；每次收入不超过4 000元的，减除费用按800元计算。计算张某当月该笔劳务报酬所得应预扣预缴的个人所得税税额。

12. 2023年3月，居民个人王某出版一部小说，取得稿酬1万元，已知稿酬所得个人所得税预扣率为20%；每次收入超过4 000元的，减除20%的费用。计算王某当月稿酬所得应预缴的个人所得税税额。

13. 2023年4月，居民个人周某转让一项专利权，取得转让收入16万元，专利开发支出2万元。已知特许权使用费所得个人所得税预扣率为20%；每次收入超过4 000元的，减除20%的费用。计算周某当月该笔收入应预缴的个人所得税税额。

14.某非居民个人甲2023年6月从工作单位取得工资7 000元，加班费1 000元，奖金2 100元。已知工资、薪金所得减除费用标准为每月5 000元，全月应纳税所得额不超过3 000元的，适用税率为3%，超过3 000元至12 000元的，适用税率为10%，速算扣除数为210。计算甲当月工资、薪金所得应缴纳的个人所得税税额。

15. 2023年10月"非居民个人"汤姆为李某提供一个月的钢琴培训，分两次取得劳务报酬，分别为1 000元、3 000元，共计4 000元。已知劳务报酬所得每次应纳税所得额不超过3 000元的，适用税率为3%，超过3 000元至12 000元的，适用税率为10%，速算扣除数210。计算"非居民个人"汤姆当月钢琴培训劳务报酬应缴纳的个人所得税税额。

16.某非居民个人甲2024年8月出版一部小说，取得稿酬1万元，已知稿酬所得每次应纳税所得额超过3 000元至12 000元的，适用税率为10%，速算扣除数为210。计算甲当月稿酬所得应缴纳的个人所得税税额。

17. 2023年3月张某将自己的一套住房出租，年租金55 200元，每月收一次租金，当月发生修缮费用1 200元，已知个人出租住房适用的个人所得税税率为10%，每次收入额不足4 000元的费用扣除标准为800元，4 000元以上的，费用扣除标准为20%，不考虑房屋出租过程中的其他相关税金，计算张某本月应缴纳的个人所得税税额。

18. 2023年9月王某出租自有住房取得租金收入6 000元，房屋租赁过程中缴纳税费240元，支付该房屋的修缮费1 000元，已知个人出租住房个人所得税税费暂减按10%，每次收入4 000元以上的，减除20%的费用。计算王某当月出租住房应缴纳的个人所得税税额。

19. 2023年11月，孙某将一套三年前购入的普通住房出售，取得收入160万元，原值120万元，售房中发生合理费用1万元。已知财产转让所得个人所得税税率为20%，计算孙某出售该住房应缴纳的个人所得税税额。

20. 2023年10月，李某购买福利彩票，取得一次中奖收入2万元，购买彩票支出5 000元，已知偶然所得个人所得税税率为20%，计算李某中奖收入应缴纳的个人所得税税额。

项目五

任务四 个人所得税的申报管理

编号	5-4	知识点	个人所得税的申报管理		日期	
姓名		学号		班级	评分	

1.根据个人所得税法律制度的规定，纳税人取得综合所得，应当依法办理汇算清缴的有（ ）。

A.从两处以上取得综合所得，且综合所得年收入额超过6万元的

B.从两处以上取得综合所得，且综合所得年收入额减除专项扣除后的余额超过6万元的

C.取得劳务报酬所得、稿酬所得、特许权使用费所得中一项或者多项所得，且综合所得年收入额减除专项扣除的余额超过6万元的

D.纳税年度内预缴税额高于应纳税额纳税人申请退税的

2.（判断题）纳税人取得应税所得没有扣缴义务人的，应当在取得所得的次月15日内向税务机关报送纳税申报表，并缴纳税款。（ ）

3.（判断题）居民个人从中国境外取得所得的，应当在取得所得的次年6月30日前申报纳税。（ ）

4.（判断题）纳税人因移居境外注销中国户籍的，应当在注销中国户籍后3个月内办理税款清算。（ ）

5.（判断题）个人所得税全员全额扣缴申报，是指扣缴义务人向个人支付应税所得时，就本单位人员中支付的应税所得达到纳税标准的，扣缴义务人向主管税务机关报送相关涉税信息的活动。（ ）

■ 任务一　房产税法律制度

编号	6-1-1	知识点	房产税法律制度		日期	
姓名		学号		班级	评分	

<table>
<tr><td colspan="3" align="center">房产税</td></tr>
<tr><td>1.概念</td><td colspan="2"></td></tr>
<tr><td>2.征税范围</td><td colspan="2">【练习题】根据房产税法律制度的规定，下列各项中，需缴纳房产税的是（　　）。
A.行政机关所属的招待所使用的房产
B.某森林公园出租给饮食连锁店的建筑
C.施工期间施工企业在基建工地搭建的临时办公用房
D.邮政部门设在农村的门市部房产</td></tr>
<tr><td>3.纳税人</td><td>征税范围内的房屋产权所有人</td><td>一般情形下，房产税由_____缴纳。特殊情形下，产权属于国家所有的，_____为纳税人。产权属于集体和个人的，_____为纳税人。产权出典的，由_____缴纳。产权所有人、承典人不在房产所在地的，或者产权未确定及租典纠纷未解决的，由_____缴纳。</td></tr>
<tr><td rowspan="2">4.计税依据及税率</td><td>经营自用和出典的房屋：</td><td>用于出租的房屋：</td></tr>
<tr><td colspan="2">【练习题】甲企业以房产进行投资联营，共担风险，并参与被投资企业的利润分红，则房产税的计税依据为（　　）。
A.取得的分红　　　B.房产市值　　　C.房产原值　　　D.房产余值</td></tr>
<tr><td rowspan="2">5.应纳税额</td><td>应纳税额＝</td><td>年应纳税额＝</td></tr>
<tr><td colspan="2">【练习题】纺纱厂2023年度生产经营用房原值1 200万元；幼儿园用房原值40万元；出租房屋原值60万元，年租金8万元。已知房产原值减除比例为20%；房产税税率从价计征的为1.2%，从租计征的为12%，计算该企业当年应缴纳的房产税税额。</td></tr>
<tr><td rowspan="3">6.征收管理</td><td>（1）纳税义务发生时间</td><td></td></tr>
<tr><td>（2）纳税期限</td><td></td></tr>
<tr><td>（3）纳税地点</td><td></td></tr>
</table>

项目六

275

编号	6-1-2	知识点	房产税法律制度		日期	
姓名		学号		班级	评分	

1.（判断题）房产税的征税对象是房屋，为房屋配套的水塔应当计入房屋原值一并征税。（　）

2.根据房产税法律制度的规定，下列各项中需缴纳房产税的是（　）。

A.某市的露天游泳池　　　　　　　　　B.工矿区内的砖瓦石灰窑

C.建制镇内的房屋　　　　　　　　　　D.房地产开发企业开发的待售商品房

3.（判断题）对个人出租住房，不区分用途，按4%的税率征收房产税。（　）

4.（判断题）根据规定，我国现行房产税采用比例税率和定额税率两种形式。（　）

5.根据房产税法律制度的规定，下列表述中，正确的有（　）。

A.房产产权出典的，出典人为房产税的纳税人

B.房产产权属于个人所有的，个人为房产税的纳税人

C.房产产权属于集体所有的，集体单位为房产税的纳税人

D.房产产权属于国家所有的，其经营管理单位为房产税的纳税人

6.根据房产税法律制度的规定，下列说法中，正确的有（　）。

A.产权出典的，由出典人纳税

B.产权属国家所有的，由经营管理单位纳税

C.产权所有人、承典人不在房屋所在地的，由房屋代管人或者使用人纳税

D.产权未确定及租典纠纷未解决的，由房产代管人或者使用人纳税

7.金某在市区拥有一套房产，按照市场价格出租给李某居住，房产原值60万元，每月租金5 000元；租赁期限为2023年全年。另外，金某在农村还有一套别墅，造价160万元，目前用于出租，年租金10万元。当地规定的房产税扣除比例为30%。计算金某2023年应缴纳的房产税税额。

■ 任务二　契税法律制度

编号	6-2-1	知识点	契税法律制度		日期	
姓名		学号		班级	评分	

契税			
1.概念			
2.纳税人			
3.征税范围			
4.计税依据	不动产价格	出让、出售、买卖	
		赠与	
		交换	
		以划拨方式取得土地使用权，经批准转让房地产	
5.税率			
6.应纳税额	应纳税额＝ 【练习题】甲企业拥有经营性房屋A，价格为200万元，乙企业拥有经营性房屋B，价格为130万元。甲乙两企业将AB房屋互换，当地契税税率为3%，应当由哪方缴纳契税？缴纳多少？		
7.征收管理	（1）纳税义务发生时间		
	（2）纳税期限		
	（3）纳税地点		

277

1.根据契税法律制度的规定，下列选项中，属于契税纳税人的是（　　）。

A.出让土地使用权的某市税务局　　　　　　B.销售别墅的某房地产有限公司

C.对外捐赠房屋的某工业企业　　　　　　　D.购买花园别墅的某企业主

2.根据契税法律制度的规定，下列行为属于契税征税范围的有（　　）。

A.国有土地使用权出让　　　B.国有土地使用权转让　　　C.房屋买卖　　　D.房屋出租

3.（判断题）境内承受转移土地、房屋权属的单位和个人为契税的纳税人，但不包括外商投资企业和外国企业。（　　）

4.李某以价值40万元（不含增值税，下同）的字画和价值60万元的房屋与张某一套价值150万元的房产进行交换，李某另支付差价款50万元。已知当地的契税税率为5%，则李某应缴纳契税（　　）万元。

A.1　　　　　　　　B.3　　　　　　　　C.5　　　　　　　　D.4.5

5.甲将原值28万元的房产评估作价30万元投资乙企业，乙企业办理产权登记后又将该房产以40万元的价格售予丙企业，当地契税税率为3%，则下列表述正确的有（　　）。

A.丙企业应缴纳契税0.9万元

B.丙企业应缴纳契税1.2万元

C.乙企业应缴纳契税0.9万元

D.乙企业应缴纳契税0.84万元

6.根据契税法律制度的规定，下列关于契税征收管理的表述中，正确的有（　　）。

A.契税的纳税义务发生时间是纳税人签订土地、房屋权属转移合同的当天

B.契税实行属地征收管理

C.纳税人应向土地、房屋所在地的税务征收机关申报纳税

D.纳税人应当自纳税义务发生之日起15日内向税务机关办理纳税申报

7.甲原有两套相同的住房，某月，甲将其中一套无偿赠送给同学乙；将另一套以市场价格60万元与丙的住房进行了等价置换；又以100万元价格购置了一套新住房，已知契税的税率为3%。根据契税法律制度的规定，下列说法正确的有（　　）。

A.甲应缴纳契税3万元　　　　　　　　　B.甲应缴纳契税4.8万元

C.乙应缴纳契税1.8万元　　　　　　　　D.乙无须缴纳契税

■ 任务三 土地增值税法律制度

编号	6-3-1	知识点		土地增值税法律制度		日期	
姓名		学号			班级		评分	

土地增值税				
1.概念				
2.征税范围	征税			
	不征			
3.纳税人				
4.征税依据	应税收入		扣除项目（房地产公司的房地产新项目）	
5.税率				

6.应纳税额的计算	应纳税额=∑（每级距的增值额×适用税率）		
	增值额与扣除项目的比率	税率	速算扣除法计算公式
	比率≤50%部分	30%	**应纳税额**=增值额×30%
	50%≤比率<100%部分	40%	**应纳税额**=增值额×40%-扣除项目金额×5%
	100%≤比率<200%部分	50%	**应纳税额**=增值额×50%-扣除项目金额×15%
	比率＞200%部分	60%	**应纳税额**=增值额×60%-扣除项目金额×35%

7.征收管理	（1）纳税地点	
	（2）申报时间	

编号	6-3-2	知识点	土地增值税法律制度		日期	
姓名		学号		班级	评分	

转让项目	具体扣除项目	扣除标准
房地产开发企业	1. 取得土地使用权所支付的金额	实际发生额
	2. 房地产开发成本	房地产开发成本按照＿＿扣除。
	3. 房地产开发费用	财务费用中的利息支出，凡能够按转让房地产项目计算分摊并提供金融机构证明的＿＿
		财务费用中的利息支出，凡不能按转让房地产项目计算分摊利息支出或不能提供金融机构证明的＿＿
	4. 与转让房地产有关的税金	与转让房地产有关的税金，包括在转让房地产时缴纳的＿＿和＿＿。
	5. 加计扣除额	按照＿＿的金额和＿＿之和，加计20%扣除。
新建项目 **非房地产开发企业**	1. 取得土地使用权所支付的金额	
	2. 房地产开发成本	房地产开发成本按照＿＿扣除。
	3. 房地产开发费用	财务费用中的利息支出，凡能够按转让房地产项目计算分摊并提供金融机构证明的 开发费用=＿＿
		财务费用中的利息支出，凡不能按转让房地产项目计算分摊利息支出或不能提供金融机构证明的 开发费用=＿＿
	4. 与转让房地产有关的税金	与转让房地产有关的税金，包括在转让房地产时缴纳的＿＿和＿＿。
旧房地产项目	有评估价格的	对能提供旧房及建筑物评估价格的旧房，扣除项目包括＿＿以及＿＿，按国家统一规定缴纳的有关＿＿。
	没有评估价格但有发票的	纳税人转让旧房及建筑物，凡不能取得评估价格，但能提供购房发票的，以及"旧房及建筑物的评估价格"以及"取得土地使用权所支付的金额"计算＿＿（购房发票所载金额实际上包含了"取得土地使用权所支付的金额"两部分，对这两部分的扣除金额，按发票所载金额并从购买年度起至转让年度止每年加计＿＿计算）。与房地产转让有关，＿＿。用公式表示为：扣除项目金额＝发票所载金额×[1+（转让年度－购买年度）×5%]＋与房地产转让有关税金＋与房地产转让有关费用
	既没有评估价格也没有发票的	地方税务机关可以根据规定，实行＿＿。

280

编号	6-3-3	知识点	土地增值税法律制度	日期	
姓名		学号		班级		评分	

1.根据土地增值税法律制度的规定，下列行为中，应征收土地增值税的有（　　）。

A.个人出租不动产　　　　　　　　　　B.企业出售不动产

C.企业转让国有土地使用权　　　　　　D.政府出让国有土地使用权

2.根据土地增值税法律制度的规定，下列行为中，属于土地增值税征税范围的是（　　）。

A.企业间的房屋置换

B.某企业通过福利机构将一套房产无偿赠与养老院

C.某人将自有的一套闲置住房出租

D.某人将自有房产无偿赠与子女

3.根据土地增值税法律制度的规定，下列各项中，属于土地增值税征税范围的是（　　）。

A.房地产的出租　　　　B.企业间房地产的交换

C.房地产的代建　　　　D.房地产的抵押

4.根据土地增值税法律制度的规定，下列说法中，正确的有（　　）。

A.对出让国有土地的行为不征收土地增值税

B.个人之间互换自有居住用房地产的，可以免征土地增值税

C.纳税人转让的房地产坐落在两个或两个以上地区的，应按房地产所在地分别申报纳税

D.纳税人是自然人的，当转让的房地产坐落地与其居住所在地不一致时，应在房地产坐落地所管辖的税务机关申报纳税

5.纳税人转让旧房及建筑物，凡不能取得评估价格，但能提供购房发票的，可按发票所载金额并从购买年度起至转让年度止每年加计扣除的比例为（　　）。

A.2%　　　　　　　　B.5%　　　　　　　　C.10%　　　　　　　　D.20%

6.根据土地增值税法律制度的规定，下列各项中，属于土地增值税扣除项目中房地产开发成本项目的有（　　）。

A.耕地占用税　　　　B.公共配套设施费　　　　C.基础设施费　　　　D.销售费用

7.根据土地增值税法律制度的规定，在计算土地增值税时，下列项目准予据实扣除的有（　　）。

A.公共配套设施费　　　　B.建筑安装工程费　　　　C.销售费用　　　　D.管理费用

8.根据土地增值税法律制度的规定，下列各项中，在计算土地增值税计税依据时不允许扣除的是（　　）。

A.在转让房地产时缴纳的城市维护建设税　　　　B.纳税人为取得土地使用权所支付的地价款

C.土地征用及拆迁补偿费　　　　D.超过贷款期限的利息部分

9.根据土地增值税法律制度的规定，土地增值税的计税依据是纳税人转让房地产所取得的增值额，则决定土地增值额大小的因素有（　　）。

A.转让房地产的收入额　　　　　　　　B.房产原值

C.扣除项目金额　　　　　　　　　　　D.房产市值

10.（判断题）根据土地增值税法律制度的规定，房地产开发费用中的财务费用，其利息支出凡不能按转让房地产项目计算分摊的或不能提供金融机构证明的，房地产开发费用按规定计算的金额之和的15%以内计算扣除。（　　）

11.（判断题）房地产开发企业按照《房地产开发企业财务制度》有关规定，其在房地产销售环节中缴纳的印花税已列入管理费用，故在计算土地增值税时不允许单独再扣除。（　　）

12. 2023年2月，甲企业转让2018年自建的一处房产取得收入2 000万元，该房产购入时的土地成本为600万元，房屋重置成本为300万元，成新率为50%，评估价格为150万元，缴纳增值税100万元，城建税及教育费附加10万元，评估费5万元，甲企业在计算土地增值税时准予扣除的项目有（　　）。

A.土地成本600万元　　　　　　　　B.重置成本300万元

C.评估价格150万元　　　　　　　　D.缴纳的增值税100万元

E.缴纳的城建税及教育费附加10万元　　　　F.缴纳的评估费5万元

13.我国土地增值税的计算采用的税率类型属于（　　）。

A.三级超率累进税率　　B.四级超率累进税率　　　C.五级超额累进税率　　　D.七级超额累进税率

14.根据土地增值税法律制度的规定，下列项目中，属于房地产开发成本的有（　　）。

A.土地出让金　　　　　B.耕地占用税　　　　C.公共配套设施费　　D.借款利息费用

15.某企业2023年转让一幢2011年建造的公寓楼，当时造价为800万元，已计提折旧500万元。2023年经房地产评估机构评定，该楼的重置价格为1 500万元，成新度折扣率为六成。在计算土地增值税时，其评估价格为（　　）。

A.300万元　　　　　　B.480万元　　　　　C.600万元　　　　　　D.900万元

16.某公司销售一幢已经使用过的办公楼，取得不含税收入500万元，办公楼原价480万元（购入发票无法提供），已提折旧300万元。经房地产评估机构评估，该楼的重置成本为800万元，成新度折扣率为五成，计算土地增值税时可以扣除的税费为2.5万元。计算允许扣除项目金额的合计数。

17.2022年3月，某公司销售自用办公楼，不能取得评估价格，该公司提供的购房发票所载购房款为1 200万元，购买日期为2009年1月1日。购入及转让环节相关税费80万元。计算该公司在计算土地增值税时允许扣除的项目金额。

18.2023年5月，某企业转让一幢厂房，取得收入1 000万元，签订产权转移书据，相关税费15万元，2020年5月购买该厂房时支付价款800万元，厂房经税务机关认定的重置成本价为1 200万元，成新率50%。计算该企业在缴纳土地增值税时的增值额。

19.甲公司开发一项房地产项目，取得土地使用权支付的金额为100万元，发生开发成本600万元，发生开发费用200万元，其中利息支出的60万元无法提供金融机构贷款利息证明。已知，当地省人民政府规定房地产开发费用的扣除比例为10%。计算甲公司缴纳土地增值税时，可以扣除的房地产开发费用。

20.2023年某房地产开发企业进行普通标准住宅开发，已知支付的土地出让金及相关税费为300万元；住宅开发成本为280万元；房地产开发费用中的利息支出为30万元（不能提供金融机构证明）；销售过程中缴纳城市维护建设税和教育费附加为45万元。已知：该企业所在省人民政府规定的房地产开发费用的计算扣除比例为10%，房地产开发加计扣除比例为20%。计算该企业在缴纳土地增值税时准予扣除的项目金额。

21.S房地产开发公司为增值税一般纳税人，2022年8月出售一幢新建写字楼，取得应税收入18 348.62万元。

开发该写字楼有关支出为：

2019年7月支付地价款3 800万元，并按照规定缴纳契税190万元；

2019年9月动工建设，房地产开发成本4 200万元；

财务费用中的利息支出为640万元（可按转让项目计算分摊并提供金融机构证明）；

允许扣除的有关税金及附加为800万元；

其他相关资料：该单位所在地政府规定的其他房地产开发费用计算扣除比例为5%。

根据上述资料计算该房地产开发公司应缴纳的土地增值税税额。

■ 任务四　城镇土地使用税法律制度

编号	6-4-1	知识点	城镇土地使用税法律制度	日期	
姓名		学号		班级	评分	

	城镇土地使用税		
1.概念			
2.征税范围			
3.税收优惠			
4.纳税人	在_____ _____内使用土地的单位或个人	（1）拥有土地使用权的单位和个人不在土地所在地的：土地的实际_____和_____为纳税人。 （2）土地使用权未确定的或权属纠纷未解决的：_____为纳税人； （3）土地使用权共有的：共有各方都是纳税人，由_____分别纳税。	
5.计税依据	_____ 面积（平方米）	（1）省级政府确定的单位组织测定的面积：以_____为准。 （2）尚未组织测量，但纳税人持有政府部门核发的土地使用证书的：以_____为准。 （3）尚未核发出土地使用证书的：_____。	
6.税率	有幅度的差别定额税率（差距20倍）（元/平方米）		
	_____	中等城市（20~50万）		
	1.5~30	1.2~24	0.9~18	0.6~12
7.应纳税额	年应纳税额=		
8.征收管理	（1）纳税期限		
	（2）纳税义务发生时间		
	（3）纳税地点		

项目六

283

编号	6-4-2	知识点	城镇土地使用税法律制度	日期	
姓名		学号		班级	评分	

1.根据城镇土地使用税法律制度的规定，下列各项中，属于城镇土地使用税征收范围的有（　　）。

A.集体所有的建制镇土地　　　　B.集体所有的城市土地

C.集体所有的农村土地　　　　D.国家所有的工矿区土地

2.根据城镇土地使用税法律制度的规定，下列关于城镇土地使用税纳税人的表述中，正确的有（　　）。

A.城镇土地使用税由拥有土地使用权的单位和个人缴纳

B.土地使用权共有的，共有各方均为纳税人，由共有各方分别纳税

C.土地使用权未确定或权属纠纷未解决的，由实际使用人纳税

D.拥有土地使用权的纳税人不在土地所在地的，由代管人或实际使用人纳税

3.甲房地产开发企业开发一住宅项目，实际占地面积1 200平方米，建筑面积2 400平方米，容积率为2，甲房地产开发企业缴纳的城镇土地使用税的计税依据为（　　）平方米。

A.1 800　　　　　　B.2 400　　　　　　C.3 600　　　　　　D.1 200

4.根据城镇土地使用税法律制度的规定，下列各项中，可以作为城镇土地使用税计税依据的有（　　）。

A.省政府确定的单位测定的面积

B.土地使用权证书确定的面积

C.以纳税人申报的面积为准，核发土地使用权证书后再作调整

D.税务部门规定的面积

5.根据城镇土地使用税法律制度的规定，下列说法中，正确的有（　　）。

A.城镇土地使用税以建筑面积为计税依据，而不以使用面积为计税依据

B.国家机关自用的土地免征城镇土地使用税

C.公园、名胜古迹内的索道公司经营用地，免征城镇土地使用税

D.纳税人占用耕地，已缴纳了耕地占用税的，从批准征用之日起满1年后征收城镇土地使用税

6.根据城镇土地使用税法律制度的规定，下列表述中，正确的有（　　）。

A.城镇土地使用税由拥有土地使用权的单位或个人缴纳

B.土地使用权未确定或权属纠纷未解决的，由双方到税务机关协商确定

C.土地使用权共有的，由共有各方分别纳税

D.对外商投资企业和外国企业暂不征收城镇土地使用税

7.（判断题）公园、名胜古迹内的索道公司经营用地应按规定缴纳城镇土地使用税。（　　）

8.（判断题）外商投资企业和外国企业用地不征收城镇土地使用税。（　　）

9.（判断题）新征用的耕地，自批准征用之日起1年内，免征土地使用税。（　　）

10.根据城镇土地使用税法律制度的规定，下列城市用地中，不属于城镇土地使用税免税项目的是（　　）。

A.市政街道公共用地　　　　　　　　B.国家机关自用的土地

C.企业生活区用地　　　　　　　　　D.公园自用的土地

■ 任务五　车船税法律制度

编号	6-5-1	知识点	车船税法律制度		日期	
姓名		学号		班级	评分	
车船税						

1.概念			
2.纳税人			
3.征税范围			
4.税目及税率	乘用车：指在设计和技术特性上主要用于载运乘客及随身行李，核定载客人数包括驾驶员在内不超过_____人的汽车。		
	商用车		
	其他车辆		
	船舶		
5.应纳税额	**应纳税额**（乘用车、客车）=		
6.征收管理	（1）纳税义务发生时间		
	（2）申报期限		
	（3）纳税地点		

编号	6-5-2	知识点	车船税法律制度	日期	
姓名		学号		班级	评分	

1.根据车船税法律制度的规定，下列使用的车船中，应纳车船税的有（　　）。

A.私人拥有的汽车　　　　　　　　　B.中外合资企业拥有的汽车

C.国有运输企业拥有的货船　　　　　　D.旅游公司拥有的客船

2.根据车船税法律制度的规定，下列各项中，属于车船税征税范围的有（　　）。

A.地铁列车　　　　　B.游艇　　　　　C.两轮摩托车　　　　　D.拖拉机

3.根据车船税法律制度的规定，下列纳税主体中，属于车船税纳税人的有（　　）。

A.在中国境内拥有并使用船舶的国有企业　　B.在中国境内拥有并使用车辆的外籍个人

C.在中国境内拥有并使用船舶的内地居民　　D.在中国境内拥有并使用车辆的外国企业

4.根据车船税法律制度的规定，下列各项，属于车船税计税依据的有（　　）。

A.每辆　　　　　B.整备质量每吨　　　　C.净吨位每吨　　　　D.购置价格

5.（判断题）购置的新车船，购置当年车船税的应纳税额自纳税义务发生的次月起按月计算。（　　）

6.（判断题）甲钢铁厂拥有的依法不需要在车船登记部门登记的在单位内部场所行驶的机动车辆，属于车船税的征税范围。（　　）

7.根据车船税法律制度的规定，下列各项中，属于机动船舶计税依据的是（　　）。

A.净吨位每吨　　　　B.整备质量每吨　　　　C.每米　　　　D.购置价格

8.根据车船税法律制度的规定，下列车船中，应缴车船税以"净吨位数"为计税依据的是（　　）。

A.商用货车　　　　　B.专用作业车　　　　C.摩托车　　　　D.非机动驳船

9.2023年6月15日，甲公司购买2辆乘用车。已知乘用车发动机气缸容量排气量为2.0升，当地规定的车船税年基准税额为480元/辆。计算甲公司2023年应缴纳的车船税税额。

10.某公司2023年3月购进2辆小轿车，排气量均为1.6升，按合同规定车辆当月交付，当地省政府规定年税额为400元/辆，计算该公司当年购进小轿车应缴纳的车船税税额。

11.某企业2023年年初拥有6辆整备质量为10吨的载货汽车，4辆小轿车；当年11月，1辆小轿车被盗，取得公安机关开具的相关证明，并能够提供该被盗小轿车当年的车船税完税证明。已知当地载货汽车车船税年税额为60元/吨，小轿车车船税年税额为360元/辆，计算该企业2023年实际应缴纳的车船税税额。

■ 任务六　印花税法律制度

编号	6-6-1	知识点	印花税法律制度		日期	
姓名		学号		班级	评分	

印花税	
1.概念	
2.纳税人	印花税的纳税人包括以下三种：
3.征税对象和税率	印花税的征税对象是各类应税凭证，包括《印花税税目税率表》中列明的_____、_____、_____和_____。
4.计税依据	（1）应税合同的计税依据：_____，不包括增值税税款。 （2）应税产权转移书据的计税依据：_____，不包括增值税税款。 （3）应税营业账簿的计税依据：_____。 （4）证券交易的计税依据：_____。
5.应纳税额	应纳税额＝
6.征收管理	（1）缴税方式 　印花税可以采用_____的方式缴纳。印花税票粘贴在应税凭证上的，由纳税人在_____盖戳注销或者画销。 　一份应税凭证应纳税额超过_____的，应向当地税务机关申请用缴款书或者完税证完税，并将其中一联粘贴在凭证上或由税务机关在凭证上加盖完税戳记代替贴花。 （2）纳税地点 　纳税人为单位的，应当向_____主管税务机关申报缴纳印花税；纳税人为个人的，应当向_____主管税务机关申报缴纳印花税。 （3）纳税义务发生时间及纳税期限 　印花税的纳税义务发生时间为_____。证券交易印花税扣缴义务发生时间_____。 　印花税按____、按____或者按____计征。证券交易印花税按____解缴。证券交易印花税扣缴义务人应当自每周终了之日起____日内申报解缴税款以及银行结算的利息。

编号	6-6-2	知识点		印花税法律制度		日期	
姓名		学号			班级	评分	

1.根据印花税法律制度的规定，下列合同中，应该缴纳印花税的有（　　）。

A.买卖合同　　　　　　B.技术合同　　　　　C.货物运输合同　　　　D.财产租赁合同

2.根据印花税法律制度的规定，下列合同或凭证，应缴纳印花税的有（　　）。

A.人寿保险合同　　　　　　　　　　B.个人与电子商务经营者订立的电子订单

C.个人出租门店订立的合同　　　　　D.个人书立的动产买卖合同

3.甲向乙购买一批货物，合同约定丙为鉴定人，丁为担保人，关于该合同印花税纳税人的下列表述中，正确的是（　　）。

A.甲和乙为纳税人　　B.甲和丙为纳税人　　C.乙和丁为纳税人　　D.甲和丁为纳税人

4.下列关于印花税计税依据的说法，正确的是（　　）。

A.融资租赁合同，以融资租赁财产的金额作为计税依据

B.运输合同，以所运货物金额和运输费用的合计金额为计税依据

C.借款合同，以借款金额和借款利息的合计金额为计税依据

D.财产保险合同，以保险费收入为计税依据

5.根据印花税法律制度的规定，下列各项中，属于印花税纳税人的有（　　）。

A.合同的双方当事人、担保人、证人、鉴定人　B.会计账簿的立账簿人

C.产权转移书据的立据人　　　　　　　　　　D.在国外书立、领受，但在国内使用应税凭证的单位

6.根据印花税法律制度的规定，下列各项中，属于印花税税目的有（　　）。

A.易货合同　　　　　　B.货物运输合同　　　　C.审计合同　　　　　　D.土地使用权转让合同

7.某企业设立营业账簿5个，其中记载资金的账簿1个，记录实收资本100万元，计算该企业设置营业账簿应缴纳的印花税。

8.某企业202×年8月与其他企业订立专有技术使用权转让合同一件，所载金额200万元；订立商品销售合同一件，合同约定含增值税金额为452万元；订立融资租赁合同一份，所载金额为400万元。此外，该企业的营业账簿中，"实收资本"6月末金额为5 000万元，本月新增金额1 000万元。计算该企业8月应缴纳的印花税税额。

■ 任务七　资源税法律制度

编号	6-7-1	知识点	资源税法律制度		日期	
姓名		学号		班级	评分	
资源税						

1.概念	

2.纳税人	

3.征税对象和税目	资源税的应税资源包括_____和_____两大类，具体包括_____、_____、_____、_____和_____等5个税目。

4.应纳税额	资源税的计税依据为应税资源的_____或_____。销售额，是指纳税人销售应税产品向购买方收取的_____，但不包括_____。销售数量，包括纳税人开采或者生产应税产品的实际销售数量和_____销售的自用数量。

5.征收管理	（1）纳税义务发生时间	纳税人销售应税产品，纳税义务发生时间为_____；自用应税产品的，纳税义务发生时间为_____。
	（2）纳税期限	资源税按_____或者按_____申报缴纳；不能按固定期限计算缴纳的，可以按次申报缴纳。
	（3）纳税地点	

1.根据资源税法律制度的规定,下列经营者中,属于资源税纳税人的是(   )。

A.销售汽油的加油站

B.进口铁矿石的冶炼厂

C.销售精盐的超市

D.开采原煤的煤矿企业

2.根据资源税法律制度的规定,下列各项中,不属于资源税征税范围的是(   )。

A.以未税原煤加工的洗选煤

B.以空气加工生产的液氧

C.开采的原煤

D.开采的天然气

3.某大型油田某月生产20万吨原油,其中出售15万吨,取得不含税销售额30 000万元。当月在采油过程中回收并销售伴生天然气500万立方米,取得不含税销售额300万元。已知原油和天然气适用税率都为6%。计算该油田该月份应缴纳的资源税(   )万元。

4.某矿业公司开采销售应税矿产品,资源税实行从量计征,则该公司计征资源税的课税数量是(   )。

A.实际产量   B.发货数量   C.计划产量   D.销售数量

5.根据资源税法律制度的规定,下列各项中,应计入资源税销售额的有(   )。

A.收取的价款

B.收取的包装费

C.收取的增值税销项税额

D.收取的运输装卸费

6.甲砂石企业开采1 000吨砂石,对外销售800吨,移送50吨砂石继续精加工并于当月销售。已知砂石的资源税税率为4元/吨,计算甲企业应缴纳的资源税。

7.某煤矿企业为增值税一般纳税人,某月开采500万吨原煤,销售100万吨原煤,取得不含税销售额2 000万元,另外收取不含增值税装卸费、仓储费共计10万元(不能单独核算)。已知原煤适用的资源税税率为10%。该企业该月应缴纳多少资源税?

8.某铁矿开采企业某月开采并销售铁矿原矿,开具增值税专用发票,注明金额400万元、税额52万元;销售铁矿选矿取得不含增值税销售额2 000万元。当地省人民政府规定,铁矿原矿资源税税率为4%,铁矿选矿资源税税率为3%。请计算该企业该月应缴纳的资源税税额。

■ 任务八　城市维护建设税法律制度和教育费附加、地方教育附加法律制度

编号	6-8-1	知识点		城市维护建设税法律制度		日期	
姓名		学号		班级		评分	
城市维护建设税							

1.概念			
2.计税依据	征收	城市维护建设税以纳税人_____缴纳的增值税、消费税税额为计税依据。	
	不征		
3.税率	根据纳税人所在地实行_____税率		
	7%	5%	1%
4.应纳税额	应纳税额=		
5.征收管理			

习题

1.（判断题）城市维护建设税的计税依据，是纳税人当期应缴的增值税、消费税税额。（　）

2.（判断题）对海关进口产品征收的增值税、消费税，不征收城市维护建设税。（　）

3.某企业某月缴纳了增值税18万元，消费税30万元，所得税12万元，土地增值税10万元。已知该企业适用的城市维护建设税税率为5%，计算该企业应缴纳的城市维护建设税。

4.某企业某月份销售应税货物缴纳增值税34万元、消费税12万元，出售房产缴纳增值税10万元、土地增值税4万元。已知该企业所在地的城市维护建设税税率为7%，教育费附加费率为3%。计算该企业当月应缴纳的城市维护建设税。

5.根据城市维护建设税法律制度的规定，城建税采用的税率形式是（　　）。

　A.比例税率　　　　　B.定额税率　　　　　C.超额累进税率　　　　　D.超率累进税率

6.（判断题）城市维护建设税的计税依据，是纳税人当期应缴的增值税、消费税税额。（　）

编号	6-8-2	知识点	教育费附加法律制度		日期	
姓名		学号		班级	评分	

教育费附加

1.概念	
2.计征依据	教育费附加，以各单位和个人_____增值税、消费税的税额为计征依据，对_____征收的增值税、消费税，不征收教育费附加。
3.附加率	教育费附加征收比率为_____，地方教育附加征收率为_____。
4.应纳教育费附加	应纳教育费附加＝
5.征收管理	
习题	1.某月甲企业当月应缴增值税30万元，实际缴纳20万元，应缴消费税28万元，实际缴纳12万元，已知教育费附加征收率为3%，计算该企业当月应缴纳的教育费附加。 2.（判断题）对海关进口产品征收的增值税、消费税，不征收教育费附加。（　　） 3.（判断题）教育费附加的计税依据，是纳税人当期应缴的增值税、消费税税额。（　　）

■ 任务九 关税法律制度

编号	6-9-1	知识点		关税法律制度		日期	
姓名		学号		班级		评分	

关税					
1.概念					
2.征税对象				**3.纳税人**	

4.税率	进口税率	（1）最惠国税率		当与暂定税率并存时，适用____税率。
		（2）协定税率		当与暂定税率并存时，选择____适用税率。
		（3）特惠税率		
		（4）普通税率		当与暂定税率并存时，进口货物____适用暂定税率。出口货物____适用暂定税率。
		（5）暂定税率		
		（6）配额税率	_____适用（配额外适用其他税率）。	
		（7）对进口货物采取反倾销、反补贴、保障措施的，按照_____税率执行。		
	出口税率	（_____）出口税率		适用暂定税率

5.计税依据	关税完税价格	从价计税、滑准税、复合计税
	进口货物完税价格	进口货物的完税价格由海关以货物的_____以及该货物运抵中华人民共和国境内输入地点起卸前的_____、_____为基础审查确定。 　　进口货物的成交价格不符合规定条件的，或者成交价格不能确定的，海关与纳税义务人进行价格磋商后，依次以下列价格估定该货物的完税价格： 　　（1）与该货物同时或者大约同时向中国境内销售的_____的成交价格； 　　（2）与该货物同时或者大约同时向中国境内销售的_____的成交价格； 　　（3）与该货物进口的同时或者大约同时，将该进口货物、相同或者类似进口货物在_____销售环节销售给无特殊关系买方_____的单位价格，但应当扣除同等级或者同种类货物在中国境内第一级销售环节销售时通常的____和____以及通常支付的____、进口货物运抵境内输入地点起卸后的_____以及____关税及____税收； 　　（4）按照下列各项总和计算的价格：生产该货物所使用的_____和_____，向中华人民共和国境内销售同等级或者同种类货物通常的利润和一般费用，该货物运抵境内输入地点起卸前的运输及其相关费用、保险费； 　　（5）_____的价格。

	出口货物完税价格	出口货物的完税价格由海关以该货物的_____以及该货物运至中华人民共和国_____的运输及其相关费用、保险费为基础审查确定。 出口货物的成交价格不能确定的，海关与纳税义务人进行价格磋商后，依次以下列价格估定该货物的完税价格： （1）与该货物同时或者大约同时向同一国家或者地区出口的____货物的成交价格； （2）与该货物同时或者大约同时向同一国家或者地区出口的____货物的成交价格； （3）按照下列各项总和计算的价格：境内生产相同或者类似货物的_____、加工费用，通常的____和_____，境内发生的____及其相关费用、_____； （4）_____价格。
6. 应纳税额	从价税计算方法	关税税额=
	从量税计算方法	关税税额=
	复合税计算方法	关税税额=
	滑准税计算方法	关税税额=
7. 税收优惠	免征	1.下列进出口货物，免征关税： （1）关税税额在人民币_____元以下的一票货物免征关税； （2）_____广告品和货样免征关税； （3）外国政府、国际组织_____物资免征关税； （4）在海关放行前_____货物免征关税； （5）进出境运输工具装载的_____燃料、物料和饮食用品免征关税。 2.因品质或者规格原因，进出口货物自进出口之日起_____原状复运处境进境的，不征收进口关税。
	缴纳	海关填发缴款书_____日内一次性缴纳。逾期不交的按日征收欠缴税额_____的滞纳金。
	退还	海关发现后应当_____退还；纳税义务人自_____起1年内，可以要求海关退还。
	补征	海关发现少征或者漏征税款，应当自缴纳税款或者货物、物品放行之日起_____内，向纳税义务人补征。
	追征	因纳税义务人违反规定而造成的少征或者漏征，海关在_____以内可以追征。

编号	6-9-2	知识点	关税法律制度		日期	
姓名		学号		班级	评分	

1.（判断题）对于从境外采购进口的原产于中国境内的货物，应按规定征收进口关税。（　　）

2.下列各项中，属于关税纳税义务人的有（　　）。

A.进口货物的收货人　　　　　　　　　　B.出口货物的发货人

C.进口货物的发货人　　　　　　　　　　D.进出境物品的携带人

3.根据关税法律制度的规定，下列各项中，应计入进口货物关税完税价格的有（　　）。

A.货物运抵我国关境内输入地点起卸前的运费、保险费

B.货物运抵我国关境内输入地点起卸后的运费、保险费

C.支付给卖方的佣金

D.向境外采购代理人支付的买方佣金

4.根据关税法律制度的规定，进口原产于与我国签订含有特殊关税优惠条款的贸易协定的国家的货物，适用的关税税率是（　　）。

A.最惠国税率　　　　　B.协定税率　　　　　C.特惠税率　　　　　D.关税配额税率

5.以下有关进口货物关税的适用税率，说法正确的有（　　）。

A.最惠国税率优先适用于暂定税率

B.特惠税率适用原产于与我国签订含有关税优惠条款的区域性贸易协定的国家或地区的进口货物

C.适用协定税率、特惠税率的进口货物有暂定税率的，应当从低适用税率

D.实行关税配额管理的进口货物，关税配额内的，适用关税配额税率；关税配额外的，按其适用税率的规定执行

6.根据关税法律制度的规定，下列应纳税额的计算方法中，税率随着进口商品价格的变动而反方向变动的是（　　）。

A.从价税计算方法　　　B.复合税计算方法　　　C.从量税计算方法　　　D.滑准税计算方法

7.（填空题）根据关税法律制度的规定，一票货物关税税额在人民币一定金额以下的，可以免征关税。该金额是（　　）元。

8.某月，我国境内某公司进口一批货物，海关审定的成交价格为1 100万元，货物运抵我国境内输入地点起卸前的运费96万元，保险费4万元。已知关税税率为10%。计算该公司该笔业务应缴纳的关税税额。

9.我国境内某公司某月从国外进口一台机器设备，设备价款80万元。除设备价款外，该公司还支付运抵我国关境内输入地点起卸前的包装费、运费2万元，另外，该公司还支付给卖方佣金1万元。已知该批设备适用的进口关税税率为10%，计算则该企业进口该机器设备应缴纳的进口关税。

10.根据关税法律制度的规定，下列各项中，经海关审查无误，可以免征关税的是（　　）。

A.关税税额为人民币200元的一票货物

B.广告品和货样

C.外国公司无偿赠送的物资

D.进出境运输工具装载的途中必需的燃料、物料和饮食用品

■ 任务十　环境保护税法律制度

编号	6-10-1	知识点		环境保护税法律制度		日期	
姓名		学号		班级		评分	
环境保护税							

1.概念	

2.征税范围	
征收	不征

	3.税目		4.计税依据和税率	5.应纳税额的计算
应税污染物	大气污染物		1.2~12元/每污染当量	应纳税额=
	水污染物		1.4~14元/每污染当量	应纳税额=
	固体废物	煤矸石	5元/每吨	应纳税额=
		尾矿	15元/每吨	
		危险废物	1 000元/每吨	
		冶炼渣	25元/每吨	
	工业噪声	超标1~3分贝	350元/月	应纳税额=
		超标4~6分贝	700元/月	
		超标7~9分贝	1 400元/月	
		超标10~12分贝	2 800元/月	
		超标13~15分贝	5 600元/月	
		超标16分贝以上	11 200元/月	

6.纳税人		

7.税收优惠	暂免征	
	减征	

8.征收管理	（1）纳税义务发生时间	
	（2）纳税期限	
	（3）申报期限	
	（4）纳税地点	

1.根据环境保护税法律制度的规定，下列各项中，不属于环境保护税征税对象的是（　　）。

A.大气污染物　　　　B.水污染物　　　　C.固体废物　　　　D.光污染

2.下列情形中，属于直接向环境排放污染物，从而应缴纳环境保护税的是（　　）。

A.企业在符合国家和地方环境保护标准的场所处置固体废物

B.事业单位向依法设立的生活垃圾集中处理场所排放应税污染物

C.企业向依法设立的污水集中处理场所排放应税污染物

D.依法设立的城乡污水集中处理场所超过国家和地方规定的排放标准

3.根据环境保护税法律制度的规定，下列各项中，不属于环境保护税纳税人的是（　　）。

A.在我国领海从事海洋石油开发并直接向环境排放大气污染物的企业

B.在我国城郊从事畜禽养殖并直接向环境排放固体废物的畜禽养殖场

C.在我国市区从事餐饮服务并直接向环境排放水污染物的饭店

D.贮存或者处置固体废物符合国家和地方环境保护标准的企事业单位

4.（判断题）事业单位和其他生产经营者向依法设立的污水集中处理、生活垃圾集中处理场所排放应税污染物的，不缴纳相应污染物的环境保护税。（　　）

5.（判断题）规模化养鸡场排放固体污染物免征环境保护税。（　　）

6.（判断题）环境保护税的纳税人为在中国领域和中国管辖的其他海域，直接向环境排放应税污染物的企事业单位和其他生产经营者。（　　）

7.（填空题）纳税人排放应税大气污染物或者水污染物的浓度值低于国家和地方规定的污染物排放标准50%的，减按（50%）征收环境保护税。

8.下列污染物按照污染物排放量折合的污染当量数确定环境保护税计税依据的有（　　）。

A.大气污染物　　　　B.水污染物　　　　C.固体废物　　　　D.噪声

9.202×年3月，某企业产生150吨炉渣，其中30吨在符合国家和地方环境保护标准的设施中贮存，100吨综合利用且符合国家和地方环境保护标准，其余的直接倒弃于空地，已知炉渣环境保护税税率为25元/吨。计算该企业当月所产生的炉渣应缴纳的环境保护税税额。

10.（判断题）一个单位边界上有多处噪声超标，根据最高一处超标声级计算应纳税额；当沿边界长度超过50米有两个以上噪声超标，按照两个单位计算应纳税额。（　　）

11.根据环境保护税法律制度的规定，下列各项中，免征环境保护税的是（　　）。

A.企业向依法设立的污水集中处理场所排放应税污染物

B.农业生产（不包括规模化养殖）排放应税污染物的

C.依法设立的城乡生活垃圾集中处理场所超过规定的排放标准向环境排放应税污染物

D.纳税人排放应税大气污染物的浓度值低于规定的污染物排放标准50%

12.根据环境保护税法律制度的规定，下列关于环境保护税的征收管理的说法中，正确的是（　　）。

A.环境保护税的纳税义务发生时间为纳税人排放应税污染物的当日

B.环境保护税按月计算，按年申报缴纳

C.环境保护税可以按次申报缴纳

D.纳税人应当向应税污染物排放地的税务机关申报缴纳环境保护税

13.根据环境保护税法律制度的规定，下列关于环境保护税征收管理的说法中，正确的有（　　）。

A.纳税义务发生时间为排放应税污染物的当日

B.纳税人应当按月申报缴纳

C.不能按固定期限计算缴纳的，可以按次申报缴纳

D.纳税人应当向企业注册登记地税务机关申报缴纳

14.甲企业202×年5月产生1 200吨尾矿，其中综合利用尾矿400吨（符合国家和地方环境保护标准），在符合国家和地方环境保护标准的设施贮存300吨，尾矿适用的环境保护税税额为15元/吨。甲企业5月尾矿应缴纳环境保护税（　　）。

A.7 500元　　　　B.5 500元　　　　C.12 000元　　　　D.18 000元

任务十一　车辆购置税法律制度

编号	6-11-1	知识点	车辆购置税法律制度		日期	
姓名		学号		班级	评分	
车辆购置税						

1.概念	

2.征税对象	

3.纳税人	

4.应纳税额的计算	5.计税依据		6.税率
应纳税额=	（1）购买：纳税人购买自用应税车辆的计税价格，为纳税人_____，不包括_____；		
	（2）进口：纳税人进口自用应税车辆的计税价格，为_____		
	（3）自产自用：按照_____确定，不包括增值税税款；没有同类应税车辆销售价格的，按照_____确定。组成计税价格计算公式如下：组成计税价格=_____		
	（4）受赠、获奖等方式取得：按照购置应税车辆时_____的价格确定，不包括增值税税款。如果无法提供相关凭证，税务机关_____确定其计税价格。		

7.税收优惠	《中华人民共和国车辆购置税法》规定下列车辆免征车辆购置税： （1）依照法律规定应当予以_____的外国驻华使馆、领事馆和国际组织驻华机构及其有关人员自用的车辆； （2）中国人民解放军和中国人民武装警察部队_____的车辆； （3）悬挂_____号牌的国家_____车辆； （4）设有固定装置的_____车辆； （5）城市公交企业购置的_____车辆。	

8.征收管理	（1）纳税义务发生时间	纳税义务发生时间为纳税人购置应税车辆的当日。
	（2）纳税申报	纳税人应当自纳税义务发生之日起_____内，向公安机关交通管理部门_____前，申报缴纳车辆购置税。
	（3）申报地点	纳税人购置应税车辆，应当向_____主管税务机关申报缴纳车辆购置税；购置不需要办理车辆登记的应税车辆的，应当向_____主管税务机关申报缴纳车辆购置税。

编号	6-11-2	知识点	车辆购置税法律制度	日期	
姓名		学号		班级	评分

1.根据车辆购置税法律制度的规定，下列行为中，属于车辆购置税应税行为的有（　　）。

A.购买并自用应税车辆的行为　　　　　　　B.获奖取得并自用应税车辆的行为

C.受赠取得并使用应税车辆的行为　　　　　D.进口并自用应税车辆的行为

2.根据车辆购置税法律制度的规定，下列各项中，属于车辆购置税征税范围的是（　　）。

A.电动自行车　　　　B.三轮农用运输车　　　C.汽车挂车　　　　D.无轨电车

3.下列车辆中，属于车辆购置税征税范围的有（　　）。

A.货车　　　　　　B.排气量为250毫升的摩托车　　　　C.拖拉机牵引车　　　　D.电动汽车

4.根据车辆购置税法律制度的规定，下列单位和个人中，属于车辆购置税纳税人的有（　　）。

A.购买应税货车并自用的某外商投资企业　　B.进口应税小轿车并自用的某外贸公司

C.获得奖励应税轿车并自用的李某　　　　　D.受赠应税小型客车并自用的某学校

5.下列人员中，属于车辆购置税纳税义务人的是（　　）。

A.应税车辆的捐赠者　　B.应税车辆的获奖者　　C.应税车辆的出口者　　D.应税车辆的销售者

6.根据车辆购置税法律制度的规定，下列车辆中，属于车辆购置税法中征税范围的有（　　）。

A.排气量为200毫升的摩托车　　　　　　　B.有轨电车　　　　C.汽车挂车　　D.电动自行车

7.（判断题）纳税人购买自用的应税车辆的车辆购置税计税价格，为纳税人购买应税车辆而支付给销售者的全部价款和价外费用，不包括增值税税款。（　　）

8.根据车辆购置税的有关规定，纳税人进口自用应税小汽车的计税价格，包括（　　）。

A.支付给海关的增值税　　　　　　　　　　B.支付给海关的消费税

C.支付给海关的关税　　　　　　　　　　　D.进口车辆的关税完税价格

9.某企业购进两辆小轿车自用，其中一辆是未上牌照的新车，不含税成交价15万元；另一辆是从某企业购入已使用4年的轿车，不含税成交价3万元（从原车主取得了完税证明）。计算该企业应当缴纳的车辆购置税税额。

10.某公司进口自用小汽车一辆，海关审定的关税完税价格为50万元，缴纳关税10万元，消费税20万元，已知车辆购置税税率为10%。计算该公司进口该辆小汽车应当缴纳的车辆购置税税额。

11.某进出口公司进口1辆小轿车自用，海关审定的关税完税价格为20万元/辆，已知：小轿车关税税率28%，消费税税率9%，车辆购置税税率为10%。计算该公司应缴纳的车辆购置税税额。

12.某外贸进出口公司进口2辆小轿车，这批小轿车经海关确定的关税计税价格为250 000元/辆，海关按关税政策规定课征关税37 500元/辆，并按消费税、增值税有关规定分别代征进口消费税15 132元/辆，进口增值税39 342元/辆。计算该外贸进出口公司应缴纳的车辆购置税税额。

13.依据车辆购置税的有关规定，下列说法中，正确的是（　　）。

A.纳税人购买自用的应税车辆，自购买之日起90日内申报纳税

B.车辆购置税税款可以分期缴付

C.车辆购置税选择单一环节，实行一次征税制度，购置已征车辆购置税的车辆，不再征收车辆购置税

D.车辆购置税的征税环节为车辆的出厂环节

■ 任务十二　耕地占用税法律制度

编号	6-12-1	知识点	耕地占用税法律制度		日期	
姓名		学号		班级	评分	

<table>
<tr><td colspan="2" align="center">耕地占用税</td></tr>
<tr><td>1.概念</td><td></td></tr>
<tr><td>2.纳税人</td><td>　　在中华人民共和国境内占用耕地建设建筑物、构筑物或者从事非农业建设的单位和个人，为耕地占用税的纳税人。具体包括：
　　（1）经批准占用耕地的，纳税人为_____；
　　（2）农用地转用审批文件中未标明建设用地人的，纳税人为_____。
　　（3）未经批准占用耕地的，纳税人为_____。</td></tr>
</table>

3.征税范围		
征收		免征

　　耕地占用税的征税范围是在中华人民共和国境内占用的建设建筑物、构筑物或者从事_____耕地。占用耕地建设_____的，不缴纳耕地占用税。

4.计税依据	耕地占用税以_____为计税依据。实际占用的耕地面积，包括_____占用的耕地面积和_____占用的耕地面积。

5.税率				
基准税率	有幅度的地区差别定额税率			
	人均耕地≤1亩	1亩<人均≤2亩	2亩<人均≤3亩	3亩<人均
	10~50元/m²	8~40元/m²	6~30元/m²	5~25元/m²

调整税率	（1）占用基本农田的，_____征收。 　　（2）农村居民在规定用地标准以内占用耕地新建自用住宅，按照当地适用税额____征收耕地占用税；其中农村居民经批准搬迁，新建自用住宅占用耕地不超过原宅基地面积的部分，____耕地占用税。 　　（3）耕地之外的农用地税额可以适当降低，但降低的部分不得超过_____。
6.应纳税额	**应纳税额=**
7.征收管理	（1）耕地占用税的纳税义务发生时间为_____。未经批准占用耕地的，耕地占用税纳税义务发生时间为_____的纳税人实际占用耕地的当日。 　　（2）纳税人应当自纳税义务发生之日起_____内申报缴纳耕地占用税。

项目六

1.根据耕地占用税法律制度的规定，下列各项中，属于耕地占用税中耕地的有（　　）。

A.菜地　　　　　　　　B.茶园　　　　　　　　C.果园　　　　　　　　D.苗圃

2.根据耕地占用税法律制度的规定，下列各项中，需缴纳耕地占用税的是（　　）。

A.占用市区工厂土地建设商品房　　　　　B.占用市郊菜地建设公路

C.占用牧草地建设厂房　　　　　　　　　D.占用果园建设旅游度假村

3.根据耕地占用税法律制度的规定，下列占用农村土地的行为中，需缴纳耕地占用税的有（　　）。

A.占用耕地建房　　　　　　　　　　　　B.占用耕地从事其他非农业建设

C.占用鱼塘从事其他非农业建设　　　　　D.占用耕地兴办学校

4.（判断题）根据规定，某农场占用苗圃修建水渠用于灌溉，不缴纳耕地占用税。（　　）

5.（判断题）根据规定，占用园地、林地、草地、农田水利用地、养殖水面、渔业水域滩涂以及其他农用地建设直接为农业生产服务的生产设施的，不缴纳耕地占用税。（　　）

6.某公司开发住宅社区经批准共占用耕地10 000平方米，其中800平方米兴建幼儿园，3 000平方米修建学校，已知耕地占用税适用税率为30元/平方米，计算甲公司应缴纳的耕地占用税税额。

7.农村居民李某经批准合法占用耕地100平方米新建住宅，当地适用税额为每平方米50元，另外占用80平方米农用耕地建设直接为农业生产服务的生产设施，计算李某应该缴纳的耕地占用税。

■ 任务十三 烟叶税法律制度

编号	6-13	知识点	烟叶税法律制度	日期	
姓名		学号		班级		评分	

	烟叶税
1.概念	
2.征税对象	烟叶税的征税范围包括_____和_____。
3.纳税人	烟叶税的纳税人为_____。
4.计税依据	烟叶税的计税依据为纳税人收购烟叶_____的价款总额。 纳税人收购烟叶实际支付的价款总额包括纳税人支付给烟叶销售者的烟叶_____和_____，价外补贴统一暂按烟叶收购价款的10%计算，即： 烟叶收购金额＝烟叶收购价款×（1+10%）
5.税率	烟叶税的税率为_____。
6.应纳税额	烟叶税应纳税额＝
7.征收管理	烟叶税的纳税义务发生时间为_____，纳税人应当向烟叶_____的主管税务机关申报缴纳烟叶税。烟叶税按_____计征，纳税人应当于纳税义务发生月终了之日起_____内申报并缴纳税款。
习题	1.根据烟叶税法律制度的规定，下列各项中，属于烟叶税纳税人的是（ ）。 A.销售香烟的单位　　　　　　　　B.生产烟叶的个人 C.收购烟叶的单位　　　　　　　　D.消费香烟的个人 2.（判断题）根据规定，烟叶税的纳税人为种植烟叶的农户。（ ） 3.根据烟叶税法律制度的规定，下列各项中属于烟叶税征收范围的有（ ）。 A.晾晒烟叶　　　　B.烟丝　　　　　　C.卷烟　　　　　　D.烤烟叶 4.某烟草公司收购一批晾晒烟叶，支付收购价款为200万元，同时支付了价外补贴30万元。计算该烟草公司应缴纳的烟叶税税额。

■ 任务十四 船舶吨税法律制度

编号	6-14	知识点	船舶吨税法律制度	日期	
姓名		学号		班级		评分	

1.概念		
2.纳税人		
3.征税对象	征税	
	免税	（1）应纳税额在人民币_____以下的船舶； （2）自境外以购买、受赠、继承等方式取得船舶所有权的_____进口到港的空载船舶； （3）吨税执照期满后_____内不上下客货的船舶； （4）非机动船舶（不包括_____）； （5）捕捞、养殖_____； （6）避难、防疫隔离、修理、改造、终止运营或者拆解，并_____的船舶； （7）军队、武装警察部队_____或者_____的船舶； （8）_____船舶； （9）依照法律规定应当予以_____的外国驻华使领馆、国际组织驻华代表机构及其有关人员的船舶。
4.计税依据		船舶吨税按照船舶_____和_____征收。
5.税率		中华人民共和国籍的应税船舶，_____（地区）与中华人民共和国签订含有相互给予船舶税费_____的条约或者协定的应税船舶，适用优惠税率。其他应税船舶，适用普通税率。
6.应纳税额		应纳税额=_____×适用税率
7.征收管理		吨税纳税义务发生时间为应税船舶_____的当日。 应税船舶负责人应当自海关填发吨税缴款凭证之日起_____内缴清税款。
习题		1.（判断题）船舶吨税是对进入境内港口的外国船舶征收的一种税。（　） 2.（判断题）根据规定，船舶吨税按照船舶总吨位和吨税执照期限征收。（　） 3.根据船舶吨税法律制度的规定，下列船舶中，不予免征船舶吨税的是（　）。 A.捕捞渔船　　　B.非机动驳船　　　C.养殖渔船　　　D.军队专用船舶 4.（判断题）根据规定，应税船舶负责人应当自海关填发吨税缴款凭证之日起10日内向指定银行缴清船舶吨税税款。（　） 5.根据船舶吨税法律制度的规定，我国船舶吨税设置的税率有（　）。 A.最惠国税率　　　B.优惠税率　　　C.普通税率　　　D.一般税率 6.202×年5月1日，中国远洋运输公司的国际航线班轮进入青岛港办理入境手续，该船舶负责人向海关申报领取有效期为1年的吨税执照，该船舶净重30 000吨，计算该船舶应当缴纳的吨数税额。